KB153682

뜻을 높게

손정의 평전

손정의 평전

뜻을 높게

이노우에 아쓰오 지음
신해인 옮김

청담숲

◀ 초등학교 시절의 은사인 미카미 다카시와 소년 손정의.

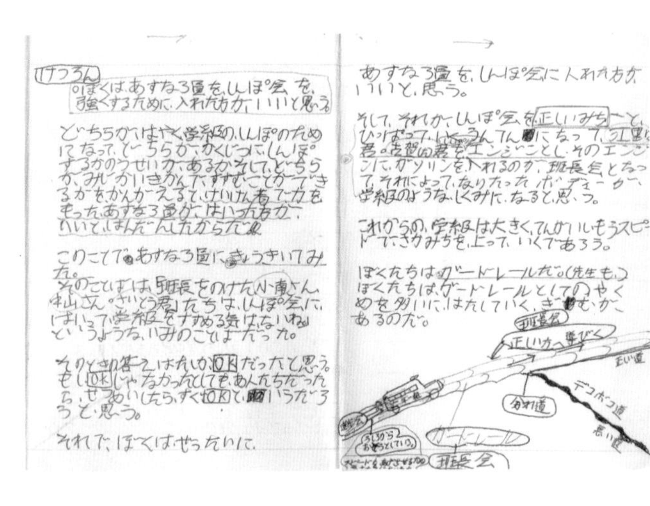

◀ 초등학교 교환 노트. 논리적인 사고가 싹트고 있다.

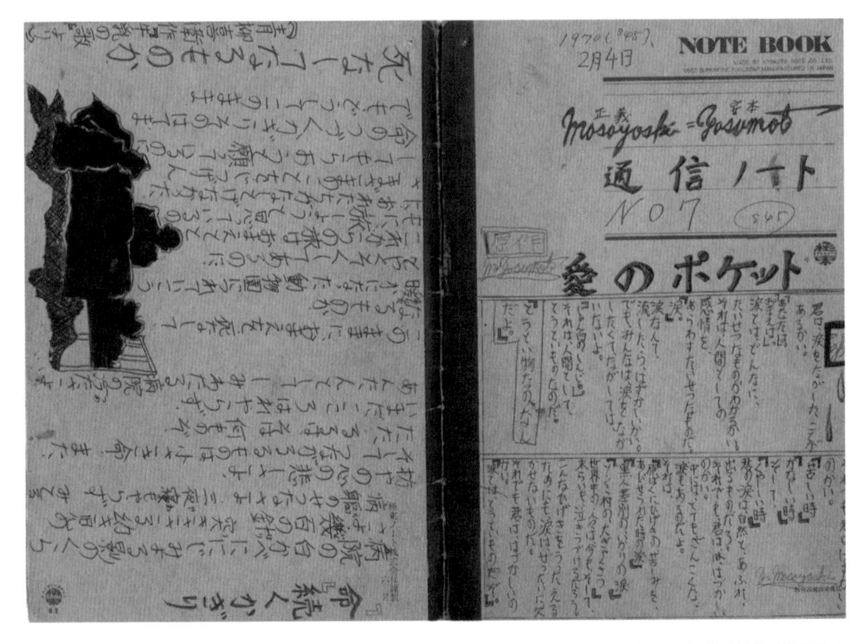

▲ 초등학교 교환 노트. 조장으로서 리더십을 발휘하다.

▲ 가족들과 함께. 중학교 3학년이었던 손정의(왼쪽), 아버지 손삼헌과 어머니 이옥자, 남동생 손정헌(오른쪽).

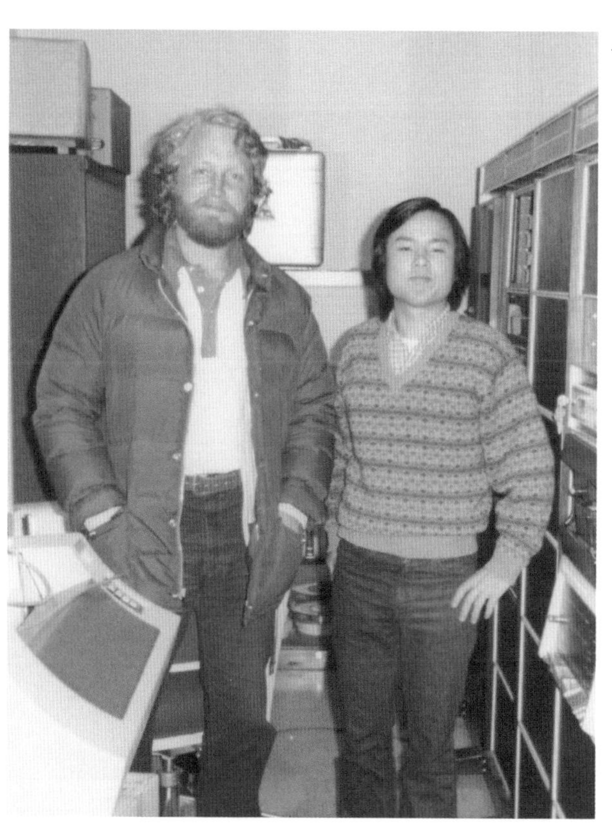

◀ 음성 전자번역기 개발 멤버인 프로그래머 프랭크 하비와 함께.

▲ 미국에서 압도적인 넘버원이 되겠다고 결심하다.

▲ 정보혁명을 예견하다.

▲ 캘리포니아 대학교 버클리캠퍼스 재학 중에 음성 전자번역기를 발명하다.

▲ 젊은 천재경영인으로서 언론의 총아로 떠오르다.

▲ 1986년 7월 로스앤젤레스에서 28살의 손정의(앞줄 중앙)가 테드 드록타(뒷줄 중앙)의 소개로 론 피셔(테드의 오른쪽)와 처음 만나다.

▼ 일본 프로야구 최강구단인 후쿠오카 소프트뱅크 호크스의 오너.

▲ 1994년 7월 일본증권업협회에 장외주식 등록.

▲ 2006년 보다폰 일본법인 인수 회견장에서 故 이노우에 마사히로(오른쪽)와 함께.

▲ 2011년 3월 22일 동일본 대지진 직후에 후쿠시마 대피소를 찾다.

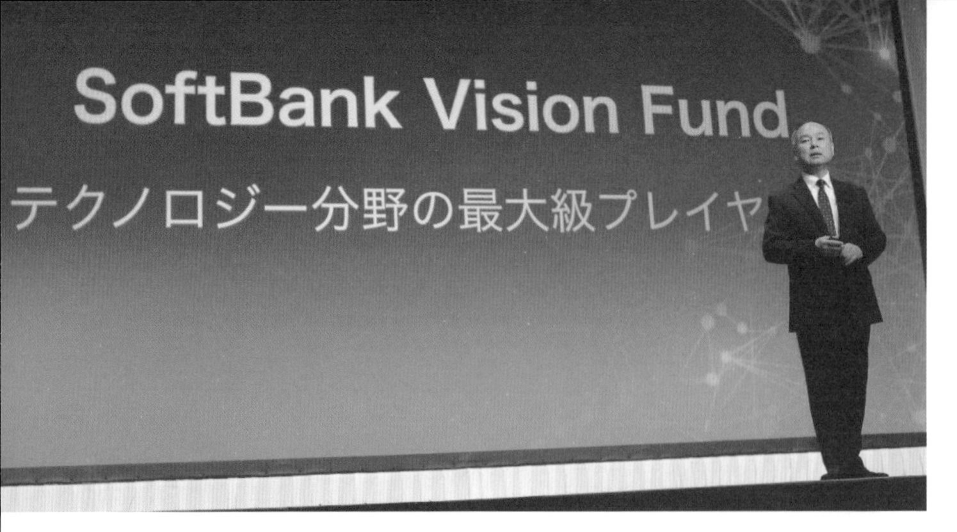

▲ 2017년 소프트뱅크 비전펀드를 개시하다.

◀ 두뇌를 갖춘 스트리트 파이터인 마르셀로 클라우어와 함께.

▼ 약 40년간 손정의를 보필해온 오른팔 미야우치 겐과 함께.

▲ 2019년 손정의와 비전펀드의 '꿈을 공유하는' 라지브 미스라와 함께.

▲ 1981년 소프트뱅크 창업의 장소인 후쿠오카 하카타구 잣쇼노쿠마.

목차

1부

2부

3부

1부

0 무번지

손정의는 지금도 눈을 감으면 떠오르는 그리운 풍경이 있다. 철길 아래로 난 굴다리 터널과 그 안을 달리는 어린 날의 자신이다.

"끝이 보이지 않던 새카만 터널이 무서워서 '으앙' 하고 울음을 터트렸지요."

목이 쉬도록 울면서 정신없이 달리다 보면 터널 끝에 빛이 보였다. 그 빛 너머에는 희망찬 세상이 기다리고 있었다.

2020년 10월 손정의는 자신이 나고 자란 일본 사가현의 그때 그 터널과 철길, 강을 찾았다. 네댓 살 무렵 형이나 사촌들도 지나다니던 터널은 여전히 그 자리에 있었다. 어른이 된 지금 봐도 길이가 상당했다. 입구의 크기는 생각보다 좁아 승용차가 다니기는 어려워 보였다.

컴컴한 터널을 울면서 달리던 순간이 지금도 생생하다. 아직도 가슴이 조여올 때가 있다.

"무섭기는 했지만 터널을 빠져나왔을 때의 기쁨은 한마디로 정의할 수 없는 무지갯빛 감정이었습니다."

사가현 도스시 무번지(無番地). 이곳이 손정의의 원점이다.

"옛 국유철도의 소유지였습니다. 한국에서 조그마한 고깃배 선창에 숨어 할아버지, 할머니가 일본에 건너왔지요."

머물 곳은커녕 먹을 것도 없는 데다 일본어도 하지 못했다. 그러니 남들과는 시작점이 달랐다. 제로 베이스도 아닌 마이너스에서 출발할 수밖에 없었다.

"무번지였습니다. 머물 곳이 없어 번지수도 없는 이곳까지 오게 된 것이지요."

한국에서 건너온 할아버지 가족은 얇은 철판을 주워 비바람을 피할 판잣집을 지었다. 그 주변에는 자연스럽게 판자촌이 형성되었다.

무번지는 사람이 살아서는 안 되는 곳이다. 국유철도 직원들은 논두렁 태우기마냥 판잣집에 불을 지르고는 의기양양하게 돌아갔다. 하지만 도로 아미타불이었다. 다음 날 아침이면 어김없이 새로운 판잣집이 들어섰기 때문이다. 국유철도에서는 이를 반복하다가 태워봤자 소용없다며 결국 내쫓기를 포기했다.

"멋대로 눌러앉은 거죠. 포기하지 않았습니다. 생존 본능이랄까요. 아무리 짓밟혀도 살아남으려는 의지가 매우 강했습니다."

나가라는 소리를 들어도 끝까지 버텼다.

"부모님은 그런 강인한 분들이셨습니다. 그래서 창업 1세대는 아래 세대인 제가 아니라 아버지인 셈이지요. 영화도 <대부>보다 <대부 2>를 좋아합니다. 부자 관계를 그렸거든요."

같은 해 11월 14일 후쿠오카 페이페이(PayPay) 돔에서 손정의는 아버지 손삼헌과 일본 프로야구 퍼시픽리그의 클라이맥스 시리즈 경기를 관전했다. 이때 아버지는 아들을 놀라게 했다.

"정의야, 요즘에 '고래'라고 불리더구나. 정어리는 먹으면 안 된다. 고래가 되어서는 작은 물고기를 삼키면 안 되지. 정 필요하면 플랫포머를 먹어야 한다."

놀랍게도 아버지의 입에서 '플랫포머(platformer)'라는 단어가 나왔다. 심지어 최근 소프트뱅크 그룹이 '나스닥의 고래'로 불리는 것도 알고 있었다. 놀라운 사실은 여기서 끝이 아니었다.

"엔비디아(Nvidia)도 괜찮지. 암(Arm)이 엔비디아와 합쳐지니 진짜 플랫포머가 될 수 있을 거야." 85세인 아버지가 업계의 최신 동향을 꿰뚫고 있었다. 누구보다 본질을 잘 이해하고 있었다.

"아버지는 최고의 교육자입니다."

손정의가 초등학생인 예닐곱 살이 되자 아버지는 어머니에게 말했다. "정의야 대신 정의 상이라고 부르도록 해요."(상さん은 상대방을 친근하게 부르거나 존중하는 의미의 존칭 – 옮긴이)

그 후로 어머니는 줄곧 아들 이름에 존칭을 붙였다.

"여섯 살 때부터 '정의 씨'라고 부르셨습니다. 저는 어머니가 존중해주는 만큼 그럴 만한 사람이 되어야겠다고 다짐했죠. 세 살 버릇 여든까지 간다는 말처럼 어릴 때부터 좋은 습관이 몸에 배기를 바라셨습니다."

아버지의 제왕학에 따른 방침이었다. 아버지는 고작 여섯 살짜리 아들에게 다른 사람에게 보탬이 되는 사람이 되어야 한다고 가르쳤다. 이때부터 손정의는 어른이 되면 수만 명의 직원을 거느리는 책임감 있는 자리에 오르겠다고 결심했다. 학급에서 반장을 뽑을 때도 가장 먼저 손을 들어 지원했다. 어디서나 조직을 이끄는 사람이 되려고 애썼다. 이 또한 아버지의 교육방침이었다.

"문제가 생겼을 때 어떻게 접근해야 할지를 깨달았습니다. 그래서 아버지께는 항상 칭찬만 받았지요. 두말할 나위 없는 최고의 교육이었습니다."

그런데 소년 손정의는 왜 터널을 지나야만 했을까?

"터널 너머에 다이키가와라는 강이 있었으니까요. 아버지의 막냇동생 이름이 손성헌(손 시게노리)인데 촌수로는 작은아버지이지만 나이 차이가 얼마 나지 않아 사촌 형 같은 존재였습니다. 항상 같이 놀아줬는데 강으로 고기를 잡으러도 갔었죠."

북쪽으로는 하카타 항, 남쪽으로는 쓰쿠시 평야와 아리아케 해가 보이는 해발 약 848미터의 구센부 산, 이 산에서 흘러나와 도스시를 가로지르는 다이키가와 강은 여름이면 아이들의 물놀이 장소가 되었다.

어릴 때는 고기 잡는 모습을 강가에서 바라만 봤지만 3, 4학년부터는 강으로 따라 들어갔다. 강 끝에 어망을 설치해두고 다 같이 고기를 몰았다. 가재나 미꾸라지가 잡히기도 했지만, 피라미를 잡고 싶었다.

피라미는 예쁘고 날쌘 7~10센티 길이의 물고기였다. 할아버지(손종경)가 민물고기를 좋아했기 때문에 이렇게 잡은 고기는 할머니(이원조)의 손을 거쳐 식탁에 올랐다. 하지만 소년 손정의는 할아버지에게 대접하겠다는 처음 목적은 까마득히 잊은 채 고기잡이에 빠져들었다. 하루도 빠짐없이 강으로 향했다.

초등학교 시절에는 무번지를 벗어났지만, 휴일에는 아버지의 형제, 친척 들이 모두 모여 할아버지, 할머니와 다 같이 식사했다. 그래서 주말이나 여름 방학이 되면 언제나 다이키가와 강에서 놀았다.

"그때 고기 잡는 법을 많이 배웠습니다. 해루질(밤에 얕은 바다에서 맨손으로 어패류를 잡는 방식 – 옮긴이)이라는 방법인데 밤 9시나 10시가 적당합니다. 물고기도 졸릴 시간이어서 잘만 하면 낮보다 많이 잡히죠. 그래서 지금도 강을 매우 좋아한답니다."

한여름 밤의 강. 그 광경이 손정의의 뇌리에 깊이 새겨져 있다. 작품 〈폭포(The Fall)〉로 유명한 세계적인 화가 센주 히로시에게 병풍으로 만들어달라고 부탁했을 정도다.

당시에는 하루하루가 모험으로 가득했다. 터널을 빠져나가는 과정도 하나의 작은 모험이었다. 해루질은 그보다 더 가슴이 뛰는 모험이었다.

"요즘 유니콘 기업에 투자하고 10년 후를 떠올리면 어릴 적 터널을 빠져나와 강에서 고기를 잡던 그때처럼 가슴이 뜁니다. 무번지에서 느낀 두근거림, 설렘과 똑 닮았지요."

고등학생이 되어 미국 단기 유학을 위해 여권을 신청하면서 손정의는 처음으로 자신의 호적등본을 확인했다. 호적에는 '무번지'라고 적혀 있었다. '왜 무번지일까?' 하고 곰곰이 생각했다.

'아아, 나는 번지수도 없는 곳에서 태어난 남자구나.'

출국 절차를 밟을 때 다른 친구들은 모두 빨간색 일본 여권을 들고 있었다. 하지만 손정의가 들고 있는 것은 재입국허가증, 다시 말해 외국인 여권이었다. 홀로 외국인 게이트에 줄을 서야 했다. 그때 처음으로 실감했다.

'나는 번지수도 없는 곳에서 태어난 외국인이었구나.'

손정의는 그때까지 '야스모토 마사요시(安本正義)'라는 일본식 이름을 사용해왔다. 학교에서도 다른 친구들처럼 일본어로 떠들고 여느 학생들과 다를 바 없이 생활했다. 하지만 사실 그럴 자격이 없는 사람이었던 셈이다. 번지수도 없는 곳에서 태어난 데다 친구들처럼 빨간색 여권도 없었기 때문이다. 이러한 현실의 벽을 눈으로 확인한 손정의는 깊은 절망감과 소외감에 휩싸였다.

친구들 몰래 빠져나와 다른 줄로 옮겨 섰다. 함께 단기 유학을 떠나는 친구들이 놀란 눈으로 그를 쳐다봤다. 줄을 잘못 서지 않았냐고 묻는 듯한 얼굴이었다. 그런데도 손정의는 입술을 꾹 다문 채 입을 열지 않았다. 고개를 떨구고는 한층 더 깊은 절망에 빠졌다.

하지만 다행히도 미국에 도착해서 캘리포니아의 파란 하늘을 올려다보자 답답했던 마음이 단숨에 뻥 뚫렸다.

"파란 하늘을 쳐다보며 샌프란시스코 공항을 빠져나오자마자 눈앞에 편도 6차선 규모의, 일본에서는 본 적이 없는 탁 트인 고속도로가 펼쳐졌습니다. 그걸 보자 순식간에 기분이 좋아졌지요."

다양한 피부색을 지닌 사람들이 같은 말을 쓰고 같은 미국 시민으로서 아무렇지 않게 살아가고 있었다. 그 모습을 보자 자신이 얼마나 보잘것없는 일로 고민했었는지를 깨달았다. 무번지 따위 개나 줘버리라지!

미국의 높고 청명한 하늘과 시바 료타로의 소설 『료마가 간다』 속 사카모토 료마의 높은 뜻은 손정의에게 큰 영향을 미쳤다. 일본으로 돌아와 이름을 소개할 때 선조가 물려준 '손(孫)'이라는 성을 그대로 밝히기로 한 것이다. 출신이나 성 때문에 비슷한 고민을 하는 사람들, 특히 아이들에게 누구나 꿈을 꿀 권리가 있으며 자신의 무한한 가능성에 도전하라고 말하고 싶었기 때문이다.

"마이너스에서, 무번지에서 시작했다는 점이 저에게 굉장한 도전 의지랄까요, 에너지를 줬습니다. 지금은 신에게 무척 감사하고 있습니다. 조금이라도 젊을 때 돈을 내고서라도 고생을 해보는 편이 좋습니다. 나이가 들어서는 뚝 하고 부러질지도 모르니까요."

마이너스에서의 생활도 어린 시절에는 그저 즐겁기만 했다. 여럿이 왁자지껄하게 힘을 합쳐 고기를 잡았다. 단언컨대 혼자서는 불가능했다. 어망을 설치할 사람이 필요했고, '와!' 하고 큰 소리를 내면서 발로 수초를 헤치며 물고기를 어망으로 몰 사람도 있어야 했다. 고기를 잡으려면 여러 명이 역할을 나누고 작전대로 일사불

란하게 움직여야 했다.

"모두의 목표가 같았고 그를 달성하기 위해서는 팀워크가 필요했습니다. 그래서 많이 잡을수록 기쁨은 배가 되었지요."

반면 낚시는 그다지 좋아하지 않았다. 낚시는 낚싯줄을 내리고 물고기가 찌를 물 때까지 그저 기다려야 하기 때문이다. 달리 공격할 여지가 없는 단순한 방법이라고 생각했다.

"하지만 고기잡이는 매번 다른 전략을 세우는 재미가 있었습니다. 먼저 물고기의 위치를 예측해서 망을 설치합니다. 장소와 물의 흐름을 살피고 적당한 무기를 골라 힘을 합쳐 잡아 올렸지요. 물고기가 잠든 순간을 덮친다든지 다양한 전략을 구사할 수 있습니다."

보통 고기는 물이 탁할 때 많이 잡혔다. 날이 어둡고 추우면 더 쉬웠다. 그래서 비 온 다음 쌀쌀한 한밤중이 안성맞춤이었다. 물이 탁해져 있는 데다 춥고 어두워서 물고기들도 움직임이 적을 때 갑자기 누군가가 첨벙대면 깜짝 놀라 도망치려고 우왕좌왕했다. 물고기가 움직이는 방향으로 망을 세워둔 채 잠시 기다렸다가 강의 한쪽 끝부터 반대편까지 어망으로 샅샅이 훑으면 일망타진은 떼어 놓은 당상이었다.

어망의 눈이 너무 촘촘하면 도리어 그물이 엉키기도 했다. 게다가 아주 작은 물고기는 놓아줘야 했다. 그래서 그물눈이 적당히 성긴 망으로 큰 놈만 잡아 올렸다.

"일정 크기가 넘는 전리품을 독식하기 위한 최고의 방법입니다. 소프트뱅크 비전펀드도 그렇고 모두 같은 전략을 사용하고 있지요."

근처에는 저수지가 있어서 오가는 낚시꾼들이 많았다. 강에도 낚시하는 사람들이 종종 보였지만, 손정의는 낚시를 쳐다도 보지 않았다. 하루 꼬박 들여 잡아봤자 얼마나 잡겠냐면서 코웃음을 쳤다.

"잡을 거면 강에 들어가서 망으로 한번에 다 잡아야죠. 실제로도 우리가 고기를 훨씬 많이 잡았습니다. 할아버지께서 매일 드셔도 다 못 드실 정도로 말입니다. 지금 제가 세우는 전략은 모두 그때 그 경험의 연장선 위에 있지요."

판자촌에서의 추억은 그때의 터널, 강, 그리고 마이너스에서의 출발이었다.

깜깜한 밤이 되면 아이들은 모두 나와 숨바꼭질을 했다. 돼지우리로 들어가 돼지 사이나 지붕 뒤쪽에 숨기도 했는데, 돼지가 도망치지 못하도록 가느다란 철사로 울타리를 쳐놓은 탓에 어둠 속을 허겁지겁 달리다 보면 울타리에 걸려 고꾸라져 땅에 얼굴을 박기도 했다. 얼마나 아팠던지 다시는 돼지우리에 숨지 않겠다고 다짐했다.

"가면 안 되는 곳을 떠올리거나 숨을 곳을 찾을 때면 늘 가슴이 두근거렸습니다. 돼지우리의 지붕 뒤나 기둥 뒤, 전봇대 아래에 숨어 있다가 술래에게 들키지 않도록 기지에 다가가서 재빠르게 터치해야 했는데, 그 순간의 두근거림이 더할 나위 없이 좋았습니다. 그렇게 손에 땀을 쥐게 하는 상황을 즐겼지요. 놀이지만 매번 최선을 다했습니다."

놀이를 시작한 이상 무슨 수를 써서라도 이기고 싶었다. 그래서 적당히 하지 않고 온 힘을 다했다. 심장박동 수가 올라가는 만큼 기쁨도 배가 되었다. 가난했지만 언제나 즐거웠다.

도스시의 판자촌은 철길 옆에 있었다. 밤이 되어 눈을 감으면 들려오는 기차가 통과하는 소리나 기적소리는 마치 기차가 들려주는 자장가 같았다.

"덜컹덜컹하는 기차 소리를 들으면 가슴이 덩달아 뛰어서 에너지나 생동감이 느껴졌습니다. 그렇게 기차는 늘 제 심장을 뛰게 했지요." 리듬을 쪼개며 힘차게 기차가 다가온다. 기차가 지나갈 길에는 미래가 있다. "저에게는 마치 희망의 소리 같았습니다."

아버지의 사업이 잘 풀리면서 가난에서도 벗어났다. 마을에서 가장 먼저 차를 사더니 마침내 제법 풍요로워졌다.

"아버지의 출세 과정이라 할까요, 돈을 버는 뒷모습을 지켜보면서 자연스럽게 자긍심도 커졌지요. 사업 규모는 그리 크지 않았지만 밑바닥부터 시작해 한 나라의 어엿한 성주가 되는 과정을 모두 보아온 만큼 지금도 아버지께 감사한 마음뿐입니다."

손정의는 아버지 손삼헌과 어머니 이옥자의 사형제 중 차남으로 1957년 8월 11일 일본 사가현 도스시 무번지에서 태어났다. 제2차 세계대전 전부터 한반도에서 건너온 사람들이 판자촌을 이루고 살던 번지수조차 없는 곳이었다. 철도의 요충지였던 도스시는 특별한 주력 산업 없이 농업을 기반으로 하는 조용한 마을이었다.

손정의는 재일 한국인 3세다(현재는 일본으로 귀화했다). 손정의의 선조는 중국에서 한국으로 건너갔다고 한다. 그리고 할아버지 대에 한국 대구에서 일본 규슈로 건너왔다. 족보에 따르면 집안에는 대대로 무장과 학자가 많았다.

할아버지 손종경은 탄광에서 광부로 일하면서 생계를 꾸렸다. 아버지 손삼헌은 생선 장사부터 양돈업, 소주 제조까지 닥치는 대로 일하다가 파친코 사업과 요식업, 부동산 사업 등으로 경제 기반을 일구는 데 성공했다.

"아버지뿐 아니라 어머니도 개미처럼 부지런히 일하셨습니다."

손정의의 뇌리에는 판자촌에서 자란 어린 시절의 기억이 선명하게 남아 있다. 어린 손정의는 할머니 이원조가 끄는 손수레에 올라타 있었다.

"주변에서 음식 찌꺼기를 모아서 가축의 사료로 사용했는데, 물기가 많고 축축한 그 느낌이 싫었습니다. 그럼에도 할머니가 애쓰시는 모습을 보고 있으면 참을 수밖에 없었죠."

손수레를 끌며 돼지 먹이로 쓸 음식 찌꺼기를 모으는 할머니의 모습이 아직도 눈에 선하다.

할머니는 손정의에게 말했다. "아무리 어렵고 힘든 일이 있어도 절대로 사람을 원망해서는 안 된단다." 많이 좋아하고 따르던 할머니의 말을 손정의는 지금도 기억한다.

"할머니는 늘 '우리가 지금 먹고살 수 있는 건 모두 다른 사람들 덕분이란다'라고 하셨었죠. 어릴 때는 그 말이 조금도 이해가 되지 않았습니다. 최근에야 그 의미를 조금씩 느끼고 있지요."

쉴 새 없이 일하는 조부모와 부모의 뒷모습을 보면서 소년 손정의는 굳게 결심했다.

"지독한 가난에서 벗어나 언젠가 제힘으로 식구들을 편히 살게 하리라 다짐했었죠."

손정의 일가는 도스시에서 기타큐슈시로 이사했고 손정의는 근처의 히키노 초등학교에 들어갔다. 초등학교 성적은 1등이었지만 교과서는 늘 학교에 두고 다녔기 때문에 책가방도 없이 도시락과 실내화 가방만 들고 다녔다. 동네 아이들을 우르르 이끌고 근처 산을 오르거나 매일같이 축구를 하던 골목대장이었다.

하지만 초등학교 2학년이 되고 1년간은 소년의 모습을 좀처럼 밖에서 보기가 어려웠다. 소년에게 갑자기 무슨 일이 일어난 걸까? 무엇이 밖에서 뛰어놀던 소년을 책상 앞에 앉게 했을까?

당시 초등학교 교실의 한쪽 벽에는 그래프가 붙어 있었다. 노트 한 페이지 분량의 자습을 마치면 선생님은 벚꽃 도장을 하나씩 찍어줬다. 그때까지 도장이 거의 없던 소년 손정의는 어느 날 어떻게 하면 벚꽃 도장을 가장 많이 모을 수 있을지 고민하기 시작했다. 내용과 상관없이 아무 공부만 하면 벚꽃 도장을 찍어준다는 사실을 깨달은 손정의는 그때부터 필사적으로 공부에 매달렸다.

부모님은 단 한 번도 아들에게 공부하라는 말을 하지 않았다. "적당히 하지 그래. 그렇게 공부만 하다간 세상 물정 모르는 사람이 될지도 몰라."

심지어 가족들이 여행을 갈 때도 소년은 혼자 집에 남아서 공부를 했다. "갑자기 얘가 왜 이러지?" 달라진 손정의의 모습에 가족 모두가 고개를 갸웃거렸다.

사실 이유는 간단했다. 누구보다 분홍색 벚꽃 도장을 많이 가지고 싶었기 때문이다.

평소 그저 외워야 하는 공부보다는 상상력을 발휘해야 하는 만들기나 그림 그리기를 좋아하던 손정의에게는 새하얀 도화지에 자기만의 세상을 그려내는 화가를 꿈꾸던 시기도 있었다. 창의력이 풍부한 아들에게 아버지는 칭찬을 아끼지 않았다.

"너를 보고 있자니 터무니없는 생각을 하게 되는구나."

"어떤 생각이요?"

"혹시 네가 천재가 아닐까 하는 생각 말이다." 아버지는 말했다. "일본에서 제일가는 천재 말이다. 너는 분명 장차 큰 인물이 될 거야."

어린 자녀의 사기를 북돋으려고 꾸며낸 말이 아니라 진심으로 우러나온 감탄이었다. 아들을 바라보는 아버지의 눈에서는 그야말로 꿀이 뚝뚝 떨어졌다.

"우와, 정말 대단하구나!"

아버지는 온갖 과장된 몸짓과 말투로 칭찬을 거듭했다. 어느새 아들은 최면에 걸린 사람처럼 스스로 대단한 인물이 되리라고 믿게 되었다.

"마음만 먹으면 뭐든지 이룰 수 있을 것 같았습니다. 그래서 평범한 수준에서 만족할 수 없었죠. 저는 진짜 천재일지도 모르니까요."

한번 믿으면 끝까지 밀어붙이는 성격에 한층 더 자신감이 붙었다. 하지만 당시 손정의에게는 막연한 꿈과 자신감 외에 아무것도 없었다. 과연 일본 사회가 한국인인 자신을 있는 그대로 받아줄지도 의문이었다.

규슈에서 라살 고등학교 다음으로 유명한 구루메 대학 부설 고등학교에서 평범한 고등학교 시절을 보내던 손정의는 1학년 때 할머니와 함께 부모님의 나라인 한국을 찾았다.

"할머니, 저를 한국에 데려가주세요. 미국에 가기 전 그동안 원망해온 선조의 나라를 직접 보고 싶어요."

손정의는 할머니와 단둘이서 2주 동안 한국을 돌아봤다. 길가에는 빨간 사과밭이 이어졌지만 비옥한 농경지는 아니었다. 전기도 통하지 않는 마을이었다. 친척들이 모여서 두 사람을 반갑게 맞아주었다. 비록 경제적으로 풍요롭지는 않았지만 밝고 배려심이 넘치는 이들의 환대에 마음이 따뜻해졌다. 지위나 명예 때문이 아니라 언젠가 이런 사람들을 기쁘게 하는 사람이 되어 사회에 보탬이 되겠다고 결심했다.

그리고 한국에서 돌아온 손정의는 캘리포니아로 유학을 떠났다. 소년 손정의는 왜 갑자기 미국행을 결심했을까?

1 출발

1973년 1월 27일 미국과 남베트남, 북베트남, 남베트남의 임시혁명정부가 베트남 평화 파리협정에 조인했다. 미군의 '명예로운 퇴진'일 줄 알았던 협정은 얼마 지나지 않아 종잇조각으로 전락했고, 베트남 전쟁은 그로부터 2년 넘게 더 이어졌다.

그해 여름, 한 소년이 처음으로 미국 어학연수를 떠났다. 소년은 가보지 못한 미국이라는 나라에 대한 기대감으로 한껏 상기되어 있었지만, 그 설렘은 하네다 공항 출국 게이트에서 단숨에 산산조각났다. 친구들과 떨어져 홀로 외국인 게이트로 향해야 했기 때문이다.

"왜 너만 다른 줄에 서 있어?" 의아해하는 친구의 목소리를 소년은 애써 못 들은 척했다.

당시에는 일본인과 외국인의 출국 게이트가 달랐다. 평소 좀처럼 실감하지 못하던 '재일 한국인'이라는 현실의 벽에 부딪힌 순간이었다. 큰 꿈을 꾸며 출발한 미국행이 보잘것없는 현실로 인해 퇴색되지 않을까 두려웠다.

기내에 들어서자 흥분을 감추지 못한 친구들이 왁자지껄 떠들어대는 와중에도 손정의는 혼자 눈을 감았다. 그리고는 순식간에 잠에 빠져들더니 어느새 코까지 골아댔다. 소년은 자신의 감정을 다독이는 법에 능했다.

"아, 잘 잤다."

비행기는 어느새 샌프란시스코 공항에 도착해 있었다. 처음 올려다본 캘리포니아의 하늘은 끝을 알 수 없게 높고 푸르렀다. 일본에서 보던 하늘과는 비교할 수 없을 만큼 탁 트여 있었다. 손정의는 천천히 숨을 들이마셨다. 그러자 미국에 온 긴장감과 시차로 인해 안개처럼 뿌옇던 머릿속이 맑아지는 기분이었다. 하네다 공항의 출국 게이트에서 느낀 굴욕감도 연기처럼 사라지고 없었다.

어학연수는 명문 캘리포니아 대학교(UC) 버클리 캠퍼스에서 진행되었다. l과 r 발음도 어려웠지만 의외로 가장 큰 난관은 일본에서 익숙하게 쓰던 단어였다. 예를 들어 '맥도날드' 같은 단어가 문제였다. 일본식으로 '마꾸도나르도'라고 발음하면 전혀 통하지 않았다. '맥다널즈'처럼 아예 다른 발음으로 말해야만 했다.

지금은 미국 등 세계 곳곳에서 열리는 회의에 참석해 많은 관중 앞에서도 당당하게 영어로 연설하는 손정의지만, 이때는 아직 영어가 유창하지 못했다. 그래서 끊임없이 발음을 지적받았다.

일본계 3세인 빅터 오하시 선생님은 담임은 아니었지만 손정의를 살뜰히 챙겨주었다. 수업이 없을 때는 샌프란시스코 시내나 요세미티 국립공원, 그랜드캐니언 국립공원을 구경했다. 하지만 손정의는 관광 명소보다도 쇼핑센터나 고속도로의 규모에 감탄했다.

"진짜 크다! 미국이 어떤 곳인지 더욱 궁금해지는걸."

미국의 광활함을 마주하니 그동안 머리를 어지럽혀 온 고민이 더욱 보잘것없이 느껴졌다.

1970년대 UC버클리에서는 베트남 전쟁을 반대하는 다양한 형태의 항의가 이어지고 있었다. 그런데도 학문적으로는 명문대로 손꼽히며 다수의 노벨상 수상자를 배출해냈다.

수업이 끝나면 손정의는 친구들과 함께 캠퍼스를 거닐었다. 저 멀리 무언가를 주제로 열변을 토하는 학생의 목소리가 들렸다. 북을 치는 젊은이도 있었고, 상의를 벗은 채로 초록색 잔디밭에 엎드려 책을 읽는 여학생도 보였다. 모두 각자의 방식으로 학창 시절을 즐기는 듯이 보였다. 중앙도서관 앞을 지나자 UC버클리의 상징인 새더 타워(탑)의 종소리가 들려왔다. 캠퍼스가 넓어서 길을 잃더라도 새더 타워를 기준으로 찾으면 된다고 누군가 말했다.

캠퍼스를 걷다 보면 각양각색의 차림을 한 사람들과 만났다. 실로 다양한 인종의 집합소라 할 만큼 피부색도, 나이도 모두 제각각이었다. 교과서에서도 배웠지만 실제로 보니 압도당하는 느낌이었다. 두리번거리며 주위를 둘러보는 손정의에게 덩치가 큰 남자가 갑자기 말을 걸어왔다. 화려한 셔츠를 입고 회색빛 터번을 두른 남자가 무언가를 필사적으로 전하려고 했지만, 손정의는 무슨 말인지 이해하지 못했다. 그저 그가 말하는 언어가 영어가 아니라는 사실만이 느껴질 뿐이었다.

캠퍼스에서는 모두가 평등했고 누구나 자유롭게 말을 걸었다. 손정의는 이러한 미국의 문화가 신선했다. 국적 따위를 신경 쓰는 사람은 아무도 없었고 캠퍼스 안에서는 누구나 온전한 개인으로 존재했다.

손정의는 양팔을 크게 벌리고 새더 게이트를 통과했다. 왠지 모르게 용기가 솟았다. 베트남 전쟁이 한창이었지만 미국에 오길 잘했다고 생각했다.

4주간의 어학연수를 마치고 새까맣게 그을린 채 일본으로 돌아온 손정의는 환한 웃음과 함께 선언했다.

"저, 고등학교 그만두려고요."

예상대로 가족들의 거센 반대에 부딪혔다. "너무 빠르구나." 친척 모두도 만류했다. "이왕 고등학교에 들어갔으니 졸업한 후에 시작하면 되지 않겠니?"

하지만 졸업 후면 늦을 것 같았다. 손정의는 이미 답을 알고 있었다.

"저는 한국 국적이니까 일본 대학을 나와봤자 크게 인정받기 어렵겠죠. 하지만 미국에서 성과를 낸다면 틀림없이 일본에서도 인정반을 겁니다."

머릿속에 이미 뚜렷한 목표가 있었다.

"인생은 짧으니 서두르지 않으면 후회할 것 같아요."

버클리에서 올려다본 미국의 파란 하늘은 끝이 보이지 않았다.

"유한한 인생인 만큼 한 점의 후회도 남기지 않도록 최선을 다하고 싶습니다."

새더 타워 앞 도서관 입구에는 도서관 문이 열릴 때까지 1분 1초를 아껴가며 공부하는 학생들이 있었다. 그들 역시 미국인답게 자신의 미래를 믿고 목표를 향해 나아가고 있었다.

"이왕이면 그들처럼 치열하게 살고 싶습니다."

고등학교 담임인 아베 이쓰오는 그래도 9월의 체육대회까지는 학교에 나오라고 말했다.

"고맙습니다, 선생님." 고등학교 시절의 추억을 남겨주려는 선생님의 따뜻한 배려가 느껴졌다. 눈물이 고였지만 꾹 참았다. '남자가 쉽게 울면 안 되지.'

하지만 어머니는 흐르는 눈물을 참지 못했다. 아들과 두 번 다시 보지 못할까 봐 두려워했다.

"미국에 가면 이제 안 돌아오는 거 아니냐?"

손정의는 한번 말을 꺼내면 주장을 굽히지 않는 편이었지만, 이번만큼은 망설여졌다. 게다가 아버지가 피를 토한 직후여서 더욱 그랬다.

"병석에 누워 있는 아버지를 두고 네 생각만 하는 게야?"

"외로워할 엄마 생각은 안 해?"

"가족이 힘들어하는데 혼자 미국에 가겠다고?"

쏟아지는 비난에 손정의는 마치 일본의 근대화를 이끌었던 사카모토 료마가 된 기분이었다.

보수적인 도사(土佐) 번(藩, 에도시대 1만 석 이상의 영토를 보유한 봉건 영주인 다이묘가 지배한 영역과 지배기구–옮긴이)을 포기하고 료마는 탈번(脫藩, 무단으로 소속 번을 이탈함–옮긴이)을 택했다. 당시 탈번은 대역죄로 친인척 모두에게 영향을 미쳤다.

하지만 손정의에게는 이루어야 할 목표가 있었다. 지금 미국행을 주저하면 길을 닦을 수 없다고 생각했다. 대의를 위해서는 누군가를 울려야만 하는 순간이 오는 법이다. 가족에게는 언젠가 보답할 기회가 오리라. 지금은 새로운 세상으로 나아가야만 했다.

온 가족이 반대했지만 정작 손을 잡아준 사람은 병석에 누워 있던 아버지였다.

"1년에 한 번씩은 꼭 돌아와야 한다. 결혼 상대는 동양계 사람이었으면 좋겠구나."

십이지장이 파열되어 입원 중이던 아버지는 침대에 누운 채로 말했다. 그런 아버지가 걱정되었지만 손정의의 눈은 이미 드넓은 미국 땅을 향해 있었다.

세계는 그야말로 혼돈의 시대였다. 제4차 중동전쟁을 계기로 오일쇼크가 터지는 바람에 일본에서도 화장지를 사재기하는 소동이 벌어지고 물가는 큰 폭으로 상승했다. 또 과격파의 움직임이 활발해져 캘리포니아에서는 신문왕 윌리엄 랜돌프 허스트의 손녀 패트리샤가 버클리 자택에서 유괴되는 사건이 일어났다.

1974년 2월 손정의는 캘리포니아로 떠날 준비를 마쳤다. 구루메 대학 부설 고등학교의 친구들은 시내에 있는 이시바시 스포츠센터에서 손정의를 위한 송별회를 마련했다.

"힘내라, 마사요시!"

주스와 과자를 나눠 먹으며 손정의의 앞날을 축복하고는 다 같이 드라마 〈젊은이들〉에 나오는 동명의 주제가를 부르며 마지막 인사를 나눴다. "너는 가느냐, 그렇게까지 하면서…"라는 가사에 손정의는 눈시울이 붉어졌다.

가족들이 후쿠오카 공항까지 바래다줬다.

"꼭 돌아와야 한다." 어머니는 손정의의 등을 어루만지며 눈물을 머금은 목소리로 말했다.

"약속할게요." 일부러 무심하게 대답했다.

비행기가 활주로를 떠나 하늘로 떠오르자 머릿속을 어지럽히던 광경들이 하나둘씩 사라졌다가 나타나기를 반복했다. 하지만 언제까지나 감상에 젖어 있을 수는 없었다.

손정의는 샌프란시스코 교외에 있는 홀리네임스 칼리지의 영어학교(ELS 과정)에 입학했다. 1868년에 설립된 로마 가톨릭 학교로 개호학, 경제학 등이 유명한 곳이었다.

손정의는 필사적으로 영어 공부에 매달렸다. "혹시 일본에서 왔어?" 누군가 일본어로 물어봐도 영어로만 대답했다. 일본어를 전혀 사용하지 않은 덕분에 영어 실력은 날로 향상되었다.

대학교 캠퍼스 안에는 기다란 돌계단이 있고 계단 끝에는 예배당 발코니가 있었다. 맑은 날에는 리치먼드 산라파엘 브리지, 골든 게이트 브리지, 베이브리지, 샌머테이오라는 네 개의 다리가 한눈에 들어왔다. 그 너머로는 하이테크 기업이 즐비한 실리콘밸리도 보였다. 이 실리콘밸리가 훗날 자신의 운명을 좌지우지하리라고는 이때는 알지 못했다.

저 멀리 태평양이, 그 너머로는 일본이 있을 것이다. 손정의의 가슴에는 일본에서부터 품어 온 사업가가 되겠다는 큰 꿈이 있었다. '반드시 천하를 제패하리라!'

7개월 후인 1974년 9월, 손정의는 샌프란시스코 남쪽에 인접한 데일리시티의 4년제 고등학교인 세라몬테 고등학교 2학년으로 편입했다.

2 월반

이때 소년은 운명의 문을 두드린 것일지도 모른다. 문은 서서히 열렸다.

1974년 8월 9일 워터게이트 사건의 책임을 지고 닉슨 대통령이 사임했다. 10월 14일에는 프로야구 요미우리 자이언츠의 '살아 있는 전설'인 나가시마 시게오가 "자이언츠는 영원히 불멸입니다."라는 명언을 남기고 은퇴했다.

그해 신학기가 시작된 9월, 캘리포니아의 강렬한 태양이 그 존재감을 드러내기에는 다소 이른 어느 날 아침이었다. 샌프란시스코

남쪽에 있는 데일리시티의 공립학교 세라몬테 고등학교(1994년에 폐교되어 현재는 컴퓨터 기술자를 양성하는 학교가 되었다. 필자가 방문했던 날에도 많은 이가 컴퓨터 공부에 구슬땀을 흘리고 있었다), 반소매 폴로셔츠에 청바지를 입은 장발의 소년이 긴장한 얼굴로 교장실 문을 두드렸다.

"무슨 일인가?"

세라몬테 고등학교의 앤서니 교장은 작은 체구의 친근한 얼굴을 가진 소년을 바라봤다. 앤서니 교장은 대학 시절 이름을 날리던 풋볼 선수 출신으로 다부진 체격에 굵은 목소리의 소유자였다. 늘 미소를 짓고 있어서 학생들 사이에서 인기가 많았다.

교장 선생님은 소년을 웃으면서 맞이했다.

"교장 선생님, 꼭 만나 뵙고 싶었습니다."

'Son Jung'이라고 자신을 소개한 소년 손정의는 이 학교 2학년으로 편입한 상태였다. 편입하고 일주일은 모든 것이 새로웠다. 같은 반 아이들은 모두 할리우드 영화에 나올 법한 생김새였다. 어린 여자아이들은 반짝반짝 빛나는 청춘 그 자체였다. 가볍게 말을 거는 같은 반 친구들과 스스럼없이 대화를 주고받았다. 그야말로 꿈에 그리던 미국 유학 생활이었다.

하지만 얼마 지나지 않아 손정의는 자신이 꿈꿔왔던 상황과 다르다는 느낌이 들었다. 수업 수준이 높기는커녕 기대했던 수준보다 낮았기 때문이다.

"지금 당장 저를 3학년으로 올려주셨으면 합니다."

온화한 교장 선생님의 눈이 안경 너머로 날카롭게 반짝였다. 줄

곧 입가에 머물던 미소가 사라졌다.

"자네의 기록을 보니 일본에서 고등학교를 졸업하지 않았던데?"

"네. 도중에 미국에 오고 싶어졌거든요."

"하지만…" 한 치의 망설임도 없는 당당한 태도에 교장 선생님도 쉽게 말을 잇지 못했다.

"자네는 아직 1학년 과정도 이수하지 않았네."

4년제인 세라몬테 고등학교 1학년은 일본의 중학교 3학년 과정에 해당하기 때문에 일본에서 중학교를 졸업한 손정의는 고등학교 2학년으로 편입할 수밖에 없었다.

"하루라도 빨리 대학에 진학하고 싶기 때문입니다."

동양인답지 않은 대담한 발언과 적극적인 태도에 놀란 교장 선생님은 결국 두 손을 들었다. 다음 날 손정의는 고등학교 3학년이 되었다.

5일 동안 식탁이나 화장실에서조차 교과서를 놓지 않고 1분 1초를 아껴가며 공부했다. 그 모습을 본 교장 선생님의 결단으로 3학년에서 4학년으로 특별 진급을 인정받은 손정의는 기세를 몰아 무모한 도전에 나섰다. 대학 입학을 위한 검정고시를 보기로 한 것이다.

미국에서는 고등학교를 졸업하지 않고 대학에 진학하는 경우가 드물지 않다. 그렇다고 해도 불과 석 달 만에 고등학교 과정을 마치고 어려운 시험에 합격한 사례는 거의 없었다. 검정고시에 붙으면 18살 미만도 고등학교 졸업 자격을 획득해 대학 시험에 응시할 수 있다. 다만 수학, 물리, 화학, 역사, 지리, 영어의 6과목 모두 합격해야만 했고 그중 한 과목이라도 떨어지면 다시 봐야 했다.

교장 선생님은 해보지도 않고 포기하는 대신 소년의 가능성에 걸어보기로 했다. 하지만 추천서를 써주면서도 소년의 영어 실력을 고려하면 단번에 붙기는 어려우리라 생각했다. 하지만 딱 한 사람, 그의 합격을 확신한 사람이 있었다. 바로 손정의 자신이었다.

검정고시는 하루 두 과목씩 총 3일에 걸쳐 진행되었다.

아침 9시, 시험이 시작되었다. 손정의는 책상 위에 놓인 문제지를 보고 입이 딱 벌어졌다. 일본과는 다르게 문제지 더미가 너무도 두툼했기 때문이다. 평범한 학생이라면 수십 페이지에 이르는 두께를 보고 덜컥 겁부터 났을 것이다.

'이를 어쩌지?'

손정의가 아니었다면 자신의 무모함을 탓하기 바빴을 것이다. 하지만 이 시험에서 떨어지면 내년까지 기다려야만 했기 때문에 손정의는 어떻게든 방법을 찾아야 했다. 그저 앉아서 내년이 오기만을 기다릴 수는 없었다.

아무리 좋은 계획도 실천하지 않으면 의미가 없다. 머릿속으로 하는 생각은 누구나 할 수 있기 때문이다. 그래서 손정의는 계획을 세운 후에는 주저 없이 행동으로 옮기기로 했다. 한 번뿐인 인생이기에 인류의 역사에 길이 남을 만한 사람이 되고 싶었다. 하지만 남들과 똑같은 방식으로는 결코 역사에 이름을 남길 수 없으리라.

이때만큼은 아무리 배짱이 두둑한 손정의라 해도 두 손을 모아 기도하고 싶은 심정이었다. 신이 아닌 자신의 운명에 간절히 빌었다. 결심을 굳힌 손정의는 시험 감독관에게 사전의 사용과 시간 연장을 요청했다.

"안됐지만 자네만 예외로 할 수는 없네."

손정의의 표정이 비장해졌다. 위기의 순간에서 그의 내면의 강인함은 더욱 빛을 발했다.

"그럼 제가 직접 어필하고 오겠습니다."

정확히 그렇게 말했는지는 본인도 기억하지 못한다. 손정의의 발은 이미 교무실로 향하고 있었다. 교무실 문을 열었다. 흥분한 상태였지만 침착함도 잃지 않았다. 비범한 자질을 가지고 태어난 소년이었다.

교무실에 있던 교사들은 호기심 어린 눈으로 소년의 주위로 모여들었다. 사정을 설명하는 손정의를 안쓰러운 눈으로 바라보는 교사도 있었다. 미국에서는 감정에 솔직한 사람에게 도움을 주려는 경향이 있다. 순식간에 분위기가 기울었다. 한 교사가 교육위원회에 전화를 걸었다. 전화를 받은 교육위원장은 소년의 열의에 탄복해 주장의 타당성을 따지지 않고 사전의 사용과 시험 시간 연장을 허가해주었다.

돌이켜보면 얼토당토않은 요구였다고 손정의는 웃으면서 회상한다. 하지만 그 당시의 소년 손정의는 난관을 극복하기 위해서 누구보다 필사적이었다. 미국까지 온 목적이 이 시험에 달려 있었기 때문이다.

그렇게 시험 시간 연장을 허락받았다. 하지만 몇 시까지라고 정해진 것은 아니었다. 그래서 손정의는 자신에게 유리하게 해석하기로 했다. 문제가 풀릴 때까지 포기하지 않고 끝까지 파고들었다.

미국 학생들을 위한 검정고시인 만큼 무슨 뜻인지 감도 오지 않을 만큼 어려운 단어가 빼곡했다.

혼자만의 기나긴 싸움이 시작되었다. 미국 학생은 문장을 읽으면 무엇을 요구하는 문제인지 금방 파악되겠지만 손정의는 질문의 의미를 이해하기까지 시간이 걸렸다. 게다가 답을 정확한 영어 문장으로 적어야만 했다. 정확한 영어가 아니더라도 아무튼 답이 맞아야만 했다. 하지만 문제마다 함정이 도사리고 있었다. 생각한 답이 정답일지 고민하면서 몇 번씩 문제를 들여다봤다.

오후 3시가 되자 시험 시간의 종료를 알리는 벨이 울렸다. 다른 학생들은 모두 교실을 나섰지만 손정의는 계속해서 문제와 씨름했다.

시험 첫날, 펜을 내려놓자 시계는 오후 11시를 가리키고 있었다. 감독관도 눈에 띄게 지쳐 보였다. 남은 힘을 힘겹게 쥐어짜 낸 듯한 목소리였다.

"Well done(고생했다)."

손정의는 미소를 띤 채 조용히 답했다. "감사합니다."

몽롱한 상태로 홈스테이 집으로 돌아왔다. 라디오에서는 비치 보이즈의 히트곡이 흘러나오고 있었다.

시험 이틀째, 미국 역사는 거의 감으로 풀었지만 그래도 여전히 오후 11시가 넘어서 끝이 났다. 3일째인 마지막 날, 손정의는 가장 어려웠던 과목인 물리를 힘겹게 마치고 펜을 내려놨다. 시곗바늘은 어느새 오전 0시를 가리키고 날짜도 바뀌어 있었다.

그로부터 2주가 흘렀다. 홈스테이 집으로 캘리포니아주 교육위원회가 보낸 우편물이 도착했다. 어떤 결과가 나올 것인가. 두근거리는 마음으로 봉투를 열었다.

수학은 거의 만점이었다. 물리도 비교적 괜찮은 성적이었다. 영어, 화학, 역사, 지리 성적은 썩 만족스럽지 못했다. 하지만 눈에 들어온 글자는 'ACCEPT(합격)'였다. 손정의는 저도 모르게 소리를 질렀다. "만세!"

최선을 다하고도 안 되면 결과를 받아들이기 쉽다. 미련이 남지 않기 때문이다. 소년은 변명하고 싶지 않았기에 온 힘을 다해서 도전했다. 자신의 신념을 관철해 목표를 이루어낸 사실이 내심 뿌듯했다.

이렇게 손정의는 고작 3주 만에 고등학교를 졸업하고 대학생이 되었다. 세라몬테 고등학교 사무국 기록에는 이렇게만 남아 있다.

"1974년 10월 23일, 손정의 자퇴."

사무국의 한 직원이 말했다. "비록 졸업하지는 않았지만 우리는 미스터 손 같은 인물이 우리 학교에 다녔다는 사실이 자랑스럽습니다."

3 운명적인 만남

미국으로 건너가자마자 ELS 과정에 입학해서 2~3주가 지났을 무렵, 손정의는 긴 머리의 호리호리한 몸매를 가진 아름다운 일본 여자를 만났다. 오노 마사미였다.

처음 본 순간, 가슴이 뛰었다. '이렇게 예쁜 사람이 있다니!'

두 번째 데이트하면서 확신이 들었다. '미래의 내 아내는 마사미 씨뿐이다.' 아직 손도 잡지 않은 사이였지만 손정의는 직감했다.

"청초하지만 심지가 굳은 면도 있습니다. 이렇게 멋진 여성을 만난 저는 행운아죠."

복도에서 그녀가 보이면 심장이 두근거렸다. 두 사람은 데이트를 겸해서 함께 도서관에서 시간을 보냈다. 식사도 카페테리아에서 함께했다. 참고로 마사미는 손정의의 첫인상에 대해 '나이를 가늠하기 어려운 특이한 녀석'이었다고 말한다.

ELS 과정에서 반년간 공부한 손정의는 세라몬테 고등학교에 입학했다. 한편 마사미는 홀리네임스 칼리지에 다니고 있었다. 마사미는 두 살 연상이어서 이대로라면 3년간 떨어져 지내야 했다.

'하루빨리 마사미와 다시 함께 공부하고 싶다.' 그런 간절함이 손정의를 월반이라는 강행군으로 이끈 원동력이 되었다. 마치 청춘 영화의 한 장면 같은 손정의의 인생의 방향을 바꾼 결정적인 순간이었다.

손정의는 들뜬 목소리로 마사미에게 전화를 걸었다.

"나도 그쪽(대학)으로 갈 테니 기다려."

손정의의 인생을 좌우한 또 하나의 운명적인 만남이 기다리고 있었다. 살다 보면 예상치 못한 만남과 마주하기도 하고, 하나의 행운이 또 다른 행운을 부르기도 한다. 마사미와의 만남이 또 다른 행운을 불러온 것이 틀림없었다.

어느 날 손정의는 항상 들리는 슈퍼마켓 세이프웨이에서 과학 잡지 『퍼퓰러 일렉트로닉스』를 샀다. 그리고 잡지 속 한 장의 사진에 정신을 빼앗겼다. 인텔이 발표한 i8080 컴퓨터 칩을 확대한 사진이었다. (8자리의 0과 1을 처리하는 8bit 마이크로프로세서가 등장하면서 퍼스널 컴퓨터가 탄생했고, 이는 컴퓨터의 대중화로 이어졌다.)

"살면서 가장 크게 감동한 순간이었습니다."

이렇게 작은 물건이 인류의 미래를 바꿀지도 모른다고 생각하니 사진에서 엄청난 에너지가 뻗어 나오는 것처럼 느껴졌다. 심지어 그 힘이 자신에게 쏟아지는 느낌이었다.

"감동적인 영화를 보거나 음악을 들으면 손가락이 파르르 떨립니다. 그 사진을 봤을 때도 그랬죠. 얼마나 감동했던지 뜨거운 눈물 한 방울이 또르르 흘렀습니다."

기하학적 모양이 빛에 반사되어 형형색색의 눈부신 빛줄기를 내뿜고 있었다. 손정의는 컴퓨터가 인류보다 뛰어난 살아 있는 생명체처럼 느껴졌다.

"인류의 역대 발명품 중 단연 최고입니다. 뭐라 형용할 수 없을 만큼 아름다운 빛줄기였습니다. 어쩌면 인류의 지적 생산 활동의 한계를 뛰어넘는 순간이었을지도 모르지요."

손정의가 예닐곱 살 때 TV에서는 애니메이션 〈철완 아톰〉이 방영 중이었다. 코주부 박사가 램프가 깜박깜박 점멸하는 커다란 컴퓨터를 만지는 장면이 나왔다. "그때까지 저에게 컴퓨터는 그런 이미지였습니다."

하지만 그 작은 생명체는 지금 눈부신 무지개색 빛줄기를 뿜어내고 있었다. 손정의는 사진을 조심스럽게 오려서 클리어 파일에 소중히 넣었다. 그리고 가방 안에 넣어 한순간도 떼놓지 않고 가지고 다녔다. 심지어 화장실에도 들고 갔고 잘 때는 침대 맡에 두고 잠들 정도였다. 그래서인지 반년 만에 너덜너덜해졌다. 어떤 형태로든 컴퓨터와 관련된 일을 해야겠다고 다짐한 순간이었다.

인생의 충격적인 만남을 가진 또 다른 젊은 미국인이 있었다. 그 역시 손정의처럼 뜨거운 눈으로 원 칩(one chip) 마이크로컴퓨터를 바라보고 있었다. 바로 마이크로소프트사 회장인 빌 게이츠였다. 빌 게이츠는 1955년 워싱턴주 시애틀에서 태어났다. 훗날 세계 최고의 자산가가 된 컴퓨터 천재의 탄생이었다.

대학교 2학년생이던 1974년, 잡지 『퍼퓰러 일렉트로닉스』를 본 빌 게이츠 역시 형용하기 어려운 벅찬 감동을 느꼈다. 빌 게이츠는 그때의 충격을 이렇게 회상한다.

“감탄할 수밖에 없었습니다. 퍼스널 컴퓨터가 인간과 컴퓨터의 관계를 180도 바꾸어 버릴 거라 확신했지요.”

아무도 신경 쓰지 않을 것 같은 작은 기사가 그의 눈에 들어왔다. 알테어라는 이름의 350달러짜리 컴퓨터 키트를 뉴멕시코주 앨버커키에 있는 MITS사에서 만들었다는 기사였다.

빌 게이츠는 그 길로 또 다른 천재인 폴 앨런에게 달려가 설득에 나섰다. 폴 앨런이 빌 게이츠와 처음에 만난 것은 고등학교 시절이었다. 시애틀 명문인 레이크사이드 고등학교에 PDP-10이라는 텔레타이프 단말기가 시분할 방식으로 설치된 이후 두 사람은 컴퓨터의 매력에 빠져들었다.

“초보자용 프로그램 언어인 BASIC을 마이크로컴퓨터에 이식할 때가 왔어. 어서 서두르자!”

그 후 빌 게이츠와 폴 앨런의 행보는 21세기 초반인 오늘날 하나의 신화가 되었다. 같은 해 2월부터 3월까지 빌 게이츠와 폴 앨런은 하버드 대학교 기숙사의 작은 방에 틀어박혀 개발에만 몰두했다. 햄버거와 콜라로 식사를 때우고는 책상에 엎드려서 쪽잠을 자며 버티는 날이 계속되었다. 컴퓨터 초창기의 역사를 써 내려간 또 다른 청춘의 한 장면이었다.

“바로 지금이야. 시대를 바꾸는 역사적인 순간이라고. 그러니 더 늦어져서는 안 돼.”

마침내 두 청춘은 알테어용 BASIC 개발에 성공했다. 그렇게 컴퓨터 춘추 전국시대의 서막이 올랐다. 빌 게이츠가 19살, 폴 앨런이 22살 때였다.

이듬해인 1975년, 폴 앨런은 근무하던 하니웰사를 나오고 빌 게이츠는 하버드 대학교를 중퇴했다. 그리고 앨버커키로 옮겨 함께 마이크로소프트사를 차렸다.

1976년 애플 컴퓨터를 출시한 스티브 잡스와 스티브 워즈니악도 같은 시기 업계의 최전선에 있었다. 그뿐 아니라 썬 마이크로시스템즈의 스콧 맥닐리, 오라클의 래리 에릭슨도 손정의와 동시대의 인물들이었다. 모두 원 칩 마이크로컴퓨터 역사의 최전선에 등장한 16~19살의 젊은 무사들이었다.

여기서 손정의가 존경하는 사카모토 료마를 떠올려보자. 료마를 비롯한 에도막부 말기의 지사(志士, 높은 뜻을 지닌 사람 혹은 나라와 민족을 위해 제 몸을 바쳐 일하려는 뜻을 가진 사람—옮긴이)들은 미국의 페리 제독이 이끄는 검은 군함의 갑작스러운 등장을 계기로 메이지유신을 향해 달려가기 시작했다.

손정의나 빌 게이츠에게 원 칩 마이크로컴퓨터와의 충격적인 만남은 마치 검은 군함의 등장과도 같았다. 그야말로 역사에 길이 남을 필연적인 만남인 셈이다. 이 운명적인 만남을 계기로 전 세계의 디지털 정보혁명이 시작되었다.

1975년 9월 손정의는 홀리네임스 칼리지에 입학했다. 목표가 생긴 만큼 사력을 다해 공부하기로 다짐했다. 한다면 하는 남자였다.

먼저 손정의는 문짝을 사러 갔다. 미국식 문은 천장까지 닿을 정도로 크기가 컸다. 가구점에서 손잡이가 없는 커다란 문짝을 한 장 사서 두 장의 철판 캐비닛 위에 올리자 특대 사이즈의 책상이 완성되었다. 새로운 책상 위에 교과서, 사전, 참고서 등 필요한 물건을 하나부터 열까지 다 올려놨다. 조명도 세 군데나 설치했다.

"자, 시작해볼까!"

힘찬 기합과 함께 공부를 시작했다. 밥을 먹거나 목욕을 할 때도 책에서 눈을 떼지 않았다. 목욕탕에 몸을 담근 채로 교과서를 봤다. 차를 운전할 때도 마찬가지였다. 테이프에 강의를 녹음해서 헤드폰으로 들으면서 이동했다. 그러다 신호등에 걸리면 시간이 아깝다며 핸들 위로 교과서를 펼쳤다. 곁눈질로 교과서를 보느라 바뀐 신호를 알아차리지 못하면 어김없이 뒤에서 경적이 울렸다. 그제야 허겁지겁 브레이크에서 발을 뗐다.

손정의는 캠퍼스에서도 독특한 차림새로 거닐었다. 등에 멘 노란색 가방에는 언제나 모든 과목의 교과서가 빼곡했다. 면바지도 직접 수선해서 입었다. 커다란 주머니를 바지에 달아 펜 15자루를 구겨 넣고 계산기까지 넣고 다녔다. 그래서 공강 시간에 뛰어다닐 때면 항상 달그락거리는 소리가 났다.

"대체 뭐 하는 녀석이지?"

울룩불룩한 가방을 메고 달그락 소리를 내면서 달리는 수상한 남자가 캠퍼스를 빠르게 빠져나갔다. 원 칩 마이크로컴퓨터라는 미지의 세계가 이 청년의 열정에 불을 지폈다.

4 이단아

1975년 10월 1일 헤비급 세계 챔피언인 무하마드 알리는 조 프레이저와 대결했다. 알리는 강렬한 펀치를 날려 14라운드 만에 압승을 거뒀다.

"I'm the greatest(나는 위대하다)."

또 다른 위대한 남자, 손정의는 '공부 귀신'이 되어 가고 있었다. 초인적인 힘을 발휘했다. 평균 수면시간은 3시간으로 길어봤자 5시간이었다.

"니노미야 손토쿠에게 뒤지지 않을 만큼 공부에 전력을 쏟아부었었죠." 손정의는 회고한다.

왜 니노미야 손토쿠와 비교했는가. 예전 일본의 초등학교에는 반드시 교정 어딘가에 장작을 지고 책을 읽는 소년의 동상이 있었다. 니노미야 손토쿠는 일본인이라면 누구나 아는 독농가였다. 가난한 집에서 태어나 잠자는 시간을 아껴가며 책을 읽는 소년의 모습은 손정의의 청년 시절 그 자체였다.

홀리네임스 칼리지에서의 시험 전날, 손정의는 독한 감기에 시달리고 있었다. 악성 독감에 걸렸는지 고열로 일어나지 못할 정도였고 입맛도 없었다. 그야말로 최악의 몸 상태로 시험 날이 다가왔지만 손정의는 흥분을 감추지 못했다. 학생이라면 누구나 시험을 두려워한다. 하지만 손정의는 설레어서 참을 수가 없었다.

마사미 역시 감기에 걸려 침대에 누운 채로 그 모습을 바라봤다. 훗날 아내가 되는 마사미는 긴 머리를 쓸어 올리면서 잠시 든든함을 느꼈지만 결국에는 고개를 절레절레 저을 수밖에 없었다.

참고로 이때의 시험 성적은 역대 최고인 전 과목 A였다.

시험을 마치고도 여전히 몸이 무겁고 열도 그대로여서 결국 병원으로 향했다. 의사는 깜짝 놀란 얼굴로 물었다.

"당신은 자신의 병이 중병이라는 사실을 정말 몰랐습니까?"

손정의의 성적은 단연 독보적이었다. 몇몇 우수한 학생들과 함께 학장상을 받았다. 유학생으로서는 최초의 쾌거였다.

손정의에게 상장을 건네준 당시 아일린 우드워드 학장은 이렇게 회고한다. "우리는 미스터 손을 자랑스럽게 생각합니다."

홀리네임스 칼리지는 '스몰 칼리지'라고 불리는 폭넓은 교양을 갖추기 위한 대학이다. 명예(Honor), 고결(Nobility), 용기(Courage)를 모토로 하며, 교표는 중세 문장에서 따온 홀리네임스 수녀회의 교표를 계승했다. 타원 안에 둘러싸인 십자가와 백합은 예수 그리스도와 성모마리아의 성명(홀리네임스)을 상징한다.

손정의가 입학하기 4년 전인 1971년부터 남녀공학으로 전환되었고 외국 학생을 받기 시작했다. 1975년 당시 학생 수는 한 반에 15~20명씩 총 800명이었다.

커다란 사회 변혁의 물결이 대학가에도 밀려왔고 시대는 손정의가 입학하기 직전에 크게 변화했다. 엄격한 가톨릭 학교였지만 수도복이 아닌 평상복의 착용을 허용했다. 교풍도 예전에 비해 자유로워져 종교를 강요하지 않고 학생들이 자연스럽게 관심을 가지도록 방침을 바꿨다. 미국인 교사나 학생 모두가 외국에서 온 학생들의 다른 문화를 이해하려고 애썼다.

1990년대에 해당 대학에서 공부한 후배인 가와무카이 마사아키는 이렇게 말한다. "자유롭고 분위기가 매우 좋은 학교였습니다. 다양한 인종이 함께 수업을 들었는데 다들 사이가 무척이나 좋았습니다."

경제학, 역사학, 정치학 등 15개의 전문 과정 중 일본 유학생들에게 인기가 좋은 과는 개호학과였다.

지금은 교단을 떠났지만 마거릿 커크 여사는 손정의를 선명하게 기억한다. 월수금 아침 8시부터 시작하는 수업이었다. 커크 여사는 1975년과 1976년에 회계학 수업에서 손정의를 가르쳤다. 손정의는 특별 제작한 바지에 고무 슬리퍼를 달그락거리며 캠퍼스 예배당 옆 기나긴 108계단을 요란하게 뛰어 내려와 늘 그렇듯 강의실 맨 앞자리에 앉았다.

"눈에 띄는 학생이었습니다. 눈빛이 반짝반짝 빛났거든요."

일본, 인도네시아, 멕시코, 미국 등 다양한 국적의 학생들이 듣는 수업이었다. 스무 명 남짓인 학생 중에서도 손정의는 단연 눈에 띄었다. 수업이 끝난 후에도 자주 커크 여사를 잡고는 질문을 퍼부었기 때문이다.

"비즈니스가 하고 싶습니다."

커크 여사는 당시 30대 후반으로 시간제 강사로 갓 부임했을 때였다. 그래서 강렬한 인상을 남긴 이 학생을 놀라운 눈으로 바라봤다. 수업에서 배운 내용을 직접 실천해보고 싶어 하는 열정적인 태도가 돋보였다. 이 학생은 어떤 미래를 꿈꾸고 있을까.

손정의는 "나중에 비디오게임 관련 비즈니스를 해보고 싶습니다."라고 말했다. 물론 커크 여사는 손정의가 TV 게임의 붐을 일으키리라고는 추호도 생각지 못했다(훗날 손정의는 일본에서 인베이더 게임기를 수입하는데 그 아이디어는 이때부터 생각해둔 것이었다).

캠퍼스의 카페테리아 앞에는 기숙사 생도들을 위한 휴게실이 있었다. 작은 부엌이 있었지만 쓰는 사람은 아무도 없었다. 이 점에 착안한 손정의는 친구와 비즈니스를 시작했다.

"학생들에게 저렴하고 건강한 야식을 제공하기 위해 휴게실을 사용하고 싶습니다." 손정의는 대학교 사무국에 찾아가 사용 허가를 받았다. 전단을 나눠주고 만반의 준비를 마쳤다.

휴게실 입지는 그야말로 최고였다. 학생을 두 명 고용해서 하루

두 시간씩 음식을 팔았다. 야키소바, 몽골리안 비프, 완탕스프 등을 저렴하게 제공했는데 맛도 나쁘지 않다고 입소문이 났다. 아르바이트생들에게는 준비나 정리 시간까지 하루 네 시간 시급 2.5달러씩을 지급했다.

예상보다 뜨거운 반응에 한껏 고무된 것도 잠시, 예상치도 못한 문제가 발생했다. 친구가 매출을 속인 것이었다. 믿었던 친구였던 만큼 손정의는 큰 충격에 빠졌다. 돈이 얽히면 친구도 별수 없다는 사실을 깨달았다. 결국 반년 만에 '손정의 식당'은 폐업했지만 좋은 경험이 되었다.

이렇게 손정의의 경영철학 하나가 탄생했다. 비즈니스는 홀로 할 수 없지만 파트너는 반드시 신중히 골라야 한다는 교훈이었다.

미국에 오기 전부터 손정의는 언젠가 비즈니스를 하는 사업가가 되겠다고 굳게 다짐했다. 그래서 비즈니스에 도움이 되지 않는 공부는 그에게 별 의미가 없었다.

일본 맥도날드 사장인 후지타 덴의 저서 『유대인의 상술』을 읽고 크게 감명받은 고등학생 손정의는 혈혈단신으로 규슈에서 상경해 후지타를 찾아갔다. 후지타는 이 무모한 소년을 사장실로 들여 대화를 나눴다.

"만약 내가 젊다면 요식업이 아니라 컴퓨터 관련 비즈니스를 하겠네."

미국에서 마이크로컴퓨터와 운명적으로 만난 이후로도 손정의는 후지타가 쓴 책을 몇 번이나 다시 읽었다. "돈을 버는 행위는 훌륭한 일이다. 돈 자체는 더럽지도 깨끗하지도 않다." 하고 후지타는 강조했다. 손정의는 이 책을 통해 일본인다운 유교 윤리에 따른 '돈벌이는 천박하다'라는 고정관념에서 벗어날 수 있게 되었다.

손정의는 홀리네임스 칼리지를 2년도 안 되어 마치고 고등학교 1학년 때 단기 유학에서 접한 이후로 동경해왔던 UC버클리 캠퍼스 한 곳만 지원하기로 했다. 3학년으로 편입하기 위해 손정의는 대학 경제학부 사무직원에게 전화를 걸었다. 그러자 교수회의에서 손정의를 1번으로 입학시키기로 했다는 답변이 돌아왔다. 나머지는 대학교 사무국 절차상 특별한 문제가 없으면 그대로 합격이었다. 홀리네임스 칼리지에서 버클리로 편입이 가능한 인원은 전체의 10%에 불과했다. 하지만 무슨 수를 쓰더라도 꼭 명문인 버클리에서 공부하고 싶었다.

1977년 손정의는 보란 듯이 캘리포니아 대학교 버클리 캠퍼스 경제학부 편입에 성공했다. 같은 해 마사미도 사이좋게 버클리로 편입해 천체물리학을 공부하기 시작했다. 때는 이미 빌 게이츠가 하버드 대학을 중퇴하고 앨버커키에서 마이크로소프트사를 세운 후였다.

5 발명왕

캘리포니아의 강렬한 태양은 향기 좋은 와인을 빚어내고 비옥한 대지는 천재를 낳는다.

캘리포니아 대학교 버클리 캠퍼스는 샌프란시스코에서 베이 브리지를 건너면 보이는 버클리시에 자리한다. 1868년에 설립된 버클리 캠퍼스는 미국을 대표하는 공립 종합대학으로 14개의 단과대학으로 구성되어 있다. 전 세계 100개국이 넘는 곳에서 학생들이 모여드는 곳이다. 캠퍼스는 샌프란시스코 항을 한눈에 내려다보이는 500헥타르(500만 제곱미터) 규모로 수려한 자연경관을 자랑한다. 자연환경뿐만 아니라 설비 역시 일본에서는 상상하기 어려운 규모다. 도서관은 단과대별로 존재하며 보유한 장서의 규모도 세계 최상위권이다.

유수의 대학 중에서도 손정의가 버클리를 고른 배경에는 세계에서 가장 많은 노벨상 수상자를 배출한 명문대학이라는 점 외에 자유로운 교풍도 한몫했다. 그만큼 버클리에는 다양한 개성을 지닌 사람들이 모였다.

손정의가 졸업하고 25년이 넘은 지금도 당시의 분위기는 여전했다. 캠퍼스 잔디밭을 지나다 탱크톱 차림으로 담소를 나누는 여학생 무리와 수상한 망토를 두른 남자를 보고 필자는 흠칫 놀랄 수밖에 없었다. 캠퍼스 주변에는 현란한 무늬의 티셔츠 가게나 향을 파는 매대가 나란히 자리해 활기를 띠었다.

손정의의 동급생 중에도 기묘한 남자가 몇몇 있었다. 얼굴의 오른쪽은 머리카락과 수염을 기르고 왼쪽은 깨끗이 밀어서 매끈한 남자가 있었다. 그런데 수학 성적만큼은 항상 탑을 유지했다. "교수님, 이 공식은 틀렸는데요."라며 수업 도중에 교수를 쩔쩔매게 하는 일도 한두 번이 아니었다. 손정의도 교과서 속 오탈자나 공식의 오류를 가끔 지적했지만, 이 남자에게는 고개가 절로 숙어졌다. 또 어떤 날에는 스파이더맨 분장을 하고 온종일 건물 벽을 타는 남자를 발견하기도 했다.

버클리에서 공부하면서 손정의가 가장 만족스러웠던 부분은 컴퓨터 설비였다. 모든 학생에게 24시간 개방했다. 단말기가 건물별로 수백 대씩 늘어서 있는 모습은 실로 장관이었다. 이 컴퓨터 시스템을 손정의는 철저하게 이용했다.

손정의는 특히 수학과 물리, 컴퓨터, 경제학 과목에 힘을 쏟았다. 이 네 분야의 성적은 모두 A로 상위 5%에 해당했다. 그래서 어학 측면에서 핸디캡이 있는데도 불구하고 손정의는 누구보다 많은 과목을 이수했다.

미국 대학은 입학은 비교적 쉬운 반면 졸업은 쉽지 않다. 약 25%만이 졸업 가능한 정도다. 이수 학점이 부족하거나 C를 받으면 대학에서 강제로 퇴학을 시키기도 했다. 그러면 중퇴하거나 다른 대학으로 전교해야만 했다.

교수 평가 역시 엄격했다. 학기 말이 되면 '교수 평가(Teachers Evolution)'를 실시해 학생들이 무기명으로 평가했다. 강의 준비를 잘했는지, 채점 기준은 공정했는지 등 50가지 항목에 대해 1점부터 7점까지 점수를 매겼다. 학생들의 평가는 컴퓨터로 정리해서 대학교 생협에서 인쇄물로 발행되었고, 이 데이터를 바탕으로 학생들은 심사숙고해 수강 과목을 정했다. 강의 내용이나 시험 수준이 낮으면 학생들의 비판이 쏟아졌다. 그 때문에 학생들의 선택을 받지 못한 교수는 학교를 떠나기도 했다.

미국 대학에서는 공부하는 학생과 그렇지 않은 학생 간의 차이도 컸다. 공부하는 학생은 손정의만큼 독하게 학업에 열중했다. 교수도 분필을 칠판에 내리찍고 침까지 튀겨가며 진지하게 강의했다. 교수와 학생 간에 불꽃 튀기는 싸움의 연속이었다.

이러한 버클리에서의 생활을 지탱해준 건 여자친구인 마사미였다. 어느 날 손정의는 갑작스러운 제안으로 마사미를 놀라게 했다.

"집에서 보내주시는 생활비 말이야, 이제 받지 말자. 나도 안 받을게."

생각지도 못한 말에 마사미의 눈이 동그래졌다. 여자친구인 마사미와 결혼하고 싶다는 뜨거운 열망이 느껴졌다. 말을 마친 손정의의 표정은 진지했다.

"어차피 결혼하면 내가 책임져야 하니까."

터무니없는 이야기였지만 별도의 계획이 있었던 것일까?

대학을 졸업하면 사업가로서 발을 내디딜 심산이었다. 하지만 졸업한다고 바로 시작할 수 있을까? 일반 학생이라면 어림도 없는 이야기다. 하지만 손정의는 가능하리라고 확신했다. 이 세상에 불가능한 일은 없다. 다만 그러기 위해서는 재학 기간에 준비가 필요할 뿐이었다. 또 생활비 정도는 스스로 벌어야만 하는 상황이었다. 냉혹한 현실이 눈앞에 다가와 있었다.

미국에 가기 전 아버지는 입원 중이었기 때문에 아버지의 병세와 남아 있는 가족들의 생활이 신경 쓰였다. 그렇다고 아직 미래도 불투명한 일개 대학생에게 생활비 지원까지 끊으면 과연 생활할 수 있을까. 심지어 아르바이트만큼은 절대 안 하는 것이 철칙이었다. 당시 손정의는 생활비로 20만 엔을 받고 있었는데 사실 가족들에게는 부담스러운 금액이었다.

'어떻게 하면 해결할 수 있을까?' 그래서 하루 5분씩만 공부가 아닌 다른 일에 쓰기로 마음먹었다. 5분 정도 공부를 덜 한다 해서 성적에 영향이 있지는 않으리라. 버클리 생활도 익숙해져서 약간의 여유가 생긴 시점이었다.

이때 손정의는 범상치 않은 결심을 했다. 하루 5분씩 투자해서 한 달에 100만 엔 이상 벌 수 있는 일은 없을까?

"It's foolish(바보 아냐?)." 친구들이 비웃었다. 알코올 중독이나 마약이 만연한 오클랜드, 범죄가 빈번한 샌프란시스코에서의 위험한 일이라면 가능할지도 모른다. 하지만 손정의는 그런 아르바이트에는 털끝만큼도 관심이 없었다. 일본 유학생이 할 수 있는 아르바이트는 레스토랑 설거지나 거리 청소와 같은 육체노동이나 관광객을 대상으로 하는 가이드 정도였다. 아무리 열심히 일한다 해도 육체노동으로는 버는 돈에 한계가 있었다. 그래서 머리를 써야만 했다. 하지만 당시 손정의에게는 자본도 연줄도 없었다.

"아, 맞다!"

갑자기 기발한 아이디어가 떠올랐다. 한 가지 방법이 있었다. 무언가를 발명해서 특허를 파는 일이었다.

'경영의 신'이라 불리는 마쓰시타 전기산업의 설립자인 마쓰시타

고노스케는 작은 공장부터 시작했다. 2단 소켓이나 자전거 램프의 발명이 세계적인 전기왕으로 향하는 첫 단추였다. 마쓰시타는 손정의가 존경하는 인물이다.

"마쓰시타 씨도 해냈으니까 나도 해낼 수 있을 거야. 좋아, 발명을 해보자!"

그야말로 기상천외한 발상이었지만 망설일 시간이 없었다. 손정의는 바로 행동을 개시했다.

버클리에는 훌륭한 서점이 많았다. 그뿐 아니라 헌책방에는 매년 우수한 학생이 졸업할 때 처분하는 책이 산더미처럼 쌓여 있었다. 손정의는 시내를 샅샅이 뒤져서 특허 관련 책을 몽땅 사 모았다.

물론 발명을 해본 경험은 없었다. 초등학생 때 만들기를 좋아해서 무언가 창의적인 일에 관심은 있었지만, 발명은 온전히 별개의 일이었다. 책을 통해 어떤 물건이 특허로 인정받는지에 대한 감이 잡히자 실천에 돌입했다.

"오늘부터 하루에 한 가지씩 발명하는 거야."

손정의는 진지했다. 그에게는 실현 가능한 인생 계획의 한 단계일 뿐이었다. 발명왕인 에디슨조차 하루 한 가지 발명은 시도하지 않았을 것이다. 만약 가능하다면 그야말로 발명의 신일 것이다.

손정의가 일기 대신 영어로 적은 발명 고안 노트(다른 이름은 아이디어 뱅크)에는 250건이 넘는 아이디어가 빼곡히 적혀 있다. 하루 한 가지는 달성하지 못했지만, 실제로 여기서 위대한 발명이 탄생했다.

"똑같은 일을 1년간 계속한 덕분에 큰 자신감을 얻었습니다."

저렴한 알람시계가 5분 후에 울릴 때까지 고민한 아이디어는 모두 손정의답고 독특했다. 손정의는 발명이 크게 세 가지 유형으로 이루어진다는 사실을 깨달았다.

첫 번째는 문제 해결법이다. 어떠한 문제나 곤란한 상황이 생겼을 때 그를 해결하기 위한 발명이 이루어진다. 예를 들어 단면이 둥근 연필은 테이블에 두면 굴러서 떨어진다. 그래서 '연필이 구르면 불편하다'라고 느낀다. 이런 불편함을 해소하기 위해 '단면을 사각형이나 육각형으로 바꾼다'라는 해결 방법을 도출한다. 문제를 발견하고 3단 논법으로 해결책을 고안하는 유형이다.

화장실 변기 위에 앉아서도 고민했다. 청결하지 않고 차가운 변기를 개선하는 방법이 없을까? 손정의는 자주 먹던 햄버거의 발포 스티로폼 용기를 응용해 화장실 시트를 발명했다. 지금도 괜찮다고 생각하는 아이디어지만 앞으로 전 세계를 무대로 사업을 하려는 사람의 발명품으로는 적당하지 않은 것 같아 포기했다. 이른바 '필요는 발명의 어머니' 패턴이다.

두 번째 유형은 수평적 사고다. 발상의 전환을 통해 발명이 이루어진다. 원래 둥글었던 물건을 사각형으로 바꿔보거나, 빨간 물건은 하얗게 해보고, 큰 물건을 작게 만들어보기도 한다. 손정의가 발명한 신형 신호등도 이 방법을 사용했다. 색깔만 보이는 신호를 형태로도 보여주고 싶다는 생각에 기존의 동그라미 세 개를 동그라미, 세모, 네모로 바꾼 신호등이었다. 이렇게 바꾸면 색맹인 사람도 구분하기 쉬울 것이다.

세 번째 유형은 조합이다. 기존의 물건을 조합하는 방식이다. 라디오와 테이프 녹음기를 합쳐서 라디오 카세트테이프가 되는 식이다. 미국에서 손정의가 많은 발명품을 만들어낸 방법이 바로 세 번째 패턴이었다. 이 방법이라면 체계적으로 발명할 수 있겠다는 확신이 섰다.

길을 찾은 뒤로는 물 만난 고기였다. 현대에 되살아난 거대 공룡처럼 거침없이 몰아붙였다. 젊은 발명왕 손정의는 마침내 위대한 발명에 성공했다.

6 전대미문

19살, 한창 청춘이었다. 대부분은 공부나 스포츠, 데이트에 여념이 없을 때다. 하지만 전체 인생에서 19살은 무엇을 해야 하는 시기인가.

대학교 3학년이었던 손정의는 보통 사람은 상상도 못 할 만한 신념을 가지고 있었다. '인생 50년 계획'이라는 라이프 플랜을 세운 것이다.

어떠한 일이 있어도 20대에는 자신의 사업을 일으키고 이름을 떨친다. 여기까지는 제법 있을 법한 청년의 야망일지도 모른다. 하지만 다음 이념을 들으면 놀라지 않을 수 없다. 30대 안에 최소 1천억 엔의 군자금을 모은다. 과대망상이라고 해야 할까. 심지어 여기서 끝이 아니다. 40대에는 이때다 싶을 때 큰 승부를 건다. 즉 규모가 큰 사업에 도전한다. 50대에는 큰 사업을 성공시키고, 60대에 다음 경영자에게 바통을 넘긴다.

이것이 19살짜리 청년이 그린 자신의 라이프 플랜이었다. 그야말로 전대미문의 파격적인 청춘의 그림이었다. 그리고 계획을 달성하기 위해서 지금 무엇을 해야 할지를 고심했다.

"일단 하루 하나씩 발명하는 거야."

놀랍게도 손정의는 계획을 그대로 실천했다. 조합법을 시도하다가 마침내 위대한 발명에 성공한 것이다.

먼저 손정의는 영어단어 카드에 머릿속에 떠오르는 명사를 적었다. 예를 들어 '귤', '못', '암기' 등 닥치는 대로 써 내려갔다. 카드가 300장 정도 완성되자 이번엔 카드 게임처럼 3장씩 뒤집었다. 세 단어를 합치면 새로운 상품이 탄생할지도 모른다는 계산이었다.

때로는 아무 의미 없는 조합이 기발한 발상을 낳을 때가 있다. 예를 들어 프랑스 시인 아르튀르 랭보과 어깨를 나란히 하는 19세기 시인 로트레아몽 백작은 재봉틀과 우산 등 전혀 관계없는 물건을 조합해 유니크한 아이디어를 떠올렸다. 이렇게 탄생한 것이 초현실주의 운동이다.

처음에는 카드를 손수 뒤집던 손정의는 더욱 체계적인 작업을 위해 컴퓨터를 사용하기로 했다. 컴퓨터를 잘 활용한다면 쉽고 효율적으로 발명할 수 있으리라 생각했기 때문이다.

흔히 하루에 천 리 달리는 말을 명마라고 한다. 하지만 아무 기량이 없는 기수가 과연 명마를 다룰 수 있을 것인가. 명마가 실력을 발휘하려면 기수 역시 그에 걸맞어야 한다. 손정의는 24시간 개방된 대학교 컴퓨터실에 틀어박혀 연구에 몰두했다. 컴퓨터실에서는 학생들과 의문점을 이야기하며 정보를 교환했다. 우유와 빵을 위에 밀어 넣고는 지치면 그대로 침낭에서 눈을 붙였다.

손정의가 떠올린 방법은 독특했다. 컴퓨터를 계산기로 사용하는 것이 아니라 '창조하는' 기계로 활용했다. 먼저 컴퓨터 프로그램을 사용해 칸마다 1개 값을 입력했다. 그리고 해당 칸의 새로움 지수를 10점 만점, 크기 지수는 5점 만점, 해당 칸과 관련한 자신의 지식 점수를 30점 만점으로 입력했다. 또 발명으로 이어질 수 있을지 등을 40개 요소로 컴퓨터에 입력했다.

"컴퓨터를 창의적인 일에 활용한 학생은 처음이군." 하고 담당 교수도 놀랐다. 이를 컴퓨터 수업의 자유 과제로 제출하자 교수는 A를 줬다.

300개 칸에서 3개를 뽑기 때문에 몇백만 개라는 조합이 나왔다. 그리고 각각에 대해 컴퓨터가 점수로 합산해 점수가 높은 순으로 나열했다. 손정의가 컴퓨터라는 명마를 잘 이해하고 있었기 때문에 가능했던 방법이었다. 심지어 5분이라는 시간제한이 있었다. 하루 5분씩만 투자했기 때문에 자연스럽게 점수가 높은 항목만 보게 되었다.

"오, 이거 재미있겠는걸."

드디어 흥미로운 아이디어가 눈에 띄기 시작했다. 그중에서 독단과 편견으로 잠재력이 있고 조건이 좋은 순으로 늘어놓고 후보를 추렸다. 여태껏 카드나 노트로 힘겹게 하던 발명이 훨씬 즐겁게 느껴졌다. 심지어 여기서도 손정의의 판단은 유니크했다.

"딱 한 가지에 집중하자."

250건의 후보 중에서 하나를 골랐다. '음성기능이 있는 전자번역기'라는 콘셉트였다. 음성 신시사이저(synthesizer), 사전, 액정 디스플레이라는 세 가지 요소를 합친 아이디어로 훗날 샤프에서 상품화해 전자수첩의 원형에 해당하는 상품이 되었다.

1978년 빌 게이츠의 마이크로소프트 BASIC이 일본에 상륙해 퍼스널 컴퓨터 시대가 시작되었다. 이 무렵 UC버클리 학생이던 손정의는 세계 최초로 음성 전자번역기, 즉 풀 키보드 포켓 컴퓨터를 만들고 싶었다.

하지만 시제품을 혼자서 만들려고 하면 컴퓨터로 소리를 내기까지만 10년, 20년은 걸릴 것 같았다. 그래서는 인생 50년 계획이 와르르 무너지게 된다.

비책을 생각해내야 했다. 처음부터 끝까지 혼자서 맡기보다는 각 분야의 최고라고 손꼽히는 파트너를 모으는 쪽이 효율적일 것 같았다. '그래, 나는 어디까지나 사업가니까!' 개인에게 주어진 시간은 한정적이기 때문에 아껴야 한다. 그래서 손정의는 즉시 행동을 개시했다.

먼저 대학교 연구자 명단을 구해서 킹 스튜던트 유니온(학생회관)의 공중전화에 매달려 물리학과와 컴퓨터과학과 교수와 조수들에게 전화를 걸었다. 음성 신시사이저 분야에서 매번 같은 이름이 보였다. 버클리의 부속연구소 중에서도 특히 유명한 우주과학연구소의 포레스트 모더 박사였다. 음성 신시사이저 분야의 세계적인 권위자였다. 바로 가장 먼저 손정의가 만나러 간 인물이었다.

버클리 캠퍼스에서 완만한 슬로프를 올라가면 녹색으로 둘러싸인 작은 산이 있다. 학생들의 조깅 코스인 이곳에 우주과학연구소가 있었다.

"실례합니다." 코듀로이 조끼에 넥타이를 맨 청년이 긴장한 얼굴로 연구실 문을 두드렸다. 모니터를 보고 있던 모더 박사는 키보드를 치던 손을 멈추고 문 쪽으로 돌아봤다.

"들어오세요." 사전 약속은 없었지만 모더 박사는 흔쾌히 학생을 방으로 들였다. 자신의 이름을 'Jung'이라고 소개한 학생은 자신이 발명한 음성 전자번역기에 대해 유창한 영어로 신나게 소개했다. 먼저 9개 언어 번역기를 만들어 음성 신시사이저를 단다는 아이디어를 열정적으로 쏟아냈다.

모더 박사는 오늘날 손정의의 성공을 기뻐하며 이 연구소의 이름을 '손정의 빌딩'으로 바꿔도 좋다고 필자에게 농담을 건넸다.

"아이디어 자체는 별로 새롭지 않았지만, 그는 해당 번역기를 공항이나 키오스크에서 팔자고 했습니다. 그 부분이 유니크했지요."

이미 세계적인 권위자였던 마흔여덟의 모더 박사가 일개 학생의 장대한 계획을 유심히 듣고 있었다. 모더 박사는 다소 파격적인 제안에 눈이 휘둥그레졌다.

"설명은 흥미로웠지만…" 모더 박사는 지금 하는 일만으로도 이미 눈코 뜰 새 없이 바빴다. 손정의는 이마에 흐르는 땀을 닦거나 어색한 듯 넥타이를 만지작거리면서 모더 박사를 필사적으로 설득했다.

"선생님의 음성 신시사이저를 사용하고 싶습니다. 꼭 도와주셨으면 합니다."

모더 박사는 생각에 잠겼다. '지금 당장 돈은 없다, 성공하면 그때 성과급으로 드려야 하는데 그래도 도와줬으면 좋겠다, 성공 보수는 시제품이 완성되면 기업에 팔고 계약금을 받아서 드리겠다'라는 손정의의 제안은 상식을 벗어나는 내용이었다.

그래서 모더 박사는 이 비상식적인 제안을 거절했을까?

아니다. 이때 세계적인 학자는 일면식도 없었던 청년의 뜨거운 열정에 승부를 걸어보기로 했다. 만약 모더 박사를 만나지 않았더라면 손정의의 인생은 크게 바뀌었을지도 모른다.

7 단 하나의 인연

"저 손님이 얼토당토않은 요구를 하잖아요."

젊은 백인 웨이트리스가 당장이라도 눈물이 떨어질 것 같은 얼굴로 매니저인 홍 루의 곁으로 뛰어왔다.

지금껏 특별한 소동 하나 없는 평화로운 곳이었다. 오클랜드는 버클리 옆에 있는 중소 도시다. 한때 치안이 좋지 않은 곳도 있었지만 최근 들어 버클리와 가까운 비즈니스센터로 발전하고 있다. 샌프란시스코에서 오클랜드까지는 바트(고속철도)로 고작 10분이면 도착한다. 인근 베이 에리어 지역의 통근길 러시아워를 완화하기 위해 1974년에 탄생한 바트의 노선은 5개로, 샌프란시스코와 맞은편 이스트 베이를 해저 터널로 연결한다.

오클랜드에는 높은 인기를 자랑하는 아이스크림 가게가 있는데 상호는 지극히 평범해서 '아이스크리머리'였다. 1971년 버클리 대학 출신인 짐 브래들리가 오클랜드 레이크 쇼어 근처에 개업한 가게로 22개의 테이블에 100명은 족히 앉을 수 있는 크기였다. 아이스크림 말고도 클럽 샌드위치 등의 메뉴도 있어서 젊은이들의 아지트 같은 장소였다. 주말에는 새벽 1시까지 문을 열었다.

버클리의 고학생인 홍 루는 설거지부터 시작해서 야간 매니저로 일하고 있었다(현재는 다른 아이스크림 가게가 되었지만 맛은 여전하다).

"요청대로 만들지 않으면 돈을 안 내겠대요."

홍 루는 키 187센티에 건장한 체구의 소유자였다. 가게의 아이스크림에 트집을 잡는 손님을 가만히 두고 볼 수 없었다.

"어떤 사람인데?"

"일본어를 쓰는 걸 보니 일본인 같아요."

홍 루는 일본어라는 말에 흥미가 생겼다. 대학에서는 일본인을 본 적이 거의 없었다. 그런데 오클랜드에 일본어를 하는 일본인이 있다니 믿어지지 않았다. 또한 하루에 3천 명 가까이 되는 손님과 만나지만 생전 처음 듣는 요구였다.

'대체 어떤 사람이길래 그런 요구를 하지?'

홍 루는 순간적으로 발끈했다. 최근 미국 서해안을 찾는 일본인 관광객이 늘었는데 그들이 황당한 요구를 하는 걸까? 그래도 고객을 상대하는 서비스업의 매니저였다. 게다가 오클랜드에서 가장 맛있는 아이스크림 가게라는 자부심도 있었다. 어떠한 무모한 주문일지라도 바로 상대해줄 수 있다는 자신감도 있었다.

흥미로운 상대가 도전장을 던지고 기다리고 있었다. 이 젊은 손님의 용모는 누가 봐도 동양계였다. 꾸덕꾸덕한 밀크셰이크를 만들어달라는 요구였다.

"알겠습니다. 제가 원하시는 밀크셰이크를 만들어 오겠습니다. 만약 마음에 안 드신다면 돈을 내지 않는 대신 다음 방문은 정중히 사양하겠습니다."

홍 루는 그의 요청대로 섬세하게 밀크셰이크를 만들어 웨이트리스에게 건넸다. 그리고는 미묘한 표정 변화도 놓치지 않겠다는 마음으로 손님이 밀크셰이크에 입을 대는 장면을 지켜봤다. 거대한 몸에 앞치마를 두르고 넥타이를 맨 홍 루는 최대한 몸을 구부린 채로 일본어로 정중하게 물었다.

"음료는 입맛에 맞으십니까?"

"진짜 맛있는데요!"

문제의 남자, 손정의는 씽긋 웃었다. 옆에는 여자친구인 마사미가 죄송하다는 듯한 미소를 띠고 있었다. 훗날 손정의의 첫 비즈니스 파트너가 된 홍 루와의 만남이었다.

1977년 오클랜드의 아이스크림 가게에서 시작된 손정의와 홍 루의 우정은 지금도 계속되고 있다.

홍 루는 1954년 11월 3일 대만 타이베이에서 태어났다. 고등학교 시절에는 쾌속구를 던지는 투수로 활약했다.

홍 루에게 일본어로 대화할 수 있는 상대는 특별했다. 어머니는 일본에서 태어난 화교였다. 홍 루는 대만에서 태어났지만 여섯 살에 부모와 함께 일본으로 건너왔다. 그래서 일본어는 모국어처럼 구사했다.

도쿄의 도립죠난 고등학교를 졸업한 후 샌프란시스코에 사는 친척을 믿고 미국으로 와 명문 버클리 대학교 토목공학과에 입학했다. 홍 루 역시 꿈을 좇아 미국으로 온 청년이었다. 일본에서 교육을 받아서 일본어는 완벽했지만 그만큼 영어에 핸디캡이 있었다. 이러한 점도 여느 일본인 학생과 같았다. 다만 홍 루 역시 영어를 익히기 위해 최선을 다했기 때문에 일본어는 전혀 사용하지 않았다. 무엇보다 버클리에 입학하고 나서 일본인을 만난 적이 없었다. 아르바이트 중인 아이스크림 가게에서 만난 특이한 일본인이 처음이었다.

수개월 후의 버클리 캠퍼스. 책을 보며 인파를 헤쳐나가는, 가방을 멘 채 슬리퍼를 끄는 남자는 그날의 그가 틀림없었다. 홍 루는 저도 모르게 말을 걸었다.

"저기…"

"아, 아이스크림 가게의 매니저?"

그제야 자기소개를 나눴다.

"설마 여기 학생?"

"그러는 너도?"

일본어로 대화했다. 홍 루는 손정의보다 두 학년 선배였다. 같은 학교에 다닌다는 사실을 알게 되자 갑자기 친근함이 느껴졌다. 그 후로 손정의는 여자친구인 마사미와 홍 루가 일하는 아이스크림 가게에 종종 놀러 갔다.

1977년 말 손정의는 아이스크림 가게에서 홍 루에게 다짜고짜 제안했다.

"우리 같이 일하지 않을래?"

"뭐?"

"괜찮은 아이디어가 있거든. 회사를 세울 거야."

"뭐라고?" 홍 루는 귀를 의심했다.

홍 루는 아르바이트를 하면서 학비와 생활비를 벌었다. 졸업을 앞두고 일류회사를 대상으로 구직활동을 하던 참이었다. UC버클리의 토목공학과는 미국 전역에서도 최고로 손꼽혔다. 그래서 졸업만 하면 어디든지 골라갈 수 있었다. 그에 비해 손정의는 아직 학생이었다. 그런데도 회사를 세워서 사업을 하자고 자신에게 제안한 것이다.

홍 루는 즉답을 피했다. 피했다기보다 이 청년의 제안이 황당무계한 데다 도무지 믿어지지 않았다.

'정말 대담한 녀석이군. 이런 제안을 태연하게 하다니…. 어쩌면 아이스크림 가게 같은 걸 같이하자는 말인지도 모르지.'

하지만 손정의의 말에는 심상치 않은 박력이 있었다. 심지어 상상을 크게 웃도는 계획에 놀랄 수밖에 없었다. 그렇지만 상대는 자신보다 어린 데다 아직 학생 신분이었다.

"손정의를 위해서 일한다는 점이 내키지 않았다고 할까요, 별로였습니다."

홍 루는 망설였다. 손정의가 자신이 상상도 하지 못한 일을 하려는 사실은 알 수 있었다. 반드시 이길 수 있는 비즈니스를 하자고 설득했다.

"굉장히 신선한 구상이었습니다. 또 허튼 말을 하는 남자는 아니라고 생각했습니다."

반복해서 듣다 보니 어느덧 홍 루의 마음이 조금씩 기울기 시작했다. 지금까지의 계획과 180도 다른 방향이었다. 손정의의 열의와 새로운 발상은 매우 흥미진진해서 만약 속았다고 해도 다시 시작하면 될 것 같았다. 그래서 홍 루는 2년이라는 기한을 두고 도전하기로 했다.

회사 이름은 포레스트 모더 박사의 이니셜을 따서 'M SPEECH SYSTEM INC'로 지었다. 손정의가 태어나서 처음 세운 회사였다. 모더 박사와 홍 루는 물론이고 참여한 모든 구성원이 손정의보다 나이가 많았다.

손정의는 이미 음성 신시사이저의 세계적 권위자인 모더 박사를 중심으로 프로젝트팀을 꾸리는 데 성공했다. 이 점만으로도 홍 루는 손정의가 비범하다는 사실을 깨달았다. 프로젝트팀 모두가 음성 전자번역기 개발에 열중하고 있었다.

손정의는 발명 특허로 자본금을 만들어서 그를 바탕으로 큰 사업을 하고 싶다고 말했다. 홍 루는 손정의가 열정적으로 설파하는 꿈에 점점 빠져들었다. 손정의의 이야기는 허황한 꿈이 아니라 현실에 입각한 내용이었다. 승산이 있으니까 사업에 뛰어들려는 것이었다.

'좋아, 이 남자에게 걸어보자!'

손정의가 제시한 연봉은 2만 달러(약 500만 엔)였다. 당시 대학 졸업생의 초봉에 해당하는 금액이었다.

"그런데 정말 감당할 수 있겠어?"

손정의는 가슴을 펴고 자신만만하게 웃어 보였다.

첫 미팅은 손정의가 빌린 오클랜드 휘트모어의 방에서 진행되었다. 손정의는 마치 그림을 그리듯이 회사의 조직도를 손으로 그렸다. 홍 루의 직함을 '雜事(잡사)'라고 한자로 적었다.

"잡사가 뭐야?" 홍 루가 물었다.

"뭐든지 하는 사람." 한 치의 망설임도 없는 대답이 돌아왔다.

아직 대략적인 사업 계획만 들었을 뿐인데 손정의는 3년 후의 계획을 세워달라고 했다. 또다시 예상치도 못한 요구였지만 무엇이든 열심히 하는 홍 루는 바로 앞으로의 계획을 고민하기 시작했다. 정치 상황조차 예측하기 어려웠다. 그러니 번역기의 가능성은 말할 것도 없었다.

홍 루는 그때를 떠올리며 쓴웃음을 지었다.

"3년 후 계획을 필사적으로 생각했습니다. 일이니까요. 이제 구체적인 내용은 기억이 나지 않습니다만."

그렇게 미래를 점치는 첫 시험대에 올랐다.

홍 루는 그날부터 손정의의 방을 드나들기 시작했다. 점차 불안해졌다. 정말 월급을 받을 수 있을까?

8 기념일

손정의의 움직임은 신출귀몰하기 짝이 없었다. 대학 수업을 듣는 것은 물론이고 공강 시간에는 짬을 내어 모더 박사를 만나러 갔다가 그 길로 프로젝트 멤버들과 회의를 하러 갔다. 손정의의 행동력과 열의가 프로젝트를 빠르게 성장시켰다.

매니저의 업무는 여기저기 돌아다니기 바쁜 손정의를 붙잡는 일이 관건이었다. 프로젝트의 진행 속도를 따라잡기가 버거워진 홍 루는 결국 자신의 집을 사무실로 쓰자고 제안했다.

당시 홍 루는 아르바이트비를 모아 오클랜드의 튤립 에비뉴에 주택을 한 채 사 둔 상태였다. 계약금은 8천 달러로 결코 적은 금액이 아니었지만 은행에서 대출을 받아 마련했다. 홍 루 역시 건실한 타입인 데다 계산도 빠른 편이어서 비어 있는 방에 세를 놓아 대출금을 갚고 있었다. 그래서 거실을 회사 사무실로 쓰기로 했다.

홍 루의 집은 UC버클리에서 차로 20분 거리에 있었다. 120제곱미터의 크기에 방 3개로 작지만 아기자기한 집이었다. 물론 천으로 된 소파가 있기는 했지만 커피 테이블밖에 없는 단출한 거실로 일반적인 사무실 느낌은 아니었다. 하지만 야망 넘치는 젊은이들이 모이는 장소로는 부족함이 없었다.

첫 월급날, 홍 루는 손정의에게 받은 1,800달러 수표를 현금으로 바꾸러 갔다.

“아니, 이럴 수가!” 홍 루는 저도 모르게 소리를 질렀다. 수표가 부도가 나서 되돌아온 것이다.

미국에서 월급은 현금이나 계좌이체보다 수표로 지급하는 경우가 많았다. 그래서 수표를 은행에 가져갔는데 잔액이 부족한 수표라며 은행이 현금화를 거부했다. 손정의가 내민 수표는 지급 불가능한 부도수표였던 것이다.

보통 이래도 되냐며 따져야 정상이었다. 하지만 홍 루는 손정의가 부도수표라는 사실을 알고도 지급했으리라 생각하지 않았다. 그렇다기보다 손정의를 믿었다. 하지만 어쩐 일인지 다음 달에도 부도수표가 돌아왔다. 두 달 연속으로 부도수표를 받은 셈이었다. 홍 루는 설마 하는 생각에 쓴웃음을 지었다.

자신이 아는 손정의는 아마 자신의 통장 잔액이 얼마인지 관심도 없을 위인이었다. 그저 앞만 보고 정신없이 뛰어다니는 손정의의 모습이 눈에 선했다. 속이려고 했을 리가 없다고 생각했다. 심지어 존경스러운 마음마저 샘솟았다. 다행히도 그 후로는 월급이 지체되는 일은 없었다.

해당 계좌에 월급을 지급할 돈이 없었던 적도 있었지만, 무엇보다 손정의는 세세한 숫자에는 무신경한 타입이었다. 1,800달러나 180달러나 마찬가지라고 생각할 정도였다. 당시에도 손정의는 큰 숫자를 다루는 데는 뛰어났지만 작은 숫자는 처음부터 안중에도 없었다.

이러한 평범한 사람과는 다른 사고방식은 지금도 여전하다. 동전 한 푼도 없이 집을 나가서 거리를 활보하기도 한다. 애당초 지갑을 가지고 다니는 습관이 없는 사람이었다.

아직 음성 전자번역기가 완성되지 않은 시기여서 우선 음성 신시사이저를 단품으로 팔아보기로 했다. 일본 시장의 독점판매권을 획득하는 일이 손정의의 실전 첫 미션이었다.

예를 들어 단품인 음성 신시사이저를 삽입하면 이런 일이 가능했다. 고객이 가게에 들어오고 나갈 때 "어서 오세요." "감사합니다." 하는 음성이 자동으로 나왔다. 그래서 고객의 신뢰와 가게 서비스 질의 향상이 가능하다고 어필할 예정이었다. 예전처럼 일일이 테이프를 조작하지 않아도 되기 때문이다.

모더 박사가 라이선스 계약을 맺은 내셔널 세미컨덕터사와 협상을 하자 의외로 판매허가권을 쉽게 얻을 수 있었다.

"음성 신시사이저 칩(집적 회로)을 보유하고 있는 저희와 계약하지 않으시겠습니까? 현금을 보내주시면 칩을 보내드리겠습니다."

샌프란시스코에는 일본에서 온 이민자들이 만든 일본인 거리가 있었다. 홍 루는 일본인 거리로 가서 서류를 비즈니스 일본어로 번역해 일본 기업으로 닥치는 대로 보냈다.

일본 기업들의 반응은 빨랐다. 200~300달러 하는 칩에 대해 대형 제조사 등 20, 30개사로부터 문의가 왔다. 여기저기에서 와달라고 손짓했다.

"이제 계약을 따와 줘." 홍 루가 말했다.

"바로 일본으로 갈게." 손정의는 망설임 없이 일본으로 향하는 비행기에 올라탔다. 주저할 시간이 없었다. 마음먹으면 바로 행동으로 옮겼다. 이것이 손정의의 삶의 철학이었다.

한 번 나가면 3, 4주는 돌아오지 않았다. 홍 루는 비명을 지를 수밖에 없었다. 손정의가 없는 동안, 하는 수 없이 수업에 대리 출석하기도 할 만큼 홍 루는 손정의에게 대체 불가능한 친우였다.

'역시 내 눈은 틀림없었군. 손정의를 전폭적으로 신뢰한 내 선택은 틀리지 않았어.'

처음에는 주춤하는가 싶었지만, M SPEECH SYSTEM INC는 순조롭게 커갔다. 하지만 새로운 시련이 기다리고 있었다. 예상치 못한 곳에 함정이 있었다. 손정의에게 일본 시장에서의 판매권을 양도한 사실을 후회하게 된 내셔널 세미컨덕터는 "우리 회사의 일본 법인인 내셔널 세미컨덕터 재팬의 합의가 없으면 판매를 허가할 수 없다."라고 통보해왔다.

누가 봐도 구차한 변명이었다. 손정의 일행의 행동을 저지하려는 비겁하다면 비겁한, 악랄하다면 악랄한 행동이었다. 하지만 아직 비즈니스 세계가 낯선 손정의이었기에 상대에게도 파고들 틈이 있었다. 손정의는 계약에 관해서는 백지상태였기 때문이다. 손정의는 당시 학생이었고 비즈니스 초심자였다. 그래서 비즈니스 업계는 산전수전을 다 겪은 남자들이 모인 세계라는 사실을 알지 못했다.

손정의는 내셔널 세미컨덕터 재팬에 계약의 정당성을 주장했지만, 협상은 난항을 겪었다. 독점판매권을 받기는 했지만 정식 계약이 아니었기 때문이다. 끝끝내 합의는 이루지 못했다. 손정의는 드물게 강한 어조로 말했다. "멋대로 하라지 뭐."

결국 음성 신시사이저 판매에서 손을 떼기로 했다. 이 경험을 통해 손정의는 계약의 중요성을 실감했다.

상황이 이렇게 되자 음성 전자번역기의 완성을 더욱 서두르고 싶었다. 한 번 좌절하면 그대로 주저앉는 사람도 있다. 하지만 좌절을 좌절이라 생각하지 않는 부류도 있다. 이때 손정의는 음성 전자번역기의 완성에 모든 것을 걸었다.

이때 모더 박사의 추천을 받은 덕도 있었지만 손정의의 아이디어가 마음에 든 척 칼슨이 손정의의 프로젝트에 새롭게 합류했다.

UC버클리의 교수인 척 칼슨은 아폴로 우주선에 처음으로 마이크로컴퓨터를 탑재하는 프로젝트에 참여했던 하드웨어 설계자였다. 그는 손정의의 아이디어를 바탕으로 넉 달 만에 하드웨어 완성에 성공했다.

당시 음성 신시사이저는 크기가 꽤 커서 휴대성이 좋지 않았다. 그랬던 신시사이저를 소형화해서 휴대용 제품으로 만들고 나아가 공항 등에서 많은 사람이 이용하게 만든다는 생각이 손정의의 기본 콘셉트였다. "그 아이디어가 유니크했습니다. Jung(손정의)은 마케팅의 귀재였지요."

척이 디자인을 그리고 프랭크 하비가 소프트웨어를 담당했다. 척이 일을 마치면 손정의가 회의를 위해 그의 집을 찾는 일이 잦았다. 나중에는 기술자인 헨리 히데릭스가 척의 바통을 받아서 일했다. 당시 시급 50달러로 일했던 헨리는 손정의의 오늘날 성공을 크게 기뻐하고 있다.

1978년 9월 23일 정오, 손정의는 중고차인 애마 포르쉐 914를 몰고 우주과학연구소로 서둘러 향해 모더 박사를 찾았다. 모더 박사는 부드러운 미소를 보이며 옆 방을 가리켰다.

척이 제품을 완성하기 위해 필사적으로 매달리고 있었다. 오늘은 꼭 독일어 버전 시제품을 완성하고 싶었다. 계획보다 늦어지고 있었기 때문이었다. 그리고 오늘 손정의는 연구소까지 날아왔다. 척에게 상황을 물었다.

"좋아, 움직이는 데 성공했어." 척이 말했다. 그리고는 시제품인 검은색 상자의 키보드를 두드렸다.

"Good Morning."

그러자 액정화면에 영어 글씨가 나타났다. '번역'이라는 버튼을 누르자 화면 속 글자가 영어에서 독일어로 바뀌었다. "Guten Morgen(구텐 모르겐)." 독일어 음성이 기계에서 흘러나왔다.

"야호, 해냈다!" 손정의는 펄쩍 뛰어올랐다. 손정의는 척의 어깨를 두드렸다. 그야말로 기념비적인 날이었다.

사실 이날은 또 다른 의미로 기념할 만한 날이었다. 손정의는 또 다른 비명을 질렀다. 마사미와의 결혼식이 예정되어 있었기 때문이다.

손정의는 시계를 봤다. 어느새 약속 시각인 오후 2시가 훌쩍 넘어 있었다. 마사미는 상냥한 여성이지만 확고한 면도 있었다. 불의 나라인 구마모토 출신이었다.

9 결혼행진곡

마사미는 오후 2시부터 법원 앞에서 손정의를 기다리고 있었다. 바람에 낙엽이 흩날리고 있었다. 1978년 9월 캘리포니아는 가을이 한창이었다. 구릉 지대에는 선명한 붉은 빛으로 물든 단풍이 자태를 뽐내고 있었다.

손정의는 애마 포르셰 914의 액셀러레이터를 세게 밟았다. 언덕을 내려가 경기장을 끼고 우측으로 크게 돌았다. 대학교 북문을 지나 시내에 있는 버클리 법원으로 서둘러 향했다. 적색 신호등을 몇 군데나 무시하고 지나쳤다.

마사미는 손정의가 도로에 갇혀 옴짝달싹 못 하는 게 아닌지, 사고를 당하지는 않았는지 걱정이 되어 안절부절못하고 있었다.

버클리 법원까지 15분이면 도착할 만한 거리였지만 15분이 한두 시간만큼 길게 느껴졌다. 미국에서는 해당 지구 판사가 주차 위반이라는 가벼운 죄를 처벌하기도 하고 결혼 신청을 받아주는 역할도 한다. 법원 본연의 역할은 당연하고 모든 일은 올바르게 처리한다는 미국식 사상을 기반으로 하는 구조였다.

심지어 법원 앞에서 주차하면서도 애를 먹었다(필자가 방문했을 때도 비어 있는 주차 공간을 찾지 못해 시간이 걸렸다). 아무리 대담한 손정의라 해도 이때만큼은 발을 동동거릴 수밖에 없었다.

겨우 도착한 손정의의 모습을 보고 안도의 한숨을 내쉰 마사미는 감정이 터졌다. 오늘은 두 사람에게 매우 특별한 날이었다.

"어떻게 된 거야?"

상대가 무사하다는 안도감과 중요한 날에 지각한 남자에 대한 화가 섞인 복잡한 감정이 밀려왔다. 손정의를 고개 숙여 사과했다.

"미안, 진짜 미안해."

시제품의 완성을 지켜보다 보니 시간 가는 줄 몰랐던 것이다. 마사미는 질렸다는 듯이 쳐다봤지만 더는 타박하지 않았다.

사실 마사미에게 그렇게 놀랄 일도 아니었다. 손정의는 무언가에 집중하면 다른 건 까맣게 잊어버리기 때문에 이런 일이 종종 있었다. 공부할 때의 집중력은 누구도 다가가기 어려운 기백을 뿜어냈다. 마사미는 그러한 손정의를 계속 봐왔다. 심지어 생각에 열중한 나머지 길을 걷다가 전봇대에 부딪힌 적도 있었다.

그만큼 집중력이 남달랐다. 발명에 투자한 시간은 하루에 딱 5분이었지만 뛰어난 집중력 덕분에 짧은 시간에 명확한 성과를 냈다. 빌 게이츠도 집중해서 무언가를 시작하면 몸을 작게 움직이며 눈앞에 있는 상대의 존재를 잊는다.

천재는 평범한 사람과는 다른 사고 회로를 가지고 있을지도 모른다. 아니면 그렇게 생각에 스스로 빠져들려고 시도하는 점이 일반인과의 차이점일 수도 있다. 손정의의 이러한 성격을 마사미는 누구보다 잘 이해하고 있었다.

손정의는 초조한 마음으로 법원의 두터운 문을 힘껏 밀었다. 오후 5시를 조금 넘긴 시각이었다. 이미 법원 문에는 열쇠가 걸려 있었다.

"열어주세요!"

손정의는 큰소리로 외쳤다. 그러자 허리에 권총을 찬 덩치가 큰 흑인 보안관이 나타났다.

"오늘 여기서 결혼식을 올리기로 한 사람입니다. 판사님께 부탁드려 주시겠어요?" 손정의는 필사적으로 부탁했다.

"판사님은 이미 퇴근했습니다. 다음에 다시 오십시오."

손정의는 어깨를 축 내려뜨리고는 마사미에게 사과했다.

"미안해, 정말 미안해."

일주일 후인 9월 30일 오후 3시로 결혼식을 다시 예약했다. '오늘은 절대로 안 늦어야지.' 시계도 확인했다.

번역기 시제품은 완성되었지만 여기서 만족할 손정의가 아니었다. 상품을 세계 시장에 어필하기 위한 구체적인 방법을 멤버들과 함께 고민하고 또 고민했다. 아차 싶어서 시계를 보자 또다시 오후 3시가 넘어 있었다. 아무리 이해심이 넓은 마사미라 해도 두 번은 용서해주지 않을 것이다.

법원 앞에 서 있는 마사미가 보였다.

"한번 빠지면 진짜 아무것도 안 들리나 봐."

손정의는 마사미와 법원에 들어갔다.

접수대에 있는 여성과 말을 나눴다. "약속된 시간에 늦었지만 판사님께 꼭 좀 부탁드려주세요."

접수처 여성은 입이 딱 벌어졌다. 어떤 커플도 결혼 선언에 늦는 일은 없었다. 하지만 이 젊은이는 벌써 두 번째였다. 판사와의 약속을 깬다는 것은 좀처럼 상상하기 어려운 일이다. 하지만 필사적으로 부탁하는 손정의의 열성에 감탄했는지 판사를 찾아 안으로 들어갔다.

손정의는 흥분을 가라앉히지 못한 채 주위를 둘러봤다. 일주일 전에 쫓아냈던 보안관과 눈이 마주치자 싱긋 웃었다. 보안관에게도 손정의의 필사적인 마음이 전해진 모양이었다.

잠시 후 접수처 여성이 돌아왔다. "지각은 용서해주시려나 봐요. 들어가보세요."

손정의와 마사미는 수많은 작은 방을 지나 법원 2층으로 올라갔다. 가운을 입고 작은 법정 같은 방에서 기다리고 있던 판사는 두 사람을 바라보며 물었다.

"증인은요?"

"네?"

손정의는 그 의미를 몰랐다. 판사는 결혼의 입회인으로 서약서에 서명할 인물이 두 명 필요하다고 했다. 예상치 못한 실수였다. 실수라기보다 미국 결혼 절차에 무지한 탓이었다. 친구인 홍 루를 당장 부를 수도 없었다. 그래도 손정의는 동요하지 않았다.

"잠시만 기다려주세요. 바로 데려오겠습니다."

손정의는 방을 나섰다. 그리고는 흑인 보안관을 붙잡았다.

"저를 도와주시지 않겠어요? 저희 결혼의 증인이 되어주세요."

보안관은 흔쾌히 승낙했다. 그리고 접수처에 있는 여성에게도 부탁했다. "좋아요." 싹싹한 미국인답게 단번에 받아줬다.

판사가 결혼 서약서를 읽어나갔다. 손정의와 마사미는 오른손을 들고 맹세했다. 판사는 목봉을 두들기며 축복했다. 흑인 보안관과 백인 접수처 여성도 축복해주었다.

법원 밖으로 나오자 손정의와 마사미의 어지러웠던 마음이 평온을 되찾았다. 두 사람의 가슴에는 진한 감동이 밀려왔다. 처음 홀리 네임스 칼리지에서 만난 순간부터 바쁜 대학 시절 내내 곁에서 그림자처럼 손정의를 지켜봐준 마사미였다. 그런 두 사람이 마침내 남편과 아내로 살아가는 운명을 택했다. 마사미의 눈에 눈물이 차올랐다. 두 사람은 포르셰 914에 올라탔다.

"이제 신혼여행을 떠나자."

"어디로?"

손정의는 웃고 있었다. 차가 움직이기 시작했다. 뺨을 스치는 캘리포니아의 선선한 바람이 기분 좋았다. 손정의는 이대로 계속 달리고 싶었다.

새신부인 마사미를 태운 차는 베이브리지를 지나 오른쪽에 보이는 샌프란시스코를 지나 101 도로를 타고 내려갔다. 실리콘밸리를 지나 17호선을 타고 산타크루즈를 통과해 PCH(Pacific Coast Highway) 1에 올라탔다. PCH는 미국 서해안에서 가장 아름다운 해안선을 지나는 길이다. 끝없이 이어지는 해안선을 둘이서 함께 달리는 기분은 특별했다. 활짝 웃는 마사미의 미소가 눈부시게 아름다웠다.

마사미의 왼손 네 번째 손가락에는 손정의의 할머니가 보낸 반지가 반짝이고 있었다. 손정의가 21살, 마사미가 23살 때의 일이었다.

10 계약 성립

마사미와 결혼하기 1년 전인 1977년 여름, 손정의는 음성 전자번역기 발명 취지를 담은 편지를 일본의 가전회사 50곳에 보냈다. 그중 캐논, 오므론, 카시오, 마쓰시타 전기산업(현 파나소닉), 샤프 등 답장이 온 10곳을 방문할 예정이었다. 손정의는 대학교 여름 방학을 이용해 모더 박사와 함께 일본에 가기로 했다.

아직 미취학 아동이었던 동생 손태장은 당시 일을 선명하게 기억하고 있다. 가족들 앞에서 손정의는 모더 박사와 함께 음성 전자번역기의 프로토타입을 선보였다.

"형이 기계에 대고 '안녕하세요'라고 하자 '헬로우'라는 음성이 나왔습니다. 놀라웠죠, 정말 놀랐습니다. 아버지도 입을 다물지 못하셨지요."

프로토타입을 보자기에 소중히 싸서 규슈에서 도쿄로 향하는 손정의의 손은 어쩐지 떨리고 있는 듯이 보였다. 분명 자신감은 있었다. 손정의가 발명한 제품은 세계 최초의 음성 전자번역기였다. 일본어와 영어를 양방향으로 번역해주는 기기였다. 지금 바로 상품화할 수 없지만 그렇다고 해도 워낙 참신한 아이디어였다. 하지만 손정의의 프로토타입이 실용화될지는 확신할 수 없었다. 실용화하기 위해서는 전자기기를 작고 가벼우며 저렴하게 만드는 기술이 있는 기업과 손을 잡아야만 했다.

당시 전자식 탁상 계산기의 경우 샤프나 카시오가 소니나 마쓰시타보다 기술력이 뛰어났던 시기였다. 그러니 이 두 회사라면 자신의 요구를 들어줄 수 있으리라 믿었다. 그중 손정의는 샤프를 최종 계약처로 점찍었다. 샤프는 일본에서 처음으로 전자식 탁상 계산기를 개발한 회사였다. 그러니 일렉트로닉스 분야의 선구자, 소위 1번 타자였다. 그래서 샤프와 계약하고 싶었다. 여기서 정말 원하는 곳을 먼저 갈지, 나중에 갈지가 문제였다.

손정의는 독자적인 협상철학을 가지고 있었다. 하지만 대기업을 상대로 자신의 발명을 인정받아야 하는 상황에서, 심지어 여러 명의 상대와 협상을 하는 경험은 처음이었다. 불안한 게 당연했다. 상황을 마주하면 늘 대담한 손정의였지만, 상황에 이르기까지는 조심스럽게 접근했다. 상대가 느닷없이 어떤 질문부터 던질지, 처음부터 상대해주지 않으면 어떻게 대응해야 할지, 어떤 방법으로 거절할지 철저히 대책을 세웠다. 결국 워밍업 과정을 거쳐 진짜 목표인 샤프는 나중에 공략하기로 했다.

첫 번째 회사도 두 번째 회사도 비슷한 반응이었다.

"조금 더 정돈된 형태가 되면 고려해보겠습니다."

각오는 했지만 아무리 손정의라 해도 살짝 기가 죽었다. 세 번째 회사는 손정의가 높게 평가하던 곳이었지만 역시나 코웃음을 치는 모습을 보니 실망과 함께 경멸감마저 들었다.

"이따위 회사가 내 발명품의 위대함을 알기나 할까?"

그다음에 방문한 캐논은 모더 박사를 중심으로 한 프로젝트 멤버를 확인하자 신뢰가 생긴 듯했다. 프로토타입까지 눈으로 확인하니 흥미를 보였다.

드디어 최종 목표 중 한 곳이었던 카시오와의 협상 차례였다. 회의에 참석한 과장과 과장 대리는 별 볼 일 없다고 단정 지었다.

'카시오를 믿었던 내 눈이 잘못된 건가?'

하지만 손정의는 정신을 다잡았다. 여기서 화를 내서는 안 된다. 어떠한 곤경에 빠지더라도 화를 내서 좋을 건 없다. 손정의는 자신의 감정을 잘 다독였다. 하지만 이때의 손정의는 쓰디쓴 실망감을 맛봐야만 했다.

훗날 손정의는 회고했다.

"카시오가 의외였습니다. 담당 과장과 이야기하는데 찬바람이 쌩쌩 불어서 분위기가 안 좋았죠."

그날 이후로 손정의는 카시오를 두 번 다시 방문하지 않았다.

다음 날 손정의는 오사카 아베노구에 있는 샤프 산업기기사업부를 찾았다. 긴장한 속내를 애써 숨긴 채 평온한 태도로 프로토타입을 감싼 보자기를 풀었다. 몇몇 직원들과 함께 제품을 살피던 담당 과장이 말했다.

"제품화가 잘 되면 가능성이 있겠어요."

핵심을 꿰뚫는 발언이었다. 손정의도 일순 말문이 막혔다. 손정의 역시 제품화가 미지수라고 생각하고 있었기 때문이었다. 그래서 실현 가능성을 가늠해보고 싶었다. 다른 기업처럼 한마디로 딱 잘라 거절하지 않아서 협상하다 보면 발명 의도를 이해해줄 것 같았다. 시간이 관건이었다.

사실 손정의에게는 절체절명의 순간이었다. 학생 신분으로 일본으로 출장을 왔기 때문에 방심하다가 학점을 이수하지 못하면 지금까지의 노력도 물거품이 된다. 그래서 일본에서의 일을 최대한 빠르게 마무리해야만 했다. 물론 상대에게 설명할 수 있는 부분도 아니었다. 하지만 희망의 불빛이 보였다.

여기부터가 손정의다운 돌파였다. 훗날 손정의의 경영철학 근간이 된 경험이었다.

"장수를 노린다면 먼저 말부터 죽여라." 목적을 달성하기 위해서는 주위부터 공략하는 게 빠르다는 말이다. 보통 일본인이라면 아마 이렇게 했으리라. 하지만 젊은 손정의는 장수부터 공략했다.

공중전화로 오사카의 변리사협회에 전화를 걸었다. 샤프에 정통한 특허사무소를 소개해달라 부탁했다. 행운은 어디에서 굴러들어올지 모른다. 손정의는 여러 통의 전화로 샤프 특허부에서 일했던 니시다 특허사무소의 니시다 변리사를 소개받았다. 손정의는 바로 사무실로 가서 발명이 특허로서 가치가 있는지를 조사한 후 샤프의 핵심 인물에게 소개해달라고 부탁했다.

"누구와 협상하는 게 가장 좋겠습니까?"

단도직입적인 손정의의 물음에 니시다는 당시 샤프의 기술본부장이던 사사키 전무의 이름을 댔다.

"그럼 그분께 손정의를 만나야 한다고 전화해주지 않겠습니까?"

사사키는 당시 샤프 중앙연구소 소장이기도 했다. 그는 전자식 탁상 계산기를 비롯해 액정, 태양전지 등의 개발을 지휘하며 '일본 전자 산업의 아버지'라고 불리던 큰 인물이었다. 손정의의 '대은인'

중 한 명이다.

번역기가 특허로서 가치가 있다는 사실을 확인한 니시다는 손정의의 요구를 거절할 수 없었다. 손정의의 작전 승리였다.

"사사키 전무님이 만나겠다고 하시네요."

손정의는 속으로 만세를 외쳤다. 냉정함을 잃지 않은 손정의는 니시다에게 번역기의 특허 출원 등록을 의뢰하는 일도 잊지 않았다. 드디어 자신의 아이디어를 이해해주는 사람을 만나게 되었다. 내일 사사키 전무를 만날 수 있었다.

한달음에 호텔로 돌아온 손정의는 아버지에게 전화를 걸었다.

"샤프의 사사키 전무를 만나기로 했어요."

당시 손정의에게 사사키 전무는 마치 구름 위의 존재였다.

"나도 같이 가줄까?" 수화기 너머로 들리는 아버지의 목소리가 들뜬 듯했다. 손정의는 긴장으로 몸이 떨려오는 것을 느껴졌다.

"좋죠. 첫인사만 같이해주세요."

다음 날 손삼헌은 규슈에서 오사카로 왔다. 손정의는 아버지와 나라현 아마리시에 있는 샤프 중앙연구소로 향했다.

"아들이 발명한 기계입니다."

손삼헌은 파친코 업계에서 이미 성공을 거둔 만큼 상대의 마음을 파고드는 화법을 구사했다. 사사키 전무에게 마음을 열고 거침없이 다가갔다.

손정의는 조심스럽게 보자기를 풀었다. 손정의가 설명을 시작하자 사사키 전무의 표정이 순식간에 바뀌었다. 사사키는 해당 기계에 큰 가능성이 있다는 사실을 내다봤다. 어쩌면 손정의라는 인물의 그릇도 간파했을지도 모른다. 사사키의 눈이 날카롭게 빛났다.

"이거 흥미로운걸!"

컴퓨터 소프트웨어에 빠삭하던 사사키에게 이 아이디어는 획기적이었다. 나아가 손정의는 업그레이드할 필요가 있다는 점을 덧붙였다.

사사키에게 손정의는 비록 나이는 어리지만 내면의 강렬한 의지가 느껴졌다. 요즘 젊은이들에게서는 보지 못한 생각하는 힘을 가지고 있었다. 사사키는 젊은이의 진지한 얼굴, 흔들림 없는 눈빛을 기억한다.

"다른 회사에 갔는데 반응이 시큰둥했기 때문에 처음에는 의기소침해했지만, 시제품의 데모를 시작하자마자 표정이 바뀌었습니다. 확고한 신념을 가지고 있었죠. 돈을 벌러 온 게 아니었습니다."

사사키는 이런 젊은이는 드물기에 제대로 밀어줘야 한다고 생각했다. 어릴 때부터 '꿈을 가지는 일이 신제품 개발의 첫걸음'이라고 여겨온 사사키에게 손정의는 그야말로 꿈이 있는 젊은이였다. 아직 학생이지만 경영에 대한 사고방식이 정립되어 있던 점도 사사키의 마음에 들었다.

"이 남자의 열정에 걸어보자."

사사키는 손정의라는 인물에게 매료되었다. 그래서 특허 계약금으로 4천만 엔을 바로 지급했다. 마침내 첫 계약에 성공했다. 아버지의 기쁜 표정을 보자 손정의의 기쁨은 배가 되었다. 아버지 역시 마찬가지였다.

나아가 사사키는 독일어판, 프랑스판의 번역 소프트 개발을 손정의에게 의뢰했다. 계약금의 총액은 약 1억 엔. 참고로 손정의는 이 자금을 달러로 환산해 '100만 달러짜리 계약'이라고 부른다. 손정의가 대기업을 상대로, 심지어 태어나고 일본에서 처음으로 승리를 거머쥔 돈이었다. 그야말로 청춘의 땀과 지혜, 노력의 결정체였다.

11 손정의의 자긍심

아버지 손삼헌은 아들 손정의의 성공을 어떻게 생각할까? 그보다 아들을 어떻게 평가할까?

손삼헌은 아들의 이름을 '정의'라고 지었다. 그 이름에 부모의 기대가 고스란히 담겨 있다. 올바른 길을 걷는 사람이 되기를 바라는 마음을 담았다.

아버지의 바람대로 손정의는 바르게 자랐다. 집안 혈통이기도 했다. 손정의의 할아버지인 손종경은 한국 대구 출신이다. 한국 남동부에 있는 대구는 2002년 한일 월드컵 경기장을 보유한 도시로 노태우 전 대통령 등 정치인을 다수 배출했다.

손종경은 열여덟에 규슈로 건너와서 지쿠호 탄광에서 일하다가 훗날 소작농으로 사가현 도스시에 정착했다. 가고시마 본선과 나가사키 본선의 시작점인 도스역 북쪽에서 손정의가 태어났다. 손종경은 강원도 출신인 이원조와 결혼해서 7명의 자녀를 뒀는데, 그중 장남이 손정의의 아버지인 손삼헌이다. 손정의의 가족은 자긍심을 가지고 살아왔다. 고려 시대의 손간 장군을 선조로 둔 무술이 뛰어난 집안의 19대손이 손종경이다.

할머니 이원조는 격조 높은 집안에서 자랐지만 지인의 빚보증을 잘못 서서 집안이 파산했다고 손정의는 들었다. 부모님은 일로 집을 자주 비웠기 때문에 손정의는 할아버지, 할머니 밑에서 자랐다. 그래서 지금의 손정의가 있기까지 많은 영향을 미쳤을 것이다.

손삼헌은 과묵한 할아버지와는 달리 일에 크게 구애받지 않고 밝은 성격이었다. 남들과 다르다는 자부심이 강한 사람이었다. 남들과는 다른 삶을 살아왔기 때문이다. 그런 삶이 곧 가치관이 되었다. 이러한 아버지의 가치관은 당연히 아들에게 영향을 끼쳤다. 아무리 사소한 행동도 남들과는 다르게 독특했다. 아버지의 창의적인 면을 손정의는 그대로 물려받았다.

손정의는 밑바닥부터 혈혈단신으로 사업을 일으킨 아버지를 존경한다. 그래서 "저는 1.5대째입니다."라는 표현을 쓰기도 한다. 아버지 사업을 물려받은 2대째는 아니지만 아버지로부터 많은 것을 물려받았다는 존경의 의미를 담은 말이다.

아버지 또한 정의라고 이름 붙인 아들을 자랑스러워한다. "바르게 살다 보면 반드시 보상받을 날이 옵니다. 이름대로 된 거죠."

여기서 시대를 크게 거슬러 올라간다. 유치원에 다니던 소년 손정의는 밝고 순수했다. 어느 날 어린아이가 겪기에는 충격적인 사건이 일어났다.

"야, 조센진!"

같은 유치원에 다니던 형님반 아이가 돌을 던졌다. 돌은 손정의의 머리에 명중했고 선혈이 튀었다.

어린 손정의는 눈물을 뚝뚝 흘렸다. '나한테 왜 돌을 던지지?' 아무리 생각해도 부조리한 차별이었다. 할머니, 할아버지가 한국에서 건너왔다는 사실은 알고 있었다. 그것이 돌을 맞아야 하는 이유가 된다는 말인가. 조부모는 일본이라는 타향에서 살아남기 위해 필사적으로 일했다. 그 대단한 노력을 왜 창피해해야 한단 말인가.

할머니는 손자에게 언제나 미소를 띤 채 다정하게 말했다. "정의야, 우리는 일할 때는 사람들에게 항상 감사해야 해. 모두 다른 사람들 덕분이란다."

이러한 조부모의 출신지인 한국을 자랑스럽게 여겨서는 안 되는가. 자신의 뿌리를 일본인 앞에서 솔직히 말하면 안 되는 것인가.

어린 손정의는 돌을 맞은 일을 앞으로 결코 입 밖으로 내지 않겠다고 다짐했다. 잊으려고 했지만 어른이 되어서도 비가 오면 그 상처가 욱신거렸다. 돌을 던진 아이는 자신이 얼마나 큰 상처를 줬는지 상상도 못 할 것이다. 아마 아무것도 모른 채 지금도 어디선가 태평하게 살아가고 있으리라. 가장 나쁜 인간의 전형으로 말이다.

가슴에 깊은 상처를 입은 후에도 손정의는 밝은 성격을 잃지 않았다. 소년 손정의는 천진난만한 아이로 자랐다. 아버지는 농담 반 진담 반으로 아들에게 "너는 천재다."라는 말을 반복했다. 평범한 아이들과는 어딘가 달랐다. 성격보다는 처음부터 목표로 하는 지점이 달랐다. 부모의 콩깍지가 아니었다. 어느새 본인도 스스로 천재가 아닐까 하고 믿게 되었다.

일단 말을 꺼내면 망설임 없이 행동으로 옮겼다. 한번 정한 일은 끝까지 포기하지 않아서 아버지조차 말리기가 어려웠다.

어느 날 손정의가 할머니에게 말대답했을 때였다. "정의야, 할머니가 없었다면 네가 태어났겠니? 말대꾸하면 안 되지." 하고 아버지에게 혼이 났다.

"이제 할머니에게 말대꾸 안 할게요. 대신 아버지도 하시면 안 돼요. 아버지도 할머니랑 다투실 때 있잖아요. 이제 안 하실 거죠?"

아버지라 해도 규칙은 똑같이 적용해야 했다. 아이라서, 부모여서 기준이 달라지면 안 된다고 소년은 생각했다. 모호하게 대답하는 아버지를 아들은 2층까지 끈질기게 쫓아갔다. 뒤를 돌아본 아버지의 눈에 아들의 얼굴이 마치 암석처럼 크게 보였다. 갑자기 눈물이 차올랐다. "신이시여." 기도가 절로 나왔다. 이 아이는 신이 주신 선물임이 틀림없었다. 이 아이는 우리 아이가 아니다. 그러니 사회에 보탬이 되고자 철저히 공부시키기로 했다.

손삼헌은 공부하라고 한 번도 말하지 않았지만 손정의의 성적은 늘 좋았다. 유일하게 음악만 예외였다. 학교 성적도 우수했지만 리더십도 훌륭했다. 친구들은 손정의를 "얏상(당시에는 '야스모토 마사요시'라는 이름을 사용했다)"이라고 부르며 따랐다. 반 친구 누구에게나 친절하고 거리를 두지 않았다. 어떤 문제라도 정확하게 파악해서 잘못이 있는 사람이 인정할 때까지 대화했다.

"저는 초등학교 시절에 많은 걸 배웠습니다. 사람을 명령으로 복종시키지 않고 같은 목적을 공유하면서 동지가 되는 법을 익혔죠."

이 경험은 훗날 비즈니스의 현장에서도 그대로 활용하고 있다.

"동지적 관계가 되면 M&A는 최고의 경영 확대 수단입니다."

기타큐슈의 시립 히키노 초등학교 담임이었던 미카미 다카시는 그룹별로 목표를 달성시키는 소그룹 교육을 실시했다. 손정의는 늘 리더 격이었다. 미카미의 영향도 더해져 손정의는 장래 희망으로 선생님을 꿈꾸게 되었다. 그래서 손정의는 부모님에게 말을 꺼냈다.

"저, 초등학교 선생님이 되고 싶어요."

"음… 그건 어렵단다." 아버지가 말했다.

"왜요?"

"공무원이니까. 국적이 일본이어야 하거든."

"아이들을 가르치는 데 국적이 무슨 상관인데요?"

부모님은 곤란한 표정을 지었다. 개인의 문제가 아니기 때문이다.

"그럼 일본으로 귀화해주세요." 하고 아버지에게 요구했다.

"정의야, 너는 아직 잘 모르겠지. 하지만 아버지는 네가 천재라고 생각해. 초등학교 선생님은 신성한 직업이지만 너는 다른 쪽으로 소질이 있어. 아직 어려서 모를 뿐이야."

아버지의 설명에도 분이 풀리지 않은 손정의는 그로부터 일주일간 아버지와 말을 섞지 않았다.

미카미를 보고 교사를 꿈꿨지만 국적 문제는 그에게 끝까지 이야기하지 않았다. 그래서 미카미는 손정의가 한국 국적이라는 사실을 몰랐다.

당시 미카미의 반에서는 교환 노트를 썼는데 분량이 무려 8권에 달했다. 내용은 각양각색이었다. 동아리 활동으로 바빠서 병으로 입원해 있는 어머니를 간호하지 못해서 속상하다는 손정의의 글도 있었다.

우리 어머니는 넨킨 병원에 입원해 있습니다. 상태가 아주 안 좋다고 합니다. 그런데 빨리 나으라고 직접 말을 건네기가 어렵습니다. 저는 이번에 어머니의 고마움을 깨달았습니다. 그래서 더욱더 걱정됩니다. "엄마, 괜찮을 거야."라는 말이 목구멍까지 차올랐지만 두려워서 뱉지 못했습니다. 어떻게 해야 좋을까요?
저는 엄마를 매일 걱정하고 있습니다. 그런데 넨킨 병원은 면회가 6시까지입니다. 학급 일과 축구 연습을 하다 보면 5시 반 정도가 됩니다. 그렇다고 축구 연습을 하다가 중간에 빠지면 친구들에게 피해를 주게 되겠지요. 그래서 며칠간 병원에 못 갔더니 형들이 "너는 피도 눈물도 없는 냉혈한이야."라고 손가락질했습니다.
그런 말을 듣는 게 속상합니다. 선생님, 어떻게 하면 좋을까요?

한편 '사랑의 포켓'이라 적힌 노트 표지에는 손정의가 지은 시가 적혀 있다.

<우정>
우정은 실오라기 걸치지 않은 맨몸으로 마주할 때 생겨난다.
우정은, 남자 간의 우정은 서로 상대의 약점을 낱낱이 파악했을 때 생겨난다.

우정은, 인간이 인간답게 사는 증거다.

우정은 동정이 아니다.

상대를 일으키고 싶어서, 상대를 믿고 싶어서 상대의 마음에 다가간다!

손정의가 지은 또 다른 시가 있다. 이 시에서는 초등학교 6학년생의 마음이 그대로 드러난다. 시를 읽어보면 훗날 홍 루와의 우정이나 모더 박사에 대한 신뢰의 씨앗이 이미 싹튼 것처럼 보이기도 한다.

<눈물>

너는 눈물을 흘린 적이 있느냐.

'당신은'

'너는'

눈물이 얼마나

소중한 것인지 아느냐.

인간으로서의 감정을

표현하는 소중한 존재다.

'눈물'

눈물이라니

흘리면 창피하냐.

하지만 모두 눈물을 흘리고 싶어서 흘리는 것은 아니지.

'순백의 진주'

인간으로서 고귀한 것이지.

'그래, 고귀한 것이지.'

그래도 여전히 부끄러우냐.

'힘들 때'

'슬플 때'

그리고

'속상할 때'

눈물은 자연스럽게 흐르겠지.

그래도 부끄러우냐.

개중에는 잔혹한 눈물도 있어.

그건

'원폭 피폭으로 괴로울 때 흘린 눈물'

'흑인 차별에 대한 분노의 눈물'

'선미촌의 대학살(1968년 미군이 베트남 선미촌의 주민 500여 명을 죽인 사건-옮긴이)'

전 세계 사람들은 지금도 미래에도 눈물을 흘리겠지.

이런 비극을 막기 위해서라도 눈물은 꼭 필요하다.

'눈물이란 고귀한 것이란다.'

감정이 풍부한 소년 손정의는 원폭, 흑인 차별, 베트남 전쟁 중에 일어난 선미촌 대학살에 대한 감정을 시로 표현했다. 정의감 넘치는 소년의 마음이 그대로 드러난다. 우정을 중시하고 차별을 증오했다.

배려심 깊은 소년 손정의는 밝고 온화한 성격으로 학창 시절 내내 친구들에게 인기가 많았다.

12 동경

1970년 3월 31일 일본 적군파가 항공기 요도호를 납치했다. 9명의 범인 그룹은 서울 김포공항에 승객을 내려주고 평양으로 향한 끝에 북한으로의 망명을 인정받았다.

4월에는 비틀즈가 <렛잇비>를 마지막으로 해체했다. 4월 10일 폴 매카트니는 비틀즈 탈퇴를 정식으로 선언했다. 가족과 보낼 시간이 필요했다는 설도 있고 존 레논이 오노 요코와 결혼했기 때문이라는 설도 있었다.

그리고 11월 25일 『가면의 고백』, 『금각사』로 알려진 인기 작가 미시마 유키오가 '방패의 모임' 멤버 4명과 도쿄 이치가야의 자위대 주둔지에 틀어박혀 쿠데타 결기를 일으킨 끝에 할복자살을 택했다. 시대는 크게 요동치고 있었다.

같은 해 손정의는 중학교에 입학했다. 주변의 급격한 변화를 눈치챘는지는 알 수 없다. 하지만 그 역시 거센 변화의 소용돌이 속으로 빨려 들어갔다.

중학생이 된 손정의는 바로 축구부에 들어갔다. 다리 힘을 길러야겠다는 생각에 특제 철 나막신을 샀다. 그 배경에는 1970년대에 유행했던 인기 만화인 『거인의 별』이 있다. 가와사키 노보루 작화, 가지와라 잇키 원작의 열혈 야구 만화로 호시 잇테츠와 호시 휴마 부자의 열정적인 스토리가 많은 소년의 마음을 사로잡았다.

주인공인 호시 휴마는 전국의 소년들이 동경하는 인물이었다. 손정의도 예외는 아니었다. 휴마는 몸에 특제기구를 달고 실력을 갈고닦은 끝에 전설적인 투수가 되었다. 손정의는 축구로 휴마가 되기를 꿈꿨다.

"나도 휴마처럼 되어야지." 한번 시작하면 뭐든지 열심히 하는 소년은 통학 시간에도 발과 허리를 단련하고 싶었다.

2학기가 되자 손정의 일가는 손정의의 진학을 위해 교육 수준이 높은 후쿠오카 시내로 이사했다. 부모님이 손정의에게 거는 기대가 얼마나 컸는지가 엿보이는 부분이다. 세이난구의 세이난 중학교로 전학을 갔다. 명문 슈유칸 고교 합격자를 다수 배출하는 명문 학교였다.

세이난 중학교에는 축구부가 없었기 때문에 손정의는 검도부에 들어갔다. 전학 간 학교에서도 손정의는 남학생뿐 아니라 여학생들에게도 인기가 많았다. 물론 의도한 바는 아니었지만.

손정의가 연습할 때면 그를 쳐다보는 시선이 느껴졌다. 그만큼 손정의의 씩씩함은 여학생의 마음을 설레게 했다. 검도 장비를 차고 검을 든 검사(劍士)의 모습은 어린 소년이지만 격렬한 투지와 검의 마음을 몸소 표현하는 듯했다.

기타큐슈에서 전학 온 손정의의 말투는 하카타(후쿠오카 지역－옮긴이) 사투리와는 억양이 달랐다. 기타큐슈 사투리와 하카타 사투리는 어미도 미묘하게 달랐다. "저기 무언가 있어."라고 할 때도 손정의는 "조기"라고 했다. 여학생들이 "조기"라고 따라 하면서 놀려댔다. 그래도 손정의는 싱긋싱긋 웃기만 했다.

구김살 없는 소년의 모습에 소녀들은 결코 자신의 속내를 타인에게 내보이지 않는 신비한 매력을 느꼈다. 소년 손정의에게 몰래 호감을 느낀 소녀도 있었으리라.

정의감 넘치는 손정의의 성격은 중학생이 되자 한층 더 강해졌다.

국어 시간에 교사가 손정의의 성을 "안퐁"이라고 부른 적이 있었다. 야스모토는 '안퐁'이라고도 읽을 수 있기 때문이다. 손정의는 화를 내지도 침묵하지도 않았다. 냉정함을 유지한 채로 항의했다.

"선생님, 그렇게 부르시면 안 되죠. 제대로 불러주세요."

교사는 무시하려 했지만 2학년 3반 45명 전원이 손정의의 말을 지지했다.

'야스모토 군은 진짜 멋있어.' 교사를 상대로 당당하게 자신의 의견을 말할 수 있는 학생은 그리 많지 않다. 남자다운 소년의 태도에 여학생들은 빠져들었다.

한번은 방과 후 여학생들이 사건에 휘말린 적이 있었다. 같이 귀가하던 학생들이 서둘러 학교로 돌아왔다. 교실에는 아직 손정의가 남아 있었다.

"도와줘!"

현장으로 달려간 손정의는 불량소년에게 소리쳤다. "그만두지 못해!" 도와주러 가서 대신 맞아주었다. 손정의의 희생으로 사건은 수습되었다.

손정의는 친구들과 자주 어울렸다. 자전거로 무로미가와 상류에 있는 와키야마까지 가서 동사리 낚시를 했다. 함께 낚시하러 다니던 같은 반 친구 후루가는 서로의 집을 드나드는 사이였다.

"오늘 밤은 우리 집에서 자지 않을래?" 하고 손정의가 전화했다. 후루가는 "좋지."라고 대답하고 저녁을 먹은 후 손정의의 집으로 갔다.

손정의의 방은 교과서나 참고서가 늘어 있는 점 외에 별다른 특징은 없었지만, 벽에 붙은 여배우 이와시타 시마의 커다란 포스터가 눈에 들어왔다. 이와시타는 〈그림자의 차(마쓰모토 세이초 원작)〉 등 사회파 영화에 다수 출연한 29살의 노련한 여배우였다. 성숙한 매력을 풍기는 여배우를 소년은 동경했다. 손정의와 후루가는 밤새 수다를 떨고 음악을 들었다.

또 당시 손정의는 볼링에 빠져 있었다. 그 때문에 가끔 지각하기도 했다. 이른 아침에 볼링을 치고 학교에 갔기 때문이다. 한번 집중하면 끝까지 해야만 직성이 풀리는 손정의다운 에피소드다.

중학교 2학년 때는 전교 회장에 입후보했는데 후루가가 손정의를 도와 함께 포스터를 만들었다.

중학교 3학년이 되자 손정의는 공부에 열중하기 시작했다. 기타큐슈 중학교에서는 전 과목 5점이었던 성적이 후쿠오카 명문교로 오자 전 과목 2점으로 떨어졌기 때문이다. 그래서 전교 1등이던 같은 반 미키 다케요시에게 물어봤다.

"어떻게 하면 공부를 잘 할 수 있어?"

미키는 모리타 학원(모리타수학관)에 다니면 된다고 답했다. 손정의는 학원에 가고 싶지는 않았지만 목표를 달성할 수 있는 가장 빠른 길이라고 판단했다. 그래서 어머니와 함께 학원 상담을 받았다. 모리타 요시야스 원장은 손정의의 성적표를 보면서 말했다.

"이런 성적으로는 받아줄 수 없습니다. 다른 학원을 찾아보는 게 어떠세요?"

물론 알겠다고 순순히 물러설 손정의가 아니었다. 과연 문제를 어떻게 해결했을까?

손정의는 친구인 미키 다케요시의 어머니인 도시코에게 부탁했다. "아주머니, 모리타 원장님께 부탁해주시면 안 될까요?"

도시코는 손정의의 진지한 태도를 보고 도와주고 싶은 마음에 손정의와 함께 모리타 학원을 다시 찾았다. "아들 친구인 야스모토 군인데 아주 괜찮은 아이예요. 원장님, 꼭 좀 부탁드립니다." 결국 그 열정에 두 손 든 모리타는 등원을 허락했다.

학원에 들어간 손정의는 필사적으로 공부했다. 처음에는 모리타 학원의 수준을 따라가기 힘들었지만 성적은 점점 우상향했다.

훗날 손정의는 도시코에 대해 이렇게 말했다.

"오늘날의 제가 있는 건 미키 군과 아주머니 덕입니다. 미키를 만나지 않았더라면 저는 방황하는 불량소년이 되었을지도 모르지요." 지금쯤 정도를 벗어나 방황하며 살고 있었을지도 모른다.

졸업을 앞두고 반 친구들은 자신의 진로를 정해 각자 다른 길을 걷게 되었다. 손정의는 좀처럼 진정할 수 없었다. 꼭 해결해야 하는 문제가 있었기 때문이다.

손정의는 후루가를 비롯한 친구들과 시내인 텐진으로 놀러 갔다. 비가 내리기 시작했기 때문에 텐진 서쪽 거리에 있는 오방떡 가게로 들어갔다. 손정의는 풀빵에 손도 대지 않고 망설이다가 입을 뗐다. "나, 사실…" 친구들의 시선이 한곳으로 모였다.

"지금까지 말하지 못한 게 있어." 손정의는 진지하게 말했다.

"나는 한국인이야." 말을 고르며 다시 입을 열었다. "말하면 사이가 틀어질까 봐 걱정돼서 지금까지 모두에게 말하지 못했어. 미안."

친구들은 내심 놀랐지만 아무 말도 하지 않았다. 그때 누군가가 말했다.

"이제 비가 그쳤나 보다."

"가자."

소년들은 자전거에 일제히 올라탔다. 뺨을 스치는 차가운 바람이 기분 좋았다. 모두의 얼굴에는 웃음이 가득했다.

13 지사처럼

손정의는 전국시대 무사를 동경했다. 가문의 선조는 고려 시대 손간 장군이라고 할아버지께서 말씀하셨다. 그래서인지 조국뿐 아니라 일본 역사에도 흥미가 있었다. 파란만장한 시대를 화려하게 수놓은 무사 중에서도 오다 노부나가, 도요토미 히데요시, 도쿠가와 이에야스 등 전국시대 무사들에게 관심이 많았다. 갓 중학생이 되었을 무렵부터였다.

그는 전국시대 무사에게 무엇을 느끼고 무엇을 배웠을까? 반짝이는 별처럼 등장한 무사 중 가장 놀라웠던 인물은 오다 노부나가였다. 오다 노부나가의 드라마틱한 삶에 끌렸다. '오와리의 바보'라고 불렸으며 젊을 때는 우에스기, 다케다, 호쿠조라는 명문 대신들의 중압에 저항했고 전국시대의 '효웅' 사이토 도산의 사위가 되었다. 기존의 봉건사회라는 굴레에 과감히 부딪혔고 천하를 제패하고 나서는 혁신적인 정책을 펼쳤다. 관문을 철폐하고 누구나 자유롭게 상거래가 가능한 시장인 라쿠이치 라쿠자(樂市樂座)를 도입했으며 기독교 설교를 허가하는 등 새로운 정책을 끊임없이 쏟아냈다.

손정의는 지사(志士)들에 대해 필자에게 가장 대단한 인물은 오다 노부나가이고, 가장 좋아하는 인물은 사카모토 료마라고 이야기했다.

"대단하다는 의미는 제가 그렇게 되지 못할 것 같다는 말이고 좋아한다는 말은 어딘가 결핍이 있어서 인간적이고 친근하게 느껴진다는 의미입니다."

경영자로 말하면 대단한 인물은 마쓰시타 고노스케, 좋아하는 인물은 혼다 슈이치로다.

"요즘에는 노부나가처럼 전략적으로 세상을 바꾸는 사업가가 거의 없습니다."

이러한 영웅들을 향한 관심에 기폭제가 된 작품이 있다. 손정의의 인생에 지대한 영향을 미친 문학작품이다.

시바 료타로는 역사소설뿐 아니라 다수의 에세이, 문명 비평작품 등으로 유명한 일본을 대표하는 인기 작가다. 시바의 『료마가 간다』는 이제는 일본에서 '국민문학'이라 불리는 작품으로 에도 막부 말기의 지사인 사카모토 료마의 통쾌한 삶을 그린 장편 역사소설이다.

손정의는 『료마가 간다』(총 5권, 문고판은 총 8권)를 여러 번 읽었다. 적어도 세 번은 정독했다.

처음 읽은 시기는 15살 때였다. 이듬해 고등학교를 중퇴하고 미국 유학을 결심하기 직전이었다. 가족들이 입을 모아 미국행을 반대하자 손정의는 도사번(현재의 시코쿠 남부 고치현—옮긴이)을 탈번(脱藩)한 료마가 된 기분이었다.

두 번째는 경영자가 되고 병환으로 입원해 생사를 헤맬 때였다. 미래를 고민하며 아픈 몸을 원망하던 시기였다. 하지만 이 책을 읽을 때면 큰 용기가 샘솟았다. 끙끙대며 고민하는 자신이 작게 느껴졌다.

세 번째는 1994년 6월에 소프트뱅크(현 소프트뱅크 그룹)의 주식공개 직후였다. 컴덱스와 지프 데이비스 출판사를 인수하려고 하던 손정의에게 무모한 투자라며 손가락질하는 소리가 들렸다. 이때 역시 료마가 용기를 주었다.

"한 번 사는 인생이니까 후회하고 싶지 않았습니다. 과감하게 가는 편이 재미있지 않을까요? 인생의 막을 내리는 순간 잘 살았다고 눈감을 수 있는 삶을 살고 싶었습니다."

막부 말기 젊은 피가 들끓는 청년 료마는 도사번을 탈번하고 백

의종군한다. 미국에서 돌아온 가쓰 가이슈와 해후한 후 그의 제자가 되어 고베 해군 훈련소의 우두머리로서 생도들을 감독했다. 1865년 나가사키에서 해운과 무역을 영위하는 상사인 가메야마 조합, 훗날의 가이엔타이(海援隊)를 설립했다. 숨이 끊어지기 직전이었던 도쿠가와 가문의 운명을 좌우하는 삿초 동맹(薩長同盟, 사쓰마번과 조슈번의 정치적·군사적 동맹–옮긴이)을 이루어내는 위업을 달성했고, 에도성으로의 무혈 진입과 대정봉환(大政奉還, 도쿠가와 막부의 쇼군이 메이지 일왕에게 통치권 반납을 선언한 사건–옮긴이)을 기획했다. 1867년 10월 14일 에도막부 15대 쇼군인 도쿠가와 요시노부가 정권 반납을 조정에 신청해 다음 날 받아들여졌다. 이렇게 가마쿠라막부 이후 약 700년간 이어져 온 무사 정치가 종지부를 찍었다. 하지만 한 달 후인 11월 15일 교토 산조 가와라마치에 있는 오미야 신조 2층에서 나카오카 신타로와 이야기 중이었던 료마는 도쓰가와 사람이라 칭하는 남자들에게 암살당한다.

소년 손정의는 혼노지의 변으로 세상을 떠난 오다 노부나가와 교토시 거리에서 비극적인 죽음을 맞이한 료마를 보며 가슴이 찢어질 듯한 아픔을 느꼈다. 비극적인 죽음을 맞이했다는 점 외에 오다 노부나가와 사카모토 료마 사이에 닮은 점이 있을까? 그렇지 않다. 성격, 자질, 행동 등 하나부터 열까지 달랐다. 하지만 둘 다 호기심이 왕성하고 일본인답지 않은 사고의 소유자였다.

손정의는 끊임없이 료마의 삶을 곱씹었다. 료마는 일본인 최초로 허니문을 떠난 인물이며 웨스턴 부츠를 신던 모던남이었다. 한 번뿐인 인생을 료마처럼 멋지게 살고 싶다고 생각했다.

고등학교 진학을 앞두고 손정의는 인생에 대해서 진지하게 고민했다. 그리고 오다 노부나가나 사카모토 료마처럼 피가 끓어오르는 듯한 열정으로 가득한 인생을 살아야겠다고 다짐했다.

손정의는 주위를 둘러봤다. 일본 경제는 대호황이 이어지고 있었다. 한 가구당 연간소득이 전년 대비 12.5%로 크게 증가하며 연봉 100만 엔을 처음 돌파했다. 한편 해외에서는 이윤만을 추구한다며 '이코노믹 애니멀'이라는 거센 비판이 쏟아졌다.

모두가 풍요로운 생활을 하고 있었다. 하지만 이대로 괜찮은가. 똑같은 일상을 반복하다가 생을 마감하고 싶지는 않았다. 료마처럼 높은 뜻을 지니고 당당하게 살고 싶었다.

그래서 어린 시절 초등학교 선생님이나 화가, 아니면 사업가나 정치가가 되고 싶었다. 소년다운 꿈이다. 모두 창의성이 필요한 멋진 직업이다. 하지만 중학교에 들어갈 무렵 국적 문제로 교사는 되기 어렵다는 사실을 깨달았다. '좋아, 그럼 다른 직업을 가지면 되지.' 그래서 사업가가 되기로 마음먹었다.

료마가 살던 에도 막부 말기였다면 정치에 목숨을 걸지도 모른다. 하지만 지금의 일본 정치는 역동성을 상실했다. 만약 료마가 현대에 살아 있다면 틀림없이 사업에 목숨을 걸었으리라. 그렇게 사업가가 되어야겠다고 손정의는 결심했다.

중학교 성적은 3, 4, 5가 세 개씩 있었다. 영어와 이과 계열에 강했다. 성실하고 두뇌가 명석했지만 통지표 성적만 보면 두드러지게 뛰어나지는 않았다. 그래서 하카타에서 손꼽히는 엘리트 학원인 모리타 학원에 들어간 후로 손정의는 공부에 매섭게 집중했다.

규슈에는 가고시마의 라살 고등학교, 후쿠오카의 구루메 대학 부설 고등학교 등 도쿄 대학 진학률이 높은 명문고가 있다. 손정의는 둘 중 한 곳에 입학하겠다고 다짐했다.

하지만 손정의의 인생에 예상치 못한 비운이 기다리고 있었다. 아버지가 입원하게 된 것이다. 음주와 과로 탓에 간경변증과 십이지장궤양이 생겨 세면대 한가득 피를 토했고 병세는 날로 심해졌다. 가고시마까지 가기 어렵다고 판단한 손정의는 집에서 가까운 구루메 대학 부설 고등학교로 진학하기로 했다. 의사의 자제들이 많이 가는 곳으로 유명한 남고였다.

열심히 공부한 끝에 손정의의 성적은 전교 상위권으로 훌쩍 뛰어올랐다. 손정의가 다니던 세이난 중학교에서 구루메 대학 부설 고등학교로 가기 위해서는 전교 20등 이내여야 했다. 경쟁률은 11대 1로 문이 매우 좁았다. 아무리 성적이 좋아도 꼭 합격한다는 보장이 없었다. 하지만 꼭 들어가겠다고 다짐했다.

"떨어지면 내년에 또 지원할 겁니다." 그렇게 공언하면서 자신을 도닥였다. 어려울 때일수록 손정의의 진가는 빛을 발했다.

1973년 12월 결과가 나왔다. 난관을 뚫고 손정의는 보란 듯이 합격했다.

4월 8일 손정의는 교문 근처에 만개한 벚꽃 나무를 지나 학교로 들어갔다. 1학년 C반 담임은 부임한 지 3년째인 26살, 아베 이쓰로였다. 처음으로 담임이 된 아베에게 손정의는 강렬한 인상을 남겼다.

어느 날 매우 조용하고 언제나 웃음을 띠던 소년이 교무실을 찾아왔다. "선생님, 학교를 세우고 싶은데 도와주셨으면 좋겠습니다."

친구들끼리 이야기할 때는 하카타 사투리를 썼지만, 윗사람들과의 대화에서는 표준어로 논리정연하게 말했다. 아베는 손정의의 말이 무슨 말인지 이해가 가지 않았다.

"학교를 만든다고?"

"커리큘럼도 이미 짜 놓았습니다." 손정의는 한 장의 종이를 내밀었다. "그래서 제대로 된 선생님이 필요합니다. 저는 교사가 될 수 없으니 선생님께 꼭 부탁드리고 싶어요." 손정의의 표정은 진지했다. "실례지만 지금 월급은 얼마이신가요?"

'무슨 말을 하고 싶은 걸까?' 넋이 나간 아베에게 손정의는 현재 월급의 두세 배를 지급하겠다고 말했다. 갑자기 신입생이 이런 이야기를 꺼내면 아무리 교사라 할지라도 당황하기 마련이다. "생각해볼게."라고 답하는 것이 최선이었다.

훗날 알게 되었지만 손정의는 교장에게도 똑같은 이야기를 꺼냈다. 우수 인재를 빼내고 싶었기 때문이다. 하라 미토 교장은 현립 고교의 교장을 오랫동안 맡아온, 후쿠오카현에서도 유명 인사였다. 그런 하라를 손정의는 헤드헌팅 하려고 한 것이었다. 사업가로서의 손정의의 싹이 엿보이는 에피소드다.

손정의는 구루메역에서 가까이 사는 마을 유력자의 집에 하숙했다. 하숙집 앞에는 지장보살상이 있었다. 매일같이 두 손을 모으고 25분을 걸어 학교에 갔다. 걸으면서 생각했다. 일본인이라면 고등학교 3년을 다니고 대학교 4년을 마치면 된다고 생각했을지도 모른다. 하지만 한국 국적인 손정의는 어떻게 해야 좋을지 명쾌한 답을 찾지 못하고 있었다.

사업을 하고 싶었다. 교육에 관심이 있었기 때문에 학원이 답일지도 모른다고 생각했다. 손정의는 중학교 때부터 동급생인 미키의 어머니 도시코에게 의논했다. "이 근처에 학원을 만들고 싶은데 아주머니, 물건 좀 찾아봐주시겠어요?"

시장 조사를 해보니 주변은 단지가 많아 채산성을 확보할 수 있으리라 생각했다. "대학을 졸업한 이후에 해도 늦지 않을 것 같은데?"라고 도시코는 말렸지만, 그때의 불타는 듯한 소년의 눈빛을 잊을 수 없었다.

"저 아이는 어딘가 비범해."

고등학생이 되어서는 책상 앞에서만 앉아 있는 생활을 벗어났다. 동아리 활동이 없어서 비교적 여유로운 고등학교 생활을 보냈다. 당시 유행하던 소녀만화를 읽거나 주말에는 친구들과 번화가에서 영화를 보거나 라멘을 먹으러 다녔다.

고등학교에서는 시험 성적 상위 15등까지의 이름을 공개했는데 손정의의 이름은 없었다. 손정의는 사카모토 료마나 에도 막부 말기의 지사들처럼 사는 방법이 무엇인지 끊임없이 고민하고 또 고민했다.

그러던 어느 날, 손정의가 움직이기 시작했다. 7월 조부모의 출신지인 한국으로 할머니와 둘이서 여행을 갔다. 여름 방학에는 미국 캘리포니아로 한 달간 어학연수를 다녀왔다. 이러한 경험들이 손정의의 삶의 방향을 바꿨다.

손정의는 일본의 명문고에 입학한 지 한 학기 만에 중퇴하고 미국으로 건너가 캘리포니아 대학 버클리 캠퍼스로 진학했다. 그리고는 학생 신분으로 비즈니스를 시작해 음성 전자번역기를 발명하고 판매한 결과, 계약금 1억 엔을 받는 데 성공했다.

이렇게 손정의는 사업가의 길로 발을 내디뎠다.

14 꿈을 좇는 자

비즈니스 파트너이자 친구인 홍 루는 손정의를 어떻게 생각하고 있을까? 손정의에 관해 묻자 홍 루는 이렇게 대답했다.

"꿈을 가진 갬블러다. 다만 지는 승부는 하지 않는다."

미국 하이테크 잡지『인더스트리 스탠더드(THE INDUSTRY STANDARD)』의 2000년 9월 4일자 표지는 손정의가 장식했는데, '갬블링 맨'이라는 문구가 붙었다. 얼마나 그가 모든 것을 걸고 인터넷 시장에 뛰어들었는지가 엿보인다. 무엇보다 곁에서 봐도 비즈니스 감각이 예사가 아니었다.

꿈은 누구나 가질 수 있다. 하지만 그 꿈을 이루기 위해서는 엄청난 재능과 집념이 필요하다. 어떠한 위험이 있어도 계속해서 도전하는 자세는 이미 버클리 시절에 싹텄다.

음성 자동번역기 시제품 개발에 성공한 손정의는 사무실도 홍 루의 집에서 오클랜드 공항 근처로 옮겼다. 3층짜리 빌딩의 2층 공간으로 60제곱미터 정도의 크기였다. 'M SPEECH SYSTEM INC'라는 사명도 '유니손 월드'로 바꿨다. 누구나 한번 들으면 기억하는 센스 있는 이름이었다.

홍 루의 직함도 '잡사'에서 '프로젝트 매니저'로 승격했다. 하지만 실제로는 일이 점점 더 복잡해졌기 때문에 여전히 넓은 의미로 보면 '잡사' 담당이었다. 점차 회사로서 체제를 갖추기 시작했다.

어느 날 손정의는 홍 루에게 봉투를 건넸다.

"열심히 해줬으니까 받아."

홍 루는 봉투 속 주권(株券)을 보고 놀랐다. 진짜 주식은 아니었다. 회사의 미래가 유망하긴 하지만 아직 주식 상장을 하지 않았기 때문이다. 그러니 백지나 다름없었다. 하지만 손정의는 장난으로 건넨 것이 아니었다. 회사의 지분 10%를 준다는 의미였다. 이 비율은 훗날 20%까지 늘어났다. 홍 루는 받아둘 수 있는 것은 받아두고자 봉투를 소중히 보관했다.

한편 샤프의 사사키는 계약을 마치자마자 미국으로 건너왔다. 손정의를 신용하지 않은 것은 아니지만 불안한 마음을 털어버리고 싶었다. 독창적인 아이디어라고 생각해서 계약은 했지만, 상품화되지 않는다면 실패한 비즈니스나 마찬가지다. 비즈니스는 언제나 신중해야 하기에 앞으로의 손정의에 대한 가능성까지 두 눈으로 직접 확인하고 싶었다. 사사키 역시 꿈을 좇는 갬블러였다.

연구원과 파트직을 포함한 15명의 스태프가 분주하게 움직이는 모습을 보고 사사키는 비로소 안도했다. 그러자 이번에는 손정의에 대한 기대가 부풀기 시작했다.

프로젝트팀은 1장의 IC 카드를 바꿔 넣으면 5개 국어로 대응 가능한 음성 전자번역기를 만들고 있었다. 훗날 샤프의 세계 최초 포터블 다언어 전자번역기 'IQ3100'으로 발전하는 제품이다.

이때 손정의는 그야말로 꿈을 좇고 있었다. 그 꿈은 또 다른 커다란 비즈니스 기회가 되어 눈앞에 다가왔다.

어느 날 손정의는 뉴스를 봤다. 일본 내 게임기기에 관한 기사였다. 미국과 일본을 오가면서 손정의는 일본에서 일어난 붐을 흘려보내지 않았다. 일본에서는 1979년 3월부터 8월까지 인베이더 게임이 크게 유행했다. 참고로 그해 컴퓨터 붐도 일어나 NEC의 PC-8001이 출시되고 여름에는 소니에서는 워크맨을 선보였다.

인베이더 게임은 1978년 일본 게임 회사인 타이토 주식회사에서 출시한 제품으로 지금까지의 게임과는 크게 달랐다. 마치 SF 세계처럼 다른 행성의 생명체가 지구를 침략하듯이 인베이더 군이 플레이어의 기지를 덮친다. 플레이어는 자신의 포대를 움직여 인베이더를 쏴서 떨어뜨린다. 그야말로 참신한 발상의 게임이었다. 단순하다고도 볼 수 있지만 처음 보는 유형의 게임이었다.

손정의는 사업가의 눈으로 게임기를 바라봤다. 결론은 단순하고 명쾌했다. '인베이더 게임 붐은 일시적인 현상이리라.' 그저 침략자가 공격해오는 것만으로 게임에 흥미를 느끼던 사람들도 시간이 지나면 패턴을 읽을 것이 뻔했다. 게임기는 한 대당 100만 엔이나 했지만, 붐이 꺼지면 오히려 '공간만 차지하는 짐'이 될 것 같았다.

손정의의 예상대로 열기는 머지않아 식었다. 대단한 선견지명이었다. 하지만 손정의의 진가는 여기서부터 발휘되었다. 일본인이 왜 인베이더 게임에 빠졌고 그 후 빠르게 관심을 잃었는지를 분석한 것이다. 여기서 손정의의 뛰어난 관찰력이 돋보인다. 일본인은 매사에 열중하지만 빨리 식는 습성이 있다고 생각한 것이다. 그렇다면 미국인은 어떨지를 고민했다.

결심이 선 손정의는 재빠르게 움직였다. 손정의는 기계를 사기 위해 일본으로 날아갔다. 그리고 게임기 제조회사의 담당자와 협상을 시작했다. 손정의는 인베이더 게임기를 '한 대당 5만 엔'에 팔라고 요구했다. 원래 100만 엔이나 하는 기계였다. 당연히 상대는 코웃음을 치며 냉소했다.

하지만 여기서 물러설 손정의가 아니었다. 오히려 상대가 코웃음을 치는 순간 승부가 났다고 확신했다. 이대로 창고에 보관하면 보관비가 든다는 점을 손정의는 꿰뚫어 봤다. 결국 석 달 후에 현금으로 대금을 지급하는 조건으로 한 대당 5만 엔씩 10대를 주문했다.

"제가 졌습니다." 담당자는 쓴웃음을 지었다.

이처럼 22살의 손정의는 평범한 젊은이가 아니었다.

일본에서 사들인 기계를 배가 아니라 비행기로 미국으로 보냈다. 손정의여서 가능한 독창적인 발상이었다. 일본에서 붐이 사그라든 기계를 수입할 때 대부분 상사라면 배로 운반했을 것이다. 하지만 손정의는 일부러 비싼 항공편으로 보냈다. 세관 절차를 포함해도 3일이면 도착했다. 만약 배로 보냈다면 석 달은 족히 걸렸을 것이다. 그래서는 비즈니스가 성사되지 못했을 것이다. 손정의의 날카로운 비즈니스 감각이 돋보이는 결정이었다.

이처럼 특출난 사업가가 되기 위해서는 언제나 명쾌하고 냉정한 계산이 필요한 법이다.

손정의가 일본에서 돌아오자 홍 루는 의외라는 표정을 지었다.

"게임기?"

고생고생해서 일류대학을 나왔는데 게임기를 옮겨야 하는가. 홍 루는 커다란 몸을 웅크렸다.

매장에 게임기를 두는 것을 허락하는 가게가 거의 없었다. 그래서 손정의는 점심시간에 홍 루와 함께 레스토랑으로 갔다. 식사가 끝난 후 점장을 불러 게임기를 가게에 두고 싶다고 말했다.

"의심하지 않으셔도 됩니다."

손정의는 이 게임이 일본에서 얼마나 인기가 있었는지를 천천히 설명했다. 점장은 흥미를 내비쳤다. 손정의는 그 틈을 놓치지 않고 밀어붙였다. "이익은 반반씩 나누죠. 일단 속는 셈 치고 3일만 두고 봅시다."

손정의는 필자에게 말한 적이 있다.

"상대를 이해시키려면 제가 상대방 편인 것처럼 느끼게 만들어야 합니다. 그러면 이야기가 훨씬 편해지지요."

이렇듯 손정의의 협상 솜씨는 예사롭지 않았다. 손정의가 부탁하면 백이면 백 거절하는 가게가 없었다.

인베이더 게임기의 설치 장소를 찾기 위해 손정의는 매일 점심에 새로운 레스토랑을 찾았다. 댄스홀이 있는 일식 레스토랑인 '요시즈(Yoshi's)'도 마찬가지였다. 요시즈는 UC버클리와 가까운 칼리지 에비뉴와 클레멘트 에비뉴에 있어서 항상 사람이 북적였다.

손님으로 오던 학생에게서 갑자기 게임기를 설치하고 싶다는 말을 들은 점장은 놀랐지만, 설명을 듣고는 두 대나 들이기로 했다.

몇 해가 지나고 오너인 아키바 요시에는 예상치 못한 경험을 하게 된다. 요시즈는 UC버클리를 떠나 '요시노가게'로 이름을 바꿔 오클랜드항에 맞닿은 잭 런던 스퀘어로 옮겼는데 어느 날 낯익은 남자가 가게로 찾아왔다. 남자는 백발의 신사와 즐겁게 대화를 나누고 있었다. 그 남자는 UC버클리 가게에 여자친구와 자주 오던 학생이었고, 백발의 신사는 모더 교수였다.

일본이나 비즈니스 세계가 낯선 아키바는 저도 모르게 작은 체구의 일본인에게 말을 걸었다. "어머, 지금 어떤 일을 하세요?"

"그때 도와주신 덕분에 어찌어찌 잘살고 있습니다."

웃는 얼굴로 손정의는 인베이더 게임기 설치를 허락해준 감사 인사를 전했다. 아키바는 한때 요시즈에 종종 놀러 오던 동양인 남자가 지금 세계 무대에서 활약하는 손정의라는 사실을 듣고, 놀라움으로 한동안 말을 잃었다고 한다.

15 버클리의 봄

손정의는 이미 일류 비즈니스맨으로 두각을 나타내기 시작했다. 그렇지만 1979년 당시 손정의는 UC버클리 경제학부 4학년으로 여전히 학생 신분이었다.

인베이더 게임기를 일본에서 수입한다는 발상은 지금이라면 굉장히 자연스러운 생각이다. 하지만 1970년대였고 심지어 미국 유학생의 아이디어라고 생각하면 참신했다. 물론 게임기의 설치를 거절하는 가게도 있었다. 그런데도 굴하지 않고 밀어붙이는 배짱이야말로 미국에서의 성공을 확신하게 하는 요소였다.

때로는 경영자에게 직접 담판을 지으러 갔다.

"저기, 갑자기 무슨 말씀이신지?" 경영자는 당황해서 쩔쩔맸다.

"쉽게 말하면 저와 거래하자는 말입니다."

경영자는 게임기를 설치하면 가게의 분위기가 나빠지지 않을까 우려했다.

"그러니까 요즘 장사에 소홀하다는 소리를 들으시는 겁니다."

"그게 무슨 말입니까?"

"빅토리아스테이션에는 이미 제 기계를 설치했거든요."

틈새를 놓치지 않고 꺼낸 카드는 인기 스테이크 가게인 '빅토리아스테이션'이 대기 공간에 게임기를 설치했다는 사실이었다. 대부분 가게는 손정의의 끈질긴 설득에 두 손을 들었다.

그런데 어느 날 예상치 못한 전화를 받았다. 1년 전 홍 루가 매니저로 일하던 아이스크림 전문점 아이스크리머리에서 온 전화였다.

"당장 가게로 와 줘. 게임기가 망가져서 고객이 화를 낸다고."

손정의는 가게로 달려갔다. 인사도 하는 둥 마는 둥 하고는 게임기 앞으로 뛰어갔다. 만져봤지만 움직이지 않았다. 고장이 난 것일까. 손정의의 가슴에 불안함이 스쳐 갔다. 분명 새 기계였다. 운반

도중에 망가진 것일까. 하지만 게임기 주변에 모여든 사람들은 믿을 수 없는 광경을 봤다.

동전 투입구가 뱉어낸 25센트짜리 동전이 기계 주위에 한가득 떨어져 있었다. 고장은커녕 기계에 동전이 가득 차서 작동하지 않았을 뿐이었다. 보고 있던 고객들은 박장대소했다. 희극 영화의 한 장면처럼 배꼽을 잡았다.

아이스크리머리는 버클리의 젊은이들이 제집 드나들듯이 수시로 들리는 아지트였다. 그만큼 아이스크림은 미국인에게 하나의 문화였다. 미국에서 가장 유명한 대학교 학생들이 아이스크림을 먹다가 자연스럽게 인베이더 게임에 빠져들게 된 것이다.

손정의가 동전을 일부러 조심스럽게 꺼내서 건네자 점장은 크게 기뻐했다. 이럴 때 미국인은 자신의 감정에 더없이 솔직했다.

"좋아, 게임기를 한 대 더 사겠어!"

자본금 0원으로 시작한 대학생 손정의는 불과 2주 만에 기계 대금부터 비행기 운반비까지를 모두 벌어들이는 데 성공했다. 반년간 판매한 게임기의 수는 350대로 늘고 1억 엔이 넘는 이익을 남겼다. 심지어 자본금은 제로였다.

이러한 성공에 다른 미국 기업이 주목했다. 북캘리포니아에서만 100개사 정도가 시장에 진입했다. 하지만 손정의는 업계 톱의 자리를 쉽게 내주지 않았다.

자본금 제로에서 1억 엔의 이익을 남기는 일. '있을 수 없는 일, 불가능한 일'이라고 생각하는 것이 상식적이리라.

소프트뱅크 미국 사장을 역임한 테드 드록타는 말한다.

"손정의는 샌프란시스코에서 점심 약속을 잡고 같은 날 뉴욕에서 다른 사람과 만날 때가 있다. 보통은 불가능한 일이다. 하지만 비즈니스에 관해서 그에게 불가능이란 없다. 정말 대단한 사람이다. 같은 날에 샌프란시스코에서 점심을 먹고 뉴욕에서 미팅을 하겠다고 생각하다니."

드록타는 손정의에게는 두 가지 특출난 능력이 있다고 말한다. 참고로 드록타만큼 손정의를 잘 아는 미국인은 없다. 사람들은 드록타를 손정의의 '미국 아버지'라고 말한다. 그런 드록타가 힘을 주어 말했다.

하나는 문제의 본질을 꿰뚫어 보는 능력이다. 핵심을 파악하고 빠르게 대처하는 능력이 탁월하다고 했다. 또 한 가지 능력은 눈으로 보고도 믿기 어려울 정도로 열심히 한다는 점이다. 정도를 벗어난 삶을 살아왔기에 가능한 일일 것이다. 물론 그저 열심히 일하는 사람은 얼마든지 있지만, 손정의가 비범한 이유는 끊임없이 새로운 관점으로 바라본다는 점이다. 특히나 그런 능력이 뛰어나다고 했다.

이 두 가지 능력이 여실히 드러난 사례가 바로 버클리 캠퍼스 바로 앞에 있는 게임센터의 인수 결정이었다.

게임센터는 학생들이 스트레스를 풀기 위한 최적의 공간이다. 서점, 레코드숍 등이 늘어선 거리 한편에 있어 지금도 많은 학생이 찾는 장소다. 손정의는 입지가 좋은 게임센터를 인수하기로 했다. 대학생 신분이기에 당연히 자본금이 부족했지만 2천만 엔(당시 기준

9만 달러)으로 인수하는 데 성공했다.

가장 먼저 은행을 찾았다. 홍 루 소유의 집을 저당으로 잡았다. 면밀한 사업 계획과 열정이 통했는지 은행에서 최우대 금리로 대출을 해줬다. 대학생에게는 해당 사항이 없는, 그야말로 파격적인 조건이었다.

손정의의 첫 기업 인수였다. 하지만 승산이 있었다. 이 역시 상식을 뒤집는 두둑한 배포였지만 테드 드록타가 말하듯이 전략이 주효했다. 한 달 만에 매출을 세 배로 만든다는 목표를 세웠다. 그리고 철저한 조사를 통해 목표를 달성하기 위한 세부 계획을 짰다.

먼저 게임센터 기계별 매출을 샅샅이 조사했다. 인기가 별로 없는 기종도 있었고 처음에 반짝했다가 점차 인기가 사그라든 기종도 있었다. 날마다 기종 하나하나를 깊이 파고들어 분석했다. 손정의가 좋아하는 전략 중 하나다.

기종별 상세한 그래프를 보자 며칠째에 손익분기점에 도달했는지가 한눈에 보였다. 현금흐름(cash flow)을 중심으로 하루의 목표를 설정하고 차근차근 달성해나갔다. 이것이 바로 오늘날 손정의의 비즈니스의 특징인 '일일 결산'이다.

손정의의 비범함은 이러한 소소한 노력을 아끼지 않는다는 점이었다. 천재는 하루아침에 만들어지지 않는다.

버클리에서 유명한 가게들 대부분에 테이블형 게임기를 설치했기 때문에 새로운 게임도 도입하기 쉬웠다. 기판만 바꾸면 되는 데다 기판은 크기도 작아서 운반비도 적었다. 당시 1980년대를 앞둔 일본에서 유행하던 게임 소프트를 차례차례로 도입했다. 팩맨, 갤

럭시안, 스크램블 게임 등을 가져왔다.

한번 시작하면 끝까지 해내는 것이 손정의의 방식이다. 직원도 같은 방식으로 관리했다. 아르바이트를 모집할 때 손정의는 미국인만 고용했다. 처음부터 미국인만 비즈니스 대상으로 삼았기 때문이다.

당시 버클리에는 마리화나를 팔거나 위험한 아르바이트를 하는 일행도 있었다. 처음에는 아무나 고용했지만 한눈에 봐도 무능해 보이거나 게을러 보이는 사람 등 다양한 부류가 있었다. 손정의는 3일간 그들을 관찰했다. 첫날에는 처음이니까 남들보다 부족해도 어쩔 수 없었지만 이틀째가 되면 대부분은 일에 적응하고 동료들과 발도 맞추기 시작했다. 하지만 3일째가 되어도 좀처럼 늘지 않는 사람도 있었다. 그런 사람은 바로 해고했다.

이런 과정을 거쳐 아르바이트생으로는 게임을 좋아하는 학생들이 가장 적합하다는 결론을 내렸다. 그들은 말하지 않아도 알아서 일했고, 그 결과 매출도 가파르게 상승했다.

손정의가 인수한 게임센터는 불과 한 달 만에 약 세 배의 매출을 올렸다. 경이로운 기업가 정신 덕분이었다.

하지만 당시의 손정의에게는 고민이 있었다.

손정의가 경영하는 '유니손 월드'라는 사명에는 여러 의미가 포함되어 있다. 손정의가 다닌 UC버클리에서 UNIX를 기반으로 BSD OS를 만들었는데, 손정의의 회사에서도 UNIX 서버를 사용했기 때문에 유닉스의 '유니'와 손정의의 '손'을 합쳐서 '유니손'이 되었다.

'유니손(UNISON)'에는 '조화'라는 의미도 담고 세계에서 통하는 회사로 키우고자 '월드'를 붙였다. 참고로 UNIX는 AT&T 벨 연구소에서 개발한 OS다.

조화를 중시하는 손정의는 어느 날 홍 루를 놀라게 했다. 회사를 창업하고 2년째인 어느 날 갑자기 홍 루를 부사장으로 임명했다. 일종의 보상이었다.

"언제부터?"

"지금부터."

손정의에겐 이런 면이 있었다. 홍 루는 손정의에게 인정받은 사실이 기뻤다.

1979년부터 1980년까지 유니손 월드는 순조롭게 매출을 늘려갔다. 하지만 또 한 번 손정의는 홍 루를 놀라게 했다.

"나, 일본으로 돌아가려고."

홍 루는 또다시 말문이 막혔다. 회사 일은 순조로웠다. 게다가 손정의의 성격상 일본보다 미국에서 비즈니스를 하는 편이 성공하기 쉬울 것 같았다.

손정의는 필자에게 그 이유를 설명했다.

"당시 회사가 한창 잘나가고 있었기에 바보 같은 선택이라고 모두가 비웃었습니다. 하지만 제게 유니손 월드는 앞으로 회사를 세우기 위한 예행 연습 같았습니다. 처음부터 대학을 졸업하면 일본으로 돌아갈 생각이었으니까요."

중요한 약속을 잊지 않았기 때문이었다. "어머니와의 약속을 지키기 위해서였습니다. 어떠한 일이 있어도 약속은 지켜야죠."

이 약조는 손정의에게 눈앞의 비즈니스나 이익보다 중요했다. 물론 어머니라서 그런 건 아니었다. 우정도 마찬가지였다. 손정의는 웃으며 말했다.

"만약 500억 엔 정도로 우정을 배신한다면 겨우 그 정도밖에 안 되는 사람입니다. 그런 사람이 되고 싶지는 않습니다."

손정의의 삶을 관통하는 철학이다.

1980년 3월 손정의는 UC버클리를 졸업했다. 인생의 많은 부분을 깨달은 버클리는 손정의의 원점이다. 1980년대, 대학교 캠퍼스는 소규모였지만 네트워크가 연결되어 있었다. 손정의도 UC버클리의 에반스 홀 컴퓨터실에서 수많은 시간을 보냈다. 다시 말해 에반스 홀이 지금의 손정의를 만든 셈이다.

언제나 젊은이들로 가득했던 커피숍. 그중에서도 '카페 스트라다'는 영화 〈졸업〉의 무대가 되었고, '오 코클리'는 학생들의 모임 장소였다. 손정의의 청춘과도 떼어놓을 수 없는 그리운 장소다. 아내가 된 마사미와 데이트했던 추억이 가득한 곳으로 함께 치즈버거나 클럽샌드위치를 베어 물고는 했다. 잠시 감상적인 추억에 빠졌지만, 손정의에게는 새로운 꿈이 있었다.

"이대로 미국에 남아서 회사를 이어가고 싶은 생각도 있었습니다. 하지만 일본에서 다시 한번 처음부터 시작해서 성공시키고 싶었습니다. 전 세계를 무대로 사업을 하고 싶었으니까요. 언젠가 미국에서 리턴 매치를 하면 좋겠네요."

"I shall return(돌아올 테다)." 손정의는 마음속 깊이 다짐했다.

그해 3월 손정의는 일본으로 돌아갔다. 손정의는 일본 제일을 목표로 했다. 하지만 어떤 분야에서 일본 최고가 될 것인가. 목표는 거대했지만 상세한 계획은 여전히 백지상태였다.

2부

청춘의 돈키호테

거인과 천재

큰일을 하기 위해 태어났다

선견지명

고로짱

거친 영혼의 절규

병든 호랑이여, 포효하라

천운에 맡기다

꿈틀대는 생명력

두둑한 배짱

정면충돌

미국 아버지와 미국 어머니

바람처럼 빠르게

뜻이 확고하면 의욕은 저절로

대담하고도 세심한 남자

뜻과 야망

결전을 앞둔 사람처럼

천재는 천재를 알아본다

천하포무

언행일치

16 청춘의 돈키호테

흔히 미국의 일류대학이라고 하면 하버드 대학교, 예일 대학교, 그리고 캘리포니아 대학교 버클리 캠퍼스(UC버클리)를 꼽는다. 그래서 UC버클리에 진학하는 것만으로도 대단한 우등생을 의미한다. 그중에서도 손정의는 졸업할 때 하버드 대학으로부터 대학원 입학을 권유받을 정도였다. 그뿐 아니라 미국 최고의 이공계 대학인 MIT(매사추세츠 공과 대학)에서도 입학을 열성적으로 권유했으며, 모교의 대학원에서도 학비 면제라는 파격적인 조건으로 계속 공부하기를 권했다.

손정의는 UC버클리 3학년으로 편입해서 3년이 지난 후에 졸업했다. 성적이 나빠서 졸업이 늦어졌다고 생각한다면 터무니없는 오해다. 재학 중에 사업을 시작해서 1년간 휴학을 한 탓이었다.

음성 전자번역기 시제품에 전념하던 시기와 회사를 설립하던 시기, 일본으로 건너가 이미 유행이 지난 게임기를 사와 대여 사업을 위해 미국 전역을 분주하게 돌아다니던 시기였다. 일반적인 학생이라면 휴학까지 하면서 일본으로 계약하러 가거나 게임기를 사러 가지는 않을 것이다.

학생 신분으로 시작한 사업도 순조로웠지만 놀랍게도 학업 성적 또한 우수했다. 휴학 기간이라도 공부에서 손을 떼지 않았다. 아무도 눈치채지 못했지만 당시 손정의가 얼마나 열심히 공부했는지를 아내인 마사미는 선명히 기억하고 있다.

대학원에 남으려고 한다면 어디든지 두 팔 벌려 환영했을 것이다. 어떤 분야를 선택하든 우수한 연구자로 주목받았을 것이 분명하다. 하지만 손정의의 야망은 연구자의 삶과는 거리가 있었다. 그 이유에 대해 손정의는 말한다.

"보수적으로 보더라도 천재일우의 기회가 눈앞에 있는 시대였습니다. 다시 말해 세계가 두 팔 벌려 저를 기다리고 있었죠."

그래서 기회를 잡아야겠다는 야망을 품게 되었다.

심지어 비즈니스가 점점 재미있어졌다. 실력을 확인하고 싶어서 몸이 근질근질했다. 그렇다고 적수가 없다며 자만하지도 않았다. 비즈니스의 세계는 그리 호락호락하지 않다는 점을 잘 알고 있었기 때문이다. 이러한 냉정한 판단이 그의 야망을 그저 망상에 그치게 하지 않았으리라.

또 하나 현실적인 이유도 있었다. ELS 시절부터 계속 만나온 여자친구인 마사미와 대학교 3학년 때 결혼했기 때문이다. 아내를 행복하게 하는 남자가 최고의 남자라는 것이 손정의의 지론이었다.

1980년 3월 손정의는 캘리포니아 대학교 버클리 캠퍼스를 졸업했다. 이때 손정의는 졸업증서를 받지 않았다. 졸업식 일주일 전에 일본으로 돌아갔기 때문이다. 졸업증서를 받으려고 대학교에 다닌 것은 아니라는 생각에서였다. 하지만 시간이 흘러 호기심이 생긴 딸이 "아빠, 진짜 미국 대학 나온 거 맞아?" 하고 질문할지도 모른다고 생각한 손정의는 훗날 미국 인터랙티브사와 계약할 때 시간을 내서 버클리에 들렀다.

"제 졸업증서를 받을 수 있을까요?"

사무국 여직원은 황당해했지만 바로 컴퓨터로 손정의의 이름을 검색했다. "있습니다. 미스터 손." 그녀는 여전히 놀랍다는 표정으로 물었다. "지금까지 뭐 하다가 이제 받으러 오셨나요?"

졸업증서를 받으러 오지 않는 학생이 있다는 사실이 믿기지 않았나 보다. 오히려 손정의는 졸업증서가 남아 있다는 사실에 놀랐다. 졸업하고 8년이나 흐른 뒤였기 때문이다.

6년간의 유학 생활에 종지부를 찍고 손정의는 일본으로 돌아왔다. 니시테츠 오무타선의 오하시역(후쿠오카시 미나미구) 근처에 회사를 세우기 위한 사무실을 차렸다.

1년 후인 1981년 3월 잣쇼노쿠마(후쿠오카시 하카타구)로 사무실을 옮겨 시장 조사를 하기 위한 기획 회사인 유니손 월드를 설립했다. 등기 서류에는 대표 '손정의'라고 적었다. 여기서 손정의의 확고한 의지가 엿보인다.

손정의가 한국 이름을 사용하겠다고 하자 친척들은 거세게 반대했다. "너는 재일 한국인이라는 사실이 일본 사회에서 어떤 의미를 갖는지 아직도 모르니?" 하고 입을 모았다.

"친척들은 그렇게 하면 직원도 구하기 어렵고 은행에서도 돈을 빌려주지 않을 거라고 저를 설득했습니다. 아버지는 그저 듣기만 하셨죠. 각자 상처받은 기억이 있어서 어떤 마음인지 이해가 갔습니다. 하지만 저는 정정당당히 본명을 쓰기로 했습니다. 있는 그대로의 저를 인정해주는 사람이 진짜 직원, 진짜 은행이라고 생각했거든요. 도망치기 싫었습니다."

앞에서는 차별을 부정하면서 뒤로는 여전히 차별하는 일본 사회에서 일부러 한국 이름을 내세우면 사업에 불리할 게 뻔했다. 무엇보다 비즈니스 세계에서 커다란 걸림돌이 될 것이 자명했다. 친척들은 미국에서 갓 돌아온 청년에게 일본이라는 폐쇄적인 사회의 현실을 이해시키고 싶었다.

하지만 손정의는 의연했다. 청춘을 보낸 미국에서는 아무도 국적을 신경 쓰지 않았다. 한국인이 한국인의 혈통을 확실히 자각해서 어디가 나쁘다는 것인지 도무지 이해가 안 갔다. 오히려 이런 일본이어서 한국인의 이름으로 살아가고 싶었다. 미국의 자유분방한 공기를 잔뜩 마신 손정의는 두렵지 않았다.

훗날 손정의는 한국 국적으로는 여권을 발급받기가 불편해서 일본 국적으로 바꿨다. 자녀의 미래를 고려해서이기도 했다.

"국적은 일종의 부호와도 같지만, 저는 일본에 세금을 내는 엄연한 시민입니다."

하지만 일본 국적을 취득하는 길 또한 쉽지 않았다. '손'이라는 성이 일본인 중에 없다는 이유로 법무성에서 신청을 받지 않겠다고 했기 때문이다. 선례가 없으니 일본으로 귀화하고 싶다면 개명을 하라고 요구했다.

손정의는 비책을 생각해냈다. 한국에서는 부부가 되어도 성을 바꾸지 않기 때문에 아내는 여전히 '오노'라는 성을 쓰고 있었다. 그래서 일본인인 아내가 법원에 신청해서 오노라는 성을 '손'으로 개명했다.

그 후 손정의는 다시 법무성으로 가서 일본 국적인 사람 중에 '손'이라는 성이 없는지를 알아보게 했다. 선례가 있으니 인정할 수밖에 없었다. 담당자는 말했다. "한 명 있네요. 아내 분이요."

이렇게 손정의라는 일본인이 탄생했다.

"드디어 땄네, 땄어!"

손정의는 만면에 웃음을 띤 채 직원들에게 일본 국적을 증명하는 서류를 자랑했다.

1980년대 일본에서 세운 회사를 어떻게 발전시킬 것인가.

회사로서 체제도 제법 갖췄지만 유니손 월드는 일본이라는 미지의 시장에서 앞으로 무엇을 해나갈지를 결정하기 위한 회사였다. 그래서 실적이 백지에 가까웠다.

“일본에서 비즈니스를 시작했으니 꼭 일본 최고가 되겠어!”

여러 가지 계획을 세우면서 자료를 모았다. 금세 스무 가지가 넘는 사업 아이디어가 떠올랐다. 하나씩 조사하려면 시간이 걸릴 것 같아서 직원과 아르바이트생을 한 명씩 고용했다.

회사는 2층짜리 목조 건물의 2층에 있었다. 함석지붕으로 정교해 보이지는 않았지만 다행히도 비는 새지 않았다. 방 크기도 겨우 다다미 10장 정도였고, 계단을 오를 때면 삐걱삐걱 소리가 났다. 심지어 에어컨도 없어서 선풍기를 멈추면 땀이 삐질삐질 날 정도였다. 선풍기를 틀면 서류가 날려서 그것을 허겁지겁 주우러 다니는 것이 손정의의 역할이었다.

이 무렵 장녀가 태어났다. 아내인 마사미가 사랑스럽게 안고 있는 딸을 보자 감동이 밀려왔다. 버클리 시절부터 사랑을 나눠온 여성과의 사이에서 태어난 첫 아이였다. 그 기쁨이 내면에 잠재된 힘을 솟아나게 했다. 일을 끝내고 밤늦게 집에 돌아가면 어린 딸이 칭얼대고 있다. 때로는 직접 기저귀를 갈기도 했다.

손정의에게는 넘치는 에너지뿐이었다. 매일 아침 차를 운전해 사무실로 향했다.

‘뭔가 해야 할 텐데.’ 그런데 무엇을? ‘그건 아직 모르지.’

힘들었다. 초조해졌다.

당시 손정의의 수입은 제로였다. 과장한 것이 아니라 정말 한 푼도 없었다. 마치 출구가 없는 터널에 들어간 것처럼 불안했다.

무엇을 할지 정하기만 하면 바꾸지 않을 생각이었다. 한번 정한 분야에서 최고가 되고 싶었기 때문에 손정의는 시작하기까지 공을 들였다. 어디서부터 시작할지 고민하고 또 고민했다.

"타성에 젖어 자신의 인생을 결정하고 싶지 않았습니다. 어중간하게 타협해서는 안 되니까요."

선택지는 얼마든지 있었다. 바로 떠오르는 분야부터 시작한다고 해도 10년이 지나면 한계점에 도달할 게 뻔했다. 그때마다 업종을 바꿔야만 하는데 그러고 싶지 않았다.

손정의는 노트를 꺼냈다. 대학 시절부터 몸에 밴 습관으로 머릿속에 떠오른 일은 뭐든지 적었다. 업종을 고르는 조건, 절대적인 조건을 나열해갔다.

돈을 벌지 못한다면 사업을 하는 의미가 없다.

앞으로 성장할 업계인가.

향후 50년간 온몸을 내던질 수 있는 시장인가.

거액의 자본금이 필요한 분야여서는 안 된다.

젊으니까 도전할 수 있다.

장차 반드시 그룹사를 만들고 그중 핵심 기업으로 성장하리라.

아무도 떠올리지 못한 유니크한 비즈니스를 하고 싶다.

늦어도 10년 이내에는 적어도 일본에서만큼은 톱이 되고 싶다.

사업 성공의 키는 사람을 행복하게 한다는 신념의 유무다.

20세기 후반부터 세계를 무대로 비상하고 싶다.

그렇게 25가지 항목이 완성되었다. 글만 보면 아주 당연한 경영 철학에 불과했다. 하지만 손정의의 유니크함은 선택지 각각에 독자적인 지수를 더한 부분에 있었다. 사업마다 작성한 서류 더미가 각각 40센티에 달했다. 40개 업종을 조사했더니 최종적으로 10미터가 넘는 서류의 산이 만들어졌다. 종합점수가 가장 높은 분야에 일생을 걸겠다는 각오였다.

함석지붕의 사무실에 귤 상자를 놓고 그 위에 올라서서 직원과 아르바이트생 2명에게 자신의 지론에 대해서 열변을 토했다.

"매출액은 5년 안에 100억, 10년 안에 500억!"

"언젠가 두부를 한 모, 두 모 세듯이 1조, 2조(두부를 세는 단위 '모'와 돈의 단위 '조'의 일본어 발음이 같은 점을 활용한 언어유희 – 옮긴이) 하면서 세고 싶다."

두 직원은 아무 말 없이 듣고만 있었다. 하지만 귀에 딱지가 앉을 정도로 매일같이 반복했기 때문에 견딜 재간이 없었다. 얼마 지나지 않아 직원도 아르바이트생도 떠났다. 무언가에 홀린 사람처럼 야망을 늘어놓는 손정의에게 질린 것이 분명했다.

돈키호테. 손정의는 돈키호테였다. 아니, 청춘의 돈키호테였다. 손정의의 안에서 뜨거운 열정이 끓어올랐다. 이제 막 스물네 살이 된 청년이었다.

17 거인과 천재

빌 게이츠는 하버드대를 중퇴했다. 대학에서 공부하기보다 컴퓨터 개발에 쓰는 시간이 중요하다고 판단했기 때문이다.

일본의 공통 1차 시험에 해당하는 대학 입시 시험에서 빌 게이츠는 800점 만점에서 800점을 받았다고 한다. 천재라고 불릴 만큼 명석한 두뇌의 소유자였다. 800점과 799점은 하늘과 땅 차이이다. 799점은 한계가 있지만 800점은 한계가 없기 때문이다.

젊은 날의 빌 게이츠가 얼마나 천재다웠는지는 손정의도 잘 알고 있다. 시애틀에 있는 빌 게이츠의 대저택에 초대받았을 때 800점 만점을 받은 이야기가 화두에 오른 적이 있다. 빌 게이츠는 별일 아니라는 듯이 말했다.

"만점을 받았다는 사실은 자랑거리가 아닙니다. 정말 중요한 것은 지식을 통째로 암기하거나 배운 걸 그대로 답안지에 옮기는 능력이 아니라 미래를 내다보는 통찰력이지요."

손정의는 빌 게이츠의 탁월함에 다시 한번 감탄했다. 그는 시대를 꿰뚫어 보는 눈을 가지고 있었다. 손정의 역시 언제나 미래를 내다보려 했고 그에 자부심도 있었다. 하지만 친구와 사적인 대화를 나눌 때조차 느껴지는 빌 게이츠의 뛰어난 통찰력에 혀를 내두를 수밖에 없었다.

물론 통찰력 하면 손정의도 빌 게이츠에게 뒤지지 않는다. 일본으로 돌아와 1년 반이 지났을 무렵 드디어 손정의는 자신이 생애를 바칠 분야가 컴퓨터 업계라고 확신했다. 앞으로 컴퓨터의 필요성이 높아지리라 내다봤다. 나아가 디지털 정보혁명이 틀림없이 일어나리라고 예측했다.

1981년 손정의는 이미 시대의 움직임을 눈여겨보고 있었다. 그해 9월 일본 소프트뱅크(현 소프트뱅크 그룹)를 도쿄도 치요다구 4번지에 설립했다. 그런 다음 컴퓨터 소프트웨어의 유통 비즈니스, 즉 도매업을 시작했다. 사업 내용을 그대로 사명으로 한 시기도 있었지만, 학생 시절 발명 아이디어를 적어둔 노트를 '아이디어 뱅크'라고 부를 만큼 아이디어나 지식의 보고(寶庫)라는 의미인 '뱅크'라는 단어를 좋아했다.

컴퓨터 운영 소프트웨어인 OS(Operating System)가 아닌 애플리케이션 소프트웨어만 취급하기로 했다. 자본금은 1천만 엔이었다.

호시탐탐 기회를 엿보던 손정의에게 천재일우의 기회가 찾아왔다. 매년 10월에 열리는 일본 최대 가전·전자기기 박람회인 일렉트로닉스 쇼(CEATEC)가 그해는 오사카에서 열렸다. 손정의는 자본금 1천만 엔 중 이 박람회에 800만 엔을 투자했다. 과연 어떤 생각이었을까?

"소프트웨어 종류가 부족하면 판매 채널을 확보하지 못하고 판매 채널이 없으면 소프트웨어를 아무리 많이 가지고 있어도 소용이 없습니다. 어느 쪽이든 박람회에서 사업 기회를 잡아야 했죠."

박람회에 승부를 걸기로 한 손정의는 손꼽히는 대기업인 마쓰시타나 소니와 비슷한 크기의 부스를 빌리기로 했다. 이것만으로도 전대미문의 이례적인 결정이었다. 상식적으로 자본금의 80%를 한 방에 쓰다니 무모하기 짝이 없었다.

직원들은 놀라서 넋이 나갔지만 손정의는 소프트웨어 제조사를 찾아 동분서주했다. 장소 대여비나 장식비는 자신이 댈 테니 소프트웨어만 가지고 나와달라고 부탁했다. 전시회 비용을 손정의가 모두 부담한다는 파격적인 제안이었다. 상식을 벗어난 좋은 조건이었기 때문에 제안을 듣는 사람은 모두 의아한 표정을 지었다. 손정의는 그 틈을 놓치지 않고 박람회에서 눈길을 끌 아이디어를 설명했다.

"소프트뱅크의 커다란 부스에서 다른 회사의 소프트웨어를 모두 모아 함께 선보인다면 그것만으로도 틀림없이 주목받을 것입니다."

처음에는 상대해주는 소프트웨어 제조사가 없었다. 손정의를 돈이 남아도는 부자거나 별종이라고 생각했다. 하지만 일렉트로닉스 쇼에서 손정의의 부스는 예상외로 대성황을 이루었다. 영업 담당자나 가전·전자기기 업계의 종사자, 판매업자 등으로 발 디딜 틈이 없었다. 박람회에서 손정의의 거래액은 30만 엔 정도밖에 되지 않았지만 방문객 수는 1, 2위를 다퉜다.

박람회가 끝난 후 고객들은 각각의 소프트웨어 제조사와 직접 거래했지만 그래도 손정의는 만족스러웠다. 일본 소프트뱅크의 이름을 알린 것만으로도 대성공이었다.

심지어 박람회를 통해 큰 힌트를 얻었다. 여기서 손정의의 통찰력, 놀라울 정도로 날카로운 비즈니스 감각이 드러난다. 박람회에 출품해서 인기를 끈 샤프의 포켓 컴퓨터 프로그램집 『포켓컴 라이브러리』를 전국 서점에서 판매한다는 아이디어를 떠올린 것이다.

손정의의 은인인 사사키가 소속되어 있는 샤프는 NEC에 대항하려고 했었다. 마이크로컴퓨터의 시대가 오리라 예상했기 때문이다. 이미 마니아층에서는 미국 제품을 사용해 프로그램을 짜고 있었고 아마추어 무선 유저들(비전문가가 무선 기술에 관해 실험연구를 하는 무선통신 – 옮긴이)은 프로그램집이 출시되기를 고대하고 있었다.

그래서 손정의는 컴퓨터 관련 출판업에 비즈니스 기회가 도사리고 있다는 사실을 깨달았다. 하지만 출판업에 대해서는 전혀 아는 바가 없었다.

손정의는 사사키의 지인을 통해 아카사카에 있는 도쿄 아사히야 서점 총괄본부를 찾았다. 그곳에서 상무인 다나베 아키라와 만났다. 고급스러운 남색 양복을 입은 50대 초반의 다나베는, 넥타이를 매고는 있지만 열예닐곱으로밖에 보이지 않는 손정의의 말에 처음에는 큰 관심을 가지지 않았다. 머리에 피도 안 마른 녀석과 비즈니스를 해야 한다는 사실을 탐탁지 않아 했다.

"이 책을 출판하고 싶습니다." 손정의가 내민 책에는 숫자와 표가 즐비했다. "음, 보기 드문 책이네요." 진지한 얼굴로 페이지를 넘기면서 찬찬히 숫자와 기호를 살펴보던 다나베는 속으로 혀를 찼다. 디자이너 지망생에게 맡긴 탓인지 표지부터 1도 인쇄로 어설펐기 때문이다. 심지어 호치키스로 집어 놓은 제본 파일이었다.

"포켓컴 유저들이 만든 프로그램집입니다."

"하지만 이대로는 상품으로 팔기가 어렵습니다."

손정의는 양해를 구했다. "잠시 전화 좀 빌리겠습니다." 손정의는 인쇄소에 전화해서 책의 인쇄 중지를 요청했다. "지금 바로 인쇄를 멈춰주십시오."

그리고 손정의는 설득을 시작했다. "하지만 알맹이에는 정말 자신이 있습니다." 손정의는 다나베에게 미국에서 컴퓨터가 얼마나

빠른 속도로 퍼지고 있는지를 설명했다.

"그렇군요. 무슨 말인지는 알겠는데 저희도 서점이어서 독자층 또는 업계 동향을 조사하지 않은 채 쉽게 진행하기가 어렵습니다."

"맞습니다, 다나베 씨. 독자들의 관심은 앞으로 컴퓨터로 향할 겁니다."

일본의 문학상인 '아쿠타가와상'을 수상한 다나베 세이코의 남동생인 다나베는 역시나 날카로운 감성의 소유자였다. 컴퓨터가 널리 보급될 것이라는 손정의의 말에 즉각 반응했다. 그리고 손정의가 설명하는 실리콘밸리의 이야기에서 약간의 가능성을 느끼기 시작했다.

"하지만 출판업은 그렇게 쉬운 시장이 아닙니다."

"그러니까 당신의 도움이 필요합니다."

"그런데 중개인과는 이야기가 된 거죠?"

이마에서 식은땀이 났다. 손정의는 출판에 대해 정말 무지했기 때문이다.

다나베는 어이가 없었지만, 출판사는 '중개인'이라 불리는 도매회사와 계좌를 트고 도매사를 통해 전국 서점으로 책을 유통한다는 출판 구조와 대형 도매회사로는 도한(東販, 도쿄출판판매)과 닛판(日販, 일본출판판매)이 있다는 출판 체계를 친절하게 설명했다.

그러자 손정의는 다나베에게 대뜸 요구했다. "그럼 저를 도한에 데려가주시겠습니까?"

작은 체구의 다나베는 눈이 동그래졌다. 처음 만난 남자를 도한이나 닛판에 데려갈 수는 없었다. 상식 밖의 요구였다. 하지만 손정의라는 젊은이에게는 노련한 다나베의 상식을 뒤집을 만한 매력이 있었다. 어떤 매력인지 설명하기 어려웠지만 인간적인 매력이 느껴졌다.

다나베는 손정의를 데리고 아카사카에서 신주쿠구 동쪽 5번지에 있는 도한으로 향했다. 두 사람을 만난 담당 부장은 프로그램이 빼곡한 인쇄물을 찬찬히 넘겼다. 부장은 떨떠름한 얼굴로 손정의와 다나베를 바라봤다. "다나베 씨가 소개하시는 거니까요." 반신반의하는 얼굴로 거래 계좌를 터줬다.

손정의는 다나베에게 고개 숙여 인사했다. "그럼 이제 닛판으로 갈까요?" 씽긋 웃으며 부탁하는 손정의를 차마 거절할 수 없었다.

"당신 같은 사람은 처음 봅니다. 할 수 없죠. 갑시다."

한여름의 강렬한 빛이 쏟아졌다. 투덜거리면서도 다나베는 택시에 올라탔다. 치요다구 간다에 있는 닛판까지는 10분 정도 걸렸다. 닛판의 담당자 역시 컴퓨터 관련 책은 처음이라고 했다. 숫자와 기호밖에 없는 페이지를 넘기면서 고개를 갸웃거렸다. 하지만 이번에도 담당자는 계좌를 열어주었다.

다나베의 직감은 역시 틀리지 않았다. 손정의가 출판한 첫 출간물인『포켓컴 라이브러리』는 날개 돋친 듯이 팔렸고 그 결과 출판계에마저 일본 소프트뱅크의 이름을 널리 알리는 계기가 되었다.

손정의는 훗날 말했다.

"그날이 제 출판업의 원점이었습니다. 출판이라는 미디어는 디지털 정보 사회의 큰 기둥이 되리라고 확신하고 있었지요."

손정의가 일본에서 본격적으로 움직이기 시작한 1981년, 빌 게이츠도 큰 성공을 예감하고 있었다. 1980년대 정보화 시대의 시작을 알리는 사건이 일본과 미국에서 동시에 일어난 것이다.

빌 게이츠가 만든 마이크로소프트라는 작은 회사는 1980년 여름, IBM과 중요한 거래를 하고 있었다. 8bit 소프트웨어는 CP/M이라는 운영체제에서만 동작했다. IBM은 CP/M OS를 만들던 회사에 16bit용 OS를 만들어보지 않겠냐고 운을 띄웠지만, 해당 회사는 별다른 반응을 보이지 않았다. 그래서 IBM은 빌 게이츠에게 같은 이야기를 건넸다.

당시 IBM은 하드웨어 업계에서 타의 추종을 불허하는 거대 공룡이었다. 대형 컴퓨터 업계에서는 80% 이상의 점유율을 보유하고 있었다. 누가 봐도 IBM 제국은 흔들림 없는 견고한 성 같았다. 하지만 IBM에도 아킬레스건은 있었다. 소형 컴퓨터 시장에서는 뒤처지고 있었기 때문이다. 그래서 1년 이내에 직접 개발한 퍼스널 컴퓨터를 시장에 출시하고 싶어 했다.

컴퓨터 개발 경쟁은 나날이 격렬해지고 있었다. 어느 기종이 등장하면 바로 그를 능가하는 성능을 지닌 새로운 기종이 나타났다. 이런 경쟁에 대응하기 위해 개발팀은 재빠르게 움직여야 했다. 그를 위해서는 처음부터 끝까지 자사에서 개발하겠다는 기존의 사고방식을 버려야만 했기 때문에 IBM은 마이크로소프트의 OS를 구매하기로 했다.

빌 게이츠는 16bit 마이크로프로세서 칩을 탑재한 퍼스널 컴퓨터로 만들자고 제안했다. 그렇지만 개발 가능한 OS가 없었기에 기본 OS를 만드는 회사로부터 OS를 구매해서 업그레이드를 시도했다. 8bit에서 16bit로의 전환은 그야말로 시대의 움직임을 선점하는 결정이었다. 퍼스널 컴퓨터를 '장난감'에서 본격적인 비즈니스 도구로 바꾸는 획기적인 아이디어였다.

퍼스널 컴퓨터 시장이 대형 컴퓨터 시장보다 커지리라 판단한 빌 게이츠의 통찰력은 날카로웠다. 다른 회사에서도 자유롭게 사용할 수 있는 오픈 아키텍처를 사용하기로 한 결단 덕분에 IBM은 퍼스널 컴퓨팅 분야에서 세계 표준을 확립할 기회를 잡을 수 있었다. 빌 게이츠의 마이크로소프트는 이러한 혁신에 큰 공헌을 했다.

이때 업그레이드한 OS가 바로 마이크로소프트 디스크 오퍼레이팅 시스템, 즉 MS-DOS다. MS-DOS는 오늘날의 WINDOWS OS의 기반이 되었다. MS-DOS 라이선스를 최초로 구매한 IBM은 이 OS를 PC-DOS라고 명명했다. PC, 즉 퍼스널 컴퓨터가 탄생하는 순간이었다.

1981년 빌 게이츠는 미래를 향한 첫걸음을 내디뎠다. 손정의와 빌 게이츠는 태평양을 사이에 두고 같은 운명을 걷기 시작했다.

18 큰일을 하기 위해 태어났다

연말의 분주한 분위기가 시내에 활기를 불어넣고 있었다. 새해를 앞두고 떠들썩한 분위기가 한창이었다. 갑자기 작은 사무실에서 전화벨이 울렸다.

손정의가 세운 회사는 이치가야역 근처 센쇼쿠회관 건물 2층에 있는 경영종합연구소 한편의 책상 두 개를 빌려 쓰고 있었다. 저녁 무렵 외근을 마치고 돌아온 손정의가 서둘러 수화기를 들었다.

1981년 일본은 경제 호황기였다. 데라오 사토루의 〈루비의 반지〉가 레코드 대상을 받고, 폭발적인 인기를 얻은 애니메이션 〈기동전사 건담〉의 프라모델에 웃돈이 붙었으며, 〈닥터 슬럼프〉의 주인공 아라레 굿즈가 날개 돋친 듯이 팔렸다.

손정의는 자금 조달로 분주했다. 그해 오사카 일렉트로닉스 쇼에 자본금 1천만 엔 중 800만 엔을 투자했지만 매출은 고작 30만 엔에 불과했다. 자금을 확보하기 위해서 연말에도 도쿄 전역을 발바닥에 땀이 나도록 돌아다녀야 했다.

간사이 사투리를 쓰는 전화기 속 주인공은 후지와라 무쓰로라고 자신을 소개했다.

"조신전기라고 들어보셨습니까?" 처음 듣는 기업 이름이었다. 후지와라는 손정의의 대답에 실망했지만 굴하지 않고 설명을 이어갔다.

조신전기는 그해 10월 24일 일본 최대 컴퓨터 전문점 'J&P 테크노랜드'의 매장을 오사카, 니혼바시에 열고 성대한 오프닝 할인행사를 하고 있었다. "도쿄에서는 마이 컴퓨터가 불티나게 팔리고 있는데 오사카는 그렇지 않다."라는 작가 고마쓰 사쿄의 말이 계기가 되어 퍼스널 컴퓨터 전문점을 열게 되었다. 후지와라의 지휘 아래 불과 11일 만에 6,400만 엔이라는 경이로운 매출을 기록하며 언론에서도 대대적으로 보도했다. 하드웨어 중 핵심 모델은 NEC의 PC-8001, 샤프의 MZ-80B, 후지쯔의 FM-8 등이었다.

도쿄와 오사카라는 지역 차이는 있어도 이 분야에 있는 사람이라면 당연히 알아야 하는 인물이었다. 후지와라는 실망감보다 손정의의 무지함에 놀랐다.

J&P의 매장 규모는 총면적 300평으로, 지금까지의 컴퓨터 전문점이 고작 10평 정도였음을 고려하면 무려 30배나 큰 크기였다. 그렇게 하드웨어는 모두 모아놨지만 앞으로 핵심이 될 소프트웨어 상품이 부족했다. 그래서 후지와라는 소프트웨어를 모아줄 회사를 찾고 있었다.

손정의는 망설이면서도 감탄할 수밖에 없었다. "대단하시네요." 손정의는 300평이 넘는 컴퓨터 전문점이라는 이야기가 도저히 믿기지 않았다. '오사카 상인(근세 일본 경제의 중심이었던 상인의 마을 오사카를 이르는 말 – 옮긴이) 특유의 허풍이 아닐까?'

후지와라는 지인을 통해 손정의가 소프트웨어를 모으고 싶어 하지만 거래 상대가 없어서 곤란해한다는 말을 들었다. 지인은 컨설턴트이자 소프트웨어의 개발과 판매를 전문으로 하는 소프트웨어 하우스의 경영자였다. 그는 오사카 일렉트로닉스 쇼에서의 손정의의 활약상을 알고 있었다.

운명적인 만남이었을지도 모른다. 후지와라는 손정의의 연락처를 간신히 알아내 전화를 걸었다.

"손정의 씨이신가요? 어떠세요, 한번 오사카에 오셔서 저희 가게를 보시지 않겠습니까?"

생각지 못한 제안에 손정의의 목소리는 들떴다. "꼭 가보고 싶습니다. 저도 꼭 그러고 싶은데, 그게…" 당장이라도 오사카로 향하고 싶었지만 바로 대답할 수 없는 사정이 있었다. 박람회에서 자본금 대부분을 써버린 탓에 월세나 필요 경비가 바닥을 보였다. 때는 연말이어서 새해 첫 거래가 될지도 모르는 상황이었다. 그렇지만 솔직히 오사카로 향하는 교통비조차 아쉬웠다.

"실은 일정이 꽉 차서…"

후지와라는 실망한 듯했다.

"연초에는 가능할 것 같습니다."

손정의는 덧붙여 말하고는 전화를 끊었다.

후지와라 무쓰로는 히로시마 고등학교를 졸업하고 바로 취직했다. 중학교 때부터 아마추어 무선 소년이었던 후지와라는 대학 진학을 포기한 채 오사카 니혼바시의 전기 가게에 들어갔다.

조신전기 사장은 조구 히로미쓰라는 인물이다. 직원 수 60명, 연간 매출액 6억 엔 규모 기업의 사장이었다. 조구 가문은 전쟁에서 활약한 덕분에 오다 노부나가로부터 이름을 하사받았다고 한다. 조구는 1935년 1월 3일에 태어났다. 아버지 사업을 물려받아 13살이라는 나이로 사업을 시작해 상장기업으로 키워냈다.

1985년 10월 8일(일본 프로야구팀인 한신 타이거스가 우승한 해이기도 하다), 50세라는 젊은 나이에 갑자기 유명을 달리했다. 마침 손정의가 NEC 사장인 세키모토 다다히로와 후지와라 무쓰로를 상대로 협상을 하고 있던 시각이었다. 부고 소식을 들은 손정의는 조구의 자택으로 달려가 1시간 동안 영정 앞에 앉아 있었다고 한다.

조구는 고등학교에도 가지 않고 좁은 가게에서 시작해서 혼자 장사를 시작했다. 그 역시 높은 뜻을 지닌 인물이었다. 그야말로 전국 시대 난세에 걸맞은 인물이었다.

조구가 도전한 테마는 '규모가 큰 가게에 이기기 위해서는 어떤 전략이 필요한가.' 하는 질문이었다. 조구는 현실적으로 생각했다. 고민 끝에 내린 결론은 매우 단순했다. 회전율을 두 배로 올리는 방법이었다. 그러려면 무엇이 필요한지를 생각했다.

당시에는 라디오의 부품을 고객이 스스로 골라서 샀다. 반면 조구는 모든 부품을 세팅해서 고객이 구매하기 쉽게 만들었다. 그러자 회전율은 저절로 올라갔고 고객의 만족도도 상승했다. 처음에는 가게의 매출을 올리기 위한 선택이었지만 결과적으로는 고객을 위한 선택이 되었다.

"저 가게는 다른 곳보다 기술적으로 수준이 높아."라는 평판이 퍼지면서 가게는 급성장했다. 후지와라가 오사카 니혼바시 전자기기점에서 일하고 싶다고 생각했을 때 조신전기를 선택한 것은 당연했다. 조구는 면접에서 후지와라에게 말했다.

"나는 나중에 이 가게를 일본 최고의 전자기기 전문점으로 만들고 싶다네. 그러려면 자네의 힘이 꼭 필요하네."

이 역시 운명적인 만남이었다. 감동한 후지와라는 합격했던 다른 회사를 제쳐두고 조신전기를 택했다. 월급은 8천 엔 남짓으로 다른 곳보다 적었지만 미래 잠재력을 염두에 둔 결정이었다. 그의 나이는 18살, 타오르는 열정을 느꼈다.

취직하고 20년이 흘러 후지와라는 조구의 오른팔이라 불리게 되었다. 조구는 퇴근할 때 7층에 있는 사장실에서 5층에 있는 후지와라의 방에 습관처럼 들리고는 했다.

"오늘 매출은 어떤가?"

"좋습니다."

이때 후지와라는 손정의와의 전화를 마친 직후였다.

"사장님, 흥미로운 이야기가 있습니다. 방금 도쿄에서 장사하는 젊은이랑 통화했습니다만."

조구의 눈이 바로 반응했다. 후지와라의 흥미를 끌었다는 점만으로도 관심이 갔다. 그만큼 조구는 후지와라를 신뢰했다.

"아니, 통화한 남자가 정말 특이했는데 말이죠." 수화기 너머의 손정의에게 평범한 사람과는 다른 무언가를 느꼈다고 했다. 어디가 남다른지는 설명하기 어려웠다. 하지만 보통 사람과는 달랐다. 말속에 놀랄 만한 선견지명과 민첩함이 느껴졌다. 다시 말해 비범한 인물 같다고 말했다.

손정의의 지론은 명쾌했다. 전국에서 소프트웨어를 모아 한번에 납품하는 편이 저렴하다. 미국 경제, 공업력, 나아가 잠재력이라는 움직임까지 생각한 결론이었다. 미국에서 일어난 일은 시차를 두고 일본에서도 반드시 나타난다고 후지와라에게 열변을 토했다.

심지어 "제 손을 잡으시면 J&P도 부가가치를 창출할 수 있습니다." 하고 허풍을 떨었다. 대단한 강심장의 소유자였다. 결국 후지와라는 탄복했다.

"그렇게까지 말씀하시니 당신을 믿어보겠습니다." 눈물이 나올 만큼 기뻤지만 아쉽게도 오사카에는 가지 못한다고 손정의는 말했다.

"24살이라는데 대단한 인물입니다. 평범한 사람과 다릅니다. 의욕이 대단하죠. 사장님, 조만간 만나보는 게 어떠신가요?"

조구 사장은 답했다. "내일 도쿄로 가서 만나보지."

오사카 제1부 상장기업의 사장인 조구는 후지와라의 이야기만 듣고 손정의라는 젊은이에게서 무언가를 느꼈다. 조구는 상대를 나이나 지위로 판단하지 않았다. 원래 사람을 보는 눈이 날카로웠다. 상대의 성격과 재능으로 가늠할 뿐이었다.

"흥미로운 인물이군. 그럼, 만나보도록 하지."

다음 날 후지와라는 손정의에게 전화했다. "손정의 씨, 좋은 소식입니다. 우리 사장님께서 도쿄로 가신다고 하십니다. 한번 만나보시죠."

손정의에게는 예상치도 못한 쾌재였다. 운명을 느꼈다. 사카모토 료마가 말하는 '세상에 태어난 이유는 큰일을 하기 위함이다'라는 사상으로 이어졌다. 손정의는 자신의 행운에 감사했다.

일본 소프트뱅크를 찾은 조구는 눈을 동그랗게 떴다. 사무실이라고 할 수 없는 곳이었기 때문이다. 책상 두 개만 덩그러니 놓여 있을 뿐이었다.

"당신이 후지와라가 말한 손정의?"

손정의는 조구를 만난 순간, 이런 인물 앞에서 자신을 꾸며봤자 아무 의미 없다는 사실을 직감했다. 자신의 진짜 모습, 꿈꾸는 목표를 보여주며 설득하는 방법뿐이라고 느꼈다. 손정의 역시 열정적인 청년 그 자체였다.

손정의는 앞으로 다가올 컴퓨터 시대에 대해 열변을 토했다. 가진 건 꿈과 열정뿐이었다.

"무슨 말인지 알겠습니다. 일단 우리 매장에 한 번 오겠습니까?"

조구는 눈앞의 젊은이에게서 젊은 날의 자신의 모습을 봤다. 누구에게도 지지 않는 열정, 성공을 향한 확신이 느껴졌다.

"오호, 어릴 적 내 모습과 닮았군."

새해가 되기 직전이었다. 이른 아침 손정의는 부지런히 도쿄역으로 향했다. 신칸센 첫차에 몸을 싣고 오사카로 향했다. 도착하자마자 손정의는 도쿄의 아키하바라에 필적할 만한 전자기기 거리인 니혼바시에 있는 조신전기를 찾았다.

J&P 매장을 마주한 손정의의 눈이 휘둥그레졌다. "정말 넓군요. 설마 이렇게까지 넓으리라고는 생각지 못했습니다."

손정의는 흥분했다. 하지만 여기서부터 손정의의 진가가 나왔다. 후지와라에게 갑자기 말을 꺼냈다. "저와 독점 계약을 맺으시죠."

"좋습니다. 하지만 조건이 있습니다." 전국에서 모든 소프트웨어를 모으라는 조건이었다. "대신 내년 1월 31일까지 모아주셨으면 합니다."

이듬해인 1982년 1월 31일까지는 불과 한 달밖에 남지 않았다. 어려운 조건이었다.

"알겠습니다. 목숨을 걸고 모으겠습니다."

설날 연휴도 반납하고 손정의는 홋카이도부터 규슈까지 전국을 돌아다녔다. 당시에는 홋카이도나 규슈에 우수한 소프트웨어 하우스가 많았다. 손정의는 특유의 행동력으로 약속 기한 내에 100개사의 소프트웨어 하우스 게임부터 실용 소프트웨어까지 소프트웨어 대부분을 사 모았다. 약 1만 장, 돈으로 환산하면 4,600만 엔어치를 모으는 데 성공했다.

후지와라도 비범한 아이디어 맨이었다. 그 소프트웨어를 J&P에서 오픈 전시하기로 했다. 지금까지 소프트웨어는 진열창 안에 넣어서 판매하는 것이 상식이었다. "오픈 전시하면 분명 훔쳐 가는 사람이 생기지 않을까요?" 걱정하는 사람도 많았지만 당시 음악 업계에서는 이미 LP나 카세트테이프를 벽 한 면에 전시하고 있었다. 소프트웨어도 마찬가지여야 한다고 후지와라는 주장했다.

고객 중심으로 생각하면 합리적인 결정이었다. 매출 효율을 올리는 방법이었기 때문이다. 이 획기적인 아이디어가 주효해 J&P의 매출도 크게 올랐다.

손정의도 소프트웨어 유통회사로서 성장할 발판을 마련했다. 한 통의 전화가 손정의에게 기사회생할 기회가 된 셈이다. 손정의는 백화점이나 매장에 가서 홍보했다.

"조신전기는 일본 최대의 퍼스널 컴퓨터 딜러로 일본 내 소프트웨어는 모두 가지고 있습니다. 그 판권은 제가 독점적으로 가지고 있지요. 그러니 성공하고 싶다면 저를 이용해주세요."

일본의 아이들이 컴퓨터 게임에 빠진 것은 1970년대 후반부터다. 1979년에 인베이더 게임의 인기가 정점을 찍고 1980년대가 되자 다양한 게임이 탄생했다.

게임 소프트웨어 시장의 중심에는 홋카이도의 허드슨이 있었다. 허드슨은 '모모타로 전설', '모모타로 전철', '다카하시 명인의 모험섬', '스타 솔저', '로드 러너' 등 많은 인기 소프트웨어를 선보였다.

허드슨의 사장은 구도 유지였다. 구도는 오사카 일렉트로닉스 쇼에 출점하자는 손정의의 요구를 거절했지만 손정의라는 인물에 흥미를 느꼈다. 그래서 부사장인 동생 히로시에게 만나보라고 했다. "도쿄의 손정의라는 남자인데, 재미있는 남자이니까 한번 만나봐."

손정의의 인생에는 이렇게 운명적인 만남이 이어졌다. 돌이켜보면 그야말로 놀라운 행운이었다. 하지만 행운이 늘 하늘에서 그냥 떨어지는 것은 아니었다.

1981년 가을 손정의는 도쿄 아카사카의 허드슨 사무실에서 구도 히로시와 마주 앉았다. 처음 보는 자리에서 손정의는 갑자기 제안했다. "바로 본론으로 들어가서 허드슨과 독점 계약을 맺고 싶습니다."

히로시는 귀를 의심했다. 사기꾼이 아닌가 하는 의심이 들었다. 손정의의 제안은 실로 간단명료했다. 일본 소프트뱅크를 통하지 않고는 소프트웨어를 소매점에 두지 않기를 바랐다. 그런데 지금 방금 만난 사이였다. 서로 자기소개도 다 마치지 않았는데 대뜸 독점 계약을 요구한 것이다. 그러니 놀라는 것은 당연했다.

당시 허드슨은 구도 형제가 경영하는 일본 제일의 소프트웨어 회사였다. 본사는 삿포로에 있었고, 소프트웨어는 두 가지 루트로 판매했다. 통신판매와 유통회사를 통한 판매였다.

1977년 10월 전파신문사가 『월간 마이컴』을 발간했을 때 허드슨은 수작업한 광고를 실었다. 그러자 전국에서 소프트웨어 주문이 쇄도했다. 이를 본 전파신문사는 지사망을 사용해 소프트웨어를 팔았다. 그 후 샤프 관련 전자 부품의 도매상인 니데코라는 회사가 허드슨의 소프트웨어를 취급했다.

한편 허드슨도 독자적으로 통신망을 정비하기 시작했다. 1980년대의 큰 변화로, 각각의 기업이 각자의 방법으로 꿈을 좇고 있었다. 소프트웨어를 취급하는 회사는 전파신문사와 니데코에 이어 일본 소프트뱅크가 세 번째였다. 그런데 갑자기 독점 계약을 요구한 것이었다.

구도 히로시는 독점 계약을 맺으면 당연히 매출이 줄어든다고 생각했다. 히로시는 비즈니스를 하는 사람이었다. 홋카이도 삿포로 출신으로 마음속에 넘치는 열망을 품은 야망 넘치는 인물이었고, 그 열망은 북쪽 지방에서 머나먼 도쿄를 조준하고 있었다. 그래서 손정의의 제안에 선불리 응할 수 없었다.

손정의는 그런 모습을 예상이라도 한 듯이 "저희는 어중된 방법으로 팔지 않습니다. 몇십 배로 돌아올 겁니다." 하고 차분하게 응수했다.

대답을 들은 구도 히로시의 내면에 어떤 변화가 있었을까? 학을 떼었을까, 아니면 과대망상이라고 느꼈을까? 히로시는 손정의의 말을 묵묵히 듣고 있었다. 손정의는 말을 이었다.

"저는 천재입니다."

몇 번 만나는 사이에 히로시는 손정의가 정말 천재처럼 느껴졌다. 이런 말을 스스럼없이 하는 남자를 본 적이 없었기 때문이다.

"일본 소프트뱅크를 일본 제일의 유통회사로 만들고 싶습니다."

조신전기에서 소개 전화를 주기는 했지만 손정의에게는 아무 실적도 자금도 없었다. 오직 열정과 꿈뿐이었다. 하지만 일본 제일의 유통회사로 키우겠다는 큰 꿈은 허황한 망상이 아니었다. 손정의의 협상력과 행동력이 있었기 때문이다.

이 사람에게는 무언가가 있다고 느껴졌다. 히로시의 가슴속에서 놀라움이 터져 나왔다. 도쿄에 이만한 기업가가 있었다는 놀라움이었다. 히로시는 말했다. "그럼 독점 계약을 하는 대신 예탁금 3천만 엔을 준비해주십시오." 3천만 엔은 허드슨의 한 달 매출에 상응하는 액수였다.

"알겠습니다." 손정의는 굴하지 않고 답했다. 손정의는 지인들을 찾아다니며 고개를 숙여 가며 예탁금을 마련했다.

히로시와 처음 만난 게 가을이었고 3천만 엔으로 독점 계약을 맺는 협상이 시작된 것이 초겨울이었다. 때는 12월로 남은 기한은 촉박했고 설상가상으로 운전자금은 바닥을 보였다.

같은 해 12월 10일 교토 대학의 후쿠이 겐이치 교수가 '프론티어 전자 이론'으로 노벨 화학상을 받았다. 여섯 번째 일본인 수상자의 탄생이었다.

19 선견지명

'도수공권(徒手空拳)'이라는 말이 있다. 실적도 없고 사회적 지위나 명성도 없는, 무엇보다 돈도 없는 그야말로 맨손인 상태를 이르는 말이다.

그리스 신화에는 프로메테우스와 에피메테우스 형제가 등장한다. 프로메테우스는 '먼저 생각하는' 거인이고 에피메테우스는 '나중에 생각하는' 거인이다. 그중 손정의는 틀림없이 프로메테우스과였다. 자신의 재능에 절대적인 자신을 가지고 행동했다. 더구나 손정의는 운도 좋은 편이어서 그의 행동력과 열정에 끌린 많은 이들이 궁지에 빠진 그를 도왔다.

허드슨에 낼 예탁금 3천만 엔을 겨우겨우 마련했지만 운전자금이 바닥을 드러냈다. 일본 제일의 소프트웨어 유통회사를 향한 길이 저 멀리 아득하게만 느껴졌다. 몇몇 대형 은행은 아무 실적이 없는 젊은 경영자의 꿈과 열정에 귀를 기울여주지 않았다.

'아무도 믿어주지 않는다니 분하군.'

하지만 손정의는 항상 앞을 내다봤다. 힘들 때야말로 미래를 생각해야 한다. '300년 후의 미래에서 지금을 보는 거야. 내가 생각하는 시대가 꼭 올테니까.'

1982년 새해가 밝은 1월, 드디어 때가 왔다. 도쿄 치요다구 다이이치칸교 은행(현 미즈호 은행)의 고지마치 지점장인 고키타니 마사유키는 손님으로 온 손정의와 마주 앉았다. 고지마치 부근에는 왕실의 주거지가 있어서 우수한 경찰관이 배치되거나 소방서의 소방활동 기능은 일본 최고였지만, 솔직히 은행 지점 중에서는 중상이나 중하 정도로 고객도 자금량도 한정적이었다.

세상은 아직 거품 경제가 시작되기 전이었다. 부동산 가격이 조금씩 오르고 있었지만 골프 회원권의 가격이 급등한 시기는 그로부터 2~3년 후이기 때문이다.

손정의는 이때까지 몇몇 은행에서 자금을 조달했지만 고지마치 지점까지 도달했을 때는 그만큼 절박한 상황이었다. 겉으로는 당당해 보이는 24살의 신인 사업가였지만 내실은 불이 붙은 마차와도 같았다. 그만큼 돈이 급했고 그래서 절박했다. 한 마디로 힘든 시기였다.

그런데 손정의에게는 실적도 부동산도 없었다. 굳이 찾자면 아버지가 폭넓은 사업을 전개하고 있었고 상당한 자산가이기는 했지만, 융자를 신청하는 자리에서 손정의는 그런 말을 절대 꺼내지 않았다. 이때 손정의는 마치 맨주먹의 프로메테우스와도 같았다.

1월의 어느 맑은 날 오후, 고키타니는 홀로 찾아온 손정의를 지점장실로 불렀다. 지점장이긴 했지만 일반적인 은행원들과는 달랐다. 누가 봐도 멋진 남자였다. 한눈에 '게이오 보이'라는 사실을 알 수 있을 만큼 멋들어진 넥타이에 머리부터 발끝까지 갈색 계통으로 입은 댄디한 차림이었다.

고키타니는 게이오 대학을 졸업하고 니혼칸교 은행에 입사했다. 학창 시절부터 만나던 아내는 다이이치 은행에서 일했다. 당시에는 동료들이 차가운 시선으로 바라봤지만 1971년 10월 양 사가 합병하자 선견지명이 있다며 동료들의 평가가 180도 바뀌었다.

손정의는 미국에서 가져온 세련된 옷차림을 하고 있었다. 정중히 인사를 나누고는 늘 그렇듯이 온화한 말투로 이야기를 시작했다. 버클리에서 학창 시절을 보내고 사업을 시작했으며 일본으로 돌아와서는 소프트웨어 유통 업계에 뛰어들었다고 말했다.

손정의는 자신의 사업을 설명하면서 조신전기, 허드슨 등 구체적인 이름을 언급했다. 언젠가 도래할 컴퓨터 시대에 대해 말할 때는 목소리가 다소 격앙되어 있었다.

"일본에도 반드시 컴퓨터 시대가 올 것입니다."

일본 소프트뱅크 창업 1일 차에 손정의는 세 가지 규칙을 정했다.

디지털 정보산업에 특화한다.

인프라에 가까운 일을 한다.

단품이 아닌 전체를 쫓는다.

고키타니는 컴퓨터에 대해서는 잘 몰랐지만 이 젊은이가 바라보는 지점은 바로 이해했다. 현재는 게임 소프트웨어를 주로 다루고 있지만 앞으로는 비즈니스 소프트웨어를 늘리고 싶다고, 젊은이는 꿈을 늘어놓았다.

30분 정도 시간이 흐르자, 고키타니는 이 젊은이의 열정에 어느샌가 마음을 빼앗겼다. 힘이 되어주고 싶었다. 그렇게 생각할 때쯤 손정의는 융자 이야기를 꺼냈다.

"지금 자금이 필요합니다. 만약 제가 하는 일을 인정하신다면…" 손정의의 목소리가 높아졌다. "1억 엔을 융자해주셨으면 합니다."

동석 중인 부하 직원들은 고키타니의 마음을 느낀 것 같았다. 이 시점부터 일제히 메모를 시작했다. 만약 융자를 허락하게 되면 본

점 심사부에 신청서를 내야 했다.

"과거 3년간의 영업보고서, 재무제표와 손익계산서를 제출해주십시오." 고키타니는 손정의에게 말했다.

"아무것도 없습니다. 열정은 누구에게도 지지 않습니다만." 당연하다는 듯이 말했다. "담보도 없습니다. 남에게 부탁하기 싫습니다."

고키타니는 담보가 없는 융자는 취급한 적이 없었다. 심지어 손정의는 이렇게 덧붙였다. "담보는 없지만 프라임 이율로 빌려주셨으면 합니다." 프라임 이율이란 최고 우대 금리를 말한다. 손정의가 프라임 이율로 융자를 받는 건 버클리 시절부터 그랬다.

처음 만난 자리에서 이런 말을 하는 상대는 처음이었다. 비상식도 정도가 있다. 이런 말을 들은 고키타니의 기분은 어땠을까?

벤처 기업에 대해 독자적인 감을 지닌 인물도 있고, 은행에는 벤처 기업 전문가나 특정 분야의 융자를 전문으로 하는 사람도 있었다. 고키타니는 은행원으로서의 감을 중요시하는 타입이었다. '이 젊은이는 말도 안 되는 이야기를 하지만 보통 사람은 아니다.' 손정의의 이야기만 들었을 뿐인데 머릿속에서 그림이 그려졌다.

유능한 은행원은 매일 많은 사람을 상대하는 만큼 관찰력이 뛰어났다. 아무리 입바른 소리를 해도 상대가 성실한지 불성실한지 한 번에 꿰뚫어 보는 눈이 있었다. 어느 은행이나 지점장이 될 정도면 자신의 안목, 경험치를 바탕으로 한 판단이 틀림없다는 자신이 있다. 고키타니는 상대의 경력, 이름 등 고정관념에는 매몰되지 않았다.

"그럼 이만 다음 약속이 있어서…" 부하 직원이 예정된 시간이 끝났음을 알렸다. 고키타니는 신용을 조사할 수 있냐고 물었다. 손정의는 조신전기와 샤프의 사사키 전무 이름을 댔다.

"알겠습니다. 저희도 알아보고 검토해보겠습니다. 조금 더 시간을 주십시오." 은행원다운 냉철함, 침착한 태도를 유지했지만, 이때 고키타니는 융자를 해주기로 마음먹었다. 손정의에게는 설명하기 어려운 매력이 있었기 때문이다.

고키타니는 당시를 회상하며 말했다.

"굉장히 깔끔한 젊은이였죠. 나이는 제 아들보다 조금 더 많았을 겁니다. 말투가 정중했고 사업 내용도 논리 정연해서 바로 이해가 되었습니다."

고키타니는 바로 움직였다. 오사카 난바 지점장인 야마우치 가즈히코에게 연락했다. "일본 소프트뱅크의 신용조사를 해주셨으면 합니다."

고키타니는 오사카 지점에 있을 때 조신전기에 간 적이 있었다. 고키타니는 '에돗코'라 불리는 에도 토박이여서 꼼꼼한 편이었다. 융자를 내준다면 하루라도 빨리, 거절한다면 다음 날에 바로 하려고 했다. 손정의가 하는 말이 거짓인지 확인하고 싶었다. 만약 신용조차 부족하다면 바로 거절하려 했다.

고키타니의 부탁을 받은 야마우치는 곧장 조신전기로 가서 실적을 확인했다. 한편 사사키에게도 손정의에 관해 물었다. 사사키는 대답했다.

"저는 손정의를 신뢰합니다."

사사키는 그렇게 말한 이상 전 재산을 걸어도 좋다고 생각했다. 남자로서 한 사람을 신용한다는 말은 이런 의미라고 생각했다. 그래서 아내에게 집이 없어질지도 모른다고 미리 고할 정도였다.

은행의 지점장이 자신의 책임으로 결재 가능한 일반적인 융자 규모는 1천만 엔 전후였다. 1억 엔은 고키타니의 권한을 뛰어넘는 수준이었다. 또한 벤처 기업에 융자할 때는 더욱 신중히 처리해야 한다. 그 자리에서의 열정이나 당사자의 꿈만으로는 가능하지 않다.

다이이치칸교 은행의 융자를 담당하는 부서는 심사부와 기업부였다. 이미 거래 경력이 있는 대기업은 심사부, 일본 소프트뱅크처럼 벤처 기업은 기업부가 담당했다.

"난감한 상황이군."

기업부 부장은 눈썹을 찡그렸다. 결론이 나지 않았다. 기업의 미래가 보이지 않았다. "모여서 자유롭게 이야기해봅시다." 하고 기업부 부장이 제안했다.

컴퓨터의 미래는 어떻게 될 것인가. 누구도 결정적인 결론을 내리지 못했다. 고키타니도 실제로는 컴퓨터를 만져본 적이 없었다. 하지만 우수한 젊은 직원인 아라하타 요시미쓰는 "컴퓨터가 지금 조용한 붐을 일으키고 있습니다. 향후 유망한 업종임이 틀림없습니다."라고 말했다. 이 강경 발언을 듣자 고키타니는 안개 갇던 머릿속이 깨끗해졌다.

"자, 그럼 융자를 허가합시다."

고키타니는 아라하타에게 본부에 제출할 신청서를 쓰게 했다. 이율도 프라임 이율이었다.

통상적으로 대기업을 제외하고 프라임 이율보다 0.5% 정도 높은 금리로 빌려야만 했다. 하지만 고키타니는 일부러 금리를 올리지 않았다. 고키타니의 신념이었다. 벤처 기업을 육성하고 싶었다. 유망한 젊은이에게 조금이라도 힘이 되어주고 싶었다. 한편 만약 약간의 금리를 올렸다가 상환이 지체되어서는 이도 저도 안 되리라 생각했다. 계산이 빠른 에도 토박이다운 기질이 발휘되는 순간이었다.

심사를 통과할 확률은 반반이었다. 이율이 변동될 수도 있었다. 그렇게 담보도 없고 보증인도 없는 1억 엔 융자가 결정되었다.

"감사합니다."

고키타니는 크게 안도의 한숨을 내쉬었다.

샤프의 사사키와 조신전기의 조구가 밀어준 덕도 있었다. 하지만 무엇보다 손정의의 일에 걸어보고 싶은 뜨거운 열정에 많은 사람의 마음이 움직였다.

일주일 후 손정의는 고키타니를 찾았다. 고키타니는 싱긋 웃으며 말했다. "당신의 미래에 걸어보기로 했습니다." 이때의 고키타니 역시 융자라는 분야의 프로메테우스였을지도 모른다.

훗날 손정의는 "고키타니 씨에게 신세를 졌습니다." 하고 자주 감사 인사를 전했지만 '은행'에 신세를 졌다는 표현은 절대로 하지 않았다.

손정의는 소프트뱅크 그룹 초창기에 도움을 받은 사람들에 대한 감사한 마음을 잊지 않으려고 '은인 감사의 날'을 제정했다. 소프트뱅크 그룹에서는 매년 황금연휴 기간인 '4월 30일~5월 2일' 중 하루를 휴일로 지정하고 있다. '은인'은 다음의 인물들을 말한다.

> **사사키 다다시**(*佐々木正, 샤프 주식회사 전무. 1978년 당시*), **시미즈 요조**(*清水洋三, 주식회사 나이가이데이터서비스 영업부장. 1981년 당시*), **가와시마 마사히데**(*川島正英, 아사히신문 논설위원, 1981년 당시*), **다나베 아키라**(*田辺聰, 도쿄 아사히야서점 상무. 1981년 당시*), **구도 유지**(*工藤裕司, 주식회사 허드슨 사장. 1981년 당시*), **구도 히로시**(*工藤浩, 주식회사 허드슨 전무. 1981년 당시*), **조구 히로미쓰**(*淨弘博光, 조신전기 주식회사 사장. 1981년 당시*), **후지와라 무쓰로**(*藤原睦朗, 조신전기 주식회사 J&P 영업본부장. 1981년 당시*), **고키타니 마사유키**(*御器谷正之, 주식회사 다이이치칸교 은행 고지마치 지점장. 1982년 당시*), **오우치 아쓰요시**(*大内淳義, 일본전기 주식회사(NEC) 부사장. 1982년 당시*)

20 고로짱

1982년 순조롭게 매출을 늘려가던 일본 소프트뱅크에 예상치 못한 난관이 기다리고 있었다.

손정의는 당시 인기였던 컴퓨터 잡지 3사인 『I/O』, 『ASCII』, 『마이컴』에 일본 소프트뱅크의 광고를 게재하려고 했다. 소프트뱅크 유통을 한 단계 더 확장하기 위해서는 광고가 필요했기 때문이다. 하지만 광고 게재를 보기 좋게 거절당했다.

이 잡지 3사는 '컴퓨터 삼대장'이라고 불렸다. 『I/O』는 고가쿠샤에서 출간되어 독자 투고가 중심인 가장 오래된 잡지였다. 아스키의 『ASCII』는 미국 정보를 주로 실었고, 『마이컴』은 앞서 언급했듯이 전파신문사에서 출간해 업계 정보가 풍성했다.

그렇다 하더라도 잡지의 2~3호치 광고가 매진되는 경우도 있을까? 손정의는 예상치 못한 장애물에 부딪혔지만 냉정함을 잃지 않았다. 일본 소프트뱅크의 광고를 싣지 않겠다고 입을 맞췄다는 사실을 모르지 않았다. 사실 정보통을 통해 이러한 결과를 예견하고 있었다.

3사가 입을 모아 광고 게재를 거부한 이유는 그들 역시 소프트웨어 유통시장 진입을 계획하고 있었기 때문이다. 손정의는 분노했다. 이들은 일본 컴퓨터 업계의 미래를 진정으로 고민하는 것처럼 보이지 않았다.

미국에서는 '페어'라는 말을 자주 쓴다. 손정의가 생각하기에 지금의 상황은 페어하지 않았다. 기회는 균등하게 주어져야 하는데 작은 회사를 짓밟으려는 일본 특유의 섬나라 근성에 부딪힌 것이다. 이래서 과연 업계가 발전할 수 있을 것인가. 폐쇄적인 행동, 질투 어린 감정이 섞인 사고방식에 화가 부글부글 끓었다.

손정의는 '정의'라는 이름을 가진 인물답게 거세게 항의했다. '그래, 이것이 요즘의 일본인인가. 당신네는 에도막부 말기의 사카모토 료마나 사이고 다카모리, 오쿠보 도시미쓰의 정신을 잊었는가.'

"알겠습니다. 저도 생각이 있습니다." 손정의는 단호하게 말했다. 그 순간 다음 계획을 결심했다.

컴퓨터 잡지 3사의 광고 거부 사건을 겪은 손정의는 각오를 다졌다. 언젠가 출판시장에 뛰어들려고 생각하고 있었지만 계획을 앞당겨서 진입하기로 한 것이다.

사실 시장 진입에 적합한 타이밍은 아니었다. 하지만 비상사태에 두 손 놓고 당할 수는 없었다. 일본 제일의 컴퓨터 잡지를 만들겠다는 목표를 세우자 손정의의 뜨거운 열정에 다시 불이 붙었다.

3사 모두 컴퓨터 전문지로 수준이 높았다. 이러한 전문 잡지를 이길 방법은 없을까? 후발주자인 일본 소프트뱅크에는 경험도 인재도 부족했다. 하지만 후발주자에는 후발주자만의 강점이 있었다. 명확한 전략을 세울 수 있기 때문이다.

손정의는 더 큰 계획을 세웠다. 월간지 두 종류를 동시에 출간한다는 전략이었다. 대담하기도 했지만 무모하기 짝이 없는 계획이었다. 당시 손정의의 주변에서도 누구 하나 이해 못 할 정도였다.

'정보 인프라 제공자가 되려면 처음부터 중립을 지켜야 한다. 특정 메이커의 손을 들어줘서는 안 된다.'라는 일반적인 방식과 달리 손정의는 열세한 기업이 우세한 기업과 경쟁하기 위한 '란체스터 전략'의 기본 법칙인 '적이 시야에 들어오도록 국지를 노린다.'라는 방법을 선택했다. 그 유명한 '약자의 전략'이다. 손정의는 무의식중에 이 전략을 선택하게 되었다.

"중립을 지키는 컴퓨터 종합잡지와 정면으로 부딪혀서는 승산이 없었습니다. 당시에는 아직 제조사별로 컴퓨터 호환성이 없었기 때문에 기종별 정보잡지를 만들려고 했었죠. 약한 병력으로도 이길 수 있다고 생각했습니다. 알맹이가 탄탄한 잡지를 만들고 싶었습니다."

영국 엔지니어이자 기본 법칙의 고안자인 F.W.란체스터는 "약자인지 강자인지에 따라 전략이 바뀐다."라고 말했다. 손정의는 출판시장에서 엄연한 약자였다. 한군데만 노려서 돌파하겠다는 계획으로 대담하고도 섬세한 손정의의 멋진 전략이었다.

1982년 5월 『Oh! PC』와 『Oh! MZ』를 창간했다. 『Oh! PC』는 NEC의 PC-8000, PC-8800, PC-6000 시리즈를 실었다. 『Oh! MZ』에는 샤프의 MZ-80B, K/C, PO포켓컴 시리즈 관련 정보만을 다루었다.

자신은 있었지만 잡지 왕국인 미국의 컴퓨터 잡지와는 질적으로 하늘과 땅 차이였다. 그래서 잘 팔릴지 확신할 수 없었다. 역시나 두 달 후 예상보다 훨씬 많은 양의 잡지가 반품되었다. 한 잡지당 5만 부수를 찍었는데 그중 85% 이상이 팔리지 않아 창고에 수북이 쌓여갔다. 그리고 그대로 재단기로 들어갔다. 산더미 같은 반품은 매달 반복되었다.

출판업계에는 '3호 잡지'라는 말이 있다. 창간호를 내고 다음 달에 바로 2호를 선보여야 한다. 그리고 2호를 낸 직후부터 3호 편집을 시작한다. 그래서 3호를 낼 때쯤에야 비로소 창간호가 얼마나 팔렸는지 결과가 나왔고, 매출이 좋지 않으면 폐간이 결정되었다. 그런 경우 출판사나 편집장의 노력은 물거품이 되는 셈이다.

하지만 전략가 손정의는 이러한 참패에도 불구하고 패배 선언을 하지 않았다. 모든 걸 걸겠다는 마음으로 온 힘을 쏟아붓기로 했다.

여기서 손정의의 진심이 엿보인다.

창간 후 반년이 지난 11월, 7호 잡지는 막대한 적자를 기록했다. 1982년도 저물어가고 있었다. 손정의는 대대적인 리뉴얼을 결심했다.

우선 독자의 의견에 귀를 기울이기로 했다. 독자의 의견에는 솔직하고 명쾌한 의견들이 가득했다. 그래서 『Oh! PC』의 판형을 바꾸었고 TV 광고를 내기로 했다. 지금까지보다 부수를 두 배로 늘리고 가격은 680엔에서 480엔으로 내렸다.

그야말로 상식을 벗어난 결정이었다. 파격적인 전략을 성공시키기 위해서는 어떤 인물의 도움이 꼭 필요했다.

1982년 9월 초 어느 날, 하시모토 고로가 신문 구인광고란을 들여다보고 있었다.

"퍼스널 컴퓨터 전문 잡지를 출판할 편집자를 구합니다."

하시모토는 실업자 신분이었다. 무역 쪽 출판사를 그만두고 새로운 이직처를 찾고 있었다. 아이 셋을 둔 37살의 가장이었다. 지금까지 고생은 충분히 했기 때문에 앞으로는 평생을 바칠 만한 가치 있는 회사를 찾고 싶었다. 그보다 편집자로서 다시 한번 자신의 가능성을 시험해보고 싶기도 했다.

9월 6일 하시모토는 치요다구 4번지의 도쿄 공원 근처에 있는 일본 소프트뱅크로 면접을 보러 갔다. 사무실은 반지하 같은 곳에 있었다. 모두가 열정 넘치는 모습으로 분주하게 움직이고 있었다.

면접을 본 책임자는 10월부터 새로운 잡지를 내고 싶다고 말을 꺼냈다. 8bit 핸드헬드 컴퓨터(노트북) 전문 잡지인 『Oh! HC』를 계간지로 발행하고 싶다고 했다.

"내일모레부터 나오실 수 있나요?"

산 타기를 좋아하는 하시모토는 등산을 계획했다. 아무리 빨라도 2주 후 입사라고 생각했기 때문에 한 방 먹은 느낌이었다.

하시모토는 컴퓨터에 관심은 있었지만 조예가 깊지는 않았다. 하지만 하시모토는 잡지를 좋아했다. 편집자의 혼이 불타올랐다. 눈이 반짝였다.

결국 9월 8일부터 출근하기로 했다. 한 글자 한 글자 원고를 직접 써가며 10월 12일에 출시될 창간호를 완성했다. 평판도 괜찮았다. 해당 역량을 높이 사 새로운 편집장이 된 하시모토는 손정의를 처음 만났다.

충격을 받았다. 하시모토도 체구가 작은 편이었는데 손정의는 더 작았기 때문이다. 심지어 손정의는 얼굴색도 좋지 않았다. 나중에 밝혀진 사실이지만 이때 손정의는 큰 병을 앓고 있었다. 하지만 전신에서 힘이 넘쳐흘렀다.

손정의는 선언했다. "TV 광고도 추진하겠습니다."

반품되는 부수가 대다수인 잡지는 지금까지보다 두 배를 찍겠다고 했다. 더구나 1억 엔을 들여 TV 광고를 내보내겠다는 야심 찬 계획도 덧붙였다. 이에 하시모토는 막중한 책임감을 느꼈다. '이 남자한테 걸어보겠다.'라고 그때 결심했다. 편집자로서 자신이 가진 모든 힘을 쏟아붓기로 한 것이다. 그것이 손정의의 열의에 보답하는 길이라 생각했기 때문이다.

하시모토는 잡지의 판형을 바꾸었다. 중철 제본의 AB변형판을 엮매기 방식의 AB판으로 바꾸고 책등이 나오는 두께로 만들었다. 하시모토의 감각은 날카로웠다.

하지만 아무리 퀄리티가 좋을지라도 지명도가 낮으면 팔리지 않았다. 손정의는 광고 회사인 덴쓰와 의논했다. 잡지 스폿 광고를 하기로 했다. 그것만 해도 드문 일이었는데 적자를 내는 잡지에 그만한 가치가 있을지 의문이었다. 하지만 열세이기 때문에 수비가 아니라 더욱 공격해야 한다고 판단했다. 손정의는 강하게 밀어붙여 1억 엔짜리 광고를 6천만 엔으로 깎는 데 성공했다.

덴쓰와 협상이 끝나자 손정의는 NEC로 향했다. 6천만 엔어치 광고 시간의 절반인 3천만 엔을 부담해달라고 부탁하기 위해서였다. 『Oh! PC』는 NEC의 PC 시리즈를 다루기 때문이었다.

시간이 조금 걸리기는 했지만 NEC 부사장인 오우치 아쓰요시의 도움을 받아 무사히 합의에 이르렀다. 오우치는 손정의의 제안이 재미있다며 흔쾌히 허락했다. 손정의의 잠재력을 높이 평가한 인물 중 한 명으로 1996년에 세상을 떠났지만 손정의에게는 큰 은인이다.

1983년 2월 시부야 교차로에서 『Oh! PC』를 들고 서 있는 TV 스폿 광고가 채널 여기저기에서 흘러나오자 불과 3일 만에 10만 부가 모두 팔렸다. 광고 수입도 늘어 편집부는 활기를 띠었다. 그 후로도 파죽지세로 부수를 늘려나갔다.

이후 기세를 타고 『Oh! PC』는 15만 부까지 부수가 증가했다. 『Oh! MZ』와 『Oh! HC』도 순조로웠다. 『Oh! FM』, 『Oh! 55』, 『Oh! PASOPIA』, 『Oh! HitBit』, 『Oh! 16』까지 출간한 결과 월간지 4종류, 계간지 4종류로 총 8종류를 발행하게 되었다.

어느 날 우연히 본사(출판사업부는 도쿄 공원 근처 빌딩에 있었지만 본사는 업무 확장을 위해 구단시타로 이전했다)에 들린 하시모토는 복도에서 손정의와 마주쳤다.

"고로짱." 손정의는 하시모토의 어깨를 가볍게 두드리면서 그의 이름을 친근하게 불렀다.

"『Oh! PC』 잘 보고 있네."

"감사합니다."

하시모토는 붙임성 있는 미소와 함께 머리를 숙였다. 기뻤다. 마침내 평생을 바칠 만한 일을 발견한 기분이었다. 목숨을 걸 만한 사람과 만난 기쁨이기도 했다. 부드러운 초봄의 햇살에 비친 손정의의 얼굴에는 웃음이 가득했다.

훗날 상무이사, 출판사업부장까지 올라간 하시모토는 이미 이 세상에 없다. 생전에 하시모토는 손정의에 대해서 이렇게 말했다.

"손정의 씨는 일에는 엄격한 분이었지만 매우 다정한 사람입니다. 아날로그의 마음을 지닌 디지털 인간이지요. 손정의라는 인물과 동시대를 살아온 저는 행운아입니다."

21 거친 영혼의 절규

일본 소프트뱅크는 순풍에 돛 단 듯이 성장을 거듭했다. 그야말로 파죽지세였다. 고작 셋이서 시작한 회사가 1982년에는 직원 수 30명, 매출액 20억 엔을 달성했다. 이듬해인 1983년에는 직원 수 125명, 매출액 45억 엔으로 급성장했다.

손정의는 눈코 뜰 사이 없을 만큼 정신없는 하루하루를 보냈다. 주말도 없이 잠을 줄여가며 일했고 직원들도 마찬가지로 바쁘게 움직였다. 근무시간 내에 일이 끝나지 않아 회사에서 자는 사람도 있었다. 소파나 침낭에서 쪽잠을 자는 사람도 많았다.

손정의는 집중하면 주변이 아무것도 보이지 않고 일에만 몰두했다. 거의 아무것도 입에 대지 않는 날도 있었다. 항상 수면 부족이어서 그랬는지 몸도 무거웠지만 일이 바쁜 탓이라 여겼다.

그때 일본 소프트뱅크는 정기 건강검진 제도를 신설했다. 손정의도 검사를 받고 일주일 후에 결과지를 펼쳤다. 결과지를 본 손정의는 아연실색했다.

"재검 필요."

얼굴에 핏기가 가셨다. 그저 과로로 몸이 무겁다고 생각했다. 그런데 평범한 수준이 아니었던 것이다. 온몸에 힘이 빠져나가는 느낌이었다. 결국 "과도한 피로는 간 기능 저하 때문이다."라는 결과를 받았다.

간의 e항원 수치가 이상했다. e항원은 바이러스 증식이 활발한 시기에 핏속으로 흘러가는 난폭한 단백질이었다. e항원이 강한 양성을 띠면 바이러스가 활발하게 활동한다는 의미였다.

바로 유명한 대학병원으로 달려갔다. 담당 의사가 목소리를 높였다. "당장 입원해서 치료에 전념해야 합니다."

만성 감염이었다. 모든 일을 취소해야 했다. 의사는 지금 당장 입원하지 않으면 생명 유지가 어렵다고 말했다.

손정의는 다 낫기까지 얼마나 걸리냐고 조심스럽게 물어봤다. 하지만 의사의 얼굴은 어두웠다. 당시에는 만성간염이 불치병이었고, 완전한 치료법이 발견되지 않은 시기였다.

"만성간염에서 간경변증이 되면 그다음은 간암입니다."

항상 당당하던 손정의였지만 잠시 숨을 멈출 수밖에 없었다. 하지만 바로 되물었다.

"앞으로 얼마나 남았습니까?"

"그건 모릅니다. 하지만 5년 이내에 간경변증으로 발전할 가능성이 큽니다."

"손정의, 간염으로 입원."

소식을 들은 친구 홍 루는 바로 일본으로 날아왔다. 아내인 마사미는 오래된 지인인 홍 루의 얼굴을 보자 눈물이 났다. 남편은 아직 25살이었다. 이렇게 무서운 현실이 믿어지지 않았다. 그나마 다행인 건 겉으로는 중병으로 보이지 않는다는 점이었다.

손정의는 지금까지 해온 구상을 홍 루에서 털어놓기로 했다. 유니손 월드를 청산하고 홍 루에게 팔겠다고 제안했다. 일본 엔화로 약 2억 엔을 제시했다. 홍 루는 187센티의 큰 키를 웅크렸다. 그런 대금을 지급할 여유는 없었다. 손정의는 융자처를 소개하고 회사 이익에서 조금씩 상환하는 형태로 제안했다.

회사 오너가 된 홍 루는 그 후 게임 소프트웨어 사업에서 손을 뗐다. 심사숙고 끝에 내린 결정이었다. 게임 소프트웨어는 신작이 사용자들의 관심을 끌어도 다른 게임이 출시되면 눈 깜짝할 새에 화제성을 잃었다. 홍 루는 더 많은 사람에게 도움이 되는 소프트웨어를 개발하고 싶었다.

예리한 비즈니스 감각이 돋보이는 결정이었다. 손정의에게 배운 영향도 있었다. 그리팅 카드용, 일정용 소프트웨어 등 히트 상품을 취급했고, 10년 이상 꾸준히 팔린 소프트웨어도 생겼다. 홍 루의 선견지명 역시 만만치 않았다. 홍 루에게 회사 경영권을 팔기로 한 배경에는 새로운 운명을 개척하려는 손정의의 우정과 냉철한 판단이 있었다.

당시 손정의는 입원 사실을 직원들에게 비밀에 부쳤다. 일본 소프트뱅크는 손정의 그 자체였기 때문이다.

“사장님은 미국으로 출장을 가셨습니다.” 손정의의 장기 출장에 관한 소문이 사내에 퍼졌다. 극소수의 간부들을 제외하고는 대부분이 손정의가 미국에 갔다고 믿었다.

간부 중에서도 손정의의 심복인 다테이시 가쓰요시는 당연히 진실을 알고 있었다. 다테이시는 1982년에 입사해서 영업, 자금 관련, 구매 등 다양한 분야에서 손정의를 서포트해왔다. 손정의는 그때까지도 빈번하게 미국을 드나들었기 때문에 거래처는 물론이고 직원들도 아무 의심을 하지 않았다. 심복인 다테이시가 미국 출장 중이라고 말했기 때문에 모두가 그대로 믿었다.

한편 손정의는 병원을 빠져나와 몰래 회사에 얼굴을 비췄다. 손정의는 늘 웃는 얼굴이었다. 책상 뒤에는 간이침대가 있어 피곤하면 잠시 몸을 뉘었다.

다테이시와 함께 차에 탈 때면 양해를 구하고는 뒷좌석에 누워 다테이시 무릎 위에 발을 올렸다. 누구보다 가까이에서 손정의를 보필해온 다테이시에게는 힘든 시간이었다. 손정의는 필사적이었다. 다테이시는 혼자서 큰 병원으로 향하는 손정의의 뒷모습에 마음이 아팠다. 이 난치병을 반드시 극복해내리라 생각했다. 동정이 아니라 절대적인 신뢰였다.

기도가 하늘에 닿았는지 e항원의 수치는 조금씩 내려갔다. 덕분에 자택 요양을 허락받았다. 퇴원한 손정의는 신주쿠구 난도마치에 있는 자택에서 컴퓨터를 켜고 하루 7~8시간씩 일에 몰두했다. 당연히 몸은 다시 안 좋아졌고 병원에 입원했다.

병실에 있는 손정의는 고독했다. 회사가 이제 막 궤도에 오른 참인데 앞으로 5년밖에 살지 못한다고 했다. 딸은 이제 한 살 반이었다. 앞으로 태어날 아이의 얼굴도 보고 싶었다. 하지만 현실에서는 침대에 누워 링거액이 떨어지는 광경을 보고만 있어야 했다.

이대로 죽음을 기다리는 것 외에 다른 방법은 없을까? 언제 죽음이 닥칠지도 예상할 수 없었다. 퇴원한다 해도 언제 재발할지 모르는 상황이었다. 그저 불안함을 견디며 살아가야만 했다.

인생이란 무엇인가.
누구를 위해 살아가는가.
자신을 위해? 가족을 위해?
아니면 직원들을 위해? 고객을 위해?
더욱더 깊이 있는 인생을 살 수 없을까?
자신이나 가족뿐만 아니라 더 널리 세상을 위해 살 수는 없을까?
단 한 번뿐인 인생이 아닌가.

이때 손정의는 필사적으로 인생의 의미를 묻고 또 물었다. 당시에 괴로웠던 심경을 손정의는 이렇게 말했다.

"밤이 되면 병실에서 혼자 눈물을 흘리고는 했습니다. 치료가 힘들어서가 아닙니다. 아이도 어리고 회사도 이제 막 시작한 찰나였습니다. 이럴 때 죽을지도 모른다니… 병환이 드러나면 은행 융자도 중지될 게 뻔했습니다. 그래서 몰래 병실을 빠져나와 회의에 참석했습니다. 이때 필사적으로 생각했지요. 무엇을 위해 일해야 하는지를 말입니다. 그 결과 많은 이들을 기쁘게 해주는 일을 하고 싶다고 결론을 내렸습니다."

병실에서도 사업 생각이 머릿속을 떠나지 않았다. 손정의는 "금융과 마케팅에 밝은 사람을 소개해주십시오." 하고 샤프의 사사키 전무에게 부탁했다. 사사키는 당시 일본경비보장(현 세콤)의 부사장이던 오모리 야스히코와 식사를 하기로 했다며 자리를 만들었다.

손정의는 호텔 뉴 오타니 지하 2층에 있는 레스토랑인 에루미에서 오모리를 만났다. 식사를 잠시 멈추고 손정의는 오모리에게 장대한 꿈을 털어놓았다.

"멋진 계획이군요."

"영광입니다."

손정의는 항상 세심하고 신중한 자세로 사업에 임했다. 그만큼 냉정한 손정의였지만 처음 만나 의기투합하면 상대방의 말을 과신하기도 했다. 그 또한 장점이라면 장점이었지만 때로는 단점이 되기도 했다.

"창업자 유형의 경영자는 새로운 걸 좋아해서 빨리 타오르는 대신 빨리 식기도 합니다. 이 점이 제 단점이란 사실을 깨달았지요."

그래서 오히려 자신에게는 없는 면을 가진 오모리의 수완을 기대했을지도 모른다.

"우리 회사의 경영을 맡아주지 않으시겠습니까?"

오모리는 52세로 손정의보다 27살이 많았다. 오모리는 게이오대학 경제학부를 졸업하고 노무라 증권에 입사해 국제부장을 거쳐 1975년 일본경비보장 고문이 되었고 부사장으로 취임했다. 주식, 마케팅 등 풍부한 경험의 소유자였다. 일본경비보장의 창업자로 일본을 대표하는 기업가인 이이다 마코토의 오른팔이었다. 경영 수완도 인정받았고 추진력도 좋아 의심할 여지가 없는 인물이었다.

손정의는 망설임 끝에 말을 꺼냈다. "제가 퇴원할 때까지 사장을 맡아주셨으면 합니다."

일본경비보장을 배려하기 위해 손정의는 약간의 수완을 발휘했다. 일단 오모리가 일본경비보장을 퇴사하고 헤드헌팅 회사에 등록했다. 그리고 하루 만에 일본 소프트뱅크가 헤드헌팅하는 형태를 취했다. 그렇게까지 할 만큼 가치 있는 인물이라고 생각했기 때문이다. 손정의가 회장, 오모리가 사장인 2인승 자전거가 완성되었다.

1983년 4월 오모리는 일본 소프트뱅크 사장으로 취임했다. 취임 파티에서 두 사람은 나란히 서서 웃는 얼굴로 인사를 나눴다. 하지만 병마와 싸우던 손정의에게 힘들고 긴 고난의 여정은 지금부터가 시작이었다.

22 병든 호랑이여, 포효하라

운명이란 때론 가혹하기 짝이 없다.

1983년 손정의가 간염으로 괴로워하던 시기, 그 앞을 가로막은 천재가 있다. 바로 아스키의 니시 가즈히코다. 마침내 숙명의 라이벌이 맞붙었다. 오모리가 일본 소프트뱅크 사장으로 취임하고 두 달이 흐른 시점이었다. '천재 니시' 대 '신동 손정의'. 숙명의 라이벌 사이에서 연기만 내던 화산이 뜨거운 마그마와 함께 폭발했다.

1983년 6월 16일 니시는 마이크로소프트사의 빌 게이츠 회장과 일본 컴퓨터 제조사, 대형 가전회사 14개사의 대표들과 함께 의기양양하게 기자회견을 열었다.

"MSX를 제안합니다." 가정용 마이크로컴퓨터의 사양을 MSX로 규격 통일하겠다는 제안이었다.

지금까지 기종별로 CPU(중앙연산 처리유닛)도 다른 데다 프로그램언어도 달랐기에 기종별로 소프트웨어를 개발해야 했다. 즉 소프트웨어가 호환되지 않던 시절이었다. 또 같은 프로그램언어를 사용해도 제조사에 따라 각각 특수성이 있어 호환되지 않았다.

호환성을 위해서는 CPU, 언어, 개발 툴을 완전히 같은 조건으로 만들어야 했다. 그러면 하드웨어가 다르더라도 같은 소프트웨어를 이용할 수 있다. 이러한 불편함 탓에 나중에는 DOS/V라고 하는 표준 사양을 각 사에서 채택하게 되었다. 그러한 공통 OS로 니시는 MSX를 제안한 것이다. 하지만 객관적으로 보면 아스키의 패권 욕망에서 비롯된 제안이었다.

당시 손정의는 병원 침대에 누워 있었다. 뉴스를 본 손정의의 가슴속에서는 적개심이 뜨겁게 타올랐다.

분하지만 규격 통일 자체는 인정할 수 있다. 하지만 마이크로소프트가 규격을 통일하는 형태로 퍼스널 컴퓨터 시장의 지배권을 쥐는 행위만큼은 용납할 수 없었다. 상대하기에 부족함이 없었다. 마이크로소프트가 그런 수단으로 업계에 군림하려 한다면 손정의의 글로벌 전략에도 영향을 미칠 것이다.

애당초 규격 통일에 관해서는 손정의가 앞서가고 있었다. 한 기업의 수익 문제가 아니었다. 거시적으로는 향후 일본의 운명이 달린 중요한 문제였다. 이 점을 손정의는 일찍부터 눈여겨보고 있었다. 하지만 손정의의 눈에 비친 니시는 일개 기업의 이익을 위해 규격 통일을 하려는 듯이 보였다.

마이크로소프트가 제시한 조건은 규격 통일을 위한 참가비 3천만~6천만 엔, 컴퓨터 한 대당 로열티는 수천 엔으로 꽤 고액이었다. 이에 비해 일본 소프트뱅크는 참가비 수백만 엔, 로열티는 수백 엔으로 맞서려 했다.

이러한 니시의 방식을 손정의는 받아들일 수 없었다. '페어'하지 않기 때문이다. 컴퓨터 시장의 미래를 고려하면 어떻게 해서든지 저지하고 싶었다. 병상에 있던 손정의는 니시와 정면 대결을 하고자 마음먹었다.

니시 가즈히코는 손정의와 정반대인 환경에서 자랐다. 1956년 고베시에서 태어났으며 손정의보다 한 살 위였다. 조부는 고베시에 있는 사립 스마 학원을 창립했고 조부모와 양친 모두 스마 학원에서 교편을 잡는 교육자 집안의 장남이었다. 그만큼 학구적인 환경에서 자랐다. 도쿄 대학교 수험에 두 번 실패하고 와세다 대학교 이공학부에 입학하기까지 좌절을 모르는 인생이었다고 한다.

대학에 입학한 이듬해인 1976년 10월, 니시는 『인터페이스』라는 컴퓨터 마니아층을 위한 정보를 편집하던 호시 마사아키의 권유로 군지 아키오, 쓰카모토 게이치로와 함께 『I/O』를 창간했다. 창간호가 무서운 기세로 팔렸기에 호시는 『I/O』 출판에 전념하게 되었다. 니시 역시 컴퓨터 세계에 등장한 풍운아였다.

1977년 6월 니시는 군지와 쓰카모토를 설득해 『ASCII』를 창간했다. 그로부터 1년 후 니시는 커다란 전환기를 맞이했다. 니시는 대학교 도서관에서 한 권의 학회지를 보게 되었다. 빌 게이츠가 BASIC으로 만든 마이크로컴퓨터용 소프트웨어에 관한 기사였다.

"이 마이크로컴퓨터 소프트웨어는 컴퓨터 세계에 혁명을 가져올 것이다."

니시는 BASIC에 큰 관심을 가지고 빌 게이츠를 만나러 갔다.

1978년 6월 캘리포니아주 애너하임에서 열린 전미 컴퓨터 회의에서 니시와 빌 게이츠는 처음 만났다. 이 역시 운명적인 만남이었으리라. 퍼스널 컴퓨터 시대의 도래에 꿈을 건 22살 동갑내기들은 만나자마자 의기투합했다.

그 후 두 사람은 일본의 마이크로소프트 BASIC 판매권을 니시에게 부여하는 계약서에 사인했다. 일본을 중심으로 하는 동아시아 독점판매권을 니시의 회사에 준다는 내용이었다. 미국의 상거래 관습처럼 변호사를 거치지 않고 둘이서 맺은 계약이었다.

BASIC 독점판매권을 얻은 니시는 이후 일본의 퍼스널 컴퓨터 시장에서 큰 힘을 가지게 되었다. 컴퓨터 시장 진입을 서두르는 가전회사들이 니시가 경영하는 아스키의 문턱이 닳도록 아스키를 찾을 정도였다.

그 결과 니시는 '일본의 빌 게이츠'라고 불리게 되었다. 빌 게이츠와 서로 '빌', '케이(Kay)'라고 부를 정도로 사이가 가까워진 니시는 시대의 총아로 세간의 주목을 받았다.

손정의와 니시 가즈히코와의 첫 만남은 1977년 여름으로, 당시 손정의는 UC버클리 학생이었다. 두 사람은 오사카 마쓰시타 전기

산업 본사에서 처음 만났다. 당시 마쓰시타의 기술본부장이었던 마에다 다이치의 소개였다.

마에다는 왜인지 영어로 서로를 소개했다. 손정의는 샤프와 전자번역기 계약을 맺은 후 다른 제품인 핸드헬드 컴퓨터 같은 학습기 개발 계약을 맺기 위해 마쓰시타를 찾은 상태였다.

"흥미로운 남자가 있어서…" 손정의는 마에다로부터 니시를 소개받았다.

이때 두 사람은 짧은 인사만 나눴을 뿐이었다. 다시 만난 건 4년 후인 1981년이었다. 손정의는 일본 소프트뱅크를 설립한 지 얼마 안 되었을 때였고, 니시는 이미 아스키로 큰 성공을 거둔 시기였다.

어떤 계기로 인해 손정의는 인사를 했다. 니시는 말했다. "아, 그때 나한테 영어로 말을 걸었던 그 사람?" 니시에게는 번역기를 한껏 자랑했던 재미있는 한국인이라는 인상밖에 없었다고 한다.

손정의는 니시와의 만남을 정확히 기억하고 있었지만, 니시는 손정의를 '샤프(머리가 좋아 보이는 인물)해 보인다' 정도로만 기억했다.

그 후 손정의가 일본 소프트뱅크의 업적을 키워가면서 두 사람은 격렬하게 충돌했다.

『I/O』, 『ASCII』, 『마이컴』의 잡지 3사가 일본 소프트뱅크의 광고 게재를 거부한 이야기는 앞에서 이미 소개했다. 소프트웨어 유통업은 순조로웠지만 앞으로 소매점의 개발, 소프트웨어 하우스를 개척하기 위해서는 광고가 꼭 필요했다. 광고 게재 거부는 회사의 존폐에도 영향을 미쳤다. 이 생각지 못한 좌절이 손정의를 출판사업으로 이끈 셈이다. 손정의에게는 잊을 수 없는 대전환기였다.

손정의의 내면에 끓어오른 감정은 불합리한 대기업의 냉혹함에 대한 분노였을까? 게다가 소프트웨어를 개발하던 아스키는 손정의의 회사에는 소프트웨어를 공급하지 않았다.

"입으로 하는 말과 속으로 하는 생각이 다른 사람이다."

약속을 지키지 않는 사람을 손정의는 가장 싫어한다. 아무리 사소한 일이라도 손정의는 약속을 절대 깨지 않았다.

광고 거부 사건에서도, 소프트웨어 공급 거부에서도, 손정의는 치밀어 오르는 분노를 참을 수 없었다. 그렇게 미봉책으로 일관하는 자세가 마음에 안 들었다. 하지만 '손정의 때리기'는 점점 더 심해졌다.

1983년 니시와 손정의가 정면에서 충돌한 사건이 바로 MSX 전쟁이었다. 니시가 제창하는 MSX는 통일 규격을 가장한 독점이었다. 또다시 손정의의 정의감이 스멀스멀 피어올랐다.

니시는 통일 규격을 오픈하지 않겠다고 했다. 그것만은 도저히 참기 어려웠다. 밤낮으로 노력해서 새로운 소프트웨어를 개발하려고 맹렬히 싸우는 개발 제조사로부터 높은 로열티를 받겠다는 말은 기업 이기주의라기보다 약한 자를 괴롭히는 꼴이었다. 나아가 손정의가 굴욕감을 느낀 이유는 이러한 일련의 움직임이 자신이 모르는 곳에서 이루어지고 있었다는 사실이었다.

비가 내리던 6월 21일, 손정의는 병원을 빠져나왔다. 자신의 병세를 걱정할 여유가 없었다. 손정의는 어느 때보다 생기가 넘쳤다. 손정의는 컴퓨터 제조사 21개사 앞에서 목청을 높였다.

"저희도 다른 규격을 제안하겠습니다."

회의장에서 큰 웅성거림이 들렸다. 이때 참석자 중 누구 하나라도 손정의가 큰 병으로 괴로워하고 있다는 상상을 했을까.

전날 밤 손정의와 니시는 호텔에서 대화를 나눴다. "같이합시다. 로열티는 낮추겠습니다. 내일 오전 10시까지 전화해주시기를 기다리고 있겠습니다." 하고 니시는 말했다.

손정의는 니시에게 전화를 걸었다. "지금부터는 전면전입니다." 협상은 결렬되었다.

회의장에서 병원으로 돌아온 손정의는 풀썩 침대 위로 쓰러졌다. 손정의는 피를 토하는 한이 있더라도 MSX를 깨부수겠다는 각오를 다졌다. 니시도 양보하지 않았다.

결국 두 사람을 중재하러 마쓰시타 전기사업의 담당 부장이 나섰다. 손정의는 니시와 싸울 생각 따위 없었다. 그저 컴퓨터 시장의 미래를 위한 선택이었다.

"니시 씨가 제창한 MSX는 하드웨어든 소프트웨어든 개발사로부터 비싼 로열티를 받겠다는 내용입니다. 아스키와 마이크로소프트가 유리해지는 규격이죠. 오픈해주십시오. 그렇지 않으면 저희도 다른 규격을 만들겠다고 니시 씨에게 말한 겁니다."

그로부터 15일 후인 6월 26일 심야부터 27일까지 손정의와 니시는 다시 한자리에 모였다. 하드웨어 제조사에 스펙(CPU 종류나 인터페이스, 메모리 용량, 규격 등 사양)을 공개하기로 했다. 소프트웨어를 만드는 정보는 모두 오픈하기로 했다. 다시 말해 니시가 양보하는 방향으로 결론이 난 것이다.

'천재 니시'에게 기죽지 않고 자신의 주장을 관철한 '신동 손정의'. 미디어가 지어준 당시의 '천재'와 '신동'이라는 수식어는 오히려 반대였을지도 모른다. '신동 손정의'는 성장해 '평범한 사람'이 되지 않았으니까 말이다.

1983년 퍼스널 컴퓨터의 판매 대수는 연간 100만 대를 돌파했다. 손정의가 그리는 미래는 착실하게 다가오고 있었다.

23 천운에 맡기다

1983년 말이 되어도 손정의의 병세는 좋아질 기미가 보이지 않고 일진일퇴를 반복하고 있었다.

병실에 있던 손정의는 냉기가 느껴지는 창문 너머로 자신의 운명을 응시했다. 이대로 죽음을 기다릴 것인가. 아니면 새로운 방법에 걸어볼 것인가. 새로운 봄을 맞이할 수 있을까? 봄을 맞이한다고 해도 이런 몸 상태로 계속해서 다가오는 난관을 이겨낼 수 있을까? 암담했다.

손정의는 간 전문의가 발표한 논문을 샅샅이 뒤져 자신의 병을 고쳐줄 의사나 치료법을 필사적으로 찾았다.

하지만 손정의를 구한 것은 예상치 못한 인물이었다. 자식을 걱정하는 부모의 마음이 하늘에 닿은 것일까? 아버지 손삼헌은 어느 날 획기적인 간염 치료법을 소개하는 신문 기사를 접했다.

도라노몬 병원의 구마다 히로미쓰라는 의사가 간학회에서 새로운 치료법을 발표해서 주목을 받았다. 지금까지와는 완전히 다른 새로운 치료법인 '스테로이드 이탈요법'이었다. 손삼헌이 그 유효성을 얼마나 이해했는지는 모르지만 기사를 보자마자 곧장 아들에게 전화를 걸었다. "구마다 선생님을 만나보면 어떨까?"

손정의는 아버지의 배려가 눈물 나게 고마웠다.

"가능성에 걸어보는 게 좋지 않을까?" 손삼헌의 말은 설득력이 있었다. 손정의는 아버지의 말을 따르기로 했다.

해가 바뀌고 1984년 1월, 손정의는 도라노몬 병원의 구마다 의사의 진료를 받았다.

"선생님의 치료법을 신문에서 봤습니다. 제 병이 나을 수 있을까요?" 절박함이 묻어나는 목소리였다. 손정의는 좁은 진찰실 의자에 몸을 웅크리고 앉아 있었다. 37세의 의사는 아직 무명이었지만 자신감과 열정이 넘쳤다.

"해봅시다. 해보지 않으면 알 수 없으니까요."

만성간염의 치료법이 아직 정립되지 않은 시대였다. 효과적인 치료법이 없어서 만성간염은 걸리면 간경변증으로 진행되고 이윽고 간암으로 발전하는 불치병이었다.

구마다는 손정의의 진료기록을 들여다봤다. 건강한 몸이라면 e항원 수치는 제로여야 했다. 이른바 e항원은 날뛰는 바이러스, 뻔뻔한 바이러스로 간을 잠식해나가면서 파괴했다. 수치는 저, 중, 고의 3단계로 나뉘는데, 손정의의 수치는 200을 넘겼다.

손정의는 이때부터 중증 만성간염이었다. 일반적으로 경도, 중

등도, 중증, 간경변증, 간암으로 진행되는데, 이미 간경변증이 되기 직전이었다. 5년 이내에 간경변증이 진행되고 배에 물이 찰 것으로 예상되는 상태였다.

구마다는 의사로서 가능한 모든 수단을 써보기로 했다. 당시 구마다는 손정의가 신인 기업가라는 사실을 몰랐다. 불치병으로 고민하는 환자일 뿐이었다. 하지만 병에 지지 않겠다는 결의가 대단해, 이러한 필사적인 마음이 구마다의 마음을 파고들었다.

구마다 의사 역시 평범한 길을 걸어오지 않았다. 초중고 모두 기후현에서 나왔다. 학업이 우수한 소년이 그 지역의 의대로 진학하는 선택은 매우 자연스러운 결정이었다. 기후 대학 의학부를 졸업하고 도라노몬 병원 병리학과에서 연구에 몰두한 결과, 이 병원의 소화기과로 옮겨 임상의가 되었다.

1979년 구마다는 63세 여성 환자의 병례에서 수상한 사실을 인정했다. 이 환자는 만성간염으로 기존의 치료법인 스테로이드를 계속 투여해왔다. 하지만 그 병태에 어떤 변화가 눈에 띄었다. 지나치기 쉬운 부분이었지만 그 작은 변화를 구마다는 놓치지 않았다. 그리고는 어느 날, 그녀의 몸에서 e항원이 없어졌다는 사실을 알게 되었다.

그 이유가 무엇이었을까? 구마다는 필사적으로 추적 검사를 했다. 한방약을 먹는 건 아닐까. 여러 가지를 조사한 결과 환자는 입원 중일 때는 간호사가 나눠주는 스테로이드약을 먹었지만 퇴원 후에는 전혀 먹지 않았다는 사실을 확인했다.

치료약의 복용을 중단하자 오히려 e항원이 없어지다니 어떤 이유에서일까? 연구자로서 구마다는 극히 섬세하고 세심했다.

급성간염은 나았지만 만성간염은 낫지 않았다. 퇴원한 만성간염 여성이 나은 것은 스테로이드제 복용을 멈춰서 반대로 면역력이 생긴 덕에 e항원이 사라졌을지도 모른다. 여기서 단기간에 스테로이드를 투여해서 면역력을 제어한다. 그 후 투여를 멈추고 급성간염을 일으켜 한 번에 고치는 도박과도 같은 치료 방법을 고안했다. 만성간염을 급성으로 바꿔 치료한다는 발상의 전환이었다.

기존 방법은 스테로이드제를 계속 사용해서 조금도 악화시키지 않으려는 치료였다. 전 세계에서 주류로 사용되는 방법이기도 했다. 하지만 구마다는 일부러 새로운 방법에 도전해 극적인 효과를 높였다.

손정의는 구마다의 설명을 계속 듣고만 있었다. '이 의사는 굉장히 열정적으로 연구하는군.' 다시금 구마다의 치료 방법에 깊은 관심을 가졌다.

구마다는 1981년에 만성간염의 참신한 치료법인 '스테로이드 이탈요법'을 학회에서 발표했다. 하지만 받아들여지기는커녕 실컷 두들겨 맞았다. 일시적으로 약을 억제해서 환부를 악화시킨다는 부분이 치료가 아니라는 의견이 압도적이었다.

극히 일부 의사가 관심을 나타냈지만 일본 간학회에서는 거의 부정당했다. 대논쟁을 일으킨 그 치료법을 신문사가 취재해 아버지 손삼헌의 눈에 들어온 것이었다.

다만 손정의는 병원을 바꾸는 일이 마음에 걸렸다. 입원 중인 병원에서도 필사적으로 치료를 해주고 있었다. 생명을 맡기는 일이기 때문에 환자와 의사는 신뢰 관계가 있어야 했고, 의사를 바꾼다고 반드시 낫는다는 보장도 없었다.

"나을 수 있을까요?" 손정의는 자세를 고쳐 앉으며 구마다에게 물었다.

"70, 80%는 고칠 수 있을 겁니다." 구마다는 확실하게 대답했다.

불치병이라고 듣던 만성간염이 나을 수 있다니, 온몸의 세포가 떨리는 기분이었다. 지금 다니는 유명 대학병원에서는 결정적인 치료법이 없었다. 현상을 유지할 뿐이었다. 이대로 가만히 죽음을 기다릴 것인가, 아니면 새로운 방법에 걸어볼 것인가.

손정의는 구마다에게 말했다. "시간은 얼마가 걸려도 상관없습니다. 선생님, 꼭 고쳐주십시오."

구마다는 싱긋 웃었다. "해봅시다."

손정의는 이때 자신이 살아 있다는 사실을 실감했다.

'나는 지금 불치병으로 고통받고 있으며 내일을 기대할 수 없는 몸이다. 하지만 기존의 방법과는 완전히 다른 방법이 내 운명을 바꿔놓을 수도 있다. 내가 하려는 일도 결국 구마다 선생님이 하려는 일과 비슷하다.'

손정의의 가슴에 감동이 차올랐다.

대학병원으로 돌아간 손정의는 담당 의사에게 병원을 옮기겠다는 의사를 밝혔다. 구마다의 일은 입 밖에 내지 않은 채 성실한 손정의답게 지금까지의 감사 인사를 전했다. "다른 병원에 다니기로 했습니다. 지금까지 감사했습니다."

1984년 3월 13일 손정의는 도라노몬 병원 가와사키분원으로 옮겼다. 아내인 마사미는 옆에서 의기소침해하는 남편을 계속해서 독려했다.

스테로이드제를 단기간 투여한 후 일단 멈추자 e항원이 눈에 띄게 감소했다. 손정의의 몸 안에서 눈 뜬 면역력이 e항원과 싸우고 있다는 사실이 수치에서도 명확히 보였다.

하지만 손정의의 표정은 어두웠다. 구마다가 회진을 오자 손정의는 걱정스러운 표정으로 물었다.

"나을 수 있을까요?"

"잘 되어 가고 있습니까?"

입원하고 손정의는 딱 두 가지만 물었다. 웃으면서 구마다는 대답했다. "수치도 좋아지고 있고 순조롭습니다."

그럼에도 손정의의 입꼬리는 올라가지 않았다. 구마다가 방을 나가면 커튼을 치고 이불 속으로 파고들었다. 침대에 누워 천장을 바라봤다. 크게 한숨을 쉬었다.

이를 2년 동안 계속 반복했다. 다시 어둠 속으로 떨어진 기분이었다.

손정의의 몸에 영명이 찾아온 날은 기나긴 연휴가 끝난 5월 9일이었다. 손정의의 e항원은 정상에 가까운 50% 밑까지 떨어졌다.

"선생님, 잘 되어가고 있습니까?" 손정의는 구마다에게 물었다.

"좋아요, 잘 될 것 같습니다."

여기서부터 다시 올라갈지 내려갈지가 중요했다. 기존 치료법으로는 e항원 수치가 내려가면 약 투여를 그만두지 않고 계속 복용했다. 하지만 그래서는 바이러스가 완전히 사라지지 않았다. 지금 투여를 멈추면 큰 싸움이 일어날지 모르는 큰 도박이었다.

"잘 될 것 같습니다." 구마다의 말이 뇌리에서 맴돌았다. 손정의는 침대에 누워 있기만 했다. 예전처럼 몰래 병원을 빠져나가 일하는 경우도 전혀 없었다. 그만큼 치료에 모든 걸 걸었다.

그러는 동안 만화책부터 역사서까지 각종 분야의 책을 3천 권 이상 독파했다. 남쪽으로 난 창문 옆 침대에 누워 손정의는 매일같이 책을 읽었다. 특히나 마음을 빼앗긴 책은 중학생 때 읽고 감명을 받았던 시바 료타로의『료마가 간다』였다.

료마의 통쾌한 삶을 동경했다. 료마는 도사번을 탈번했다. 당시 탈번은 죽음을 각오해야 하는 죄로 친척까지 연루되었다. 그 때문에 둘째 누나는 자살하고 료마를 키운 셋째 누나인 오토메는 이혼당했다.

『료마가 간다』를 다시 읽은 손정의에게 지금껏 보이지 않던 것이 보이기 시작했다. 료마는 높은 뜻을 가지고 살았다. 그리고 자객의 손에 33세라는 짧은 나이에 생을 마감했다. 하지만 인생은 길이보다 얼마나 열정적으로 살아왔느냐는 가치가 중요하다.

손정의는 이번에도 료마의 삶에서 크게 감동했다. 하늘에 몸을 맡기고 끝까지 뜻을 향해 나아가야겠다고 다짐했다. 다시 한번 삶을 살아갈 힘이 솟아올랐다.

24 꿈틀대는 생명력

1984년 5월 초여름의 찬란한 햇빛이 쏟아졌다. 도라노몬 병원 가와사키분원의 남향 5030호 침대에 누워서 책을 읽던 손정의는 어느새 고개를 떨구고 있었다. 눈을 뜨자 눈에 익은 광경이 보였다. '아아, 아직 나는 살아 있구나.' 오늘따라 쏟아지는 햇살이 감사했다. 살아 있다는 사실이 새삼 기쁘게 느껴졌다.

손정의는 입원할 때 주치의인 구마다 히로미쓰에게 말했다. "선생님께 제 시간을 모두 드리겠습니다. 얼마가 걸려도 좋으니 꼭 고쳐주십시오."

사장 자리를 오모리에게 맡기고 회장으로 물러났다. 지금은 치료에 전념해야 하기 때문이다. 손정의는 몇 번이나 자신에게 되새겼다. '꼭 낫고야 말겠어.'

구마다 의사는 주 1회 회진을 돌았다. 손정의의 얼굴에는 웃음기가 사라진 지 오래였다. 변함없이 똑같은 질문을 반복했다. "잘 되어가고 있습니까?"

구마다는 웃음을 머금은 채 늘 그렇듯이 대답했다. "네, 잘 되고 있습니다." 대답을 들을 때마다 손정의는 구마다에 대한 신뢰가 깊어졌다.

손정의는 지금 살아 있는 기쁨을 곱씹고 있었다. 하루하루가 선물 같았다. 완치하면 마음껏 날개를 펼치고 싶었다. 보란 듯이 활개를 치리라.

이때 손정의의 가슴 속에는 미래의 사업계획 구상이 있었다. 주식을 공개하고 새로운 사업을 위해 투자할 계획을 세웠다. 손정의의 시야에는 미국이 들어와 있었다. 청춘을 보낸 미국에서도 비즈니스를 하고 싶었다. 미국인은 누구나 성공에 대한 꿈을 가지고 있다. 그런 사람들과 호각을 다투며 맞붙어 보고 싶었다.

불가능한 일도 아니었다. 오히려 확실한 승산이 있었다. 하지만 미국만을 노릴 것인가. 미국에서의 성공은 손정의의 계획 일부일 뿐이었다. 언젠가는 세계로 나가 세계 시장을 노릴 것이다. 일본 소프트뱅크를 세계의 소프트뱅크로 만들고 싶었다.

구마다는 타이밍을 재서 스테로이드 이탈요법을 시작했다. 3월 17일에 스테로이드제(프레드니솔론) 투여를 개시했다. 일주일간은 40밀리그램씩 투여했고, 2주 차인 24일부터는 30밀리그램으로 양을 줄였다. 계속 줄이다가 4월 5일부터는 투약을 중지했다.

투여 기간 중에는 간 기능 장애를 나타내는 수치인 GOT, GPT 수치는 내려갔지만, 투약을 중지하자 급격히 상승했다. 리바운드가 일어난 것이었다. 이탈(투여 중지) 이후 11일이 지난 4월 16일에는 GOT 81, GPT 218로 정점을 찍었다.

"좋은 징후입니다." 구마다는 손정의를 보면서 빙그레 웃었다.

손정의의 e항원 수치가 급상승했다는 사실은 만성간염이 급성으로 바뀌었을 가능성을 시사했다. 기대한 대로 도박에서 이길 확률이 높아졌다. 지금까지의 병례를 보면 이러한 변화가 보이는 것은 넉 달 후로, 길어질 때는 여섯 달까지도 걸렸다.

하지만 손정의는 두 달째부터 급상승하는 극적인 변화를 보였다. 그리고 5월 20일을 기점으로 손정의의 e항원 수치는 눈에 띄게 내려갔다. 구마다도 놀랄 정도의 변화였다.

6월 1일 회진을 돌 때 구마다는 언제나처럼 웃는 얼굴로 말했다.

"e항원이 점점 줄고 있습니다. 조만간 다 없어질 듯합니다."

구마다의 말에 손정의는 짧게 대답했다. "아, 그렇습니까."

아직 이 격변이 믿어지지 않았다. 지금껏 치료하면서 실망을 거듭해왔다. 생사의 경계에 있을 때 의사들의 선언은 때로 절망을 의미했다. 그래서 구마다 역시 자신의 기대를 저버리지는 않을까 불안했다.

구마다는 손정의가 어떤 일을 하는지조차 알지 못했다. 그냥 일반 환자와 똑같이 대했다. 하지만 진찰할 때마다 병을 극복하겠다는 강한 의지가 꿈틀댄다는 사실만은 느꼈다. 의사의 상상을 초월할 만큼 강한 의지였다. 의사를 불타오르게 한다는 점에서 손정의는 모범적인 환자였다.

손정의의 e항원은 점점 줄어들더니 마침내 완전히 소멸했다. 구마다는 여전히 미소 짓고 있었다. "손정의 씨, 드디어 e항원이 사라졌습니다. 이제 퇴원하시면 됩니다."

병실 안의 손정의는 웃은 적이 없었다. 언제나 굳은 얼굴이었다고 구마다는 기억한다. 그러나 이 순간 손정의의 입가에 미소가 번졌다. 구마다는 처음 보는 손정의의 웃는 모습이었다.

"정말입니까, 선생님?" 언제나 침착하던 손정의의 목소리가 떨려왔다. 손정의는 구마다의 손을 양손으로 꼭 잡았다. "선생님, 감사합니다."

구마다의 손은 따뜻했다. 그야말로 생명의 은인이었다.

그렇다면 아내인 마사미는 이 시기를 어떻게 기억할까?

손정의는 도라노몬 병원 가와사키분원에 입원해서 석 달을 보냈다. 합쳐서 2년 반이라는 시간이 흘렀다. 만성간염이라고 선고받았을 때는 이대로 죽는 건 아닌지 최악의 상황도 각오했다. 그만큼 절망의 늪에 빠진 손정의를 구마다가 수렁에서 구해냈다.

투병 중인 손정의에게 가장 의지가 되는 존재는 가족들이었다. 둘째를 임신 중이던 마사미는 자신의 몸이 좋지 않을 때도 손정의를 헌신적으로 독려했다.

"틀림없이 좋아질 거예요."

앞으로 태어날 아이를 위해서라도 살아남아야 한다는 강한 의지로 손정의는 병마와 싸웠다. 가족에 대한 사랑이 손정의에게 불치병을 극복할 기적 같은 힘을 주었다. 마사미는 누구보다도 손정의의 회복을 바랐다. 손정의의 꿈이 곧 마사미의 바람이었다.

6월 7일 도라노몬 병원 가와사키분원을 퇴원하던 날, 미소를 되찾은 손정의는 구마다에게 마음속 깊이 우러나오는 감사의 마음을 전했다.

"선생님, 이제 괜찮은 건가요?"

하지만 구마다는 퇴원하는 환자에게 언제나 똑같은 말을 건넸다.

"괜찮으리라 생각합니다."

지금은 괜찮지만 방심하면 안 된다. 미래는 어떻게 될지 모르니까. 인간의 몸은 기계가 아니다. 그 후로도 구마다의 지시를 충실하게 따른 손정의는 두 달에 한 번씩 정기 검진을 받았다.

"이제 다 나았습니다." 그 해, 1984년이 끝날 무렵 구마다는 확신에 찬 목소리로 말했다. “완치했으니 앞으로는 6개월에 한 번씩만 오시면 됩니다.”

손정의는 바쁜 일정 속에서도 구마다의 진료를 빼먹지 않았다. 구마다에 대한 절대적인 신뢰가 있었기 때문이다.

“선생님을 뵈면 안심이 됩니다.” 진찰이라기보다 구마다의 얼굴을 보러 왔다. 생명의 은인에 대한 감사를 잊으면 안 된다는 손정의의 의지였다.

구마다 또한 손정의에게 경의를 표했다. “병을 이겨내는 힘은 기본적으로 개인의 생명력에 달렸습니다. 손정의 씨는 매우 강인한 생명력을 가지고 계신 거죠.”

마침내 손정의는 3년간의 긴 투병 생활에 종지부를 찍었다.

회사에 복귀하자 큰 난관이 기다리고 있었다. 병마를 간신히 물리친 손정의에게 상상을 초월하는 정신적 부담이 되었다.

손정의가 자리를 비운 사이 일본 소프트뱅크는 난파선이 되어가고 있었다. 물론 입원 중에도 회사 관련 보고는 받고 있었다. 그러나 손정의의 입김이 닿았던 사람들, 특히 동고동락해왔던 간부들이 차례차례 해고되었다. 창업 때부터 영업 제1 전선에서 공헌해온 다테이시 가쓰요시도 당시 오사카 영업소에 가 있었고, 간부 중에는 손정의가 얼굴을 아는 사람이 드물 지경이었다.

원래 일본 소프트뱅크는 손정의가 혼자 힘으로 세우고 급성장시킨 회사였다. 그렇기에 하나의 조직으로서 모순이 많은 건 어찌 보면 당연했다. 부족한 체계는 에너지 동력으로 작용하기도 했다.

다테이시는 손정의가 부재중일 때 묵묵히 오모리의 인사를 따랐다. '손정의를 위해서라면'이라는 마음이 컸기 때문이다. 다테이시는 당시를 이렇게 회상한다.

"오모리 씨는 손정의 씨를 우습게 보는 면이 있었습니다. 외부에서 스페셜리스트를 데려와서 기업으로서 체계를 갖추려고 했죠. 그래서 그만둔 직원도 많습니다. 좋든 싫든 오모리 씨가 와서 회사로서 형태를 갖춘 것도 사실입니다만…"

출판부의 하시모토 고로는 거래처로부터 이런 말을 자주 들었다. "최근 일본 소프트뱅크는 조금 달라진 것 같습니다. 손정의 씨가 창업한 회사라고 해서 저희도 거래하고 있습니다만."

회사의 상황은 샤프의 사사키 다다시의 눈에도 심상치 않아 보였다. 지금 멈추지 않으면 안 된다고 사사키는 생각했다. 또한 당시를 이렇게 회고한다. "병상에 있는 손정의 군에게도 여러 보고가 올라가서 손정의 군도 큰일이라면서 정신적으로 괴로워했죠."

사사키는 병마와 싸우는 손정의에게 일부러 진상을 전하지 않았지만 문병을 간 간부들이 가만히 있었을 리가 없었다.

기업으로서 가능한 경비를 삭감하고 필사적으로 일해 이익을 최대한 확보해왔다. 모두 같은 마음으로 급성장을 이루어냈다. 그러니 자신이 자리를 비운 기간 간부들이 느꼈을 괴로움을 상상하자 손정의는 가슴이 아팠다.

대기업만 경험한 오모리는 일본 소프트뱅크를 허울뿐이 아닌 자신이 생각하는 어엿한 기업으로 만들고 싶었다. 그런데 창업부터 함께해온 간부들은 오모리의 방침에 난색을 보였다. 또 오모리가 손정의의 험담을 하고 다닌다고 했다. 병실에 있는 손정의에게도 그런 이야기가 들려왔다.

손정의는 만약 자신의 입장이나 존재에 불만이나 불평할 만한 점이 있다면 정정당당하게 앞에서 말했으면 좋겠다고 생각했다. 타인을 헐뜯기만 한다고 나아지는 건 아무것도 없다. 무턱대고 싸우는 것이 능사는 아니다. 하지만 우리에게 넘어야 할 산이 되어주었으니 감사히 받아들이자고 생각했다. 손정의의 강인한 정신은 난국에도 흔들림 없는 버팀목이 되었다.

손정의의 내면에서 큰 용기가 솟아올랐다. 버클리에서 친구인 홍 루와 회사를 만들었을 때, 일본으로 돌아와 일본 소프트뱅크를 차렸을 때의 뜨거웠던 열정이 다시금 샘솟았다.

손정의는 필자에게 털어놓았다.

"당시에는 오모리 씨가 하는 말이 이해되지 않을 때도 있었습니다. 하지만 지금 와서 생각해보면 오모리 씨로부터 배운 점이 매우 많습니다. 시간이 흐를수록 그런 생각이 강해졌죠. 그래서 감사하게 생각합니다."

결코 상대를 비난하지 않는 손정의다운 겸손한 발언이었다.

퇴원하고 나서는 주 3~4일만 출근하려 했지만 그런 여유를 부릴 때가 아니었다. 일본 소프트뱅크 같은 작은 기업만의 문제는 아니었다. 시대가 움직이고 있었다. 커다란 소리를 내며 빠르게 변화하고 있었다.

손정의는 디지털 정보회사의 도래를 예견하고 있었다. 그것을 위해서 무엇을 준비해야 하는가. 경영 회의에서 힘을 주어 말했다.

"지금부터는 콘텐츠 시대입니다. 특히나 데이터베이스가 핵심이죠. 우리는 지금부터 미리 대처해야만 합니다."

하지만 이러한 전망은 일본 소프트뱅크의 본래 사업 영역과는 다르다는 임원들의 맹렬한 반대에 부딪혔다. 아무리 설득해도 상황은 쉽게 바뀌지 않았다.

그해 1984년 7월에 열린 로스앤젤레스 하계 올림픽에서는 칼 루이스가 육상 4관왕에 올랐다. 유도 무제한급에서는 다리를 다쳤음에도 불구하고 야마시타 다이유가 금메달을 획득했다.

25 두둑한 배짱

1982년 나가소네 야스히로 내각이 발표한 제2차 임시행정조사회의 답신 보고서에는 다양한 내용이 있었지만, 핵심 내용은 일본국유철도(국철)의 분할 민영화와 일본전신전화공사(전전공사)의 민영화였다. 1985년 4월 1일 전전공사는 민영화되어 일본전신전화주식회사(NTT)로 다시 시작했다. 이 시기의 파도를 손정의가 못 느꼈을 리가 없었다. 언제든지 행동에 나설 참이었다. 주저하고 있을 여유는 없었다.

1984년 손정의는 임원회의의 거센 반대를 무릅쓰고 자본금 1억 엔으로 데이터망을 구축했다. 물론 다가올 디지털 정보사회를 대비한 시책이었다.

손정의는『TAG』라는 쇼핑 카탈로그 정보지를 창간했다. 하지만 의도와 달리 잡지는 전혀 팔리지 않았고, 갑자기 1억 엔 규모의 적자가 생겼다. TV나 지하철 손잡이 등 광고에 힘을 실었지만 매출은 좀처럼 증가하지 않았다. 다양한 의견을 냈지만 판매 부수는 전혀 늘어나지 않았다. 반년 지나도 실적이 좋아지지 않으면 폐간하겠다는 약속대로 결국 손정의는 폐간을 결정했다.

"제가 모든 책임을 지겠습니다." 반년 만에 6억 엔의 적자를 내고 잔무 처리에 4억 엔이 들어서 총 10억 엔이나 되는 막대한 채무를 지게 되었다.

신주쿠구의 자택으로 돌아온 손정의는 어쩐 일인지 아내인 마사미에게 이 사실을 털어놓았다. 아내는 귀를 의심했다. 일본 소프트뱅크는 가까스로 1억 엔의 흑자를 낸 상태였다. 회사에 폐를 끼치면 안 되기에 손정의는 자신이 소유한 자사주를 매각해야 했다. 병이 나았다며 기뻐했는데 이번에는 평생 갚을 수 있을지 없을지도 모르는 막대한 채무가 생겼다.

평범한 남자라면 여기서 절망했을 것이다. 하지만 손정의는 달랐다. 두둑한 배짱으로 어떤 일에도 동요하지 않았다. 궁지에 몰릴수록 힘을 발휘해 적극적으로 이 난국을 헤쳐나가려 했다.

"10억 엔쯤 벌어주지!"

하지만 이틀이 지나도 사흘이 지나도 10억 엔을 벌 아이디어가 떠오르지 않았다. 그래서 시점을 바꿨다.

손정의가 눈독을 들인 것은 NTT를 향해 반기를 드는 이른바 '신전전(新電電, 1985년 통신 자유화로 신규 진입한 전기통신사업자의 통칭 – 옮긴이)'이었다. 제2전전(현 KDDI), 니혼텔레콤(현 소프트뱅크), 일본고속통신(현 KDDI) 등이 탄생했다.

손정의는 한 인물과 만나기로 했다. 훗날 가족 단위로 어울리게 되는 신일본공판(현 포발)의 오쿠보 히데오였다.

오쿠보는 26살에 전화기나 팩시밀리 등 각종 통신기기를 판매하는 회사를 설립했다. 34세였던 1988년에는 사단법인 관동뉴비즈니스협의회에서 '제1회 앙트레프레너대상 우수상'을 수상했다. 손정의보다 세 살 많은 신진 기업가로 같은 해 장외시장에 상장했다. 변호사를 꿈꿨지만 사법시험에 두 번 떨어지면서 좌절을 맛보기도 했다.

신일본공판은 일본 소프트뱅크로부터 소프트웨어를 구매하는 거래 상대였지만 따로 면식은 없었다. 도쿄 시부야의 신일본공판 본사에서 손정의와 오쿠보가 만나기로 한 것이다.

하지만 약속 시각에서 20~30분이 지나도 손정의는 오지 않았다. 도중에 길이 막힌다는 연락을 하긴 했지만 40분이나 늦게 모습을 드러냈다. 안 그래도 바쁜 오쿠보는 시간을 지키지 않는 녀석은 신뢰할 수 없다고 생각했다.

손정의는 자리에 앉자마자 형식적인 인사를 건네고는 오쿠보에게 말했다. "거래한다면 저희랑 전부 했으면 합니다." 늦게 온 주제에 대뜸 과감한 제안을 건넸다.

"여자와 마찬가지로 양다리를 걸치면 상대에게 전력을 쏟을 수 없죠. 오쿠보 씨, 지금이 최고의 기회입니다. 비즈니스를 함께 발전시키지 않겠습니까?"

손정의는 하고 싶은 말만 남기고 가버렸다. 그때 오쿠보는 왠지 모를 개운함을 느꼈다. 체구는 작지만 두둑한 배짱이 느껴지는 대단한 남자였다.

며칠 후 갑자기 손정의가 오쿠보에게 전화를 걸었다.

"오늘 시간 비어 있으신가요? 꼭 좀 만나고 싶습니다."

"갑자기 물어보니 곤란한데요… 밤이라면 가능합니다."

손정의와 오쿠보는 시간을 맞췄다. 심야가 다 된 시각에 두 사람은 도쿄 나가다초에서 만났다. 손정의는 만나자마자 오쿠보에게 말했다.

"결혼하지 않겠습니까?"

손정의의 눈에 장난기는 찾아볼 수 없었다. 하지만 비즈니스 세계에서 단련한 오쿠보조차 넋을 잃게 하는 대사였다. "무슨 말씀이시죠?"

훗날 오쿠보는 말했다. "보통 허튼소리 하지 말라고 하겠지만 아시다시피 손정의에게는 불가사의한 매력이 있습니다." 손정의를 만난 사람들, 특히 비즈니스 협상을 해본 사람은 손정의의 '불가사의한' 매력에 관해 이야기한다.

"C&C를 아십니까? 지금 컴퓨터 시장의 최고는 일본 소프트뱅크입니다. 커뮤니케이션은 NTT를 제외하면 당신이 최고입니다. 그야말로 최고와 최고의 만남인 거죠. 드디어 우리가 결혼해야 할 시기가 왔습니다."

손정의가 말을 이었다. "신전전을 아십니까? 이거야말로 오쿠보 씨의 영역이죠. 하지만 컴퓨터가 없으면 어렵습니다. 그래서 말입니다만, 제게 기가 막힌 아이디어가 있습니다."

당시 발족한 지 얼마 안 된 신전전은 설비를 정비하면서 NTT를 무너뜨리고 새로운 고객을 확보하기 위해 혈안이 되어 있었다. 하지만 후발주자이기 때문에 넘어야만 하는 몇 개의 산이 있었다.

특정 전화회사의 식별 번호를 누르지 않고도 원하는 상대에게 전화를 걸 수 있는 '마이 라인'이 도입된 지금은 그럴 필요가 없지만, 당시에는 저렴한 요금의 회선을 사용하기 위해서는 상대 전화번호 앞에 4자리 숫자를 눌러야만 했다. 지역에 따라서는 회선이 연결되지 않거나 신전전보다 NTT가 저렴하기도 했다. 신전전이 이점이 있다는 사실을 알아도 고객은 전화를 걸 때 NTT와 신전전 3사 회선 중 어느 게 가장 저렴한지를 매번 따져야 했다. 이런 불편함을 제거하지 않으면 고객은 늘지 않으리라.

그렇다면 어떻게 해결할 수 있을 것인가. 전화번호 앞에 4자리 번호를 누르지 않고 지금까지처럼 다이얼만으로 자동으로 신전전의 가장 저렴한 회선을 찾아 접속해주는 어댑터를 만들면 문제는 해결된다. 누구나 상상할 수 있는 일이었다. 하지만 실현하려고 하면 역시나 커다란 난관이 가로막고 있었다.

손정의와 오쿠보는 거의 매일 밤 만났다. 마치 결혼식을 앞둔 커플 같았다. 두 사람은 서로의 일이 끝난 밤 8시나 9시에 만났다. 때로는 10시에 만나는 날도 있었다. 토론은 늘 새벽 1시나 2시, 심야까지 이어졌다.

두 사람이 대화하는 모습은 주위 사람들의 눈에 고성을 질러가며 싸우는 것처럼 보였다. 누구도 가까이 가고 싶어 하지 않았다. 그들의 대화에는 다른 제삼자의 개입을 허용하지 않는 팽팽한 긴장감이 흘렀기 때문이다. 신일본공판의 부사장이 상황을 보려고 조심스레 커피를 들고 들어간 적도 있었다.

오쿠보의 합의를 얻어낸 손정의는 바로 특허사무소로 연락을 취했다. 지금까지의 경험이 빛을 보는 순간이었다. 이미 그러한 기기가 발명되어 있는 것은 아닌지를 조사했다. 손정의는 그날 바로 상세한 아이디어를 기록한 특허 출원서를 작성했다.

한편 신전전 간부와 만나 비밀유지계약서에 사인을 시킨 다음에 설명했다. 간부는 손정의의 이야기를 듣고 경악했다. 나아가 손정의는 두 달 반 만에 만들어 보이겠다고 확약했다. 약속대로 단시간에 손정의는 세계에서 처음으로 어댑터를 완성했다.

1985년 12월 24일 크리스마스이브였다. 'NCC BOX'라는 어댑터를 가지고 손정의와 오쿠보는 교세라 회장이자 사실상 제2전전 오너인 이나모리 가즈오에게 팔러 갔다.

이나모리는 1932년 가고시마에서 태어났다. 27살에 전자 부품 및 전자기기 제조사인 교세라를 설립했다. 반도체, 전자 부품부터 완성품까지 폭넓은 제품을 제조하는 한편 세이와 학원을 설립해 젊은 경영자를 육성해왔다. 65세에 경영 일선에서 물러나 후쿠젠지에서 득도했다. 교세라와 KDDI를 낳아 키운 재계의 거물이었다.

교세라 본사 회의실에는 이나모리를 비롯한 약 20명 정도의 간부 사진이 늘어서 있었다. 29세의 손정의와 32세의 오쿠보는 당시 54세로 교세라 회장에 갓 취임한 벤처 영웅과 대치했다.

손정의의 설명을 들은 후 이나모리는 말했다. "우리가 50만 개를 살 테니 우리한테만 파시겠습니까?" 굉장히 정중한 말투였지만 그 배후에는 엄청난 사실이 숨어 있었다. 게다가 이나모리의 제안은 두 사람의 의도와는 배치되는 것이었다.

손정의는 제2전전뿐만 아니라 신전전 등 여러 회사를 대상으로 한 판매 및 어댑터 로열티를 노리고 있었다.

"제2전전은 여러 회사 중 하나일 뿐입니다. 저희는 여러 회사에서 사용 가능한 제품을 만들었습니다."

하지만 제2전전은 어댑터 본체의 구매를 주장하며 한 발도 물러서지 않았다. 양자의 협상은 평행선을 달렸다. 어느새 협상을 시작한 지 10시간이 지나고 밤 9시를 넘길 무렵이었다. 베테랑 중의 베테랑인 사업가 이나모리가 본성을 드러냈다.

"당신들은 뭔가 착각하고 있는 것 같군."

50만 개를 20억 엔으로 구매한다는 조건은 이나모리의 입장에서는 최대한의 조건이었다. 일본 소프트뱅크, 신일본공판의 미래를 높이 산 결과였다.

이나모리의 압박에 손정의와 오쿠보는 떠밀리듯이 '제2전전에게만 어댑터를 판다'는 조건이 적힌 계약서에 사인했다. 손정의와 오쿠보의 완패였다.

거리에서는 징글벨이 흐르고 있었다. 호텔로 돌아온 손정의는 보기 드물게 어깨를 축 늘어뜨렸다. "비참하네요, 오쿠보 씨." 두 사람은 뜬눈으로 밤을 새웠다.

다음 날 아침, 손정의와 오쿠보는 이나모리의 자택을 방문했다.

"고심했습니다만, 어제 계약서를 돌려받았으면 합니다." 아무리 손정의라 해도 목소리가 떨릴 수밖에 없었다. 두 사람 모두 남은 신전전에 걸고 싶다는 희망의 끈을 놓을 수 없었고, 억지로 사인하게 된 모양새가 분하기도 했기 때문이다. 이나모리는 두 사람을 힐책했지만 계약서는 돌려줬다.

교토에서 도쿄로 돌아오는 신칸센 안에서 두 젊은이는 거의 말을 하지 않았다. 손정의가 불쑥 말을 꺼냈다. "여기서 그만둔다 해도 전 이해합니다."

하지만 그만두지 않았고, 결국 두 사람은 니혼텔레콤에 판매하는 데 성공해 OEM(상대방 브랜드로 생산) 계약을 체결했다. 제2전전은 곧이어 같은 종류의 어댑터를 개발했다.

손정의가 고안한 어댑터는 니혼텔레콤 이름으로 판매되었다. 그 결과 손정의의 데이터망과 신일본공판에는 수억 엔의 로열티가 들어오게 되었다. 하지만 그 이상으로 이나모리와의 협상 실패는 손정의에게 많은 교훈을 남겼다. 장차 손정의를 터프한 협상가로 성장시키는 발판이 되었다.

26 정면충돌

동그란 얼굴에 친근한 표정은 어려 보이는 인상을 준다. 게다가 체구도 작은 편이었다. 하지만 마르지 않는 샘물처럼 끝없이 솟아나는 에너지를 품고 있다. 때로는 엄청난 시너지를 일으키기도 했다. 손정의는 매사에 열정적으로 목숨을 걸고 달려들었으며 무엇 하나 소홀히 하는 법이 없었다. 사업가라면 누구나 그러한 자질과 성격을 가졌으리라.

"출판사업부는 폐지하는 게 좋겠습니다." 일본 소프트뱅크 경영회의에서 임원 한 명이 발언했다.

회사는 사업 확장과 함께 사업부 단위로 부문별 손익을 엄격하게 감사했다. 핵심 사업인 소프트웨어 유통부와 출판부 중 출판부의 누적 적자가 2억 엔에 이른 시점이었다.

이날의 의제는 '출판부의 미래'였다. 회장인 손정의와 사장인 오모리가 나란히 앉아서 회의를 지켜보고 있었다.

"출판사업은 어떤 방법을 써도 실적이 좋아지지 않습니다. 포기하는 게 현명합니다." 오모리와 임원이 출판업의 유지를 반대했다.

손정의는 매서운 눈빛으로 그들을 쏘아봤다. 바로 반론하고 싶은 기분을 애써 억눌렀다. 피를 토하는 심정으로 시작했던 출판사업을 쉽게 버릴 수는 없었다. 맨손으로 시작해서 매일 여기저기 뛰어다니면서 이만큼 키워낸 출판사업이었다. 대형 유통사인 도한, 닛판에 계좌를 트고 덴쓰와 NEC 등의 도움을 받아 『Oh! PC』 출간도 가능했다. 그만큼 강한 애착이 있는 사업이었다.

출판은 손정의가 낳은 또 다른 소중한 자식 같은 존재였다. 디지털 정보사회는 반드시 온다. 심지어 머지않아 도래할 것이다. 머지 않은 미래가 아니라 당장 오늘내일 앞으로 다가와 있었다. 긴박한 상황인 만큼 더욱더 출판이 중요했다. 출판이라는 형태로 정보를 제공하고 반대로 유입되는 최신 정보를 받아들여야 했다. 이러한 정보가 향후 디지털 정보사회에 결정적인 이점으로 작용하리라 믿었기 때문이다. 진정 이 사실을 모른단 말인가.

손정의는 입을 열었다. "출판사업을 접는 것은 반대입니다. 경영 방법이 좋지 않았을 뿐입니다." 1년 전까지는 흑자였기에 재정비한다면 실적도 좋아질 여지가 있다고 판단했다.

손정의는 직접 출판사업부 부장 대행이 되어 회의에 참석한 출판부 직원들의 간담을 서늘하게 했다.

우선 흑자 전환에 성공하겠다는 강한 목표를 세웠다. 그러기 위해서는 발상부터 바꿔야 했다. 먼저 한 사람 한 사람이 뜻과 신념을 가져야 했다. 손정의는 바로 편집 스태프, 경리 담당자 등을 초대했다. 하시모토 고로도 그중 하나였다.

당시 하시모토는 편집부장이었지만 그의 위로 국장, 출판사업부 부장이 있었다. 생각한 대로 일할 수 없어 답답했다. 하시모토가 담당하던 『Oh! PC』는 흑자였지만, 또 하나의 잡지는 채산성을 겨우 맞추는 수준이었고, 나머지 여섯 종류는 큰 적자를 보고 있었다.

손정의는 한자리에 모인 직원들에게 말했다. "지금 왜 적자인지 다 같이 생각해봅시다." 하시모토를 포함한 직원들의 표정이 바뀐 것은 그다음 말이었다. "적자가 해결되지 않는다면 잡지는 폐간될 것입니다."

손정의의 말에 모두가 얼어붙었다. 평소 친근한 표정으로 부하 직원에게도 친절하던 손정의가 설마 이렇게까지 결단했으리라고 생각지 못했기 때문이다.

"이익에 비용을 더해서 볼 예정입니다. 즉 비용 절감과 인원 감축이 필요하다는 이야기입니다. 이익 관리는 편집장 스스로 해주시기를 바랍니다."

인원 감축이라는 말에 하시모토를 비롯한 직원들은 맹렬히 반대했다. "저희도 노력하고 있습니다. 그래도 실적이 안 나오면 비용 절감이나 인원 감축도 어쩔 수 없겠지요. 하지만 이렇게 갑자기, 지금 당장은 말이 안 됩니다."

지금까지 손정의에게 충실했던 하시모토가 이때만큼은 결사반대했다. 손정의가 복귀한 지금이야말로 모두가 단결해서 힘을 모아야 하는 시기였다. 당연히 손정의에 대한 불만이 터져 나왔다.

냉정함을 유지하던 손정의의 말투가 점차 날카로워졌다. "저는 잡지를 세상에 태어나게 한 부모입니다. 부모가 자식을 미워할 리 없지 않겠습니까?" 직원들의 분노를 잠재우기 위해서였다.

하지만 의외로 하시모토가 화를 냈다. "사장님이 낳은 부모라면 저는 『Oh! PC』를 키운 부모입니다. 제 이야기를 들어주시지 않는다면 저희는 나가겠습니다." 하시모토가 자리를 뜨자 다른 스태프들도 한꺼번에 회의실을 나가려 했다. 뒤에서 손정의가 소리쳤다.

"잠깐! 아무것도 이야기하지 않았네. 이렇게 된 이상 처음부터 허심탄회하게 이야기해보세."

손정의의 말에 하시모토는 진심으로 감탄했다. '이 남자는 정말 대단하다.' 손정의의 침착한 말에 하시모토도 도망가지 않았다. 오히려 손정의는 하시모토의 반대 의견을 기다리고 있었다. 하시모토 정도로 충실한 직원이 정반대의 의견을 내세우고 있다. 모두가 일의 중대함을 깨닫는 계기가 된 셈이다.

손정의는 흑자를 내기 위해 가능한 모든 아이디어를 받아들였다. 편집자는 잡지 내용에는 신경을 쓰지만 이익을 내는 일에는 별로 관심이 없었다. 하시모토와 직원들은 매주 실적에 대해 손정의에게 추궁을 당했다.

"최근엔 어떤가?" 매주 열리는 회의에서 손정의는 숫자의 조그마한 오차도 놓치지 않았다. 주 1회 열리는 회의가 마치 매일 열리는 것처럼 느껴질 정도였다.

각 편집부의 실적이 공개되었다. 그러자 편집부 직원들은 편집뿐만 아니라 이익 관리도 신경 쓰게 되었다. 광고 게재 주문을 하고 사무용품 하나 살 때도 세심하게 경비를 줄여나갔다. 그 결과 숫자가 바뀌었다. 반년 후에는 대부분의 잡지가 흑자로 전환하는 쾌거를 이루었다.

손정의는 사장으로 복귀했고 1986년 5월 20일 사장 취임 파티가 팰리스 호텔에서 열렸다. 아내인 마사미가 보기 드물게 공식 석상에 모습을 드러냈다. 손정의의 옆에서 웃음을 띤 채로 손님 한 명 한 명과 정중히 인사를 나눴다.

"집에서는 일 이야기를 안 해서요." 마사미의 말처럼 손정의는 가정과 일을 명확히 구분했다. 하지만 이날만큼은 손정의도 아내와 기쁨을 나누고 싶었다.

1986년 말 출판사업부 송년회에서 손정의는 인사했다.

"모두 정말 열심히 해주었습니다." 목이 메고 눈물이 차올랐다. 모두가 처음 보는 손정의의 눈물이었다.

1987년 빌 게이츠와 니시 가즈히코가 결별했다. 컴퓨터 업계는 본격적인 전국시대로 접어들었다. 왜 니시와 결별했는가.

"아스키가 지향하는 목표와 제가 바라는 바가 달랐기 때문입니다." 빌 게이츠는 손정의와의 인터뷰에서 결별 사유에 대해 이렇게 말했다. "마이크로소프트는 소프트웨어에 초점을 두고 있습니다. 저는 소프트웨어를 케이(니시)가 맡아주었으면 하고 바랐지만, 케이는 하드웨어를 하고 싶어 했죠."

손정의는 왜 미국으로 가서 빌 게이츠와 인터뷰를 했는가. 그해 7월 손정의는 잡지 『THE COMPUTER』 창간호를 위해 미국으로 건너갔다. 지금까지는 PC 활용 잡지만 다루었지만 처음으로 PC 관련 비즈니스 잡지를 내기로 했다.

출발 시점에는 약속도 확정되지 않은 상태였지만 손정의는 무작정 편집장인 이나바 도시오(훗날 소프트뱅크 퍼블리싱 부사장)와 함께 시애틀 호텔로 향했다. 손정의는 다시 전화를 걸어서 기어코 오케이(OK)를 받아냈다. 손정의는 인터뷰어로 빌 게이츠를 처음 만나게 된 것이다.

물어보고 싶은 질문이 산더미 같았다. 손정의는 이나바와 질문을 정리했다.

손정의가 빌 게이츠와 만나기 전에 정한 제목은 '80년대 가장 성공한 인물, 또다시 기적이 일어났다'였다. 포부가 느껴지는 공격적인 제목을 붙인 손정의는 빌 게이츠에게 자신의 꿈을 투영했을지도 모른다.

당시 마이크로소프트는 신흥 세력으로써 크게 비약하려 하던 시기였다. 하지만 또 한 사람, 워크스테이션의 차세대를 짊어질 스콧 맥닐리가 이끄는 썬 마이크로시스템즈와 꿈을 어떻게 나누어 가질지가 손정의는 궁금했다.

워싱턴주 시애틀 근처 레이몬트에 마이크로소프트사가 있었다. 울창한 녹색 숲 안에 아름다운 사옥이 있었다. 비가 많이 내리는 지역이었지만 그날은 뻥 뚫린 듯한 파란 하늘이 손정의를 맞이했다.

손정의와 빌 게이츠는 웃으면서 인사를 나눴다. 핑크와 화이트 줄무늬 셔츠에 스웨터를 겹쳐 입은 편안한 스타일인 빌 게이츠와 회색 정장을 갖춰 입은 손정의가 테이블을 사이에 두고 마주 앉았다. 빌 게이츠의 커다란 책상 위에는 서류가 잡다하게 쌓여 있고 지구본과 세 대의 컴퓨터가 놓여 있었다. 윈도와 함께 맥 플러스, 맥2였다.

손정의는 빌 게이츠에게 날카로운 질문을 연발했다. 미국 컴퓨터 업계의 미래에 대해, 일본 시장에서 마이크로소프트와 아스키가 제휴 관계를 끊은 경위에 대해, 베테랑 기자가 된 마냥 손정의는 끈질기게 면밀한 질문을 끊임없이 쏟아냈고 빌 게이츠는 답했다. 이나바는 침을 삼키며 가만히 듣고 있었다.

빌 게이츠는 흥분하면 몸을 흔드는 습관이 있다. 손정의는 마치 기관총처럼 질문을 쏘아 댔고 빌 게이츠는 몸을 흔들며 답했다. 개

중에는 대답하기 곤란한 질문도 있었다. 한 시간이었던 인터뷰 약속 시간은 이미 지난 지 오래였다.

당시 소프트웨어 하우스의 선두는 로터스였는데 이 해 4분기에 마이크로소프트가 제쳤고 직원들은 함성을 질렀다. 빌 게이츠는 손정의 일행에게 회사 내부를 안내했다. 안내가 끝나자 손정의와 빌 게이츠는 처음으로 악수를 했다.

밖에 나오자 차가운 공기가 상쾌했다.

손정의가 말했다. "빌 게이츠가 나온 고등학교를 보러 가세나." 이나바와 카메라맨인 고히라 나오노리를 데리고 한 손에 지도를 쥔 채 빌 게이츠가 공부한 레이크사이드 고등학교를 찾기로 했다. 차를 타고 학교 이름이 적힌 몇 척의 요트가 정박해 있는 호수 근처에 있는 고등학교를 찾다가 손정의는 소리를 질렀다. "여기다!"

손정의는 벅찬 마음으로 나무들에 둘러싸인 빨간 벽돌로 된 교정과 잔디밭이 아름다운 운동장을 사진에 담았다.

7월의 시애틀 하늘은 맑고 푸르렀다. 손정의의 가슴속에 뜨거운 무언가가 차올랐다. 1980년대 가장 성공한 인물인 빌 게이츠에 대한 경쟁심이었을까? 아니면 함께 21세기를 만들어 가자는 확고한 신념이었을까?

손정의는 인터뷰가 시작하기 직전에 빌 게이츠가 던진 질문을 곱씹었다.

"『PC WEEK』를 읽고 있습니까?"

"가끔 보고 있습니다."

"그렇다면 매호 읽는 편이 좋습니다. 이 한 권으로 지금 세계 컴퓨터 업계의 동향을 명확히 파악할 수 있으니까요."

이 말을 듣자 『PC WEEK』의 일본어 판권을 꼭 손에 넣고 싶었다. 하지만 이때 손정의는 누구에게도 그 결심을 알리지 않았다.

27 미국 아버지와 미국 어머니

역사에 '만약(IF)'은 없다고 한다. 그러니 비즈니스 세계에서의 '만약' 역시 아무 의미가 없다. 하지만 이것만큼은 알아두자. 만약 손정의가 이 사람을 만나지 못했더라면, 오늘날 같은 세계적인 성공은 거두지 못했을지도 모른다.

둥근 얼굴에 넓은 이마는 마치 데즈카 오사무의 『철완 아톰』 속 코주부 박사나 미국 유명 컴퓨터가게의 트레이드 마크인 에그헤드를 닮았다. 늘 웃는 얼굴이지만 가끔 보이는 눈빛이 날카로운 지성미 넘치는 남자, 테드 드록타다.

'테드'라는 애칭으로 불리는 이 인물이야말로 손정의가 세계의 공식 석상에 등장할 수 있는 원동력이 되었다. 테드와 만나지 않았더라면 세계 시장 진출을 노리는 손정의의 궤도는 매우 완만하고 다른 궤적을 그렸을 것이다. 손정의가 세계로 날아오를 때 그만큼 큰 영향을 준 테드에 대해서 알아보자.

테드는 손정의에게 '미국 아버지'와 같은 존재다. 미국식 비즈니스 수완부터 식사 매너까지 모두 테드에게 배웠다. 1988년 7월 손정의는 소프트뱅크 미국을 설립했다. 테드 드록타가 사장으로 임명되었다.

사실 손정의와 테드가 처음 만난 것은 그보다 2년 정도 과거의 일이다. 52살인 테드는 누구보다 미국인다웠으며 터프하고 정열적으로 살아왔다. 폴란드 출신으로 기술자 외길을 걸으며 박사 학위를 취득한 실력 있는 인물이었다. 그런 테드가 50대에 접어들어 새로운 인생의 가능성을 타진하고 있었다. 이른바 인생의 전환기를 맞이한 셈이다.

당시 테드는 캘리포니아에 살며 UNIX 관련 회사인 인터랙티브 시스템즈에서 근무하고 있었다. 작은 회사로 미지의 세계인 컴퓨터 업계에 계속해서 등장하는 군소기업 중 하나였다.

기술자였던 테드는 이미 충분할 정도로 성공을 거두었지만 인생 제2막에서는 무언가 새로운 일을 해보고 싶었다. 그 역시 타오르는 열정에 휩싸여 있었다.

테드는 한때 세계에서도 유수의 연구기관으로 손꼽히는 벨 연구소에서 일했다. 벨 연구소는 웨스턴 일렉트릭의 연구 부문을 이어받은 것으로 AT&T와 웨스턴 일렉트릭이 각 50%씩 출자했다. 전화기를 발명한 그라함 벨이 세운 전화회사가 전신이다. 전 세계 25개국에 약 3만 명의 스태프가 있으며 그중 11명이 노벨상을 받았다.

테드의 이전 동료가 도쿄로 파견을 가는 덕분에 손정의와 우연히 만나게 되었다. 이 시기 손정의는 UNIX 일을 같이할 인물을 찾고 있었다. 테드의 동료는 그에게 "손정의라는 사람이 당신 같은 인물을 찾고 있다."하고 알려줬다.

“관심이 있다면 연락을 해보면 어때?”

테드는 손정의에게 바로 전화를 걸었다. 테드는 먼 일본에 있는 사업가인 손정의에게서 자신의 가능성을 보았을지도 모른다.

손정의는 바로 이야기를 꺼냈다. “중요한 이야기가 있습니다. 내일 도쿄에서 만날 수 있습니까?”

“아무리 그래도 그건 좀 어렵습니다.” 테드는 고개를 저으며 대답했지만 잠시 고민하다가 말했다. 2~3일 후에는 업무상 호주에 가기로 되어 있었다. “호주에서 돌아가는 길에 도쿄에 들르겠습니다.”

테드는 태평양 건너 일본의 젊은이를 만나기 위해 일정을 변경했다. 테드는 도쿄로 향했다. 1965년의 일이었다.

그해 일본에서는 원 렝스 커트와 보디 콘셔스, 디스코, 수영장 바 등이 유행하기 시작했다. 같은 해 5월 찰스 황태자와 다이애나비가 일본을 찾아 다이애나 열풍이 일어났다.

팔레스 호텔은 일왕의 거주지 앞에 있는 일류 호텔이다. 손정의는 테드와 약속한 정시가 되자 호텔에 모습을 드러냈다. 미국의 기업인을 만날 때는 시간 엄수가 생명이다. 손정의는 거기까지 계산했다. 손정의는 혼자 왔다.

“로비로 내려와주시겠습니까? 저요? 바로 알아보실 겁니다. 회색 정장을 입은 아시아인입니다.”

테드는 로비로 내려왔지만 회색 정장을 입은 아시안이 가득했다. 그중에서 친근한 웃음을 머금은 작은 몸집의 남자가 눈에 들어왔다. 눈빛이 반짝거리는 사람이었다.

호텔 지하 2층에 있는 일식 레스토랑 카운터 자리에서 스시를 먹으면서 손정의는 테드에게 자신의 꿈을 이야기했다. 이야기를 듣자마자 테드는 손정의의 꿈에 끌렸다.

손정의와 테드 사이에는 재미있는 에피소드도 있다.

로스앤젤레스에서 제일가는 초고급 호텔인 리젠트 비버리 윌셔. 줄리아 로버츠의 영화 〈귀여운 여인〉의 촬영지이기도 하며 일본 왕족을 비롯한 각국 대통령, 전 세계 VIP가 묵는 명소다. 참고로 8층에 있는 프레지덴셜 스위트룸은 소위 '프리티우먼 스위트'로 불리며 숙박료는 1박당 4,500달러에 이른다.

이날 손정의는 8층 엘리베이터 앞에서 테드를 맞이했다. 그런데 해프닝이 생겼다. 맨발로 방을 나온 손정의 뒤로 문이 닫힌 것이다. 키와 신발은 방 안에 있었기 때문에 손정의도 당황할 수밖에 없었다. 하지만 이럴 때조차 손정의는 유머를 잊지 않았다.

"마미(엄마)!"

테드를 보며 '마미'라고 불렀다. '어쩌죠, 엄마. 도와주세요!'라는 의미였다. 테드는 얼마 지나지 않아 손정의가 좋아졌다.

결국 호텔 지배인이 달려왔다. 코미디에서 볼 법한 전개였다. 그 덕분에 테드는 호텔 지배인에게 맨발의 아시안이 이 고급 호텔의 최고 손님이라는 점을 설명해야 했다.

이 에피소드에서도 알 수 있듯이 손정의는 행색에 관심이 없었다. 꾸밈없는 자연스러운 모습을 좋아했다. 이 해프닝의 수습이 테드의 첫 업무였다. 물론 나중에는 웃음거리가 되었지만 말이다.

2~3주 후에 테드에게 계약서가 도착했다.

"손정의 씨. 제가 언제까지 컨설팅하기를 바라십니까?" 테드가 물었다.

"가능한 만큼 끝까지 해주셨으면 좋겠습니다." 손정의가 답했다.

테드는 말했다. "OK(좋습니다)."

훗날 문경지우가 되는 손정의와 테드의 역사적인 순간이었다. 참고로 테드는 손정의와 가까이 지내면서도 미국식 퍼스트 네임으로 부르지 않았다. 늘 경의를 담아 '손 상'이라고 불렀다.

1987년부터 테드는 손정의를 위해 풀타임으로 일하게 되었다. 손정의와 함께 미국 전역을 돌아다니는 일도 많았다. 어느 날 두 사람은 고급 레스토랑에서 식사했다. 햄버거가 먹고 싶었던 손정의가 웨이터에게 햄버거를 주문했는데 테드가 타박했다. "비즈니스맨은 고급 레스토랑에서 그런 메뉴를 주문하지 않습니다." 손정의는 놀랐지만 테드의 충고를 받아들였다.

손정의의 영어는 일본인으로서 훌륭한 편이었지만 가끔 미묘한 뉘앙스를 표현하지 못할 때가 있었다. 그럴 때면 테드가 친절하게 고쳐주었다. 폴란드에서 태어나 제2차 대전 이후 미국으로 건너온 테드는 4개 국어를 쓰는 어학 천재였고 특히 영어의 어법에 엄격했다.

어느 날 손정의가 영어로 첫 스피치를 해야 하는 회의가 생겼다. 테드 앞에서 손정의는 스피치 연습을 반복했다. "Good evening! Ladies and Gentleman!(안녕하세요! 신사 숙녀 여러분!)" 손정의는 긴장한 나머지 인사조차 버벅거렸다. 지금 영어로 당당히 스피치하는 손정의의 모습을 떠올리면 믿어지지 않을 정도다.

소프트뱅크 일을 시작했을 때 테드는 53세였다. 손정의와는 부자지간이라 해도 될 만큼의 나이 차이다. 이 '부자'는 절묘한 파트너십으로 전 세계 비즈니스맨을 상대했다.

테드의 기본적인 일은 소프트뱅크를 미국 UNIX 비즈니스와 연결하는 일이었다. 손정의에게 충실한 테드는 계속해서 업무에 시달렸다. 소프트뱅크 종합연구소 SRI(주로 PC와 UNIX 관련 개발을 담당) 업무와 일본에 진출한 미국 자본 회사와 거래할 수 있도록 세팅하는 작업도 테드의 주요 업무였다. 또 한 가지 미국 PC 관련 잡지의 판권 획득 협상도 그에게 중요했다.

앞서 말했지만 손정의는 빌 게이츠로부터 『PC WEEK』의 정독을 추천받았을 때부터 일본어판 판권을 획득하겠다고 결심했었다. 1990년 3월 손정의는 하시모토 고로와 함께 뉴욕으로 향했다. 세계 제일 컴퓨터 출판사 지프 데이비스가 발행하는 『PC WEEK』의 일본어판 판권을 따내기 위해서였다.

『PC WEEK』는 당시 세계에서 가장 많이 팔리는 PC 종합잡지로, 업계 관계자라면 누구나 주목하고 있었다. 손정의는 뉴욕 5번지에 있는 지프 데이비스 본사에서 윌리엄 지프와 만났다. 약속된 시간은 불과 10분이었다. 하지만 회의는 예정 시간을 벗어나 한 시간 이상으로 길어졌다. 그리고 5월부터 『PC WEEK』 일본어판을 매주 5만 부씩 출간했다.

훗날 지프는 하시모토에게 말했다. "I met three geniuses(나는 세 명의 천재를 만났다)." 마이크로소프트의 빌 게이츠, 애플의 스티브 잡스, 그리고 손정의였다.

그런 손정의는 하시모토에게 말했다. "고로짱, 언젠가 지프 데이비스를 인수하고 싶군."

그때 하시모토는 농담이라고 생각했다. 너무나 허황한 이야기처럼 들렸기 때문이다. 하지만 천재의 눈은 웃고 있지 않았다. 아메리칸 드림은 반드시 이루어진다고 손정의는 믿었다. 그 후 5년 뒤인 1995년 11월 손정의는 지프 데이비스를 인수했다.

"테드가 아버지라면 론은 어머니 같은 존재입니다." 론은 로널드 피셔(소프트뱅크 그룹 부회장 집행 임원)를 이르는 말이다.

"론은 테드가 소개해주었습니다. 정보혁명 속에서 정말 잘하고 싶었거든요. 당시에는 아직 규모가 작았으니까요. 일본에도 테크놀로지를 가져와야 한다, 미국에도 거점을 만들어야 한다고 생각했을 때, 테드가 자신은 벨 연구소 엔지니어 출신이라 기술적인 부문은 자신 있지만 비즈니스 부문에는 론만 한 사람이 없다며 소개해줬습니다."

미국에서 여러 사람을 만날 때는 이 두 사람이 함께했다. 테드는 기술적인 관점으로 보고 의논하는 파트너였다. 한편 투자하거나 협상, 인수하는 비즈니스적인 관점에서는 항상 론이 조언하고 손정의와 함께 고민했다.

"냉정하고 공정하며 머리가 상당히 좋고 숫자나 분석력, 법률적으로도 뛰어납니다. 심지어 인품도 좋아 모두가 론과 이야기하면 안심했을뿐더러 사람을 속이는 법이 없었습니다. 항상 상대를 정면으로 마주하고 혹 못 보고 지나치는 부분이 없는지 확인했습니다."

협상이 막힐 때 해결책을 제시하고 상대를 설득하는 과정에서 론은 꼭 필요한 인물이었다. "상냥하고 정이 많으며 항상 지켜봐주었지요." 하고 손정의는 론에 대한 절대적인 신뢰를 내비쳤다. '미국 어머니'의 존재감은 그야말로 절대적이었다.

손정의와 론이 처음 만난 건 1986년 로스앤젤레스에서의 저녁 식사 자리였다. 손정의와 테드, 존 화이트 부부, 론 부부가 모였다. 론은 그 자리를 똑똑히 기억한다.

"테드가 큰 비전을 지닌 일본에서 온 '크레이지 가이'를 소개해준다고 말했습니다. 놀라운 시간이었죠. 마사(손정의의 일본 이름인 '마사요시'를 줄여 '마사'라고 불렀다 – 옮긴이)는 소프트뱅크(현 소프트뱅크 그룹)의 창업 과정을 들려주었습니다. 귤 상자 위에 올라가 두 명뿐인 직원 앞에서 비전을 말하자 다음 날 회사를 그만뒀다는 이야기, 그의 비전에 대해서도, 왜 우리와 일하고 싶은지 이야기를 시작했지요. 일본에 테크놀로지를 도입하고 싶다는 이야기였습니다."

저녁을 먹은 후 론의 아내는 말했다. "마사는 지금껏 만난 사람 중에서 가장 사람을 끄는 매력이 있는 사람이네요."

론도 마찬가지였다.

"마사에게는 사람과 통했다고 느끼게 하는 마력이 있었습니다. 타의 추종을 불허했죠. 성공한 사람들은 보통 자신이 곧 세상의 전부인 양 굽니다. 하지만 마사는 함께 일하는 상대에게 무엇이 중요한지, 함께하면서 보다 큰일을 달성하려면 어떻게 하면 좋을지를 진지하게 이해하고 설득하는 힘이 있었습니다. 그래서 창업가들과 잘 통하고는 했죠."

론은 냉정하고도 적확하게 손정의에 대해 분석했다.

"창업가와 만나는 자리에서 손정의는 자신의 성공담을 이야기하지 않았습니다. 오히려 창업가 개인이나 그가 가진 비전에 대해 궁금해했죠. 그리고 비전을 공유하는 방법을 고민했습니다. 이처럼 함께 일하고 싶다고 만드는 능력이야말로 손정의와 다른 성공한 사업가들과의 차이점이죠."

또 론은 말했다.

"손정의는 대단히 바쁘지만 절대 지각하지 않는 사람입니다. 전화나 화상 회의는 언제나 예정된 시각을 지킵니다. 타인에 대한 존경이 깔려 있죠. 당시 저는 그 자리에 없었지만 마윈과의 자리에서도 그랬습니다. 순식간에 통했습니다. 그런 자리를 여러 차례 봐왔습니다. 야후의 제리 양과도 그랬죠. 손정의를 특별하게 만들어주는 것은 지적인 능력이 아니라 사람을 끌어당기는 보기 드문 능력입니다."

론 피셔는 1947년 11월 1일 남아프리카에서 태어났다. 조부모가 1910년쯤 남아프리카로 이주해 양친 모두 남아프리카 출신이었다. 론은 남아프리카에서 자라고 대학까지 졸업했다. 이후 테크놀로지와 컴퓨터에 관심이 있어 메인 프레임 컴퓨터의 시스템 엔지니어로 출발했다.

남아프리카에서 2~3년 일한 후 1970년 콜롬비아 대학에서

MBA를 취득하기 위해 미국으로 건너갔다. 1972년까지 2년 동안이었지만 당시 남아프리카는 격변의 시기였기 때문에 미국에 남고 싶었다. 회사는 론을 미국 테크놀로지 컴퓨터사업부 소속으로 이동시켰다. 론은 항상 비즈니스와 테크놀로지에 관심이 많았다.

론은 컴퓨터 발전의 모든 과정을 보고 관여해왔다. 메인 프레임은 초기 미니컴퓨터에서 퍼스널 컴퓨터(PC)로 변화했다. 초기 테크놀로지에 관여한 경험은 비즈니스에서 어떻게 응용할지를 고민하는 데 도움이 되었다.

이윽고 론은 비지코프라는 세계 최초의 스프레드시트를 만든 회사에서 일하기 시작했다. IBM 최초의 퍼스널 컴퓨터용 스프레드시트 개발을 담당했다. 인터넷 시대를 거쳐 이제 모바일 시대가 도래했지만 언제나 새로운 테크놀로지에 매료되었다.

비지코프에서는 인텔 8080과 8086세대에 관여했다. 당시 IBM이 발표한 것은 IBM PC였고, 테크놀로지 계열 컨설팅회사가 예측한 세계의 PC 수요는 불과 50만 대였다.

론의 아내는 컨설팅회사에 근무하며 당시에는 애플 일을 담당했다. 둘이서 많은 이야기를 나누었는데 아내에게서 배운 점이 있다. 테크놀로지 플랫폼이 바뀌면 사용자 예측이 어렵다는 점이었다. 사람들이 지금까지 생각한 적 없었던 방법으로 새로운 기술을 활용하면 새로운 수요가 탄생했다. 그것이 PC의 폭발적인 보급으로 이어졌다.

비지코프에서 애플이나 IBM의 스프레드시트를 개발하고 PC를 만든 기업 모두와 이야기하면서 깨달은 점은 엔지니어가 아닌 일반인들이 PC를 사용하기 시작했다는 점이었다. 전문 교육을 받아야만 PC를 사용할 수 있는 것도 아니었다. 콤팩트 PC를 가지고 다닐 수 있게 되었듯이 이전에는 이해도 예측도 안 되는 형태로 이용 형태가 변화하고 사람들의 일상에 침투했다. 지금껏 테크놀로지의 변화의 흐름은 늘 그래왔다.

인터넷 초기에도 마찬가지로 인터랙티브 시스템즈에 있을 때 미국 컴퓨터를 연결하는 시스템 관련 프로젝트에 참여했다. 어느 엔지니어 오피스를 방문했을 때 제1세대 인터넷을 보고 대단하다고 생각했지만, 그때까지는 개발자용 컴퓨터일 뿐이었다. 그 후 모자이크의 인터페이스 변경을 계기로 갑자기 상상하지 못했던 방법으로 일반인들의 사용이 급격히 확산했다.

"마사는 그 과정을 보며 테크놀로지 중심에 있으려면 미국에 있어야 한다고 깨달았습니다. 그 때문에 저를 설득해서 소프트뱅크 그룹으로 불러 1995년부터 함께 일하게 되었죠."

이렇게 론은 소프트뱅크 홀딩스(현 스타브라이트 홀딩스)의 대표이사 겸 사장(Director and President)으로 취임했다.

소프트뱅크 그룹이 미국 시장에서의 성장을 모색하면서 가장 먼저 한 일은 세계 최대 컴퓨터 박람회인 컴덱스를 운영하는 지프 데이비스 전시 부문에 투자하는 것이었다. 손정의는 테크놀로지의 중심에 있기 위해서 무엇이 필요한지 고민한 끝에 관계자와 최신 정보가 모이는 장소로 출판과 전시회에 주목했다.

인수 절차를 밟으면서 손정의는 지프 데이비스 사장인 에릭 피포로부터 어떤 이야기를 들었다. 오너인 테드 포스맨을 설득해서 캘리포니아에 있는 스타트업 회사에 투자하고 있다는 말이었다. 인터넷 검색을 전문으로 하는 회사라는 말에 흥미를 느낀 손정의는 그 회사 사람들을 만나보고 싶었다.

이 사람들이 바로 미국 야후의 제리 양과 데이비드 파이로였다. 그들을 처음 만나고 돌아온 손정의는 "이 회사는 모든 것을 바꿔놓을 것이다. 우리도 비즈니스를 바꿔야겠다." 하고 선언했다.

"출판이나 전시회를 손에 넣으면 테크놀로지의 중심에 있을 수 있다고 생각했는데, 오늘 들어보니 우리의 비즈니스는 시대에 뒤처질 것 같다."

야후에 대한 초기 투자는 1995년 11월 29일로 주식의 약 5%, 그 후 1996년 4월에 30% 이상을 취득했다. 당시 상황을 론이 설명한다.

"1996년에 인터넷 투자 붐이 되어 저희도 십수 건 진행했습니다. 잘된 것도 있고 그렇지 않은 것도 있었지요. 이 투자를 통해 인터넷에 무언가가 일어나리라는 예감이 들었습니다. 당시 많은 이들이 주목하지 못한 일이었죠. 새로운 테크놀로지의 트렌드를 눈으로 보니 생각을 바꾸어 인터넷에 주력하자는 생각이 들었습니다. 그리고 그 목표를 위해 지프 데이비스와 컴덱스를 매각하고 인터넷에 초점을 맞췄죠. 1990년대 후반의 일입니다."

2000년 닷컴버블 붕괴 이후 휴대전화 시장에서는 일본이 세계 어느 나라보다 앞서 있었다. 손정의는 인터넷에 집중했고 모바일의 일본 시장 도입도 유의 깊게 지켜봐왔기 때문에 이 두 가지 시점을 합쳐서 말했다. 론은 설명을 이어나갔다.

"차세대 인터넷은 PC뿐만 아니라 모바일이 중요해질 것입니다. 미니컴퓨터에서 PC로의 이행과도 마찬가지입니다. 유명한 일화이지만 스티브 잡스와도 만났습니다. 테크놀로지 활용법이 다시 바뀌리라 예상했지요. 그리고 마사의 전형적인 방식으로 '우리도 한번 해보자'라고 의지를 다졌습니다. 모바일 회사가 되자는 말이 아니라 차세대 인터넷 주자가 되자는 의미였습니다. 모바일과 인터넷 관련 테크놀로지를 사용해 사람들을 연결하자는 목표를 세웠죠. 새로운 테크놀로지와 새로운 칩을 조합하면 비용 절감이 가능해서 활용의 폭도 늘어나리라는 통찰력이 있어서 가능한 목표였습니다. 하지만 당시에는 새로운 테크놀로지를 어떻게 활용하면 좋을지 아무도 눈치채지 못했지요."

2000년대 초기에는 이런 일도 있었다. 알리바바가 탄생할 당시의 비즈니스는 모바일 베이스가 아닌 PC 베이스였지만, 중국에서는 모바일이 단숨에 퍼져나갔다. 마윈과 손정의는 앞으로는 모바일이 사람들을 잇거나 주된 비즈니스 수단이 되어 쇼핑에 활용되리라고 예상했다. 손정의는 새로운 트렌드를 읽으면 모든 것을 내려두고 거기에 집중해서 새로운 길을 개척했다.

그리고 그의 '미국 어머니' 론은 한순간도 빠짐없이 손정의의 곁을 지켰다.

28 바람처럼 빠르게

1989년 1월 7일 약제와 치료가 효과를 보지 못한 채 쇼와 일왕이 붕어했다. 쇼와(昭和)에서 헤이세이(平成)로 연호(왕이 즉위한 해에 붙이는 칭호 – 옮긴이)가 바뀌고 새로운 시대가 열렸다.

일본은 유례없는 버블 시대에 진입했다. 같은 해 미쓰비시지소(부동산 회사)가 뉴욕 록펠러 센터를 인수하는 등 일본은 다양한 분야에서 세계 시장을 시야에 두고 움직이기 시작했다. 반대로 세계 시장 역시 일본이라는 거대한 시장을 두고 격전을 벌이기 시작했다. 패션업계에서는 아르마니, 베르사체 등 이탈리아 브랜드가 큰 붐을 일으켰다. 그뿐만이 아니라 레저 산업에서도 소비가 확대되어 많은 기업이 새로운 비즈니스 기회를 노리고 앞다투어 시장에 진입했다.

이때 이미 손정의는 다음 전략을 세우고 있었다. 기업을 대상으로 하드웨어나 소프트웨어를 공급하는 미국 비즈니스랜드사를 목표로 정했다.

손정의는 새로운 바람을 타고 비즈니스를 상승시키려고 했다. 당시 일본에서는 아직 LAN(Local Area Network, 근거리 통신망) 등 네트워크 사업이 발달하지 않았다. LAN은 오피스나 빌딩 내의 비교적 좁은 범위에서 컴퓨터끼리 접속해 네트워크로 연결하는 시스템이다. 손정의는 이 네트워크가 일본에서도 반드시 확대되리라 예상했다.

이때 소프트뱅크 미국 사장인 테드 드록타로부터 정보가 들어왔다. 비즈니스랜드사가 놀라운 속도로 성장하고 있다는 뉴스였다. 데이비드 A. 노먼이 이끄는 비즈니스랜드는 1982년부터 매년 70%라는 경이로운 성장률을 기록하며 연간 2천억 엔의 매출을 올리고 있었다. 손정의는 이러한 실적을 이미 누구보다 눈여겨보고 있었다.

손정의는 노먼과 언젠가 반드시 만나봐야겠다고 생각했다. 하지만 당시 일본 소프트뱅크는 비즈니스랜드와 비교하면 매출 규모가 하늘과 땅 차이였다. 그런데도 손정의는 비즈니스랜드와 손을 잡고 LAN 사업 노하우를 얻으려고 생각한 것이다.

1989년 가을 손정의와 소프트웨어 사업부 구매부장인 미야우치와 영업부장인 야베는 테드가 기다리는 미국으로 향했다.

미야우치 겐은 1984년 일본 소프트뱅크에 입사했다. 이후 두터운 신뢰를 받으며 말 그대로 손정의의 심복이 되었다. 현재 일본 국내 통신사업을 전개하는 소프트뱅크의 대표다. 손정의의 아이디어를 가장 충실하게 실행하는 수완가로, 손정의와 다른 직원들의 다리 역할을 담당하는 섬세함도 겸비했다.

미국으로 가기 전에는 유통사업을 파악한다는 명목으로 비즈니스랜드 외 몇몇을 돌아볼 예정이었지만 조사하다 보니 비즈니스랜드로 초점이 집중되었다.

이때 미국행은 손정의에게 일종의 도박이었다. 비즈니스랜드의 노먼을 만나는 일이 최대 목적이었다. 약속만 잡히면 절반의 성공이었다. 직접 만날 수 있다면 승산이 있으리라 생각했기 때문이다. 하지만 손정의의 기대와 달리 마주한 노먼의 태도는 차가웠다. 물론 그렇다고 사기가 떨어질 손정의가 아니었다. 계속해서 설득했다.

손정의를 일본에서 건너온 그저 그런 기업가라고 생각했던 노먼의 태도가 바뀌기 시작했다. 점차 손정의의 이야기를 진지하게 듣더니 결국 업무 제휴에 합의했다. 손정의는 기세를 몰아 말했다.

"일본에서 LAN 테크놀로지와 제품을 확장하기 위해서는 웅거만 바스(Ungermann-Bass)와도 손을 잡고 싶은데 소개해주시지 않겠습니까?"

노먼이라면 LAN 제조판매원인 웅거만 바스사를 소개해주리라는 계산이었다. 이런 회담 자리에서 일본인 특유의 겸손과 배려는 금물이다. 원하는 바를 명확히 밝히는 것이 미국 스타일이다. 예스(YES)인지 노(NO)인지 확실히 말해야 한다.

손정의의 영어는 설득력이 있었다. 하지만 예상과 달리 노먼은 거절했다. "웅거만 바스는 말리고 싶습니다." 그리고 노먼은 이렇게 덧붙였다. "노벨과 하는 편이 좋을 겁니다." 손정의는 처음 듣는 이름이었다.

노벨은 컴퓨터 LAN용 네트웨어를 개발하고 판매하는 회사로 전미 54%의 점유율을 자랑한다. 그 네트웨어를 직판이 아니라 일본처럼 유통 경로로 도매업자를 통해 팔고 있다고 했다. 게다가 네트워크 구상에는 섬세한 설정이 필요하므로 기술자를 통해서만 판매한다고 했다.

손정의의 갈고닦은 비즈니스 감각이 재빨리 반응했다. 그 자리에서 노먼을 설득하는 데 성공한다면 일본에서 네트워크 사업을 전개할 수 있다. 대형 제조사를 모은 조인트 벤처를 만들 수 있을 것 같았다.

"제 제안은 당신의 회사에도 유리한 내용입니다." 손정의는 냉정한 이론과 넘치는 열정으로 설득했다. 그제야 노먼은 고개를 끄덕였다.

며칠 후 손정의 일행은 노먼의 자택으로 초대를 받았다. 미국인이 알게 된 지 얼마 안 된 인물을 자택으로 초대하는 일은 드문 일이 아니다. 미국식 손님 접대 방식 중 하나지만 노먼이 먼저 자택으로 초대하는 일은 역시나 파격적인 대우를 의미했다. 여기서 노벨의 레이 누어다 사장을 소개해주기로 했다.

손정의는 누어다에게 일본에서 네트워크 사업을 하고 싶다고 단도직입적으로 말했다. 이러한 협상술은 그야말로 타고난 것이었다. 누어다는 아직 네트워크가 발달하지 않은 일본이라는 거대한 시장을 시야에 두고 있었다. 일본 진출 계기를 노리고 있었다. 그야말로 천재일우였다. 그는 처음 만난 손정의의 이야기에 크게 공감했다.

귀국 후 바로 일본 비즈니스랜드를 설립했다. 하지만 한 달도 지나지 않은 1989년 12월 말 손정의조차도 놀랄 만한 정보가 흘러들어왔다. 가네마쓰고쇼(현 가네마쓰)가 노벨과 가계약을 맺었다는 것이었다.

이래도 되는가. 일순 손정의에게 동요가 일었다. 그렇게 손정의의 이야기에 크게 공감하던 노벨 사장의 얼굴을 떠올렸다. 비즈니스 세계는 눈감으면 코 베어가는 곳이었다. 소프트뱅크는 노벨에게 버림받은 것이었다. 격렬한 굴욕감이 가슴을 흔들었다. 아니, 배신이라고 해야 했다. 미국식 비즈니스의 무서움을 경험한 것이다. 손정의는 비서에게 말했다. "지금 바로 미국으로 가야겠어."

손정의는 나리타 공항으로 향하는 도중, 차에서 로스앤젤레스에 있는 테드 드록타에게 국제전화를 걸었다. "지금 나리타로 향하는 차 안입니다. 내일 아침 샌프란시스코에 도착합니다. 거기서 만납시다."

손정의는 비행편까지 테드에게 전했다. 미국으로 갈 때는 보통 은밀하게 움직였던 손정의치고 드문 일이었다. 지금껏 없었던 일이었다. 테드는 심상치 않은 공기를 느꼈다.

"솔트레이크시티까지 항공권을 마련해주었으면 합니다." 손정의는 테드에게 부탁했다.

"왜 솔트레이크입니까?"

손정의의 대답에 테드는 귀를 의심했다.

"노벨의 레이 누어다를 만나러 갑니다."

"좋습니다. 몇 시에 만나기로 하셨습니까?"

"아니, 테드. 당신이 자리를 만들어줘야 합니다."

손정의의 대담함에 또 한 번 놀랐다. 하지만 이때 손정의의 행동에는 테드도 망연자실했다. 상대인 누어다 사장은 전 세계를 정신없이 돌아다니는 거물로 갑자기 미국으로 온다 해도 만날 수 있다는 보장이 없었다.

겨우 정보를 모은 테드는 몇 통의 전화를 걸었다. 필사적으로 누어다의 위치를 추적해서 겨우 자리를 만들었다. 손정의에게 보고 한 이후 물었다. "그런데 누어다 씨가 미국에 있는지 아셨습니까?"

그러자 손정의는 아무렇지 않게 대답했다. "아니, 몰랐습니다."

어느 나라에 있든 손정의는 누어다를 좇을 생각이었다. 손정의와 누어다 사장은 만나 웃는 얼굴로 악수를 했지만 이야기는 진전이 없었다. 양쪽 얼굴 모두에서 웃음기가 사라졌다. 둘 다 물러서지 않았다.

가네마쓰고쇼는 일본에서도 손꼽히는 상사지만 캐비어나 푸아그라의 상품 지식은 있어도 컴퓨터는 초보였다. 이것이 손정의의 논점이었다. 이 비즈니스는 꼭 조인트 벤처로 해야 한다고 누어다에게 설명했다.

"저라면 일본에서 강력한 파트너가 될 상대를 소개해드릴 수 있습니다." 이 한 마디에 누어다의 표정이 싹 바뀌었다. 그 감정의 변화를 놓칠 리 없었다.

"미스터 누어다, 내일 일본에 갑시다."

나중에 알게 되었지만 누어다는 억만장자였지만 굉장한 절약가여서 여행할 때도 시니어 할인이 되는 평일, 그것도 이코노미석밖에 타지 않는다고 했다. 더구나 누어다는 일본을 싫어하는 성향도 있었다. 그런데도 누어다의 결단은 빨랐다.

"자네가 하는 말은 알았네. 우리 부사장을 함께 보내겠네."

다음 날 손정의는 노벨의 부사장과 함께 미국에서 출발했다.

일본에 도착하기까지 손정의는 거래처인 NEC, 후지쓰, 도시바, 캐논, 소니 등 담당 임원에게 연락해서 출자를 요청했다. 회의는 원만히 흘러갔다. 노벨의 부사장은 바로 누어다 사장에게 일본 소프트뱅크와 손을 잡아야 한다고 보고했다.

전광석화의 중요성을 증명하는 사례였다. 손정의의 탁월한 영어와 풍부한 상품 지식에 기반한 재빠른 행동력에 미국의 기업가가 진심으로 탄복한 순간이었다.

1990년 봄 먼저 일본 소프트뱅크와 노벨의 공동 출자로 노벨 일본법인이 설립되었다. 같은 해 6월 대형 제조사들은 일본 비즈니스랜드로의 출자를 결정했다.

7월 일본 소프트뱅크는 소프트뱅크로 사명을 변경했다. 그 순간, 바람이 불어왔다. 손정의는 불어오는 바람을 제 편으로 만들었다.

29 뜻이 확고하면 의욕은 저절로

1990년 휴대전화가 보급되기 시작하고 만화 <마루코는 아홉 살>이 대유행했으며 닌텐도의 가정용 게임기 슈퍼 패미콤이 불티나게 팔렸다.

8월이 되고 손정의는 33세가 되었다. 그해 12월 NEC, 후지쓰, 캐논, 소니가 노벨 일본법인에 출자했다. 손정의가 비밀리에 그려온 조인트 벤처가 드디어 현실이 되었다.

손정의를 중심으로 한 일본 비즈니스랜드도 업계의 주목을 받았다. 그 결과 설립하고 1년 만에 월 단위 흑자 전환에 성공했다.

순풍 노도라고 할 만큼, 젊은 사업가로서 손대는 것마다 승승장

구했다. 하지만 손정의에게도 암운이 기다리고 있었다. 태풍이 불어닥치더니 돛은 찢기고 돛대는 부러졌으며 잔뜩 성난 파도 속으로 내던져졌다.

비즈니스랜드 본체의 경영이 기울어 미국의 컴퓨터 시스템 회사 JWP에 인수된 것이다. 손정의에게는 아닌 밤중에 홍두깨였다. 자신만만하게 적진에 들어간 젊은 무사가 정신을 차려보니 본진이 불타고 있던 꼴이었다. 딱 그런 심경이었다. 하루빨리 진지를 다시 구축해야만 했다.

이대로라면 소프트뱅크(현 소프트뱅크 그룹)뿐만 아니라 일본 비즈니스랜드에 출자해준 각 기업은 누적 적자를 안은 채 공동사업은 물거품이 되어버린다. 손정의는 바로 비즈니스랜드 노먼 회장을 만나기 위해 미국으로 날아갔다.

손정의의 얼굴에는 강한 결의가 깃들어 있었다. "공동사업 해체의 책임은 당신들에게 있습니다. 출자해준 일본 제조사들의 자금을 반환해주십시오."

여기서 손정의의 비즈니스에 임하는 자세가 드러난다. 일본인으로서 자신이 직접적인 책임이 없다고 해서 본척만척할 수는 없었다. 도의적인 부분을 포함해 제대로 책임을 지려고 했다. 미국과 일본 비즈니스 방식의 차이 이전의 문제였다. 하지만 미국인인 노먼에게는 이러한 상식이 없었다. 그에게는 처음부터 이해할 수 없는 일이었다. 그런데도 손정의는 노먼을 끈질기게 설득했다. 회의 막판에 이르자 노먼은 결국 조건을 받아들였다. 손정의의 신념이 통한 것이었다. 그렇다기보다 기백에 눌린 결과일지도 모른다.

계약서에 '공동사업 해체 시에는 출자금은 반환해야 한다.'라는 조항은 없었다. 하지만 노먼은 출자사에 전액 반환을 승낙했다. 손정의 역시 큰 희생을 감수했다. 소프트뱅크도 출자한 이상, 이 비상사태에 눈을 감지 않고 지금까지의 누적 적자분을 부담하기로 했다. 출자한 다른 회사들에는 전액을 상환했다.

이때 소프트뱅크는 2억 엔을 넘는 결손이 났지만 얻은 것이 더 크다고 지금도 생각한다.

먼저 어떠한 곤경에 빠져도 절대 흐트러지지 않는 자세를 갖추게 되었다. 나갈 때와 물러설 때를 헷갈리지 않아야 한다는 점을 배웠다. 이는 손정의의 비즈니스 전략과도 일맥상통했다.

무엇보다 손정의는 무엇과도 바꿀 수 없는 신용이라는 큰 재산을 얻었다. 각 제조사의 중역들은 창업 이후 줄곧 적자 상태였던 회사에 대한 출자금이 전액 돌아오리라고는 생각지도 못했다.

이렇듯 실패를 단순한 실패로 끝내지 않는 점이 손정의의 최대 무기다. 실패했기 때문에 얻을 수 있는 성공의 열쇠도 있기 마련이다. 확실히 비즈니스랜드와의 제휴는 실패였다. 하지만 실패라는 우연을 원망하기보다 좋은 성과에 눈을 돌리고자 했다. 비즈니스랜드를 잃었지만 그 과정에서 일본 노벨을 설립했다. 냉정히 판단하면 소프트뱅크의 큰 축이 되는 네트워크 사업의 확립으로 이어진 셈이다.

눈앞의 이익만 좇아서는 큰 이익을 얻을 수 없다. 손정의가 입버릇처럼 하는 말이 있다.

"'손'해를 보더라도 '정의'롭게 살리라."

손정의라는 인물을 말할 때 절대로 빼놓을 수 없는 것이 가족애다. 아버지 손삼헌이 먼 선조의 출정을 자랑스러워하듯이 손정의도 가족에 대한 자부심이 상당하다. 부모를 존경하고 형제자매를 아끼고 친구를 신뢰하며 자녀를 사랑했다. 인간으로서 당연한 도리였다. 현재 일본의 많은 젊은이가 손정의의 삶에 공감하고 있다. 하지만 신념을 이해하지 않고 삶의 방식만 따라 한다 해도 아무 의미가 없을 것이다.

손정의에게 가장 많은 영향을 받은 인물이 가족 중에 있다. 바로 15살 어린 동생인 손태장(손 타이조)이다. 손정의는 남자뿐인 사형제 중에서도 나이 차가 많이 나는 손태장을 귀여워했다. 형으로서 때로는 아버지처럼 엄격하게 대했다.

참고로 타이조라는 이름도 손정의가 지었다. 당시 재계에서 존경받던 도시바 회장인 이시자카 타이조(泰三)의 이름을 따려고 했지만 넷째였기 때문에 '三(석 삼)'이라는 글자는 어울리지 않았다. 그래서 큰 부자가 되라(蔵が建つ)는 일본어 표현에서 '蔵(감출 장)'을 따와서 타이조(泰蔵)로 지었다.

1991년 4월 손태장은 도쿄 대학교를 목표로 슨다이 재수학원에 다니기 시작했다. 형과 마찬가지로 명문고인 구루메 대학교 부설 고등학교를 우수한 성적으로 졸업했지만, 대학 수험에서 실패를 맛봤다. 그 후 좋아하는 재즈 밴드를 결성해 후쿠오카에서 마음 편히 재수생으로 살았지만, 또다시 수험에 실패하자 불안한 마음에 상경해서 재수학원에 들어간 것이다. 형인 손정의에게 상의하자 형은 엄히 꾸짖었다.

"이대로라면 인생에 실패했다는 생각이 떠나지 않을 거야. 지는 게 습관이 될 수 있어."

형의 말에 손태장이 겨우 붙들고 있던 작은 자존심마저 와르르 무너져 내렸다. 하지만 형을 닮아 오기가 있는 손태장은 이때부터 필사적으로 수험 공부 계획을 세웠다.

손태장은 계획표를 만들어서 자신만만하게 형에게 보여줬다. 하지만 또다시 혼날 뿐이었다. "무슨 생각이야, 너는." 형은 동생에게 왜 이대로 하면 안 되는지를 설명했다. 계획은 덧셈 뺄셈이 아니라 유니크한 나누기로 세워야 하기 때문이다.

먼저 1년이라는 기간을 생각한다. 이때 1년을 12달로 나누면 안 된다. 면밀한 계획을 세우려면 반드시 계획대로 되지 않을 가능성을 고려해야 한다. 형은 1년 365일을 12가 아니라 14로 나눠야 한다고 알려줬다.

그리고 원래라면 한 달 걸릴 일을 1년의 14분의 1, 즉 26일 만에 끝내라고 말했다. 그러면 한 달에 4~5일, 1주일에 하루씩 여유가 생긴다. 이 '예비일'을 설정하면 정신적인 여유가 생겨나고 일의 능률도 올라가는 법이다.

나아가 한 시간 걸릴 일을 10분 만에 끝내는 방법을 고민하는 등 계획의 효과적인 실천 방법도 고민해야 한다. 이처럼 손정의는 계획을 실행해나가는 과정 또한 치밀하게 짰다.

새롭게 수험 공부를 시작한 손태장은 계획표의 진행 현황을 손정의에게 보여줬다. 계획대로 진행된 부분은 초록색, 달성하지 못한 부분은 빨간색, 진행 중인 부분은 노란색으로 구분했다. 손태장은 하루 18시간씩 공부했다.

형인 손정의가 홀리네임스 칼리지와 UC버클리 시절 자는 시간을 빼고 모든 시간을 공부에 쏟은 사실을 손태장도 알고 있었다. '형에게 질쏘냐.' 손태장은 맹렬히 공부했다. 처음에는 빨간색이나 노란색이 많았지만 점차 초록색이 늘어났다. 손태장은 진행표를 형에게 보여줬다. 형은 이번에도 동생을 꾸짖었다.

"너는 공부를 아직도 몰라."

이번에야말로 칭찬을 받으리라 자신했던 손태장은 눈을 끔벅거렸다. 형에게 혼이 난 이유가 도무지 짐작이 가지 않았다.

"너 말이야, 노란색이 문제라고."

학원을 빠져서 빨간색으로 칠한 부분은 문제시하지 않았다. 인간은 누구나 완벽하지 않다. 못할 때도 있는 법이다. 초록색은 예비일까지 만들어두었으니 계획대로 해내는 게 당연했다. 오히려 중간까지밖에 하지 못한 노란색 부분이 중요했다. 왜 못했는지, 실제로 어디까지 했는지를 분석해야 한다. 자신의 부족한 부분이 무엇인지 명확하게 파악하는 것이 공부의 본질이다. 문제는 어디까지나 결과여서 최종적으로 모든 것을 끝낼 수 있도록 계획을 세우는 것이 중요하다.

그제야 손태장은 형의 말에 고개를 끄덕였다. 계획을 조절할 수 있게 된 손태장의 성적은 쭉쭉 올라갔다. 그 결과 어렵기로 손꼽히는 도쿄 대학 경제학부에 입학했다.

이것이 손정의의 놀라움이다. 오늘도 손정의는 하루를 5분 단위로 쪼갠 일정으로 움직인다.

장사에 재주가 뛰어난 아버지와 정이 많은 어머니 밑에서 자란 손태장은 형을 많이 존경한다. 몇억 엔 단위의 비즈니스를 하는 형을 보면서 대단하다고 생각했다. 차원이 다르다고 느껴졌다. '형을 이기기는 어렵겠지.'

하지만 손태장 역시 도쿄 대학 재학 시절부터 비즈니스를 시작했다. 23살인 1996년 2월에 인디고를 설립하고 인터넷에 특화한 비즈니스를 전개했다. 형이 일본 소프트뱅크를 일으킨 시기도 마찬가지로 23살 때였다. 이 점에서는 뒤지지 않은 셈이다.

인터넷 검색의 선구자인 미국 야후의 제리 양을 만난 것이 직접적인 계기가 되었다. 1995년 12월 제리 양을 만난 손태장은 야후의 일본판 로컬라이즈를 성공시켰다. 제리 양의 삶의 방식에 감명을 받은 사실이 회사 설립으로 이어졌다.

손정의의 집안에는 독립자존의 가풍이 있다. 어떤 일이든 자신의 힘으로 길을 개척해나가려 했다. 게임을 좋아하는 손정의는 '슈퍼 마리오 브라더스' 게임을 하면서 동생에게 경영철학을 가르쳤다.

버섯은 어떻게 따야 하는지, 거북이를 잘 피하는 방법은 무엇인지, 누군가가 공략법을 가르쳐줬다고 하자. "여기 토관이 있어서 워프할 수 있어." 어떻게 하면 고생하지 않고 네 번째 월드로 쉽게 갈 수 있는지를 알려줬다. 하지만 알려준 대로 게임을 하면 게임의 진정한 재미를 느낄 수 있을까?

첫 번째 월드를 클리어해 몬스터를 무너뜨리고 두 번째 월드가 열리고 난이도가 상승할 것이다. 두 번째 월드를 클리어하면 세 번째 월드를 맞이할 것이다. 비즈니스도 슈퍼마리오와 같다고 형은 말했다. 하나하나 스스로 길을 헤쳐나가는 과정이 중요하다는 의미다.

중학생 때 손정의와 손태장은 '세키가하라'라는 시뮬레이션 게임을 한 적이 있다. 이시다 미쓰나리와 도쿠가와 이에야스로 나뉘어 싸우는 전략 게임이었다. 형은 철저히 공격하고 또 공격했다. 하나의 군대를 여섯 개 부대를 동원해서 에워쌌다. 동생이라고 절대 봐주지 않았다.

대형 기업 인수를 해온 손정의에게는 공격적인 이미지가 강하다. 하지만 손정의는 대담하면서도 세심했다.

"남들보다 두세 배 신중한 타입입니다. 하지만 한번 다리를 건너기로 정하면 덤프차로 지나가죠."

이것도 형에게 배웠다.

"뜻이 확고하면 의욕은 저절로 따라오는 법이다."

에도 막부 말기의 혁명가 요시다 쇼인의 말이다. 일단 결심이 서면 어떠한 곤경도 이겨낼 수 있다고 요시다 쇼인은 말했다.

비즈니스에서 무엇을 목표로 할 것인가. 손정의의 청춘 시절에 자라난 것은 다름 아닌 '높은 뜻'이었다. 자신이 하는 일이 앞으로의 디지털 정보사회에 공헌하리라는 강한 자신감, 즉 높은 뜻이다.

1994년 7월 22일 소프트뱅크는 주식 장외시장에 등록했다. 같은 해 7월에 유니클로 퍼스트리테일링도 주식 상장을 마쳤다.

30 대담하고도 세심한 남자

누구에게나 잊지 못하는 광경이 있다. 1995년 11월 15일 수요일. 라스베이거스 힐튼 호텔 스위트룸에 소프트뱅크 그룹의 간부들이 모였다. 소프트뱅크 미국의 사장인 테드 드록타, 데이비드 블룸스타인, 론 피셔, 그리고 손정의와 동행한 사장실 실장(훗날 야후 주식회사 사장)인 이노우에 마사히로였다.

그해 손정의는 인터페이스 그룹의 전시회 부문인 컴덱스를 인수하고 나아가 지프 데이비스도 인수했다.

29층의 스위트룸에는 베란다가 있지만 손정의는 체류 기간 중 한 번도 나가지 않았다. 무서웠기 때문이다. 아무래도 고소공포증일지도 모른다고 생각했다.

손정의는 지금 대담한 결단을 내리려고 했다. 커다란 방에 놓인 소파에 간부들이 천천히 걸터앉았다. 손정의가 입을 열었다. "야후라는 인터넷 회사가 있는데 굉장히 흥미로워서 출자할까 합니다."

지프 데이비스 사장인 에릭 히포가 출자를 요구해왔다. 야후는 주식 공개를 위해 출자자를 모으고 있었다. 지프 데이비스는 투자하려고 했지만 안타깝게도 소프트뱅크에 인수되어 클로징 절차를 밟고 있었기 때문에 투자가 불가능했다. 인수가 결정되면 자산 산정 등을 위해 일정 기간 자금을 움직일 수 없기 때문이다.

그래서 손정의에게 투자를 제안했다. 손정의는 히포를 신뢰하고 있었다. 마감일은 그 주의 금요일로 이틀밖에 남지 않은 상황이었다.

"다들 어떠십니까?" 손정의는 일본어로 물었다. 일본어로 물었다는 것은 이노우에 마사히로가 답해야 한다는 의미였다. 이노우에는 바로 대답했다. "인터넷, 괜찮을 것 같습니다."

이노우에는 손정의와 같은 해인 1957년, 손정의보다 6개월 정도 빨리 태어났다. 1979년에 소드 전자계산기 시스템에 입사해 1978년 소프트뱅크 종합연구소로 이직한 후 1992년에 본사로 옮겼다. 이후 손정의 곁에는 늘 이노우에가 있었다. 사장실 실장, 비서실장을 역임하고, 실제로 가방을 들지는 않았지만 손정의 곁에서 경영을 상세히 배웠다. 그래서 손정의가 일단 이렇게 말을 꺼내면 물러서지 않는다는 사실을 알고 있었다.

이노우에는 때로는 냉정하게 손정의를 바라봤다. 생각에 몰두한 나머지 전봇대에 부딪히는 장면도 보고, 신발을 신지 않은 채 제트기에 타는 장면도 목격했다. 미야우치 겐은 손정의와 함께 뜨거워지기도 하고 차가워지기도 했지만 이노우에는 늘 냉정했다. 하지만 이때만큼은 이노우에도 온몸이 뜨거워지는 느낌을 받았다. 인터넷 시대가 올 것이다. 손정의의 판단은 정확하다고 확신했다. 200만 달러를 컴덱스에서 조달하기로 했다.

다음 날인 16일, 손정의는 테드와 함께 실리콘밸리로 향했다. 손정의는 야후 창업자인 제리 양과 데이비드 파이로와 만났다. 산이 보이는 작은 사무실이었다.

투자자를 찾던 야후는 손정의 일행을 환영하는 의미로 프렌치 레스토랑이나 차이니즈 레스토랑에서 식사할 생각이었다. 하지만 손정의가 바란 것은 두 젊은이와의 깊은 대화였다. 이를 위해서는 배달 피자와 콜라면 충분했다. 높은 뜻을 가지고 인터넷 미래에 대해 뜨겁게 토론하고 싶었다. 손정의는 그것만을 바랐다.

손정의는 그때의 일을 이렇게 말한다. "그들과 이야기하며 그들이 유일하다고 생각했습니다. 모든 걸 걸어보기로 마음먹었죠."

소프트뱅크는 야후에 200만 달러 출자를 정했다. 나아가 야후가 나스닥(전미 장외시장)에 주식 공개를 할 때 제삼자 할당 증자를 받아 100억 엔을 추가 출자해 소프트뱅크의 지분은 30% 이상이 되었다.

소프트뱅크가 야후 출자를 정했을 때 이미 일본에서 몇몇 기업이 야후에 합작회사를 만들고 싶다고 제안했다. 이노우에 마사히로가 야후 재팬 설립 이야기를 가지고 제리 양을 만난 것은 그해 12월이었다. 그 순간을 이노우에는 선명하게 기억한다.

"우리가 합작회사 파트너가 된 것은 결코 거액의 투자 덕분이 아닙니다. 타사는 '시간을 충분히 들여서 하자'는 기존 비즈니스 감각을 유지했습니다. 하지만 우리는 인터넷이야말로 속도가 중요하다고 판단했고 야후와도 의견이 같았죠. 그래서 석 달 만에 해보자고 의기투합했습니다."

야후의 사무실에는 타사가 보낸 야후 재팬 설립 제안서가 쌓여 있었다. 이노우에의 눈이 서류 더미로 향했다.

"지금 많은 곳이 제안서를 보내서 고민하고 있습니다." 폴로셔츠를 입은 제리 양이 말했다. 이노우에는 내심 자신도 제안서를 가져올 걸 그랬다고 생각했다. 빈손으로 왔기 때문이었다.

"야후 재팬을 만듭시다." 이노우에는 말을 꺼냈다.

"좋죠. 그런데 어떻게 시작하면 좋을까요?" 제리 양이 물었다.

"일단 두세 명으로 시작해서 필요하면 조금씩 늘려가면 되지 않을까요?" 이노우에는 덧붙였다. "되는 거부터 시작하면 되니까요."

그러자 제리 양이 크게 공감했다. "그렇죠, 인터넷은 스피드가 중요하니까요." 기술자끼리 파장이 딱 맞았다.

일본어화 방법에 관해서도 이야기를 나눴다. 이미 이노우에는 핵심을 꿰뚫고 있었다. 일본과 미국은 문화적인 차이가 있었기 때문이다. 일본어화는 전례가 없었기 때문에 자유롭게 생각했다. 대화를 마친 이노우에와 제리 양은 악수를 나눴다.

12월 20일 실리콘밸리의 중심지인 페어몬트 산호세 호텔 앞에 있는 광장에 근처 아이들이 꾸민 크리스마스트리가 빨강, 노랑, 초록색으로 빛나고 있었다. 다 같이 스시를 먹은 후 밖으로 나갔다.

"크리스마스 장식이 정말 예뻤습니다."

이노우에와 동행했던 직원인 가게야마 다쿠미도 그날을 특별하게 기억한다. 뭔가 큰 선물을 받은 기분이었다.

이노우에 일행은 귀국하는 기내와 나리타 공항에서 돌아오는 차 안에서 보고서를 작성해 도쿄 니혼바시하마초에 있는 당시 소프트뱅크 본사로 직행했다.

"다행이군." 손정의는 만면에 함박웃음을 띄우며 기뻐했다.

1996년 1월 야후 재팬이 설립되었다. 1월 8일 손정의는 간부들을 모아 격문을 띄웠다.

"올해를 인터넷 원년으로 삼겠습니다. 인터넷 시장에 본격적으로 뛰어들겠습니다."

1월 12일에는 제리 양이 일본으로 왔다. 서비스 시작일은 4월 1일로 정했다.

당시 소프트뱅크에서는 일일 단위로 결산했다. 영업손익 산정 작업은 굉장히 까다로웠다. 하지만 누군가는 하루라도 빨리 이 프로젝트에 참여해야 했다. 이노우에는 인사부를 불러들였다. "시간이 없습니다. 바로 시작해야 합니다." 인사부에 '야후 설립 프로젝트'의 가동을 허가받았다. 그 중심인물 중 하나가 가게야마 다쿠미다.

가게야마는 잡지 『UNIX USER』의 편집장이었다. 소프트뱅크 창립 이듬해에 입사했다. 어렵게 컴퓨터와 잡지를 공부한 남자로 책임감이 뛰어났다. 가게야마의 명함 위 직함은 '편집장'일 만큼 깐깐한 눈을 지닌 편집자로서 자부심이 상당했다.

가게야마는 손정의의 열정과 섬세한 배려에 노력으로 보답해야 한다고 각오를 다졌다. "언젠가 송년회 때 어쩔 수 없이 구조 조정 대상이 된 직원이 있었습니다. 그때 사장님은 모두 앞에서 눈물을 흘리셨죠."

이노우에와 가게야마가 해야 할 일은 크게 세 가지였다. 야후의 디렉터리 작업, 검색 서비스를 일본어로 돌아가게 하는 작업, 검색 대상인 사이트를 모으는 작업이었다.

물론 이 외에도 검색 엔진으로 무엇을 사용할지, 그것을 야후 시스템과 합쳐서 돌아가게 하려면 무엇이 필요한지, 광고를 어떻게 할지 등 해야 할 일은 산더미 같았다. 이렇게 많은 일을 불과 두세 명으로 해낸 것이다. 별도의 방도 없이 사장실에 비어 있는 한구석을 사용했다. 나머지는 각자 자신의 자리에서 메일을 주고받으면서 일했다.

가장 어려운 작업은 사이트를 모으는 일이었다. “3만 개를 모으고 싶습니다.” 이노우에는 생각했다. “처음에는 사이트를 모으는 노하우를 몰랐기 때문에 100% 수작업이었습니다.”

가게야마는 끈질기게 작업해서 1만 5천 건을 모았다. 24시간 체제로 모아서 등록하는 시스템을 개발했다. 이 작업은 손정의의 동생인 손태장과 동료들이 중심이 되어 담당했다.

1996년 7월부터 이노우에는 손정의 대신 야후 재팬 대표로 취임했다. 이후 야후를 이용하는 사용자 수는 경이적인 증가 추세를 보였다. 1997년 1월에는 하루 접속 수 500만 페이지뷰, 1998년 6월에는 1천만 페이지 뷰를 달성하더니, 2000년 7월에는 1억 페이지 뷰, 2002년 5월에는 3억 페이지 뷰를 기록했다. 그리고 2004년 3월에는 7억 페이지 뷰를 돌파해 지금도 검색, 콘텐츠, 커뮤니티, 광고, 모바일 등 많은 서비스를 제공하고 있다.

이노우에는 손정의와 처음 대화를 나눴던 순간을 기억한다. 1988년 소프트뱅크 종합연구소의 직원 여행 중이었다. 하코네 온천에 몸을 담그고 손정의와 이노우에는 32bit 컴퓨터 소프트웨어의 방향성에 관해 이야기했다.

손정의를 의식하기 시작한 것은 그로부터 5년이 지나 소프트뱅크 본사로 옮긴 1992년 이후다. 그전까지는 자회사에서 숫자를 관리했다. 굳이 말하자면 이노우에에게 손정의는 어려운 존재였다.

“잔소리가 심하다고 생각한 적도 있었습니다. 숫자에 꼼꼼하셨거든요. '왜'냐는 질문을 너무 많이 하셨습니다. 특히 적자가 나면 말씀이 길어지셨죠."

손정의는 1엔이라도 흑자를 내는 걸 고집했다. 하지만 이노우에는 동시에 경영자로서의 대단함, 집요함을 피부로 느끼게 되었다. "대담함과 숫자를 보는 꼼꼼함을 다 갖췄다는 점이 대단합니다. 세상에는 어느 한쪽만 갖춘 사람은 많으니까요."

큰 축은 흔들리지 않지만 가끔 실패할 때도 있다. "장난기 있게 다가간 것은 대개 실패합니다. 하지만 말을 꺼내면 듣지 않는 부분도 있으니까 그때는 그냥 기다립니다."

하지만 손정의가 높은 뜻을 세우고 정진한다는 점도 이노우에는 잘 이해하고 있다. "그는 뜻, 목표를 크게 세우고 착실히 나아가고 있습니다." 손정의는 NTT 같은 통신 인프라 사업이 하고 싶다고 이노우에에게 입버릇처럼 말해왔다. 그리고 그 꿈이 현실이 되었다.

2001년 4월, 도쿄 오모테산도에 있는 야후 재팬 본사 8층에서 이노우에는 이렇게 발표했다. "손정의 씨와 이야기해서 정했습니다. 앞으로 야후 재팬은 새로운 도전을 할 겁니다." 브로드밴드 사업을 시작하기로 발표했다.

손정의는 지금껏 집중력이 끊어져 흥미가 떨어진 적도 있었다. 이노우에는 웃으면서 말한다. "하지만 Yahoo! BB는 앞으로도 계속 될 겁니다. 굉장히 길게 말입니다."

손정의와 이노우에가 전력투구하고 있는 Yahoo! BB의 축은 세 가지다. 인터넷 접속 서비스, BB Phone, BB TV다. 지금 그 인프라를 사용해서 큰 꽃을 피우려 하고 있다.

"앞으로 확장해나갈 분야가 많습니다. 지금부터가 시작이지요."

이노우에는 자신과 손정의와의 차이점도 알고 있다. "예를 들어 저는 돈을 한곳에 걸지 않습니다. 어쩌면 도박은 제가 더 나을지도 모르죠. 백번 하면 제가 이길 것 같은데요."

싱긋 웃은 다음에 덧붙였다. "하지만 그가 대단한 점은 세 번 정도 하면 질리니까 세 번까지는 이긴다는 점입니다. 손정의 씨는 어떻게 하면 돈을 벌 수 있을지 진지하게 고민하는 타입입니다. 공부도 하고 학습 능력도 빼어나죠." 온화한 이노우에의 눈이 반짝하고 빛났다.

카리스마 경영자로 불리게 된 이노우에는 손정의의 전폭적인 지지를 얻었다. 이노우에 역시 유연한 정신력과 대담한 행동력을 갖춘 남자였다.

2012년 이노우에는 야후 사장을 퇴임했다. 2017년 4월 25일 캘리포니아주에서 클래식 스포츠카 내구 레이스에 참가하던 중 사고로 사망했다. 향년 60세였다.

31 뜻과 야망

남자가 움직이면 바람이 불었다. 손정의는 격동의 시대에 언제나 선두에 서서 움직였다. 배가 떠난 자리에 파도를 가른 흔적이 수로가 되어 퍼지듯이, 손정의가 움직이면 언제나 새로운 바람이 불었고 바람은 또 다른 바람을 일으켰다. 때로는 격변의 새로운 바람을 일으켜 생겨난 회오리바람은 사람들의 감탄을 자아냈다.

1995년 4월 세계 제일의 컴퓨터 박람회인 '컴덱스'를 인수했다. 같은 해 11월 컴퓨터 관련 출판 최대 업체인 지프 데이비스 출판 부문을 인수했다. 같은 달 야후 주식을 취득했고, 이듬해인 1996년에는 최대 주주로 등극했다. 같은 해 6월 '미디어 왕' 루퍼트 머독이 이끄는 호주의 뉴스코포레이션과 디지털 위성방송사업 JSlyB(현 스카파!) 관련 제휴를 맺었다. 또 TV아사히의 주식을 취득한다고 발표했다(그 후 중지했다).

1998년 1월 16일 소프트뱅크는 도쿄 증권거래소 제1부에 상장했다. 장외시장에 등록한 지 불과 4년 만의 쾌거였다. 상장 첫날에는 거래 개시 이후 매수 주문이 쇄도했다. 시가는 장외주의 종가보다 100엔 비싼 3,700엔, 종가는 3,870엔이었다.

1999년 6월 전미증권업협회와 나스닥 재팬 창설에 대해 제휴를 맺었다. 2000년 9월에는 일본채권신용은행(현 아오조라은행)의 주식을 취득했다.

'변혁의 남자' 손정의는 항상 세간을 놀라게 하는 사업을 전개했다. 손정의가 모습을 나타내면 늘 커다란 바람이 불었다.

하지만 어떤 강풍도 순간의 정적은 존재한다. 손정의를 멈춰 세운 것은 600년 만에 한 번 열리는 소헨류(宗徧流)의 다도모임이었다. 운명적인 만남이었다.

소헨류는 일본 다도(茶道)를 정립한 센노 리큐의 손자인 소탄(宗

旦)의 애제자, 초대 소헨에 의해 약 350년 전에 창시되었다. 이런 에피소드를 들어봤는가. 1701년 주군을 잃은 아코의 무사가 주군의 원수를 갚으려고 뼈를 깎는 노력을 하던 중 하이쿠 시인으로 알려진 47명의 무사 중 한 사람인 오타카 겐고가 소헨에 입문했다. 그 어려움을 눈치챈 소헨은 기라저택에서 열리는 다도회의 날짜를 알려줬다고 한다.

현재 당주는 야마다 소헨이다. 선대가 급서하는 바람에 학생이었던 21살에 11대를 물려받았다.

1997년 9월 소헨류는 다도회를 열었다. 조치 대학 출신인 야마다는 전통적이면서도 현대적인 감각을 갖춰서 폭넓은 인맥을 바탕으로 선(禅)과 차를 합친 '대류회(大龍会)'를 주재했다. 이 모임은 히토쓰바시 대학 이노베이션 연구센터 교수인 요네쿠라 세이치로의 제안으로 현대의 무장인 '내일을 만드는' 다양한 분야에서 활약하는 최고의 인물들이 모여 다도를 후세에 전하려는 모임이다.

그해 가을 금각사 창건 600년 다도회에서 소헨이 모임을 열게 되었다. 600년에 한 번 열리는 소헨류의 가장 의미 있는 이벤트였다. 초대받는 자에게도 그야말로 평생에 한 번뿐인 기회였다. 극소수만이 참석할 수 있어서 초대받았다는 사실만으로도 가문의 영광이었다.

당주는 상담역이었던 요네쿠라에게 의견을 구했다. 요네쿠라는 경영사가 전공이어서 당연히 컴퓨터 산업 변혁에도 능통했다.

"새롭게 도약하는 기업을 우리는 의심하거나 질투 어린 눈으로 바라보고는 합니다. 하지만 지금 같은 시대일수록 그들의 실패를 바라기보다 마음속 깊이 응원하면서 제2의 소니나 혼다를 육성하려는 분위기를 조성해야 합니다."

요네쿠라의 지론이었다. 요네쿠라는 이른바 '손정의 때리기'에 논진을 펴서 옹호해온 논객이기도 했다. 더구나 다도에도 조예가 깊었다. 요네쿠라는 망설임 없이 다도회 출석자로 손정의를 추천했다.

"앞으로는 영향력 있는 인물이 다도를 좋아하게 만들어야 합니다. 또 해외에서 활약하는 기업가들이야말로 다도의 진수를 이해할 필요가 있습니다."

이렇게 야마다 소헨과 손정의라는 이색적인 만남이 성사된 것이다. 당시 정신없이 바빴던 손정의였지만 예상치 못한 권유를 흔쾌히 받아들였다. 지금까지 다도 경험이 전혀 없었는데도 말이다.

가마쿠라 조묘지의 당주 저택은 3천 평에 이르는 녹색에 둘러싸여 강줄기가 흐르는 곳이다. 부지 일부는 중요 문화재였다. 그 건물을 이치조 아키요시(에칸)공과 함께 만든 사람이 에도시대 다도 거장인 가나모리 소와였다. 소와는 금각사에도 다도실을 만들었고 그 연으로 금각사 창건 모임을 소헨에 의뢰했다.

이날 손정의는 도쿄에서 차로 달려 정각인 오후 4시 반에 모습을 드러냈다. 준비된 기모노와 하카마로 갈아입은 손정의는 긴장한 듯 보였다.

지금까지 다도에 전혀 관심이 없었던 것은 아니었다.

"제 일과 정반대라 할 수 있는 다도에 관심은 있었습니다. 자연 속에서 차를 마시는 행위는 그야말로 다른 차원의 일이었죠. 바쁠

수록 자신을 돌아볼 시간이 필요합니다. 가라오케나 골프 외의 방법을 찾고 있었습니다."

손정의는 가족들과 함께 연주회에 나서는 일이 많았지만, 가라오케는 좋아하지 않아서 노래를 즐겨 부르지는 않았다.

전국시대에 리큐나 오리베가 오다 노부나가나 도요토미 히데요시의 정신적인 지주였듯이 소헨도 손정의의 마음을 사로잡았을까? 작은 방 안에 진한 차 내음이 퍼졌다. 다도실에 앉은 손정의는 정좌가 힘들어 보였다.

"오다 노부나가가 되었다는 기분으로 차를 드셔주십시오." 야마다 소헨이 말하자 손정의의 입가에도 미소가 감돌았다.

다도에서 중요한 것은 자신의 마음을 집중할 대상을 찾는 일이다. 전국시대 무장의 손끝이 닿았던 찻잔에 온 정신을 집중했다. 끝날 무렵이 되자 주위는 어둑해져 있었다. 손정의는 희미한 등불 빛에 마음이 치유되는 느낌이었다. 긴장과 이완.

"마음이 차분해졌습니다." 손정의의 마음이 툭 하고 튀어나왔다.

장소가 바뀌고 요리가 나왔다. 술을 마시지 않는 손정의가 어쩐 일인지 술잔에 입술을 댔다. "맛있네요." 작은 잔으로 두세 잔 마셨다.

존경하는 빌 게이츠가 좋아하는 콜라는 마셔도 술은 평소 거의 입에 대지 않았다. 몸이 망가진 아버지가 금주하기를 바라는 마음으로 자신도 함께 금주하겠다고 약속했기 때문이다. 자리가 무르익자 당주가 손정의에게 물었다.

"인터넷은 어떤 것입니까?"

자주 듣는 말이지만 실체를 다 파악하지 못했다. 손정의는 차분하게 답했다.

“일본에서는 정치인이 인터넷을 한다고 하면 바보 취급을 받지만, 이는 잘못된 인식입니다. 인터넷은 전화가 보급되는 것과 비슷합니다. 인프라일 뿐이지요. 어떻게 사용하는지에 따라 결과는 달라지기 마련입니다.”

손정의의 말에는 설득력이 있었다. 전통과 새로운 문화가 융합하기를 바라는 것은 소헨도 마찬가지였다. 손정의는 마음속 깊이 그렇게 생각했다. 그 말에는 거짓이 없었다.

“손정의 씨와 같은 뜻, 같은 두뇌를 지닌 사람이 머릿속 계획을 그대로 추진한다면 문제없이 실현되겠지요. 하지만 평범한 사람에게는 손정의 씨가 그리는 미래가 보이지 않습니다. 손정의 씨는 말이 수시로 바뀐다는 말을 듣지만 어쩌면 평범한 사람이 손정의 씨를 따라가지 못해서일지도 있겠군요.”

야마다 소헨에게는 손정의가 말과 행동이 일치하는 인물로 보였다. 그야말로 다도의 진수였다. 손정의는 이미 다도의 정신을 체득한 상태였다.

그로부터 2년 후 추운 겨울날 밤에 열렸던 다도회에서의 일이다. 다도실에 한 장의 메모가 들어왔다. 급히 전화가 왔다는 내용이었다.

소헨은 다도실에 속세 일을 가져오는 일을 주저하면서도 손정의에게 물었다. “손정의 씨, 휴대전화를 가져오겠습니다. 어떻게 하시겠습니까?” 손정의는 대답했다.

“죄송합니다만 부탁드려도 되겠습니까?”

손정의는 사과한 후 찻그릇을 닦는 장소에서 전화를 걸었다. 그 모습을 제자 중 한 명이 우연히 목격했다. 손정의는 전화하면서 상대에게 연신 고개를 숙여댔다고 한다. "죄송합니다. 진심으로 최선을 다하겠습니다. 저를 믿어주십시오. 부족하지만 잘 부탁드립니다."

겸허한 그의 모습에서 소헨류 다도의 이념인 '겸손함'을 느낀 제자는 그때부터 손정의의 지지자가 되었다.

야마다 소헨은 영국 정치를 연구하는 홋카이도 대학 대학원 교수인 야마구치 지로로부터 가르침을 얻은 적이 있다.

"'뜻'과 '야망'은 같은 말입니다. 요즘은 야망을 품은 정치인이 없습니다. 뜻과 야망이 없으니 비전이 없고, 비전이 없으니 헤매는 게 당연지사입니다. 무릇 '뜻'이란 계시적인 말이어서 돈벌이와는 연관성이 떨어집니다."

무언가 한 가지 뜻을 세웠다면 어떤 말을 듣던 끈질기게 견뎌내야 한다. 참고 견디다 보면 인격이 함양되고 사람들이 절로 따르게 된다.

선(禪)의 가르침에 따르면 고생을 즐기지 않으면 인간적인 성장은 이루어지지 않는다. 그 점에서 손정의는 뜻을 관철하는 인물이다. 지금 손정의가 놓인 상황 역시 그럴지도 모른다. 하지만 손정의는 물러서지 않을 것이다.

다도회가 끝나면 각자 한마디씩 남긴다. '추신'을 보면 그 사람의 인격이 그대로 드러난다. 손정의는 큰 글씨로 적어 내려갔다.

"風(바람)"

항상 바람이고 싶은 손정의의 강한 바람이 담긴 글자다.

다도는 사람의 내면을 비춘다. "탁하지 않은 맑은 차입니다." 소헨의 마음에 손정의는 그렇게 보였다.

32 결전을 앞둔 사람처럼

2000년 1월 20일 도쿄 롯폰기는 그날도 화려한 밤을 맞이하려 하고 있었다. 방송국 앞에서 멈춰 선 고급 승용차에서 내린 남자는 의외로 체구가 작고 흔한 인상이었다. 하지만 온몸에서 발랄하고 씩씩한 에너지를 뿜어내고 있었다. 친근한 미소를 머금은 남자가 스튜디오에 들어서자 긴장이 흘렀다. 이 남자한테서 풍기는 아우라 때문일지도 모른다.

"잘 부탁드립니다." 그 남자, 손정의는 예의 바르게 인사했다.

"자기 소개할 때 자신을 뭐라고 소개하세요?" 갑작스러운 휴식 선언 이후 <뉴스 스테이션>에 막 복귀한 당대 일류의 TV 캐스터, 구메 히로시의 첫 질문이었다.

"인터넷에 빠진 남자…일까요?"

평범한 대답이었지만 이 표현만큼 손정의의 인생을 잘 표현한 수식어는 없었다. 마치 철학자가 겨우 깨달음을 얻은 듯한 무게감마저 느껴지는 표현이었다. 그 틈을 놓치지 않고 구메는 달려들었다.

"전 재산을 인터넷에 걸어도 좋다는 말씀이신가요?"

"그렇습니다." 대답하는 손정의의 부드러운 얼굴이 반짝거렸다.

당연한 이야기를 왜 물어보냐고 무언으로 항의했다.

소프트뱅크는 거대한 인터넷 재벌을 꿈꾸고 있다. 그를 위해 계속해서 새로운 구상을 내놓았다. 벤처 기업을 위한 국제적인 증권거래소 나스닥 재팬의 설립, 일본채권신용은행의 인수, 인터넷상에서는 야후 재팬 외에 승용차나 서적의 판매, 브로드밴드로 진출 등 일본 경제에 커다란 충격을 안겼다.

이 시점에서 손정의의 개인 자산은 일본 제일로 꼽혔다. 소프트뱅크의 시가총액('주가×발행주식 수'로 회사의 가치를 나타내는 기준)은 10조 엔에 이르렀다. 일본 기업 톱(TOP) 5 안에 드는 수준이다.

이날의 구메는 특유의 날카로움을 되찾았다.

"1년 전쯤까지는 손정의라는 사람은 사기꾼이 아닌가 하고 생각했거든요. 대체 뭘 하는 사람인지 모르겠더라고요."

"지금도 '버블남'이라고 불리고 있습니다." 손정의는 웃으면서 대답했지만 눈은 웃고 있지 않았다.

대체 손정의는 어떤 인물인가. 어떻게 세계 유수의 자산가가 되었는가.

손정의가 이끄는 소프트뱅크는 실체가 잘 보이지 않았다. 물건을 생산하는 곳도 아니어서 기업 인수를 반복하는 투자회사 같은 요소가 강한, 잘 알 수 없는 회사라고 생각하는 사람이 많았다.

소프트뱅크 자체는 사업을 영위하지 않고 관련 회사를 총괄하는 지주회사였다. 1996년 미디어왕 루퍼트 머독과 함께 TV아사히의 지분을 21.4% 취득하기로 발표했지만 이후 갑자기 중지했다. 그

경위에 대해서도 손정의는 구메에게 털어놓았다.

“아사히신문은 TV아사히를 자신의 산하에 두고 싶어 했습니다. 주식을 다시 사들이고 싶다고 하길래 그렇다면 굳이 무리하지 않는 편이 좋겠다고 판단했죠.”

새로운 회사에 투자한 뒤 그 회사가 상장해 이익이 나면 투자사 역시 수익이 생긴다.

“100개의 기업에 투자하면 한 회사가 대박이 나고 99개사가 실패해도 상관없다는 말씀이신가요?” 구메가 날카롭게 파고들었다.

“그렇게까지 생각하지는 않지만 실제 숫자를 보면 그래도 무방할 만큼의 리턴이 있습니다.”

구메는 급히 화제를 돌렸다. “소프트뱅크의 사장 월급은 어느 정도인가요?”

“월에 500(만 엔) 정도 아닐까요? 정확히 모르겠네요.” 눈썹 하나 움직이지 않은 채 손정의는 담담히 말했다.

“월급명세서는 안 보시나요?”

“보지 않습니다.”

개인적인 사치에는 관심이 없는 타입이었다. 소프트뱅크 주식공개 다음 날에는 30만 엔짜리 골프클럽 세트를 샀지만 그게 다였다. 손목시계도 수명이 다할 때까지 쓰고 점심으로 직원들과 함께 편의점 도시락을 먹을 때도 있다.

손정의가 일말의 여지도 없이 딱 잘라 대답하자 구메도 반쯤 포기한 듯했다. 소프트뱅크의 높은 시가총액이 실체가 없는 거품이지 않냐는 구메의 지적에도 손정의는 동요하지 않았다.

"애당초 버블 자체가 올랐다 내렸다 하는 존재입니다. 오르고 올라도 또 오르는 것은 성장이라고 합니다. 큰 차이가 있지요."

인터넷은 앞으로 50년, 100년이 지나도 계속해서 사회 필수품일 것이고 이제 겨우 시작 단계일 뿐이라는 손정의의 이야기는 설득력이 있었다. 20세기가 공업화 사회, 다시 말해 TV의 시대이자 전화의 시대, 자동차의 시대였듯이, 21세기는 인터넷의 시대라고 훗날 말하게 될 것이라고 손정의는 설명했다. 인터넷 혁명의 시대가 막 시작되었고 이미 우리는 인터넷 시대에서 살아가고 있다.

"그럼 올해 안에 빌 게이츠를 뛰어넘는다거나…"라고 구메가 물었다.

"그런 무서운 말씀을 하시다니, 큰일 납니다. 그럴 일은 없습니다." 손정의는 진지하게 부정했지만 내면의 목소리는 달랐다. 필자의 눈에는 빌 게이츠를 제치고 세계 제일이 되겠다고 말하고 싶은 충동을 간신히 억누르고 있는 것처럼 보였다.

구메는 마지막 질문을 던졌다. "올해 목표는 무엇입니까?"

"인터넷을 한층 더 파고들 생각입니다."

사기꾼이라든지 도박 같은 경영이라고 야유당해도 손정의는 묵묵히 자신의 길을 걸어왔다. 자신의 인생이기 때문에 후회하고 싶지 않았다. 언제나 그렇게 자신을 북돋웠다. 자신감 가득한 남자는 만면에 미소를 띤 채 그렇게 대답했다.

손정의와 구메 히로시의 인상적인 인터뷰로부터 10개월 후 필자는 라스베이거스에서 손정의와 만났다. 끊이지 않는 웃음처럼 손정의는 가는 곳마다 많은 인파에 둘러싸였다.

2000년 11월 12일 오후 7시, 라스베이거스 MGM 그랜드 가든 아레나의 스테이지에 우레와 같은 박수 소리 속에서 노 타이에 재킷 차림인 빌 게이츠가 나타났다. 전 세계의 컴퓨터 시장을 움직이는 남자의 등장이었다.

아레나를 가득 메운 관중의 눈이 빌 게이츠로 향했다. 엄청난 보도진의 카메라 플래시가 번쩍거렸다. 거대한 스크린에 장신의 빌 게이츠의 모습이 보이자 함성이 커졌다. 빌 게이츠는 퍼포먼스와 함께 온라인 쇼핑을 하는 법을 선보이며 한 손에 물병을 들고 수첩의 간편함과 컴퓨터 기능을 합친 새로운 단말기 '태블릿 PC'의 시제품을 소개했다.

"지금 컴퓨터 기술은 전환기로 마이크로소프트가 어떤 기술에 걸어야 할지를 정하는 것이 저의 가장 큰 역할입니다." 하고 빌 게이츠는 강조했다.

키노트(기조 강연)를 하는 빌 게이츠에게 손정의는 행사장 맨 앞줄에서 뜨거운 눈빛을 보냈다. 때로는 큰 소리로 웃으면서 손뼉을 쳤다. 빌 게이츠와 손정의는 이미 그 전날 라스베이거스 초일류 골프장에서 골프를 쳤다. 몇 년째 연례 행사처럼 함께 시간을 보내고 있다. '파(PAR) 플레이'를 기록한 적도 있는 손정의의 골프는 호쾌하고 정확했다. 참고로 그의 취미는 골프다(인생 첫 홀인원은 2013년 12월 1일 나리타 골프클럽 12번 홀에서 8번 아이언으로 148야드를 보냈다).

"골프 스코어 정도는 이기고 싶군." 이 말에서 손정의의 자신감이 드러난다.

서로를 '마사', '빌'이라고 부르는 두 사람은 골프를 치면서 무엇을 이야기할까? 손정의는 평소에도 빌 게이츠를 존경한다는 말을 자주 한다. 빌 게이츠의 키노트는 손정의에게 다시금 21세기 디지털 정보혁명의 보람을 느끼게 했다.

1995년 4월 인터페이스 그룹의 박람회 부문인 컴덱스를 인수했을 때 손정의는 8억 달러(800억 엔)의 인수 자금 중 공모가격 9,696엔(스프레드 방식)으로 시가 발행을 통한 증자로 181억 엔을, 보통 사채 발행으로 100억 엔을 조달했다. 남은 500억 엔이 넘는 금액은 은행에서 빌려서 채웠다. 일본 은행에서 융자 권유가 쇄도할 정도였다.

그리고 같은 해 11월 13일 컴덱스 첫날, 손정의는 설득력 있는 영어 연설로 오너로서 모두 인사를 마쳤다. 이어서 IBM 회장 겸 CEO인 루이스가 키노트를 시작했다. 강연이 끝나자 단상에서 손정의와 루이스는 악수를 나눴다. 컴덱스는 손정의가 세계 시장으로 진출하는 계기가 되었다. 라스베이거스에 올 때마다 손정의는 마치 결전을 앞둔 사람처럼 온몸이 떨려온다. "라스베이거스는 제가 좋아하는 도시 중 한 곳입니다."

2000년 11월 컴덱스. 키노트를 마친 빌 게이츠는 우레와 같은 박수 속에서 연단을 내려왔다. 가장 앞줄에 있던 짙은 남색 정장에 노 타이 차림인 손정의가 일어서자 많은 사람이 그 주위를 에워쌌다. 악수를 청하는 이들 중에는 마이크로소프트 CEO 발머를 비롯해 컴퓨터 업계의 리더들이 있었다. 손정의는 빌 게이츠와 함께 주역이었다. 이날 성대한 컨벤션에서 손정의는 다시금 빌 게이츠에 대한 경의와 친근함을 느끼고 경쟁심도 새롭게 타올랐다.

버클리 시절 손정의는 라스베이거스에서 딱 한 번 갬블을 한 적이 있다. 수중에 있는 돈을 모두 잃은 그날 이후 다시는 갬블을 하지 않는다. 하지만 그보다 스릴 넘치고 뜨거운 피가 흐르는 짜릿한 하루하루를 보내고 있다.

19살 때부터 손정의는 일관되게 디지털 정보혁명을 외쳐왔다. 그리고 마침내 그 시기가 왔다. 21세기는 분명 손정의와 빌 게이츠가 견인해나가리라.

1998년 6월 손정의와 빌 게이츠는 한국 김대중 대통령을 만났다. 당시 한국은 경제 위기에 빠져 있었다. 대통령은 손정의에게 물었다. "우리나라 경제를 되살리려면 무엇을 해야 한다고 생각하십니까?"

손정의는 옆에 있는 빌 게이츠를 힐긋 쳐다보고 나서 말했다.

"대통령 님, 세 가지 방법이 있습니다. 첫 번째는 브로드밴드, 두 번째도 브로드밴드, 세 번째도 브로드밴드입니다. 이 외에는 방법이 없습니다. 한국은 브로드밴드로 세계 제일이 되어야 합니다. 그렇게 된다면 다시 일어설 것입니다."

다시 말해 브로드밴드가 모든 일렉트로닉스의 근원적인 인프라이며, 그 근원적인 인프라로 한국이 세계 제일의 보급국가가 된다면 온갖 전자 산업이 꽃필 것이라는 의미였다. 손정의는 말을 이었다.

"세계 최고의 브로드밴드 국가를 만들겠다는 결의를 다지는 세계 최초의 대통령이 되셔야 합니다."

"알겠습니다. 그런데 브로드밴드가 무엇입니까?" 순수하게 묻는 대통령의 질문에 손정의가 설명했다. 고속 인터넷을 의미하는데 이 초고속 인터넷 인프라를 대통령령으로 철저하게 진행해야 한다고 했다. 인터넷 넘버원 국가가 되겠다는 다짐과 함께 명령해야 한다고 강조했다. 대통령은 대답했다.

"알겠습니다. 정확히는 모르겠지만 알 것도 같습니다. 매우 중요하다는 사실만큼은 잘 이해했습니다." 그렇게 말한 다음 김대중 대통령은 빌 게이츠에게 물었다.

"빌 게이츠 씨, 손정의 씨는 이렇게 말하는데 당신도 그렇게 생각하십니까?"

빌 게이츠는 대답했다. "100% 찬성합니다."

대통령은 말했다. "알겠습니다. 두 분이 그렇게 말씀하신다면 제가 믿겠습니다. 잘 모르겠지만 그런 명령을 내리겠습니다."

한 달이 흘러 대통령령이 내려졌다. 한국의 모든 학교에 브로드밴드를 보급하라, 모든 관련 규제를 완화하라는 내용이었다. 정부의 예산 배분, 인사, 법체계 정비까지 전부 브로드밴드를 성공시키기 위해 개혁하라는 대통령 명령이 떨어졌다.

손정의는 빌 게이츠를 이렇게 형용한다. "에디슨, 록펠러, 카네기 등 역사 속 위대한 인물보다도 빌 게이츠가 위입니다. 그는 역사에 이름을 남길 인물이지요."

두뇌 회전이 빠르고 도전 정신이 뛰어나며 유연한 감성을 지녔다. 우뇌의 감성과 좌뇌의 논리가 매우 높은 차원으로 융합되어 있다.

"다행히 빌 게이츠는 테크놀로지 개발이 중심이고 저는 컴퓨터 인프라가 메인입니다. 이 두 가지는 적대적인 관계가 아니라 보완적인 관계이지요. 서로 연락을 주고받으면서 신규 사업이 부딪히지 않도록 하고 있습니다."

손정의는 빌 게이츠에게서 받은 저서를 소중히 간직하고 있다. 빌 게이츠의 첫 저서『미래로 가는 길(BILL GATES THE ROAD AHED)』(빌 게이츠 지음, 이규행 옮김, 삼성, 1995)에는 손정의를 향한 메시지가 담겨 있다.

"You are a RISK TAKER as much I am."

(당신은 승부사다. 나만큼이나.)

손정의는 얼굴에 홍조를 띤 채로 말했다. "리스크 테이커라는 말이 전 정말 기쁩니다. 명예로운 말이지요. 빌 게이츠는 저를 잘 이해해주는 사람입니다."

손정의를 이해하는 인물 중에 빼놓을 수 없는 사람이 알리바바의 창업자인 잭 마, 즉 마윈이다. '소울 메이트'라고 해도 될 정도다. 손정의와 마윈의 첫 만남은 1999년 12월 2일 베이징에서였다. 지금은 전설이 된 일이 일어났다.

"당신에게 투자하고 싶은데 얼마나 필요한가요?"

만나서 5분도 지나지 않았을 때 손정의는 마윈의 이야기를 끊고 물었다. "돈은 필요 없습니다." 하고 마윈은 대답했다. 진심이었다. 그날 미팅은 약 10분 만에 끝났다.

"같은 동물의 냄새가 났다." 하고 훗날 손정의는 회고했다. 마윈도 마찬가지였다. 두 사람은 대부분 비즈니스 이야기가 아니라 철학이나 사상을 이야기했다고 한다.

2000년 1월 18일 알리바바는 소프트뱅크 그룹으로부터 2천만 달러를 출자받았다. 마윈은 말했다. "그 정도면 충분합니다. 너무 많아도 좋지 않습니다."

이후 손정의와 마윈은 '소울 메이트'처럼 지내왔다.

2010년 4월 필자는 중국 항저우시의 알리바바 본사에서 열린 손정의와 마윈의 회견에 함께 자리했다.

"중국에서 첫 번째가 되는 일은 아시아에서 첫 번째가 되는 일이며 세계에서 첫 번째가 되는 길입니다." 손정의와 마윈의 생각은 같았다. 리먼 쇼크가 세계 경제를 주춤하게 했지만 손정의나 마윈이 그리는 미래상은 흔들림이 없었다.

손정의는 말했다. "처음 마윈을 만났을 때 제가 어릴 적 만났던 스티브 잡스나 빌 게이츠, 제리 양과 똑같은 눈빛이 보였습니다."

그런데 손정의와 마윈은 잘 알려지지 않은 의외의 공통점이 있다. 2021년 2월 8일 소프트뱅크 그룹의 2021년 3월 3분기 결산설명회에서 공식 석상에 거의 얼굴을 비추지 않는 마윈의 동향에 관한 질문이 나왔다. 손정의는 그림을 그렸으니 봐줬으면 한다는 연락이 왔었다고 답했다. 나도 그리고 있으니 조만간 보여주겠다고 답했다고도 덧붙였다.

손정의는 어릴 적부터 그림 그리기를 좋아해서 한번 그리기 시작하면 밤새 그렸다. 그 때문에 수업에서 깜박 졸은 적도 있다. 한번은 손정의가 도자기 그릇에 물고기 그림을 그렸는데 섬세한 터치에 주위가 놀랐다. 모네와 고흐, 센주 히로시를 좋아하는 손정의가 그린 그림을 보면 마윈은 과연 어떤 반응을 보일까?

33 천재는 천재를 알아본다

'회장님이 미치신 걸까?'

2001년 1월 "오늘 오후부터 사장실에 안 들어갈 테니까 모든 약속을 취소하도록. 아무도 만나지 않겠네. 직원들도 안 만나겠어. 브로드밴드에 집중할 거니까." 손정의의 갑작스러운 폭탄선언에 아마 모든 비서가 이렇게 생각했을 것이다. 그룹사 사장들도 의심했다. 누군가에게 속고 있는 것은 아닌지 걱정했다.

손정의가 향한 곳은 소프트뱅크 본사 맞은편에 있는 작은 빌딩이었다. 한 남자를 만나기 위해서였다. '매드 사이언티스트'라고 불리는 남자는 표정도 말투도 봄 햇살같이 나른했다. 손정의가 남자를 향해 말했다.

"대체 왜 진도가 안 나갑니까? 브로드밴드가 최우선이라고 말했는데 왜 진행이 더딥니까?"

"그게 품의서를 못 쓰겠어서요." 남자는 작은 목소리로 대답했다. 어린아이가 수줍어하는 것 같기도 했다. 안경 너머로 보이는 눈빛은 온화했다. 남자는 품의서를 써본 적이 없었다. 그래서 필요한 기자재를 사지 못했다.

손정의는 화가 머리끝까지 치솟았다. 남자에게 화가 난 것은 아니었다. 품의서가 없다는 이유로 프로젝트의 진행을 더디게 만드는 주위 사람들이 못마땅했다. 브로드밴드가 최우선 프로젝트라고 분명 강조했기 때문이다.

"이 남자는 틀림없이 천재입니다." 손정의가 극찬한 이 남자의 이름은 쓰쓰이 다카시다. 1960년 오사카에서 태어났다. 소프트뱅크 상무 집행 임원 겸 CS다.

"품의서는 필요 없네. 기자재를 모두 사 오게. 내일까지 지원 인력을 100명 모으게." 손정의는 명령했다.

손정의가 만들려는 것은 순수한 IP(인터넷 프로토콜, 인터넷을 구성하는 통신기기가 공통으로 사용하는 통신 프로토콜) 기술만으로 전국을 연결하는 네트워크였다. 세계적으로 전례가 없는 것을 만들기 위해 이 남자와 함께 전력투구 중이었다. 강행공사를 위해 사람을 모으고자 했다.

손정의는 확신하고 있었다. ATM 방식의 브로드밴드는 세계 어디서나 사용하고 있으니 그만큼 기술적인 안정성이 증명되어 있다. 그에 비해 쓰쓰이가 생각하는 IP는 전국을 연결하는 순수한 완전 IP로서 실제로 구현한 사례가 단 한 건도 없었다. 예를 들어 ATM의 전송 용량은 53바이트인데 비해 IP는 500바이트로 약 10배 많은 정보를 보낼 수 있다는 장점이 있다.

지금껏 단 한 건도 전례가 없었던 일에 전력투구한다는 점이 도박 같지 않은가. 보통 사람이라면 주춤할 것이 분명하다. 하지만 '이 프로젝트는 초 극비사항으로 절대 들켜서는 안 된다.' 하고 생각한 손정의는 아침부터 밤까지 빌딩 속 방 한 칸에 틀어박혀 있었다.

본사에는 도통 모습을 드러내지 않았다.

사내에서는 대소동이 일어났다. 소프트뱅크에는 전 세계 800개사에 이르는 투자처가 있었다. 다시 말해 손정의는 800개사를 총괄해야 하는 위치였다. 그야말로 내일의 운명을 쥐고 있는 인물이었다.

하지만 손정의는 단단히 일렀다. "나한테 일체 어떤 이야기도 가져오지 말게." 기업을 진두지휘하는 수장의 말에 주위 사람들은 당황했다. "나는 모르겠네. 알아서들 하시게. 나는 여기에 집중할 테니까." 수장이 갑자기 다른 일에는 일절 관여하지 않겠다고 선언한 것이다.

손정의는 미지의 세계인 브로드밴드 네트워크 사업에 온 힘을 집중했다. 그의 갑작스러운 선언을 들은 주위 사람들은 회장님의 머릿속을 의심할 수밖에 없었다.

물론 손정의는 미동도 하지 않았다. 손정의가 노리는 것은 단순한 브로드밴드라는 이름의 고속 인터넷 사업이 아니었다. 모든 미디어를 바꿀 존재로 통신 네트워크, 즉 전화 사업을 IP로 뿌리부터 뒤집는 사업이었다. 또는 TV 방송이나 VOD 시스템을 한 번에 만들어서 방송이나 영화, 비디오 소프트 업계를 근본적으로 바꾸는 사업이었다. 음악이나 게임 소프트웨어도 몇천, 몇만 개를 한 번에 유통할 수 있게 되어 소프트웨어 비즈니스, 나아가 시민 생활 모두를 바꿀 네트워크 시스템이었다.

모든 소프트웨어가 IP 네트워크를 통해 세계로 뻗어나간다. 그 인프라를 지탱하고 소프트웨어의 보고가 되는 곳이 바로 '소프트뱅크'라는 회사였다.

어떻게 해서든지 디지털 정보혁명을 꼭 일으키고 싶었다. 그를 위해서는 누구도 증명한 적 없는 순수한 완전 IP 네트워크 구축이 필요했다. 이것이 손정의와 '매드 사이언티스트' 쓰쓰이가 공유하고 있는 비전이었다.

손정의는 쓰쓰이와 함께 혁명을 일으키겠다는 뜻, 기개가 있었다. 물론 손정의는 쓰쓰이의 기술을 검증하는 일도 잊지 않았다. 하지만 세계 톱 엔지니어에게 확인하자 이구동성으로 부정적인 답이 돌아왔다.

"그건 불가능하다. 방법이 틀렸다."

쓰쓰이는 초일류 CTO(Chief Technology Officer)들을 상대로 팽팽하게 논의를 주고받았다. 격론은 사흘 동안 이어졌다. 대강의 콘셉트는 알지만 증명되지 않았다. 너무나 위험했다. 이를 실현하기 위한 기기도 없었다. 더구나 소프트뱅크는 아직 이러한 네트워크 운영을 해본 적이 없었다. 위험을 몇 겹으로 감수하기란 무모하기 짝이 없어 보였다. 대다수가 그런 무모한 도박에 함께하고 싶어 하지 않았다.

판단은 손정의에게 달렸다. 손정의는 결심했다. "알겠습니다. 이 프로젝트에 합류하지 않으셔도 됩니다. 저는 쓰쓰이와 죽을 각오로 임할 생각이니까. 100% 쓰쓰이의 생각을 지지하겠습니다."

손정의는 누구보다도 더 쓰쓰이를 잘 알고 있었다. 20년 전 학생 시절부터 아는 사이였다. 당시 쓰쓰이는 도쿄 대학 마이컴 클럽의 부원이었다. UNIX 비즈니스 중요성을 실감한 손정의는 UNIX 전문지식이 있는 쓰쓰이를 데리고 몇 번이나 미국 첨단 현황을 조사하러 떠났다.

"정말 천재적이었습니다. 학생 시절부터 혼자서 전설적인 소프트웨어를 몇 개나 만들었죠. 빌 게이츠가 당시 혼자서 BASIC을 만들었지만 쓰쓰이는 그보다 훨씬 어려운 C언어 컴파일러를 혼자 만든 남자입니다. 그만큼 실력이 대단하죠."

컴퓨터에 빠진 아들을 본 쓰쓰이의 어머니는 미래를 걱정했다. 아들은 어머니의 뜻에 따라 도쿄 대학 공학부에서 교토 대학 의학부로 옮겼다. 의사 면허는 취득했지만 임상의보다는 최첨단 통신에 끌렸다. 졸업 후 작은 소프트웨어 하우스를 경영하는 한편 ADSL 가능성에 관해 연구를 거듭했다.

"의사보다 몇천만 명에게 영향을 줄 수 있는 개혁에 참여하지 않겠나?" 손정의가 브로드밴드를 시작하기로 정했을 때 쓰쓰이는 대학에서 강사를 하고 있었다. "지금 대학에서 시간을 보낼 때가 아니야. 브로드밴드를 해야 하니까 그만두고 여기로 오게."

2000년 4월 쓰쓰이는 손정의의 권유로 소프트뱅크에 입사했다. 하지만 누구도 쓰쓰이의 실력을 이해하지 못했고 사내에서 입방아에 오르기도 했다. 쓰쓰이의 선진적인 발상은 일반인이 이해하기에는 난해했다.

"쓰쓰이 씨를 택하든지 우리를 택하세요. 만약 쓰쓰이 씨 방법으로 한다면 저희는 그만두겠습니다." 모두가 손정의를 몰아세웠다. 기술자들의 반란이었다. 그러자 손정의는 태연스럽게 말했다. "알겠네. 그렇게까지 의견이 다른가. 그럼 모두 그만두게. 나는 쓰쓰이

한 명을 택하겠네. 신경 쓰지 않겠어."

몇몇은 정말 관뒀다. 반년 후 남은 기술자들은 쓰쓰이의 말이 옳았다는 점을 인정했다.

손정의는 침을 튀겨가며 말했다. "그는 본질론을 말합니다. 표현 방법이라든지 보여주는 방식은 중요하지 않습니다. 어떤 이상한 말을 해도 쓰쓰이가 말하는 테크놀로지의 본질은 옳습니다."

전 세계 인프라 컴퍼니가 ATM을 사용해서 네트워크를 구축했다. "하지만 그래서는 혁명적인 네트워크 서비스를 이행할 수 없습니다. 아날로그 전화기에 인터넷을 무리해서 올려놓은 테크놀로지에 불과하죠. 다시 말해 유사 IP가 ATM입니다. 진정한 IP 원리를 실현하려면 진짜 IP 네트워크가 있어야 합니다."

IP를 단순히 기술적으로 표현하는 네트워크 테크놀로지가 아니면 혁명적이지 않다는 지극히 단순명료한 생각이었다.

"쓰쓰이의 대단함, 훌륭한 점은 지금까지의 상식에 구애받지 않고 순수하게 기술론으로 맞섰다는 것이죠. 즉 수학의 세계입니다. 순수 수학은 심플하고 아름답죠."

이에 비해 ATM 기술은 아름답지 않다. 기존 기술을 이어 붙인, 과거의 아날로그 교환기 시절의 기술을 응용한 테크놀로지에 불과하다.

손정의는 지금까지 세계 제일의 IP 기기 제공자인 시스코 시스템즈사의 사외임원을 역임했다. 세계 제일의 LAN OS를 제공한 노벨사와도 조인트 벤처를 세웠다. 이러한 회사들과 손정의는 각각 합작회사를 만들어 파트너십을 통해 네트워크 인프라 분야를 지켜봐왔다. 그래서 손정의는 IP의 시대가 오리라 확신한 것이다.

"인터넷 네트워크를 만들 시대가 올 것이라는 저의 기본적인 사상과 쓰쓰이의 실제 네트워크 설계 아키텍처, 즉 구상과 구조가 완전히 딱 들어맞았던 셈입니다."

손정의의 사상을 기기나 OS 단체(單體)로 구현화한 것이 마이크로소프트이자 노벨, 시스코 시스템즈다. 나아가 그를 전국적인 네트워크로 세계 최초로 설계한 것이 쓰쓰이다. 모든 것이 지금 하나가 되었다.

IP는 복잡하지 않다. 심플한 아키텍처다. 손정의는 17~18살 무렵 컴퓨터 칩의 아름다움에 감동해서 뜨거운 눈물을 흘렸었다.

"지금 그때와 같은 감동을 느끼고 있습니다. IP의 아름다움에 푹 빠졌죠."

원리 원칙에 따른 아키텍처가 완전 IP 네트워크다. 매우 저렴하고 매우 고성능이다. 비용은 10분의 1, 성능은 10배로 가성비가 100배나 좋다. 브로드밴드를 사용하는 사람이 늘어나면 더 큰 비용을 절감할 수 있다.

쓰쓰이는 손정의에 대해 말했다.

"손정의 씨는 경영자이지만 CTO이기도 합니다. 기술도 깊이 이해합니다. 저보다도 훨씬 이해도가 좋습니다. 저는 그분을 도와드리고 있을 뿐입니다. IP 전화도 기술적으로는 가능하다고 알고 있었지만 실현할 수 있었던 건 손정의 씨 덕분입니다. 해내자고 하니까 할 수밖에 없었죠. 결단력이 정말 대단한 분입니다."

그렇다면 브로드밴드로 인해 앞으로 어떤 일이 가능해지는가. 모바일로 인터넷을 이용할 수 있다. 정액 브로드밴드 요금제, 또는 기본료 없이 정량 사용료로 이용할 수 있을 것이다. 쓰쓰이는 말했다.

"태양전지 등으로 전기를 생산하는 기기가 모두 인터넷으로 연결되는 유비쿼터스 사회가 가까운 미래에 실현될 것입니다."

21세기는 유비쿼터스 사회이기도 하다. 그 역사적인 전환점이 브로드밴드 원년인 2001년이었다. 천재와 천재가 만나 새로운 시대를 연 날이기도 했다.

같은 해 9월 11일 세계를 떨게 한 미국 9·11 테러가 발생했다. 시대는 격변의 시대로 돌입했다.

34 천하포무

거인 NTT에 맞서기란 계란으로 바위 치기와 같다. 하지만 딱 한 사람, 도전장을 내민 남자가 있다.

"창업 이후 이렇게 힘든 적은 없었습니다."

1981년 9월 일본 소프트뱅크를 설립한 이후 주가는 2000년 2월을 기점으로 하락세를 보였다. 일본 신용평가기관인 JCR은 소프트뱅크의 신용등급을 BB, 즉 '투기적'이라고 판단했다. 새로운 자금 조달의 길이 끊기고 소프트뱅크는 절체절명의 위기를 맞이했다.

시가총액도 40분의 1로 줄어들었다.

그러나 2001년 1월 6일 '고도정보통신 네트워크 사회형성기본법(IT 기본법)'이 시행되었다. 이 법률로 인해 다양한 경쟁 정책 및 규제 완화가 시행되었다.

"마침내 때가 왔습니다. 이날만을 기다려왔죠. 이제 우리도 진입할 수 있다고 판단했습니다." 손정의는 경영 자원을 모두 브로드밴드에 투입하기로 결단했다. 브로드밴드 사업을 영위하기 위한 Yahoo! BB(BB는 브로드밴드의 약자다 – 옮긴이)는 2001년 9월 서비스 개시를 향해 달리기 시작했다.

하지만 순조롭게 진행되고 있다고 여겼던 브로드밴드 사업이 NTT의 거센 방해를 받았다. 가입 신청을 해도 개통되지 않는다며 사용자로부터 클레임이 쇄도한 것이다.

"소프트뱅크를 창업하고 20년간, 지금까지 이런 무모한 싸움은 해본 적이 없습니다."

손정의는 어떤 상황에서도 충분한 준비를 통해 불리할 때는 되도록 싸움은 걸지 않았다. 하지만 이번에는 자신보다 압도적으로 큰 상대인 NTT에 직접 싸움을 걸었다. 동서로 분할되었다고는 하지만 모두 지주회사 밑에 있어서 실제로는 여전히 구(旧) 전전공사의 독점 상황이었다. 관로나 전봇대, 통신국사도 독점적으로 사용했기 때문에 그 폐해가 다양한 형태로 나타나기 시작했다.

먼저 Yahoo! BB 개통에 필요한 NTT 국사 내에서의 접속공사를 방해했다. 예를 들어 전화 명의와 Yahoo! BB 신청자의 명의가 다르면 그것만으로도 시간이 오래 걸렸다. 또 국민의 공통재산인 전봇대도 거의 독점하고 있었다. 네트워크 기기를 국내에 두기 위한 신청서는 복잡해서 작성하는 데 시간이 걸렸다.

시간을 끄는 NTT의 이른바 '우보(牛步)' 작전이었다. 통신국사 내 코로케이션 서비스(네트워크 설비의 설치) 및 통신국사 간을 연결하는 다크 파이버(설치되어 있지만 사용하지 않는 광섬유)의 이용 방식도 지극히 불공평했다. 민영화는 형태일 뿐 NTT는 여전히 독점 지배자였기 때문에 공정한 경쟁이 이루어질 리 없었다. 손정의는 분노를 드러냈다.

"이 싸움을 피할 수는 없었습니다."

오케하자마 전투(대군을 상대로 소수의 병력으로 야간 기습해 승리를 거둔 전투-옮긴이)를 앞둔 오다 노부나가의 심정이었다. 압도적으로 불리한 상황이었지만 꼭 싸워야만 하는 순간이었다.

2001년 6월 29일 손정의는 총무성으로 향했다. 필사의 각오였다.

"NTT는 거짓말만 합니다. 다크 파이버도 있는데 없다고 한다니까요."

다크 파이버로 몇 개의 국사를 묶어야 하는데 중간에 어딘가가 빠지면 연결이 되지 않았다. 총무성에 전화를 걸거나 직접 항의도 해봤지만, 담당 공무원은 이야기를 듣기만 할 뿐 아무 조치를 하지 않았다. 그래서 그날 손정의는 최후의 결단을 내렸다.

"100엔짜리 라이터 가지고 계시죠? 빌려주시겠습니까?" 손정의는 총무성 공무원에게 말했다. "무슨 일이시죠?" 손정의와 동년배인 공무원은 놀라서 물었다.

"휘발유를 부을 겁니다." 거짓으로 하는 말이 아니라 진심이었다.

Yahoo! BB는 도쿄도 내에서 실용화 실험이 순조로웠기 때문에 NTT 국사 내에서 공사를 진행하는 동시에 가입 신청을 받았다. 그 결과 2주 만에 50만 명 정도의 사용자가 신청했다. 하지만 NTT가 다크 파이버를 내놓지 않아서 공사는 끝나지 않았다. 그들은 국사 내에 두는 설비를 위한 전원 장치도 없다고 말했다.

"딱히 당신들이 대단한 존재라고 생각하지는 않지만, 그래도 인허가 권리는 가지고 있죠. 그러니 당신들이 NTT에 주의를 시키지 않으면 일이 진행되지 않습니다."

손정의는 공무원을 압박했다. "더는 고객을 기다리게 할 수 없습니다. '저희가 아니라 NTT 브로드밴드에 다시 신청해주세요.'라는 말은 사업가로서 죽기보다 어려운 결정이니까요. 이 상황이 계속된다면 제 사업은 끝이니까 이제 Yahoo! BB 사업을 접겠다고 기자회견을 열겠습니다. 그리고 기자회견이 끝나면 여기로 와서 몸에 휘발유를 붓고 불을 붙일 겁니다."

손정의는 강한 어조로 쏘아붙였다. 공무원은 떨리는 목소리로 답했다. "조사하겠습니다."

예상대로 그날 밤 공무원으로부터 전화가 왔다. "NTT 동일본에서 다크 파이버 몇 개가 나왔습니다." 그리고 NTT에서 직접 만나고 싶다는 연락이 왔다. 손정의는 사용자를 기다리게 만들고도 태평한 NTT의 관료 체질에 분개했다.

"가장 힘들었던 부분은 네트워크의 기술개발이나 실험이 아니라 NTT로의 서류 제출이었습니다. 예를 들어 한 글자 틀리면 두 달을 기다려야 했으니까요. 전원도 있는데 없다고 했죠. 그래서 저희는 서비스 개시를 앞두고 전원 공사를 했습니다. 결국 모든 설계를 다시 해야 했는데 2주일 정도 걸렸거든요. 그런데 그들은 같은 일을 석 달씩 걸린다고 하더군요. 이상하지 않습니까?"

NTT와의 싸움은 계속되었다. 손정의는 새벽 3~4시까지 일하는 날이 많았다. 주말은 물론이고 공휴일이나 명절도 쉴 새 없이 일에 매진했다. 그야말로 20년 전 창업 때와 같은 맹렬한 기세로 달려들었다.

"전 목숨을 걸고 일했습니다. 고객을 기다리게 하고 있으니 빨리 연결하기 위해서 필사적으로 노력했습니다. 돈이나 수익의 문제가 아니었죠. 적자가 나도 상관없었습니다."

그때 세계를 공포에 떨게 한 9·11 테러가 발생했다. 공항 기능이 정지되고 미국에서 부품 공급이 늦어지는 바람에 설계를 다시 해야 했다. 유일한 취미였던 골프도 나가지 않은 채 온전히 일에만 집중했다.

새로운 설계에 새로운 기기를 사용했기 때문에 네트워크 시스템이 멈출 때도 있었다. "다운됐습니다!" 연락이 오면 손정의는 현장으로 바로 달려갔다. 직접 차를 운전해서 나고야에 간 적도 한두 번이 아니었다. 휴대전화는 늘 온(ON) 상태였고 엔지니어들과 24시간 대기 상태로 임했다.

"24시간 머리가 몽롱했습니다."

하지만 손정의는 실의에 빠지지 않았다. 사실은 NTT와 싸울 때부터 온몸에 엔도르핀이 돌았기 때문이다. 힘든 상황임은 분명했지만 한편으로는 즐겁기도 했다. 자신이 가고자 하는 방향성이 확실히 보였고 그것에 온 힘을 쏟아부을 수 있다는 점이 기뻤다. 손정의는 NTT, 즉 NTT의 최대 주주인 국가를 상대로 싸움을 건 셈이었다.

"끈질기게 공격할 수밖에 없었습니다. 조금씩 무너뜨리고 있었지요. 에도막부 말기의 조슈번(長州藩)이나 도사번, 사쓰마번(薩摩藩)은 세력이 약하고 자금도 빈약한 데다 기득권도 아니었습니다. 하지만 새로운 무기를 먼저 손에 넣는 데 성공했죠. 갑옷을 입고 칼을 휘두르는 상대를 최신식 총으로 다 몰살시켰습니다. 그래서 마지막 순간에 역전이 가능했죠. 우리도 가능할지는 모르겠지만 최신식 IP 기술을 무기로 싸우고 있습니다."

최첨단 과학 기술과 뜨거운 열정으로 꾸준히 공격해나가리라.

혁명은 일상적인 상황에서 탄생하지 않는다. 지각변동은 100년에 한 번 지축을 흔드는 커다란 소리를 내며 일어나는 법이다. 연결 이익이 1조 엔을 넘는 NTT 그룹은 이때 창업 이후 처음으로 전년 대비 매출이 감소했다. 그 감소율은 2~3%에 불과했지만, 세간에서는 NTT가 가엽다는 의견도 나왔다.

"매출이 줄어서 NTT가 가엽다? 지금 장난합니까? 이쪽은 창업 이후 사상 최대의 적자로 1천억 엔 규모의 적자가 났는데도 맨손으로 싸우고 있거든요. 턱없이 부족한 자금과 병력으로 맞서는 무모한 싸움입니다. 하지만 전쟁이란 유리한 상황에 있는 사람이 반드시 이긴다고는 확신할 수 없지요."

Yahoo! BB라는 브로드밴드 시대의 고객 니즈를 선점한 소프트웨어 주도형 비즈니스로, ADSL 사업으로 NTT를 추격하는 손정의. "저는 최고가 될 수 없는 사업에는 처음부터 손대지 않습니다. 지는 싸움은 하지 않고 언제나 필승 전략을 세우죠."

2003년 9월 5일 소프트뱅크는 아오조라 은행의 주식을 매각했다. 빗발치는 비난의 목소리는 손정의의 귀에도 들려왔다.

"퇴각은 진군보다 10배 많은 용기가 필요합니다. 결단력도 필요하죠. 이것저것 쫓다 보면 여왕벌을 잡지 못합니다. 소프트뱅크를 시작한 첫날부터, 디지털 정보혁명을 위해 회사를 세웠습니다. 이것이 모든 근원이며 중심축입니다. 안타깝지만 추운 겨울을 견디려면 낙엽이나 가지를 떨어뜨려야 합니다. 승부는 반드시 이겨야만 하니까요."

지금까지 손정의를 지지해온 사람 중에서도 비판의 목소리를 내는 사람이 생겼다.

"시간이 흐르면 분명 이해해주실 테니 감사한 마음은 변함없습니다. 단기적으로는 우여곡절이 있을 수밖에 없겠지만 50년, 100년이 지나 돌이켜봤을 때 이해해준다면 그걸로 충분하지 않을까요?" 진취적인 사고방식을 지닌 손정의의 신념은 흔들리지 않았다. "한 번뿐인 인생이니까 이랬다저랬다 해서는 이도 저도 안 됩니다."

아오조라 은행의 주식 매각 이유도 명확히 밝혔다. "자금을 조달할 필요가 있었습니다. 전장에 나가야 하는데 군자금이 없으면 안 되니까요. 무기도 사야 하고 부대원도 모아야 합니다. 그래서 팔아야만 했습니다. 다만 심정적으로 파트너에게 미안한 마음은 있었죠."

손정의는 공명정대한 프로세스를 중요시했다.

"두려움에 사로잡히면 증오심으로 발전하거나 사람으로서 품위가 없어지지 않을까요? 언젠가 반드시 보답하고 싶습니다. 의리에 대해서도 확실하게 보은할 생각입니다."

2002년 5월 10일은 887억 엔이나 되는 거액의 적자라는 결산 발표 자리임에도 불구하고 손정의의 얼굴에는 웃음이 떠나지 않았다. 다음 해인 2003년 5월 9일 결산 발표일에도 브로드밴드 사업으로 920억 엔의 영업적자를 발표했다.

"아침에 눈을 뜨는 일이 설레어서 기다려집니다. 제가 품은 뜻은 훨씬 더 높고 방대합니다. 곧 깜짝 놀랄 만한 사업을 발표할 테니 조금만 더 기다려주세요. 흥미로운 아이템을 계속해서 보여드릴 생각입니다."

마치 무력으로 난세를 치세로 바꾸겠다는 오다 노부나가의 '천하포무(天下布武)'라는 인장과도 같았다. 손정의는 무력을 사용하지 않고도 진정한 '태평성대'를 이루어내리라. 디지털 정보혁명을 제창하는 손정의의 신념은 한 치의 흔들림도 없었다.

2003년 8월 8일 1분기 결산을 발표하는 날이었다. "Yahoo! BB 사업은 고객 획득 비용을 제외하면 이미 월 단위 영업 흑자를 달성했습니다." 같은 해 8월 손정의의 48번째 생일을 앞두고 Yahoo! BB 회원은 300만 명을 돌파했다.

35 언행일치

2004년 첫날, 새로운 해가 밝았다. 손정의는 평소보다 늦은 시간까지 자고 있었다. 아침 10시 상쾌한 마음으로 눈을 뜨자 언제나처럼 가장 먼저 자택의 PC를 켰다. 몇 통의 메일에 답장을 쓰고 인터넷으로 정보를 검색해 Yahoo! BB의 가입자 수를 확인했다. 손정의는 아내인 마사미가 만든 일본식 떡국 요리인 조니를 먹은 후 지하에 있는 시뮬레이션 골프실로 가 오거스타(마스터스 토너먼트가 개최되는 명문 코스)를 71타로 마쳤다.

3살짜리 파피용, 애견 모크가 손정의의 주위를 맴돌았다. 정원에 있는 커다란 느티나무를 손정의는 도서실에서 바라봤다.

"마침내 사업을 확장할 때가 왔다."

2003년 말 일본의 브로드밴드(고속 인터넷)의 가입 가구 수는 1,400만을 넘어섰다. 소프트뱅크 BB가 야후와 공동으로 제공하는 브로드밴드 종합 서비스인 Yahoo! BB는 시장 확대에 크게 이바지했다. 현재 일본에서 가장 많은 사용자가 이용하고 있는 점유율 넘버원 브로드밴드 서비스다.

2001년 9월 상용 서비스를 시작해 약 1년 후인 2002년 9월 말에는 100만 회선, 2003년 2월 초순에는 200만 회선, 2003년 8월에는 300만 회선, 2004년 3월에는 400만 회선을 돌파했다. 서비스 개시로부터 약 30개월 만에 400만을 돌파한 것이다. '파라솔 부대'라 불리는 가두 판매 캠페인과 '세계에서 제일 싸고 빠르다!'라는 슬로건을 내세워 경이적으로 시장 점유율을 확대해왔다.

하지만 여기까지 오는 길은 절대로 평탄하지 않았다. 전년인 2003년 초에 200만 회선을 돌파하기는 했지만, 그전까지는 손익 분기점에 도달할 수 있을지, 테크놀로지로서 충분히 매력적인지, 고객 대응은 원활하게 이루어지고 있는지 여전히 안갯속을 걷는 기분이었다.

"200만을 돌파하니 안개가 꽤 걷혔습니다."

지금보다 사용자 수를 늘리지 않아도 된다면 현금흐름으로 연간 900억 엔 정도는 벌 수 있으니 이익은 충분하다고 할 만했다. 하지만 여기서 만족할 것인가. 손정의는 빙그레 웃으며 입을 열었다.

"500만, 600만, 700만 또는 그 이상으로 확대해나가고 싶습니다."

손정의는 확실한 보람을 느끼고 있었다.

"지금부터가 응용 편인데 진짜 재미있을 겁니다. 회선 테크놀로지를 확충해서 성장세에 더욱 박차를 가할 생각이지요. 이 위에 얹을 수 있는 콘텐츠를 계속 쌓아나갈 예정입니다. 앞으로 콘텐츠 시대가 시작될 테니까요."

인프라 정비는 가시권에 들어왔기 때문에 앞으로는 깊이 파고들어야 한다고 생각했다.

2004년 설날, 여유가 생긴 덕분인지 손정의는 느긋하게 가족들과 시간을 보냈다. 31일에는 홍백가합전이나 전 요코즈나인 아케보노 다로와 밥 삽의 대결도 즐겁게 시청했다. 2일에는 손정의가 좋아하는 시바 료타로의 『료마가 간다』를 원작으로 한 12시간짜리 드라마를 보며 가슴이 뛰었다. 직접 비디오를 녹화해서 제목도 손수 적어넣었다. "올해 드라마는 정말 좋았습니다. 대하드라마만큼 완성도가 높더군요."

손정의는 『료마가 간다』에 흠뻑 취해 사카모토 료마처럼 새로운 시대의 도래를 예감했다. 디지털 정보사회는 틀림없이 찾아올 것이다. 인류의 역사는 농업사회에서 공업사회, 그리고 정보사회로 이행하고 있다. 진정한 디지털 정보사회가 되면 24시간 365일 언제 어디서나 인터넷에 접속할 수 있으리라.

"수도꼭지를 돌리면 물이 나오는 것처럼 우리는 궁극의 유비쿼터스(경계가 없는) 사회를 즐길 수 있을 것입니다. 점차 그런 시대가 되어가고 있죠."

그 인프라의 중심인 백본(Backbone, 개인에게 연결된 소형 회선들로부터 데이터를 모아 빠르게 전송할 수 있는 대규모 전송 회선)이 바로 손정의가 시작한 브로드밴드 사업이다. 세계 최초로 100% IP(Internet Protocol)를 사용한 네트워크를 구축하는 데 성공했다.

일본 전역이 IP로 연결되었다. 지금껏 누구도 어느 기업도 하지 못했던 일을 손정의가 이끄는 소프트뱅크 그룹이 해낸 것이다.

"중추적인 통신 회선망인 백본망(Backbone Network)만 풀(Full) IP로 만든다면 백본망에서 개인이나 기업 가입자까지의 구간인 라스트 마일은 ADSL(기존의 구리 전화선으로 고속통신을 가능하게 하는 서비스. 하향 대역폭을 크게 잡고 상향 대역폭을 작게 해 한 쌍의 전화선 대역폭을 VOD에 사용하기 위해 고안되었다)이나 광파이버, 무선 또는 무선 LAN이어도 상관없습니다."

손정의의 설명처럼 많은 일이 가능해질 것이다. 단말기 PC, TV,

휴대전화, 가전제품, 자동차 등 뭐든지 가능하다.

"그런 의미로 진짜 언제 어디서나 누구든지 컴퓨터에 접속할 수 있는 유비쿼터스 사회의 인프라에, 꿈꿔왔던 인프라 사업에 우리 소프트뱅크가 뛰어들 수 있어서 기쁩니다 그리고 머지않아 실현되리라는 확신이 듭니다."

손정의는 NTT에 장대한 싸움을 걸었다. 오케하자마 전투의 오다 노부나가처럼 현대판 기습 작전을 펼쳤다. 과연 손정의는 이 싸움에서 승리할 수 있을까?

"이기기 위한 시나리오는 이미 세워뒀습니다. 그 시나리오대로 말을 움직이고 있죠. 하루하루가 정말 흥미롭습니다."

승리의 날은 언제가 될 것인가.

"한 걸음 한 걸음 나아갈 것입니다. 긴 여정이 되겠지요. 일시적으로 어느 부분에서 이긴다거나 잘 풀린다 해도 또 다른 국면을 맞을 수도 있습니다. 역시 착실하게 성장해나가는 방법밖에는 없습니다. 한 부분에서 이기면 그 승리를 확대해나가서 전방위적으로 이길 때까지 밀어붙일 생각입니다."

1957년생인 손정의는 이미 명확하게 인생의 밑그림을 그려놨다. 40대는 인생의 큰 승부에 나설 때다. 인프라 정비에 뛰어들고 나서 44살, 45살, 46살, 벌써 3년이 흘렀다.

"인생의 클라이맥스라고도 할 수 있는 지금, 다양한 의미로 규제가 완화되어 제대로 경쟁해볼 수 있는 국면을 맞이했죠."

브로드밴드 관련 다양한 테크놀로지가 확립되었다. 손정의는 3천 몇백억 엔을 투입했다.

"사람, 물건, 돈. 지금 우리 회사는 세계에서 가장 많은 IP 기술자를 보유한 인프라 기업입니다. 인재의 면면도 훌륭하지요. 야후, 이트레이드(현 SGI 증권)를 비롯해 다양한 콘텐츠를 보유한 회사도 거느리게 되었습니다. 정말 행운이었죠. 이를 위해서 지금까지의 인생이 있었다고 생각할 정도입니다."

50대가 되면 방면군(方面軍)의 승리를 반복해나가야 한다. 60대에는 각각 동서남북에 있는 방면군의 승리를 반복해나가야 한다. "승리의 선순환 구조를 만들어나가야 한다는 말이죠."

60대가 되면 어느 정도 바통 터치를 하고 작은 구멍을 메꾼다. "사업가로서 그룹 연결 경영이익을 1조, 2조, 3조 이렇게 세고 싶습니다. 그리고 다음 세대에게 바통을 넘겨주고 싶죠."

손정의는 소프트뱅크 그룹의 창업자로 제1코너를 돌았다.

"기업 전체를 보면 300년 정도 유지되는 그룹을 만들고 싶습니다. 그를 위한 씨앗을 여기저기에 뿌리는 겁니다. 저는 소프트뱅크 그룹의 DNA 설계자여야만 하니까요."

60대가 되어 바통 터치하기 전까지 적어도 그룹사는 수천 개, 매출 수십조 엔이 되어야 한다고 말한다. "그런 규모를 만들어서 다음 경영인에게 바통 터치하는 것이 제 책무입니다. 그럴 때까지 오르락내리락하는 과정은 전부 오차 범위입니다. 단순한 프로세스에 불과하죠. 그때까지의 주가나 이익 변동은 모두 오차라고 생각할 예정입니다."

손정의의 눈은 먼 곳을 바라보고 있다.

그러던 중 믿을 수 없는 충격적인 일이 발생했다. ADSL 서비스 Yahoo! BB의 고객 개인정보 약 452만 건이 유출되는 공갈미수 사건이 일어난 것이다.

2004년 1월 19일 본사 17층 집무실. 소프트뱅크 BB 부사장 겸 최고집행책임자(당시)인 미야우치 겐의 보고를 듣고 손정의는 수화기를 들어 직접 전화를 걸었다. "소프트뱅크의 손정의라고 합니다만…" 상대는 경시청의 하이테크 범죄 대책센터였다.

일의 발단은 7일 소프트뱅크의 판매 자회사의 거래처가 Y.T라는 인물(공갈미수 혐의로 체포)로부터 고객 8명의 개인정보 리스트를 받은 것이었다. 14일에는 그 리스트가 진짜라는 사실이 밝혀졌다. 16일 미야우치의 보고를 받은 손정의는 즉시 조사위원회를 설치하고 19일에는 직접 조사 당국에 신고했다.

20일 Y.T는 소프트뱅크 자회사 임원에게 전화로 "수백만 건의 정보를 지인이 갖고 있다."라고 말했다. 21일 130명분의 추가 리스트를 받았다. 동시에 해외 합작회사에 수십억 엔을 출자해줬으면 좋겠다고 요구했다. 조사 당국과 상의하에 23일에 도내 호텔에서 Y.T로부터 460만 명분의 개인정보가 들어 있는 디스크를 받아 그대로 경찰에 넘겼다.

24일, 일주일 전에 Y.T와 별도의 메일로 104명분의 리스트를 보내온 'fuufuu'라는 인물이 또다시 메일로 반납 조건과 담당자 지정을 요구했다.

2월 11일 Y.T와 fuufuu라는 K.Y를 체포했다는 경찰의 연락을 받았다. 경찰은 체포 사실을 포함해서 조사상의 이유로 정보를 공개하지 않도록 엄명을 내렸다. 12일 이후 경찰 조사에 계속해서 협력했다. 하지만 24일 요미우리신문 석간이 특종을 보도했다. 오후 4시 총무성에 보고가 들어갔다.

25일 이른 아침부터 체포된 Y.T가 소지한 고객 데이터의 조회를 시작했다. 26일 손정의가 유럽에서 귀국했다. 나리타 공항에서 본사로 직행해 간부들을 소집했다. 정보 유출로 사내 체포자가 나오는 최악의 시나리오를 가정하고, 과거의 유사 사례와 비교해도 가장 강력한 처분인 6개월간 50%의 연봉삭감이라는 처분을 내리기로 했다.

27일 새벽, 데이터 조회 작업을 마치고 해약자 등의 데이터를 포함해 452만 건의 고객정보 유출을 확인했다. 오전 10시 그룹사 CEO 회의를 소집했다. 정보 유출이 되지 않았던 140만 명의 회원을 포함해 총 590만 명의 피해자에 대한 보상을 검토했다. 어느 외국인 임원은 "(기업에 타격을 주고 싶은) 범죄자를 의기양양하게 만들기 때문에 미국에서는 금품으로 사죄한 사례가 없다."라고 말하면서 격론을 펼쳤지만, 결과적으로 500엔의 우편환으로 사죄의 마음을 표현하기로 했다. 보상 규모는 40억 엔에 이르렀다.

카드사의 상품권이 아니라 우편환으로 보내는 이유는 사회에 어떤 형태로든 도움이 되고 싶었기 때문이다. 환급 기간이 지난 우편은 소프트뱅크로 돌아왔다. 그 돈으로 '정보 보안 기금(가칭)'을 만들어서 사회 전체의 정보 보안 향상을 위한 활동이나 신체가 불편한 사용자를 위한 브로드밴드 이용 추진 등을 실시할 예정이다.

같은 날 오후 5시 반, 소프트뱅크는 도쿄의 한 호텔에서 기자회견을 열었다. 손정의의 표정은 그 어느 때보다 심각했다. 지금껏 적자로도 한 번도 고개를 숙여본 적 없는 손정의였지만 이때만큼은 깊숙이 고개를 숙였다. “고객님들께 피해를 드린 점 마음속 깊이 사과드립니다.”

2시간에 이르는 질의응답 시간에는 직접 대답했다. 질문은 손정의의 책임 문제로까지 발전했다. “저는 브로드밴드 혁명을 지금까지보다 더 열심히 추진해나가겠습니다.”

사건이 드러난 이후에는 고객정보가 인터넷에 유출되거나 각 업자 등의 손에 넘어가는 2차 유출이 없도록 최선을 다했다. 왜 유출되었는지, 그 원인에 대해서는 조사 결과를 기다려야 했다.

“지금까지는 고객 만족을 추구하는 과정에서 정보 관리가 다소 부족했던 면도 사실입니다. 성선설에 근거해 시스템에 접근하는 개인을 믿고 엄격한 관리를 하지 않았습니다.”

하지만 앞으로는 성악설에 기반해 엄격한 관리를 하기로 다짐했다. 예를 들어 고객정보를 취급하는 서포트 센터는 ‘고도의 보안이 필요한 층’으로서 출입을 엄중히 관리하기로 했다. 주머니가 없는 옷을 입고 지문을 체크했으며 ID를 암호화하고 24시간 감시 카메라로 관리했다. 금속탐지기를 설치하고 휴대전화나 메모지 등 모든 수화물 반입을 금지했다. 당연한 조치이지만 단말기에는 외부기억장치를 꽂을 수 없고 복사도 모두 금지했다.

그뿐 아니라 고객정보에 접근할 수 있는 인원도 135명에서 3명으로 대폭 줄였다. 또 접근했을 때의 사용자 ID, 시간, 작업 내용을 24시간 365일 기록하고 반영구적으로 저장했다.

"세계 제일의 보안 체제를 만들겠습니다."

최악의 사태는 피했다. 앞으로는 이를 반면교사로 삼을 것이다.

손정의는 '2005년 9월 말에 Yahoo! BB 가입자 600만 명 달성'이라는 목표를 바꿀 생각이 없다고 기자회견에서 답했다. 가입자 수 600만 명 달성 시 브로드밴드 사업의 연간 영업이익은 1,200억 엔이 된다.

2001년 1월 Yahoo! BB를 설립했을 당시 "신청해도 며칠이나 연결되지 않았다."라는 말을 들으며 고난의 시기를 버텼다. 지금은 라이벌을 뛰어넘어 높은 평가를 받기도 한다.

"절대 도망치지 않겠습니다. 정정당당히 온 마음을 다해 현재의 난국을 헤쳐나가겠습니다." 마이너스를 디딤돌로 삼으면서 지금까지 살아온 손정의의 삶의 철학이다.

"수도꼭지를 틀면 나오는 물처럼 브로드밴드는 우리 생활 속에 스며들 것입니다."

내로우밴드(협대역)에서 브로드밴드(광대역)로 이행해 새로운 시대가 열렸다.

"저희는 사람들의 라이프 스타일을 바꾸고 싶습니다. 라이프 스타일 컴퍼니를 통해 사회 인프라 자체를 진화시켜나가겠습니다. 사람들의 마음이나 생활 변혁을 디지털 정보혁명을 통해 실현하고 싶습니다."

브로드밴드 보급과 함께 IP 휴대전화, 유틸리티 컴퓨팅은 우리의 라이프 스타일을 바꿀 것이다. 그를 실현하는 일이 바로 손정의의 사명이다.

"기업이라는 존재는 한 창업자의 수명보다 훨씬 긴 시간 동안 살아 숨 쉽니다. 제가 없어도 소프트뱅크는 200년, 300년 계속 성장했으면 합니다. 그를 위해 기업 DNA를 어떻게 설계하는가가 제 첫 번째 관심사죠."

항상 새로운 일에 도전하는 손정의에게 때로는 보수적인 비판이 쏟아지기도 한다. 이른바 소프트뱅크는 아무것도 생산하지 않는다, 사업다운 사업이나 오퍼레이션을 하지 않는다, 단순한 디지털 액티비티 갬블러에 지나지 않는다 등의 화살이 날아든다.

"그럼 물건을 생산하는 공장을 만들면 훌륭한 사업이고 훌륭한 경영자일까요? 물론 그 역시 필요한 일입니다. 하지만 100년, 200년이라는 일본 경제의 역사 속에서 세계보다 한발 먼저 라이프 스타일 자체를 진화시키는 인프라를 발명하고 창조해 제공함으로써 세계를 선도하는 사업가가 지금껏 존재했습니까? 서구에서 발명한 자동차, 가전 또는 그 외 많은 물건을 조금이라도 저렴하게 만들고 보다 잘 유통해온 회사는 지금까지 너무나도 많았습니다. 하지만 분명히 서구의 모방이고 두 번째였죠."

손정의가 목표로 하는 것은 '사업가' 손정의다. "저한테 사업가는 도로를 만들고 전력 네트워크를 만드는 사회의 인프라 그 자체입니다. 다시 말해 사회의 구조를 바꾸는 역할을 하죠."

이것이 손정의에게는 최고의 삶의 보람이며 기쁨이고 피가 끓는 일이다. 세계 최첨단, 획기적인 네트워크를 만들어내는 기쁨은 무엇과도 바꿀 수 없다.

1876년 그라함 벨이 세계 최초로 전화를 발명했다. 이후 전화 인프라 분야에서는 미국이 세계를 리드해왔다. 에디슨의 전기를 활용한 발명을 계속해서 제공한 결과 세계 제일의 경제 대국, 정보 대국이 되었다.

"만약 일본이 다시 한번 세계 테크놀로지를 리드하고 세계 경제를 이끄는 날이 온다면 정보 분야밖에 없다고 생각합니다."

사업가로서 일본의 인프라를 바꾸고 싶었다. 디지털 정보사회에 가장 적합한 세계 인프라 국으로 만들고 싶은 열망이 컸다. 한국은 브로드밴드 국가로 리드해갔지만, 회선의 절대적인 숫자 면에서 1,400만 가구인 일본이 앞선다. 평균 속도는 한국보다 약 3배 빠르며 가격도 한국보다 저렴하다. 심지어 네트워크의 접속 속도는 미국의 10배, 유럽의 30배로 세계 최고로 빠르다.

"일본의 네트워크 인프라는 미국보다 10배 빠릅니다. 고속도로로 치면 미국 자동차는 시속 100킬로미터로 달리고 일본은 시속 1천 킬로미터로 달리는 셈이지요. 그런 일이 한때라도 일본 역사에 있었냐고 묻고 싶습니다. 심지어 세계에서 가장 저렴한 가격으로 이용할 수 있지요. 이 기술로 일본은 부활할 수 있습니다."

하지만 미래에는 ADSL보다 광파이버 쪽이 우위를 점할 것 같다는 의견도 있다.

"ADSL 기술도 점점 진화하고 있습니다. 광파이버여야만 볼 수 있는 콘텐츠는 거의 없습니다. 저희 역시 당연히 광 전략도 생각하고 있지만 테크놀로지는 적재적소에 활용해야 합니다. 현시점에서는 ADSL이 베스트입니다."

그럼 정부의 역할은 무엇일까? 손정의는 진지했다.

"하나입니다. 방해하지 않으면 됩니다. 일본의 규제는 신규 진입을 오히려 막습니다. 이에 비해 미국 규제는 독점 기업을 규제해서 신규 진입 팀에 기회를 주기 위한 것입니다."

손정의에게 각 방면에서 비난의 목소리가 빗발쳤다. 하지만 손정의에게는 응원의 목소리로 들렸다. "저보고 차갑다거나 의리가 없다고 이러쿵저러쿵 말합니다. 하지만 지금 보십시오. 100년 후에 지금을 되돌아봤으면 좋겠습니다. 제가 할 일은, 우리 회사의 역할은 디지털 정보혁명이기 때문에 우리는 이러한 가장 큰 대의에 따라 움직일 뿐입니다."

창업자형 경영자는 축소 균등 뒤의 성장 시나리오를 쓰고 다시 한번 나라 전체를 확대 균등으로 만드는 역할을 해야 한다.

"그렇지 않으면 미래가 안 보이니 재미도 없고 슬플 것입니다. 바람직한 리더, 진정한 선장은 모두에게 의논해서 갈 곳을 정하지 않습니다. 침몰할 것 같으면 선원을 때려서라도, 돛을 한두 개 톱으로 잘라서라도, 말을 듣지 않는 자에게 배에서 뛰어내리라고 말해서라도 배에 타고 있는 대다수를 신대륙으로 무사히 인도해야 합니다."

이것이 손정의가 말하는 리더십, 즉 대의를 관철하는 힘이다. 발을 내디딘 신대륙에서 다시 한번 금은보화가 쌓인 보물상자를 찾아 광활한 토지를 발견하고 자손을 늘려나가며 크게 번영시켜야 한다.

"다소 우여곡절이 있어도 괜찮습니다. 어쨌든 우리는 이미 신대륙에 도착했습니다. 확대 균등에 다시 한번 빨려 들어가는 힘. 외관의 아름다움도 저한테는 아무 의미 없습니다. 인기는 더더욱 그렇지요."

에도막부 말기의 풍운아, 사카모토 료마는 커다란 뜻을 관철했다. "일본을 다시 한번 씻어내고 싶다." 손정의도 같은 기개를 지녔다. 나라 전체를, 사회 전체를, 인프라 전체를 포함하는 힘. 게다가 '페어'한 사회. 공정하고 자유롭고 풍요로우며 모두가 도전할 수 있는, 재미있으면서도 이상하고 인생을 즐겁게 살아갈 수 있는 사회야말로 우리가 바라는 사회다.

아직 일본에는 '언페어'한 부분이 많이 남아 있다. 잘못된 틀도 많다. 가난한 사람들도 적지 않다. 벤처 회사를 창업하기까지 다양한 장벽이 존재한다. 일본은 지금 다시 한번 국제무대에서 싸울 힘을 갖춰야 한다.

"큰 마스터플랜을 그린 후 체계를 갖춰나가야 합니다. 입 밖으로 뱉었으면 꼭 실행해야 합니다."

모든 길은 로마로 이어진다. 로마는 도로 인프라를 세계 최초로 만들었다. 영국은 배를 이용해 항로라는 인프라를 만들고 그 결과 대영제국이 탄생했다. 전기, 통신, 모터리제이션(자동차의 보급-옮긴이)이라는 인프라를 만든 것은 미국이다. 그 시대의 최첨단 테크놀로지를 인프라로 구현화하는 데 성공한 나라, 그 나라가 이 시대 최고의 국제경쟁력을 갖추게 되리라.

"일본은 1980년까지는 패전 후 부흥을 향해 급성장을 이루어왔습니다. 하지만 톱은 되지 못했죠. 두 번째에서 멈췄습니다. 디지털 정보사회가 찾아온 지금 일본은 다시금 기회를 잡았습니다."

21세기 메인 테마인 정보 기술로 세계 최고의 인프라를 만든다. 일본에는 큰 기회가 있다.

"가장 중요한 세 가지, 첫 번째가 뜻과 이념, 두 번째가 비전, 세 번째가 전략입니다." 손정의는 힘주어 말했다. "일본은 반드시 세계 최고가 될 것입니다."

3부

36 불퇴전

2006년 토리노 동계올림픽에서는 피겨 스케이트의 아라카와 시즈카 선수가 화려한 이나바우어 연기로 관객을 매료시켜 금메달을 획득했다. WBC(월드 베이스볼 클래식) 대회에서는 왕정치(오 사다하루)가 이끄는 일본 팀이 탈락 직전까지 몰렸다가 극적으로 초대 왕좌에 올라 일본 열도를 뜨겁게 달궜다.

같은 해 3월 17일의 도쿄. 아직 완연한 봄이 오지 않아 거센 바람이 부는 날이었다. 소프트뱅크는 보다폰(영국의 이동통신 사업자) 일본법인의 인수를 결심했다. 하지만 예정된 기자회견 시각인 오후 5시가 넘어도 사장인 손정의의 모습은 보이지 않았다. 그때 손정의는 도쿄 시오도메의 소프트뱅크 본사 사장실에서 보다폰 관계자와 격렬한 최종 협상을 진행하고 있었다.

극소수의 관계자만이 정신없이 사장실을 들락거리고 있었다. 규모가 큰 계약이었기 때문에 변호사가 한 글자 한 글자 꼼꼼하게 검토하느라 시간이 오래 걸릴 수밖에 없었다. 1조 7,500억 엔이라는 거액이 오가는 거래였다. 서구식으로 말하면 2조 엔짜리 거래로, 당시 인수 규모로는 세계 2위 수준이었다. 손정의도 거액의 인수금액에 민감했을까?

"아니요. 금액은 척도 중 하나이지 전부가 아닙니다. 보다폰의 고객이 약 1,500만 명이었는데 이 고객을 제가 인수하고 나서도 유지할 수 있을지, 줄지는 않을지, 과연 늘릴 수 있을지에 관한 판단이 가장 중요했습니다."

특히 같은 해 10월에는 번호 이동성 제도(MNP, 번호를 유지하면서 통신사를 바꿀 수 있는 제도-옮긴이)가 시행될 예정이었다. 그래서 고객이 급격히 줄어들 가능성이 있었다.

보다폰에는 해결해야 하는 과제가 산더미같이 쌓여 있었다. 먼저 전화가 잘 연결되지 않았고, 단말기가 촌스러워서 일본인의 취향이 아니었다. 콘텐츠도 NTT 도코모나 au가 앞섰다. 게다가 영업력, 브랜드 인지도 또한 압도적으로 부족했다.

번호 이동성 제도의 도입으로 30% 이상의 고객이 빠져나가리라는 조사 결과도 나왔다. 만약 30%가 빠진다면 지금도 겨우 이익이 나고 있는데 고정비는 변함없으므로 단숨에 적자로 전락할 확률이 높았다.

기업 인수는 주식 교환 방식과 현금 지급 방식, 두 가지 방법이 있다. 인수한 이후에 실적을 개선할 자신이 있으면 현금 지급 방식이 좋고, 자신이 없으면 주식 교환 방식이 안전하다. 부채가 늘어나지 않기 때문이다.

그렇다면 손정의는 어느 쪽을 택했을까? 손정의는 전액 현금 지급이라는 가시밭길을 선택했다.

당시 보다폰은 '침몰하는 배'라고 불렸다. 손정의는 그 배를 수리할 자신이 있는지를 타진하는 과정에 집중했다. 3세대(3G) 통신 네트워크 기지국이 몇 군데 있고, 앞으로 철탑을 몇 개 늘려야 라이벌과 어깨를 나란히 할 수 있는가. 추가적인 자본적지출(CAPEX, 자산으로 계상되어 감가상각 대상이 되는, 설비 투자를 위해 지출하는 금액)은 얼마나 필요한가. 2천억 엔이면 되는지 아니면 6천억 엔 정도를 잡아야 하는지 혹은 1억 엔쯤 들지를 판단해야 했다.

타사와 비교해 '연결이 잘 안 된다'라는 말을 듣는 보다폰이 라이벌과 경쟁하고 나아가 제치기 위해서는 어느 정도의 투자가 필요한 상황인가. 물론 브랜드 이름도 바꾸어야만 했다. "보다폰 이름을 계속 사용할 수도 없었고 사용하고 싶지도 않았습니다. 상처가 생긴 브랜드이니까요. 모두의 인식을 바꿔야만 했습니다."

의외로 지금까지 '소프트뱅크'라는 브랜드는 일반 소비자를 대상으로 상거래를 한 적이 없었다. 소프트뱅크는 소프트웨어 도매부터 시작한 회사다. Yahoo! BB조차 소프트뱅크가 거의 100% 출자한 사업이지만 일부러 자회사인 야후라는 브랜드를 사용했다.

손정의는 소프트뱅크라는 대표 브랜드를 쉽게 사용하고 싶지 않았다. 만약 그 사업이 잘 안 풀리면 회사의 중심축이 무너지지 않을까 우려했기 때문이다. 만약 그런 일이 생긴다면 다음 사업은 더욱 어려워질 것이 뻔했다. 손정의는 말한다.

"저는 아무거나 되는 대로, 때로는 대담하게 리스키한 일을 하는 것처럼 보일지도 모르지만, 어떤 상황에서도 절대로 치명상을 입지 않도록 항상 조심하고 있습니다."

그런 그가 실패하면 치명상이 될지도 모르는 사업인 통신사 사업에 걸기로 한 것이다. 불퇴전(不退轉)이라는 마음으로 대표 브랜드를 사용해서 도전할지 손정의는 스스로 묻고 또 물었다.

보통 이러한 변호사 간의 중요한 협상은 몇 달이 걸린다. 더구나 이번처럼 커다란 M&A는 적어도 반년은 필요하지만, 손정의는 이를 사실상 한 달 만에 해냈다. 손정의의 굳은 결심과 정확한 판단은 말할 것도 없지만 이를 가능하게 했던 가장 중요한 요소는 무엇이었을까?

2006년의 새해 첫날부터 손정의는 바쁜 일상에서 벗어나 홀로 며칠간 생각에 잠겼다. 이때 손정의의 내면에 무언가 변화가 있었던 걸까?

"스스로 각오를 다지는 시간이었습니다."

손정의는 설날 연휴가 끝나자마자 협상에 돌입했다. 보다폰 관계자와는 연말까지 여러 차례 만남을 거듭했다. 하지만 그때는 인수하겠다는 말을 꺼내지 않았다. MVNO(Mobile Virtual Network Operation)의 형태로 설비를 빌려서 그들 밑에서 통신사 사업을 하겠다는 협상을 넉 달이나 이어갔다. 이것이 손정의의 대담하고도 치밀한 작전이지 않았을까?

그러는 사이 해가 바뀌었다. 손정의는 진행 속도가 너무 더디다고 생각했다. 시작하기로 한 이상 최종적으로는 최고가 되어야 한다. 하지만 기지국이 적어서 통화 연결이 되지 않는다면 고객들에게 피해만 줄 뿐이다.

'보다폰이 3년에 걸쳐 설비 투자를 할 예정이었던 기지국의 증설을 한꺼번에 투자해 반년으로 앞당긴다면 해결의 실마리가 보일지도 몰라.'

역시 인수하는 편이 좋을 것 같았다. 하지만 난관에 봉착했다. 소프트뱅크는 ADSL 사업 적자에서 겨우 흑자 전환에 성공한 시점이었다. 니혼텔레콤(훗날 소프트뱅크 텔레콤, 현 소프트뱅크)을 인수하고 처음 1~2년은 적자였지만 흑자 전환에 성공하면서 잠시 쉬어가야 하는 시점에 회사의 존폐가 달린 큰 투자를 집행하는 셈이었다. 그러다 보니 소프트뱅크 경영진은 고민할 수밖에 없었다. 손정의의 수완은 모두가 신뢰하고 있었지만 보다폰 인수는 쉽게 찬성할 수 있는 문제가 아니었다.

또 2조 엔이 필요하다는 점은 협상하는 과정에서 대략 예상했지만 수중에 그런 거액이 있을 리가 없었다. 처음에는 몇 군데 공동출자를 통해 소프트뱅크가 30% 정도를 부담하는 방안도 고려했다. "무엇보다 돈이 없었으니까요."

그렇다고 해서 포기할 위인이 아니었다. 인수를 진행하거나 새로운 일을 시작할 때 자신이 지금 얼마 가졌는지를 생각해서 가능한 범위 내에서 한다는 생각은 손정의답지 않았다.

"한계를 정해둔 인생은 따분하기 그지없습니다."

손정의는 언제나 '뜻'을 실현하는 방법을 고민했다. 다시 말해 '디지털 정보혁명을 일으키고 싶다.'라는 커다란 뜻이 먼저였다.

디지털 정보혁명은 퍼스널 컴퓨터부터 시작되었다. 한 대의 퍼스널 컴퓨터가 네트워크와 연결되면서 시작된 혁명은 지금부터가 진정한 시작이라는 점을 손정의는 누구보다 잘 알고 있었다. 적어도 1998~1999년에는 이미 손정의의 머릿속에 통신사 시장 진출 계획이 세워져 있었다.

"지금의 휴대전화에는 불과 몇 년 전의 퍼스널 컴퓨터에 상응하는 CPU 능력이 탑재되어 있습니다. 나아가 3년 후의 휴대전화는 지금의 퍼스널 컴퓨터보다 뛰어난 능력을 지니겠지요. 그래서 지금 통신사 시장에 뛰어들지 않으면 디지털 정보혁명은 완성할 수 없다는 결론에 이르렀습니다."

언제 어디서나 누구와도 어떤 정보든지 주고받을 수 있어야만 디지털 정보혁명은 발전할 수 있다. 통신사 시장을 빼놓고는 완성될 수 없는 그림이었다. 1.7GHz의 주파수대에서 통신 네트워크를 처음부터 새롭게 만들까도 고민했다. 보다폰 산하에서 MVNO 사업자가 되는 선택지도 있었다. 하지만 손정의는 마침내 인생의 큰 승부에 나섰다.

손정의는 19살에 '인생 50년 계획'이라는 라이프 플랜을 세웠다. 20대에는 자신의 사업을 일으켜서 명성을 얻고 30대에는 군자금을 모아 40대에 진검승부에 나선다. 즉 커다란 사업에 운명을 걸어야 하는 시기다. 이때 손정의는 49세로 아직 40대였다. 심신 모두 평온하고 어느 정도의 자산도 모아둔 상태에서 기운이 몰려왔다. 드라마로 치면 클라이맥스를 앞둔 장면이었다.

"지금이야말로 일생일대의 승부를 걸어야 할 시기입니다. 그래서 2조 엔짜리 인수에 도전하기로 마음먹었죠. 50대는 사활을 걸고 진검승부에 나서서 뜻을 완성하는 시기이니까요."

공자는 50세에 하늘의 명을 깨달았다. 손정의는 49세에 지천명을 깨우쳤다. 10년간 정점에 서는 그날까지 끊임없이 싸워나가리라. 그야말로 '10년 전쟁'의 서막이었다.

"하지만 맨손으로 1.7GHz의 통신사 사업을 시작해서 기지국 공사부터 출발한다면 공사만으로도 5년은 족히 걸리겠지요. 10년 전쟁 중 5년이 기지국 공사만으로 끝나버릴 위험이 있었습니다." 처음이니만큼 사용자도 많지 않고 단말기 종류도 적을 테니 아무리 손정의라 해도 버틸 재간이 없으리라 생각했다.

"인생 중 신체가 건강한 기간을 하나의 가용 자산이라고 생각하면, 저는 시간을 산 셈입니다. 2조 엔으로 저의 시간을 아낄 수 있다면 저렴하다고 볼 수 있지요."

그래서 흑자 전환이 가능할지 더욱더 엄격하게 가능성을 검토했다. "보다폰의 기존 고객 1,500만 명을 그대로 유지할 수 있다면 일단 현금흐름상 지금까지의 융자금은 갚을 수 있습니다. 하지만 1천만 명으로 준다면 펑크가 나겠지요. 2천만 명, 3천만 명으로 늘어나면 대박이고, 1천만 명으로 줄면 지옥을 맛볼 수 있는 도박입니다. 1,500만 명은 유지해줘야 융자를 갚을 수 있는 수준이었죠.”
결국 고객 수 확보가 관건이었다.

단말기와 관련해서는 다양한 아이디어가 떠올랐다. 소프트웨어에 관해서도 아이디어가 많았고, 영업도 고객을 확보하기 위한 전략을 세워 둔 상태였다. 하지만 기지국만큼은 설비 투자를 얼마나 해야 하는지, 몇 개나 늘려야 되는지 확신이 없었다.

그래서 손정의는 되도록 상세히 계산하고 주도면밀한 시뮬레이션을 진행했다. 요금이 내려가면 어떤 변화가 생길지, 고객 확보 비용은 얼마나 들지, 설비에는 얼마만큼 투자하면 충분한지, 고정비용이 추가되어야 하는 경우는 없을지 등 무려 3천 가지가 넘는 조합을 테스트했다. 이러한 경우의 수를 손정의는 꼼꼼하게 계산했다. 과연 결론을 내는 데까지는 시간은 얼마나 걸렸을까? “딱 두 달 걸렸습니다.”

2006년 2월 손정의는 결심을 굳혔다. 전략가로서의 진가가 발휘되는 순간이었다. 소프트뱅크가 100% 주주가 되기로 했다. 보다폰을 인수해 모든 리스크를 감내하겠다는 의미였다.

“그런데 내가 돈을 얼마나 가지고 있더라?” 손정의는 웃으면서 주위에 물어봤다. 뜻이 먼저고 돈은 나중이었다. 자금 문제는 크게 고려하지 않았다.

“뜻이 있으면 돈은 하늘이 내려주는 거니까 어떻게든 될 것입니다.” 손정의는 진심으로 그렇게 믿었다.

“최소(MIN), 최대(MAX)를 어림잡아 계산해봤습니다. 스스로 확신이 있어야 남을 설득할 수 있으니까요.” 어떤 난제가 기다리고 있을지 모두 검토한 것일까? "검토만 끝나면 돈이야 얼마든지 조달할 수 있습니다."

소프트뱅크는 소지금 2천억 엔을 준비했다. 1조 8천억 엔이 모자랐다. "2천억 엔만 내는데 출자 비율은 100%를 원하다니 평범하지는 않았죠. 좀 뻔뻔했습니다." 중요한 사실은 잘되지 않았을 때의 리스크를 소프트뱅크가 모두 감당한다는 점이었다. "자신만 있으면 2천억 엔으로도 2조 엔짜리를 쇼핑할 수 있을 뿐 아니라 미래의 이익을 100% 가져올 수 있습니다."

손정의가 그린 그림은 어떤 구조였을까?

보통주는 소프트뱅크가 100% 획득한 주주다. 그리고 우선주(배당금을 우선으로 받는 대신 경영 참여권이 제한되는 주권)의 형태로 야후 재팬과 보다폰이 수천억 엔씩을 출자했다. 이 우선주는 후순위 채권 같은 의미로 확정된 이자를 지급한다. 하지만 사업이 아무리 잘되어도 배당 상한은 원금의 이자 수준인 6%에 그친다. 즉 상한이 정해진 형태로 양 사로부터 출자를 받고 그 이상은 은행단으로부터 융자를 받았다.

"우리가 2천억 엔을 내고 우선주로 야후 재팬이 1,200억 엔, 보다폰 측에는 3천억 엔의 우선주, 외에 대부금을 1천억 엔을 실행시키고 나머지는 은행단으로부터 실질금리 3~4%로 조달했습니다."

보다폰은 이미 1,500만 명의 고객을 보유하고 있고 EBITDA, 즉 실질적인 영업현금흐름으로 연간 3천억 엔 정도의 이익이 났다. 통신사 사업의 현금흐름만으로도 은행단에 상환이 가능한 규모이므로 은행에서는 문제없이 융자해줄 것이다. 더구나 그 돈은 소프트뱅크 본사가 빌리는 것이 아니라 보다폰 재팬의 자산 가치를 담보로 한 LBO(Leveraged BuyOut)로, 소프트뱅크 본사에는 사실상 '논리코스론(부동산 용어로 특정 사업에 대한 채무가 본체에 소급하지 않는 형태의 융자)'이었다.

즉 의결권이 있는 보통주에 해당하는 부분을 2천억 엔으로 설정하고 이를 자기자본으로 100% 취득한다. 나머지는 보통주 외의 자금 조달 방법으로 메꿔서, 빌린 돈이나 출자를 받은 돈은 되도록 현금으로 갚고 현금 외의 부분은 일절 넘어가지 않도록 세팅했다. 이렇게 되면 소프트뱅크 측에는 거액의 인수자금을 상환할 의무가 없었다. 리스크를 전부 차단하고 미래의 이익을 100% 가져가는 구조였다.

"소프트뱅크 주주 입장에서 보면 사실 굉장히 이상적인 딜이었지요. 고객 수를 늘릴 자신만 있다면요. 만약 실패할 때는 2천억 엔이 날아갈 뿐이지만 잘되면 몇조 엔의 가치가 생기는 구조였습니다. 하지만 보다폰 재팬의 1,500만 사용자와 거기에서 나오는 현금흐름은 반대로 말하면 그만큼 가치가 있다는 말이기도 했죠."

돈이 없어도 자금 조달이 가능한 구조였다. 손정의의 진가가 드러나는 순간이었다.

손정의는 가장 먼저 뜻을 세웠다.

2004년 5월 니혼텔레콤을 인수하면서 고정통신(고정 전화와 퍼스널 통신 서비스-옮긴이) 시장에 진출했다. 2005년 1월 28일에는 프로야구 명문 후쿠오카 다이에 호크스 구단(현 후쿠오카 소프트뱅크 호크스)을 인수했다.

"앞으로는 콘텐츠의 시대입니다."

브로드밴드로 내보낼 콘텐츠로 '야구'를 선택하는 아이디어는 예전부터 머릿속에 있었다. 디지털 정보혁명을 추진하는 데 있어서 콘텐츠는 중요한 요소였다.

소프트뱅크가 세계 시장을 조준하면서 손정의의 구상은 한층 더 장대해졌다. "소프트뱅크는 일본 최고가 되고 나아가 세계 최고가 될 것입니다. 예전의 소니, 혼다, 도요타처럼 말입니다. 앞으로 세계의 소프트뱅크라고 불릴 수 있도록 최선을 다하겠습니다."

2006년 말의 소프트뱅크를 살펴보자. 일본의 사용자 수는 소프트뱅크 모바일(현 소프트뱅크)의 1,600만 명, Yahoo! BB의 500만 가구, 소프트뱅크 텔레콤의 600만 가구로, 다 합치면 매달 과금하는 사용자 수가 2,700만 명에 달했다. 이를 손정의는 억의 단위로 '0.27억 명'이라고 불렀다. "단위가 억이 아니면 의미가 없으니까요."

야후의 사용자 수는 일본 0.42억 명, 중국 0.34억 명이어서 모두 합치면 1억 명이었다. 나아가 보다폰의 전 세계 사용자는 5억 명, 야후는 4억 명으로 합쳐서 9억 명이다. 국내외 사용자 수를 합치면 무려 10억 명에 이른다.

"우리는 10억 명이라는 거대한 사용자를 대상으로 자사가 개발한 기술, 비즈니스 모델, 콘텐츠를 제공해나갈 예정입니다. 그런 큰 꿈을 품었죠."

10억 명의 사용자를 위한 서비스. 10억 명을 위한 기획. "하나만 터지면 세계 시장의 패권을 차지하게 될지도 모릅니다." 그만큼 거대한 비전이었다.

2007년 5월에는 휴대전화 계약의 월간 순증가 수에서 NTT 도코모, au를 제치고 1위가 되었다(NTT 도코모 8만 명대, au 14만 명 대, 소프트뱅크 모바일 16만 명대).

"다만 저희는 5월에 16만 명대이지만 선불(Prepaid) 사용자 수 4만 명을 포함시키지 않았습니다. 돈이 안 되어서 일부러 뺐는데 다시 포함해서 계산하면 일반 휴대전화 단말기 수는 실질적으로 20만 대가 넘은 셈입니다."

불과 한 달뿐인 1위였지만 무슨 수를 쓰더라도 달성하고 싶었던 첫 목표를 달성하게 되었다. 지금껏 십수 년간 패배를 거듭하면서 어느덧 지는 습관이 생겼다. 보다폰 재팬 시절에는 시장 1위가 한 번도 된 적이 없었고, 전신인 J폰 시절에도 없었다. 어느새 패배에 익숙해져 있었다. 그런데 처음으로 시장 1위에 오른 것이다.

"좋은 징조임이 분명해!" 손정의는 뛸 듯이 기뻐했다. "1등이 되었으니 뜻을 이룰 수 있지 않을까? 한 번이라도 금메달을 땄으니 다시 딸지도 모르지. 자신감이 솟는걸."

이러한 경험이 무엇보다 중요하다고 손정의는 강조했다.

"생각해보세요. 직원들, 판매점 점원들, 고객들도 자신이 침몰하는 배에 타고 있는지, 아니면 떠오르는 아침 해처럼 나아가는 배에 타고 있는지 느껴지겠지요. 그러니 한 번이라도 승리 경험이 생기면 지금까지와는 완전히 다른 분위기가 형성될 것입니다."

나아가 소프트뱅크라는 이름으로 일반 소비자들을 대상으로 본격적인 첫 TV 광고를 내보냈다. 여기서도 1위를 달성했다. 번호이동성 제도가 시작된 2006년 4분기에는 모든 업종의 기업 중 TV 광고 호감도 순위 1위에 등극했다. 이어지는 2007년 1분기도 1위, 4월에도 1위를 유지했다. 7개월 연속 1위라는 기록은 오랫동안 조사를 담당해온 CM 종합연구소에 따르면 '기적적인 결과'라고 했다. 일반 소비자들에게 알려지지 않은 소프트뱅크라는 브랜드가 마쓰시타전기, 소니, 산토리 등 유명한 브랜드를 제치고 1위를 기록한 것이다.

일본에서는 매달 2천 개 회사가 TV 광고를 내보내는데 그중에서 1등 상을 받았다. "이것도 틀림없이 좋은 징조일 거야." 하고 손정의는 장난스럽게 말했다. 하지만 눈은 웃고 있지 않았다.

손정의의 눈은 10년 전쟁이라는 커다란 목표를 겨누고 있었다. 현재는 단말기의 종류나 색상으로도 소프트뱅크 모바일은 도코모, au를 제치고 압도적 우위를 점하고 있다. CM도, 브랜딩도, 느낌을 확 바꾸고 싶어서 손정의는 단말기 디자인을 직접 담당하고 신제품 발표회도 '스타일'을 키워드로 준비했다. 새롭게 시작한 가족 대상 24시간 무료 통화 서비스 '화이트 가족 24'도 호평을 받았다.

"앞으로 1년, 2년, 3년간 계속해서 항상 처음 보는 서비스를 제공해나갈 생각입니다. 반드시 감동할 수 있는 흥미로운 서비스를 선보이겠습니다. 토털 서비스로 승부하겠습니다."

그러면 보다폰 인수는 성공적이었을까?

자금 면에서는 차입금 2조 엔 중 1조 4,500억 엔을 단기 차입에서 7년짜리 장기 차입으로의 전환에 성공했다. 경영 이익도 V자 커브를 보였고, 신용평가기관의 신용등급도 상승했다.

번호 이동성 제도를 무사히 극복할 수 있을지 우려가 있었지만, 계약자 수는 1,500만에서 1,600만으로 100만 명이 늘어났다. 나아가 5월에는 한 달 만에 실질적으로 20만 명이 늘었다. 인수 발표 후 1년간 100만이 늘었고 5월 한 달간 20만이 증가했으니, 이를 연간으로 환산하면 대략 200만 명의 증가가 예상되었다.

1,500만 명이 1,600만 명이 된 데다 나아가 연간 200만 명의 증가가 예상될 만큼 속도도 붙었다. 인수 전 스스로 자신이 있냐는 물음에 대해 착실하게 대답한 결과였다. 인수의 열매는 달았다.

그동안 손정의는 예상치 못한 곤경에 빠지기도 했다. 2006년 10월에는 계약용 네트워크 신청 과정에서 펑크가 발생해 광고 관련 경쟁사의 항의를 받았다. 공정거래위원회에 출석해 0엔을 강조한 '예상을 뛰어넘는 할인'이라는 문구의 내용을 설명하고 TV 광고 등의 선전 문구를 수정하기도 했다.

하나의 산을 넘으면 또 다른 산이 기다리고 있었다. 손정의의 기습 작전을 이해하지 못하는 직원들이 회사를 떠나는 등 손정의의 앞에는 끊임없는 난관들이 차례차례로 기다리고 있었다.

"무슨 일을 하든 난관은 마주하기 마련입니다. 일류 스포츠 선수조차 다칠 때가 있는 것처럼요. 하지만 그들에게는 부상을 극복할 수 있는 의지와 저력, 자신감이 있습니다."

인생을 살다 보면 누구나 난관에 부딪힐 때가 있다. ADSL 사업을 할 때도 개인정보 유출 사건 등 지금까지 몇 차례의 큰 시련을 겪으며 극복해왔다.

"보드게임인 '인생 게임'에서도 화재나 도난 등 불운 카드를 뽑을 때가 있죠. 행운과 불운은 누구에게나 공평하게 찾아옵니다. 그래서 실제 인생에서도 불운한 일이 찾아왔을 때 자신이 세계에서 가장 불행하다거나 사실은 실력이 있는데 운이 나빠서 그랬다는 변명은 하고 싶지 않습니다."

때로는 직원들을 질책하면서 스스로 긴장을 늦추지 않고 싸워왔다. 지금도 격전을 벌이고 있다. 함께 전쟁에 나선 동지의 질타는 곧 격려다. 함께 극복해나가야 하는 시련이다. 그래서 '난관을 또 만났네.' '저한테 맡겨주세요.' '꼭 해내겠어!'라는 기개가 필요하다.

예를 들어 릴레이 경주에서는 꼴찌로 바통을 받았을 때야말로 가장 가슴이 떨리는 법이라고 손정의는 말한다. 제 앞을 달리는 주자를 필사적으로 쫓는다. 그저 따라붙는 게 아니라 반드시 제쳐야 한다. 제치고 또 제쳐서 마지막에 1등으로 골인하는 그 쾌감을 손정의는 여러 번 경험해왔다.

현재 통신사 사업에서의 소프트뱅크의 위치도 그렇다.

"2~3년 만에 가능한 일이 아니었습니다. 상대도 20년 가까이 해왔기 때문입니다. 하지만 10년 걸려도 해낼 수 없다면 저 자신한테 부끄러울 것 같습니다."

기지국이 부족하고 고객은 기다려주지 않으며 브랜드 인지도가 낮고 영업망이나 점포 수도 부족한 상황이다. 하지만 변명은 하고 싶지 않다.

"모든 걸 한순간에 해결하지는 못하겠지만 결국은 해결할 수 있을 겁니다." 굳은 뜻을 품고 뒤로 물러서지 않는 '불퇴전'의 마음으로 나아가리라. 불퇴전이란 불교에서 수행을 통해 도달한 단계에서 퇴행하지 않겠다는 의미로 쓰이는 말이다.

지금까지 해온 사업 중에서도 통신사 사업은 가장 험난한 싸움이었다. 경쟁사 규모도 가장 거대했고, 자금 규모나 고객 수, 사회에 미치는 영향력도 절대적이었다. 그래서 손정의는 온 정신을 집중해 이길 때까지 최선을 다했다.

"3등인 채로 끝나는 건 죽기보다 싫습니다. 꼭 압도적인 1등이 될 겁니다."

37 꿈의 실현

보다폰 일본 법인(훗날 소프트뱅크 모바일, 현 소프트뱅크)을 인수한 소프트뱅크가 거침없이 진격하리라고 그 누가 상상이나 했을까?

2007년 8월 손정의는 50세가 되었다. 손정의의 '인생 계획'에 따르면 50대는 사업을 완성해야 하는 시기다. 물론 그를 위한 준비는 차근차근 진행해왔다.

이야기는 보다폰 인수 전인, 애플이 아이폰을 발표한 2년 전으로 거슬러 올라간다. 그 무렵 손정의는 만약 통신사 사업에 뛰어든다면 확실한 무기가 필요하다고 생각했다.

'세계 최고의 무기를 만드는 사람은 누구일까?' 스티브 잡스밖에 없다고 생각한 손정의는 바로 행동에 나섰다. 주저 없이 스티브 잡스에게 전화를 걸고 약속을 잡았다.

스티브 잡스는 애플을 세계적인 기업으로 만든 카리스마 경영인이지만 깐깐한 성격과 발언으로 충돌을 반복한 결과 창업자임에도 회사에서 쫓겨나기도 했다. 기적적으로 복귀한 스티브 잡스는 그 후 아이맥(iMac), 아이팟(iPod)이라는 혁신적인 상품을 선보이며 전 세계 사람들의 라이프 스타일을 크게 바꾸어놓았다.

손정의는 모바일 기능을 더한 아이팟 스케치를 직접 그려서 스티브 잡스에게 건넸다. 스티브 잡스는 말했다.

"마사, 그건 안 줘도 돼. 나도 있으니까."

"조잡한 스케치는 안 받아도 상관없는데, 제품이 완성되면 일본 시장의 판매권은 저한테 줬으면 합니다."

그러자 스티브 잡스는 손정의에게 답했다.

"마사, 당신은 진짜 크레이지하다니까. 개발 중이라는 사실은 아직 아무한테도 말 안 했는데 말이야. 그렇지만 가장 먼저 날 만나러 온 마사에게 주도록 하지."

"지금 약속을 지켜주신다면 저도 일본의 통신사업자를 데려오겠습니다."

실제로 손정의는 200억 달러(약 1.75조 엔)를 투자해서 보다폰을 인수했다. 스티브 잡스와의 약속을 지킨 것이다.

2008년 7월 11일 소프트뱅크 모바일(현 소프트뱅크)은 애플의 아이폰(iPhone) 3G를 판매하기 시작했다. 그 덕분에 계약 수는 급증해 2008년부터 2013년까지 6년간 순증가 수 1위를 유지했다.

워커홀릭처럼 보이는 스티브 잡스에게는 의외로 가정적인 면도 있었다. 특히 나이가 들수록 가족과 보내는 시간을 소중히 여겼다. 자택이 있는 캘리포니아주 팔로알토에서는 바쁜 시간을 쪼개서 보호자 면담이나 수업 참관, 가장행렬 행진, 모금 활동 등 부부가 나란히 자녀들의 초등학교 행사에 참여했다. 검은색 티셔츠에 청바지라는 스티브 잡스 특유의 스타일로 자전거를 타고 자녀를 데려다주거나 데리고 오기도 했다.

스티브 잡스는 투병 끝에 2011년 10월 5일, 생을 마감했다. 손정의는 말한다.

"레오나르도 다빈치가 오래전 당시의 예술과 기술의 최첨단을 이끈 인물이라면, 스티브 잡스 역시 마찬가지입니다. 그의 위대한 공적은 후세에 길이길이 전해지겠지요."

손정의는 스티브 잡스의 보기 드문 재능에 대해서는 물론이고 인격에도 깊은 경의를 표했다. 국화나 해바라기가 흐드러지게 피어 있는 스티브 잡스 저택 앞에는 주인의 귀가를 기다리는 것처럼 은색 벤츠와 스포츠 쿠페가 자리를 지키고 있었다.

스티브 잡스가 세상을 떠난 지 2년이 지난 2013년 10월 21일, 손정의는 소중한 사람을 잃었다. 가사이 가즈히코였다. 향년 76세였다.

"가사이 씨, 안타깝습니다. 정말 아쉽습니다." 손정의는 애통한 마음을 감추지 못했다.

2000년 6월 야스다 신탁은행(현 미즈호 신탁은행)을 나온 가사이를 손정의는 꼭 함께 일하고 싶다며 삼고초려의 예를 갖춰 소프트뱅크로 모셔왔다. 가사이는 63세에 소프트뱅크 대표로 입사했지만 입사 직후 인터넷 거품이 꺼지는 바람에 소프트뱅크의 주가는 100분의 1로 곤두박질치고 실적 역시 악화했다. 당시 일은 진심으로 미안했다고 손정의는 회상한다.

2005년 후쿠오카 소프트뱅크 호크스 사장 겸 오너 대행으로 취임한 가사이는 소프트뱅크의 총지배인으로서 손정의를 지지하고 끊임없이 격려했다.

2013년 11월 18일 도쿄의 호텔과 후쿠오카 야후 오쿠! 돔(현 후쿠오카 페이페이 돔)에서 열린 추모식에는 약 2,500명이 참석했다. 첫 순서로 손정의는 조문을 읽으면서 간간이 목이 멘 채로 영정 속 고인에게 말을 건넸다.

가사이가 소프트뱅크에서 근무한 13년간 소프트뱅크는 눈에 띄게 진화하고 발전했다. Yahoo! BB를 시작했을 때는 4년이나 적자가 계속되었다. 그때마다 가사이는 "괜찮습니다, 할 수 있어요. 한 번 해봅시다." 하고 손정의를 격려했다. 겨우 적자를 벗어나 이제 한 걸음 나아가려고 할 때도 손정의는 가사이에게 의논했다. 인터넷 시대의 중심은 PC에서 곧 휴대전화로 옮겨갈 것이다.

"우리의 본업인 인터넷 사업을 잘 해내기 위해서는 PC만으로는 안 됩니다. 어떻게 해서든 모바일로 가야 합니다.' 하고 제가 말하자, '저도 그렇게 생각합니다. 한 번 해봅시다.'라며 함께 각오를 다지기도 했었습니다. 그러려면 우리 회사만의 브랜드가 필요하기에 프로야구 구단을 사고 싶다고 말하니 가사이 씨는 알겠다고 답해주셨지요. 보통 적자를 갓 벗어난 우리가 그런 그림을 그린다는 것이 분수에 맞지 않는다고 생각하겠지만, 가사이 씨는 도전해보자고 말해주었습니다. 실제로 호크스를 인수해 우리 그룹 산하에 두게 되었죠."

"그 후 이동통신 사업 진출을 목표로 삼았습니다. 자력으로 제로부터 만들 것인지 보다폰 재팬을 인수할지를 결정해야 했죠. 저는 당시 여러 은행에서 상당히 우려스러운 눈초리로 보고 있으니 50%를 소프트뱅크가 가지고 나머지는 몇몇 회사가 부담하는 편이 리스크가 작아서 좋지 않겠냐고 물었습니다. 그러자 가사이 씨는 '아니요, 50%는 반대입니다. 이왕 사는 거라면 100%로 가야 합니다.'라고 말했죠."

가사이는 딱 한 번 손정의의 말에 거세게 반대한 적이 있다.

"리먼 사태 이후 회사 주가가 바닥을 찍고 저조차도 전 재산을 잃을지도 모른다고 걱정할 만큼 회사의 존립이 흔들리는 상황에서도 '하지만 실적은 좋으니까 문제없습니다.'라고 오히려 격려해주더군요. 그 후 리먼 사태가 상당 부분 진정되면서 실적도 더 좋아졌습니다. 주가가 오르락내리락하면 주주들도 걱정하고 애널리스트나 언론에 설명하기도 번거로우니 상장을 취소하고 개인적으로 회사를 꾊어질까 생각 중이라고 제가 말하자, 가사이 씨는 그것만큼은 절대 반대한다고 강하게 말렸습니다."

가사이는 손정의를 설득했다. "확실히 실적은 좋아지고 있으니 상장을 취소하고 개인 회사로 되돌린다면 자금 조달은 가능하겠지요. 어떻게든 될 것입니다. 그런데 대표님, 이런 일로 상장을 취소해도 정말 괜찮으십니까? 소프트뱅크는 세계로 크게 뻗어나가야 합니다. 약간의 번거로움이나 성가심을 이유로 우리의 꿈을 축소해도 되는 건가요?"

손정의는 회상한다.

"지금 생각해보면 만약 그때 가사이 씨가 말리지 않았다면, 그 후의 스프린트 인수도 힘들었을 테지요. 더 큰 꿈을 그릴 수 없었다고 생각합니다."

마음을 온전히 나눌 수 있는 몇 안 되는 지인을 잃은 손정의의 상실감은 누구도 헤아릴 수 없었다. 그래서 손정의는 그 꿈을 실현하기 위해서 목숨을 걸고 진지하게 임한다.

야스다 신탁은행(현 미즈호 신탁은행)에서 일하던 고토 요시미쓰(현 소프트뱅크 그룹 전무이사 집행 임원 CFO 겸 CISO 겸 CSusO[Chief Sustainability Officer])는 2000년 6월, 가사이와 함께 소프트뱅크에 입사했다. 가사이를 '인생의 스승'으로 여기는 고토는 『프레지던트 온라인』 2014년 3월 13일자 인터뷰에서 이렇게 말했다.

"충격적인 만남이었습니다. 경영 위기에 빠진 야스다 신탁은행을 재건하기 위해 후지 은행이 보낸 경영자가 바로 가사이 씨였죠. 가사이 씨는 첫인사에서 손을 내려놓고 우리들의 눈을 보면서 자신의 말로 격려했습니다. 그동안의 은행 경영자들은 준비된 원고를 그대로 읽기만 하는 타입이 많았기 때문에 직원들의 사기는 단숨에 올랐습니다. 실제로 가사이 씨는 현장을 중요하게 여겼습니다. 융자든 부동산이든 영업처에 동행하며 막강한 인맥으로 톱(TOP) 세일즈를 보여주었습니다. 강력한 리더십을 지닌 분이셨지요."

그런 가사이가 고토에게 권유했다. “같이 갈래?”라는 질문에 “네, 가겠습니다.” 하고 즉답했다. 가사이가 소프트뱅크에 들어간다는 보도를 봤기 때문에 두서없는 질문이었지만 고토는 바로 이해했다. 당시 고토는 가사이와 소프트뱅크로 향하는 차 안에서 이야기를 나누고 있었다. “그런데 저는 경영전략이나 컨설팅은 자신 있지만 영어는 능숙하게 못합니다.”라고 고토가 말하자 “아니, 영어는 필요 없다고 하던데.”라고 가사이가 대답했다. “그리고 딱딱한 사무 관리도 못합니다.”라고 고토가 덧붙였다. “아니, 그런 일도 하지 않을 거야.”라고 가사이가 답했다. “그럼 무슨 일을 하면 되나요?”라는 질문에 “글쎄, 사장실 전속 팀인 것 같던데?” 하고 말했다.

소프트뱅크(당시의 본사는 도쿄 니혼바시 하코자키초)의 사장실에서 손정의는 고토를 보자마자 말했다. “눈빛이 좋네요. 그럼 가사이 씨, 고토 씨를 채용합시다.” 순식간에 끝나버린 면접에 고토는 어리둥절할 뿐이었다.

이렇게 고토는 소프트뱅크에 입사했다. 팀원 하나 없는 백지상태에서 고토는 재무팀의 기반을 다져서 지금은 ‘일본 최고의 재무팀’이라고 불릴 만큼 견고한 팀으로 키워냈다. 또다시 『프레지던트 온라인』 2014년 3월 13일자의 인터뷰를 인용한다.

“(가사이 씨는) 소프트뱅크로 옮긴 후부터는 한발 물러선 참모 역할을 자처하셨습니다. 임원 회의에서도 발언은 많지 않으셨지만 말 한마디 한마디에 무게가 있었지요. 항상 긍정적이고 아무리 사소한 이야기도 싱글벙글하며 들어주셨습니다. 그래서 가끔 부정적인 의견을 냈을 때는 영향력이 컸지요. 작년(2013년) 후반에는 휠체

어를 타고 회의에 나오셨습니다. 무리하지 말라고 부탁드리자 웃으면서 '아직 너희는 못 하는 일이 있지. 내가 옆에 있는 것만으로 일이 진행되잖아.'라고 말씀하셨습니다."

그 무렵 스프린트 인수로 엔화 시세의 변동을 보란 듯이 예측해낸 가사이가 환 헤지(환율 변동으로 인한 외화 자산의 엔화 가치 변화를 회피)로 4천억 엔의 지출을 억제해낸 사실은 지금도 사내에서 화제가 되고 있다.

보다폰과 스프린트 인수를 통해 '공격의 고토'라고 불리며 많은 대형 프로젝트를 성공으로 이끌어온 고토는 말한다.

"제 목표는 단 한 가지입니다. 경영과 한 몸인 일본 최고의 재무를 목표로 삼고 있지요. 우리 회사의 경영팀은 사장님을 비롯한 여럿이 다양한 사업 기회를 찾아냅니다. 기업 가치를 높이기 위한 인수도 그렇고 신규 사업도 그렇지요. 로봇 사업을 들었을 때는 정말 깜짝 놀랐지만 말입니다. 다양한 비즈니스 찬스를 포착하고 하나의 기회로 받아들입니다."

하지만 안건을 하나씩 검토하다 보면 돈을 빼놓고 생각할 수 없었다. "보통 기업은 몇천억 엔이 든다는 판단이 서면 거기서 멈추라고 하겠죠. 그런데 우리는 재무와 경영은 같이 가야 한다고 생각합니다. 앞으로의 기업 가치를 높이는 기회가 될지를 진지하고 빠르게 고민해야 하기에 경영과 함께 움직이는 재무를 추구합니다."

가사이의 말 중에서 고토가 소중하게 간직하고 있는 조언이 있다.

"결과를 감당할 수 있을 만큼 일하게."

어떤 결과가 나오든 그 결과를 감당할 수 있을 만큼 충분히 노력했는가. 일은 거짓말을 하지 않는다. 결과가 다가 아니라는 식으로 자신을 속이지 말라는 엄중한 메시지이기도 하다.

"그렇다고 결과가 전부라는 게 아닙니다. 최선을 다하다 보면 결과는 저절로 따라온다는 말입니다. 가사이 씨에게 부끄럽지 않도록 그 말을 항상 되새기며 일합니다."

원하는 결과를 얻을 만큼 충분히 노력하고 있는가. 그저 흘러가는 대로 살고 있지는 않은가.

고토는 아베 긴야의 수업을 듣기 위해 삼수 끝에 히토쓰바시 대학교 사회학부로 들어갔다. 아베는 『'세상'이란 무엇인가』, 『하메룬의 피리 부는 사나이』 등 많은 저서로 유명하며, 훗날 히토쓰바시 대학의 학장 자리에 오른 일본을 대표하는 역사학자다.

고토는 스스로 '낙오자'라고 칭한다. 대학 시절에는 재즈 연주와 학원 아르바이트를 하느라 공부를 거의 하지 않았기 때문이다. 진로를 결정하지 못해 고민하던 고토는 아베에게 물었다. "무슨 일을 하면 좋을까요?" 아베는 대답했다. "꼭 그 일을 하지 않으면 죽을 것 같은 일을 하라."

그 말에 큰 충격을 받은 고토는 '사람과 관련되는 일을 하려고' 은행 영업직에 취직해서 나름대로 열심히 일했다.

"이 일이 아니면 죽을 것 같은 일을 만났는지는 아직 모릅니다. 하지만 그런 일을 찾은 사람은 발견했습니다."라고 고토는 말한다. "바로 손정의 씨입니다."

그러자 가사이도 같은 생각이라고 대답했다. "저렇게 일에 푹 빠질 만큼 그의 뜻은 크고 추진 속도도 대단합니다. 일본은 물론이고 세계적으로도 저만한 경영자는 찾기 어려울 테지요."

2011년 여름, 스프린트 인수와 관련해서 가사이와 고토는 손정의의 부름을 받았다.

"진지하게 노려볼까 하는데 가능할까?" 손정의가 물었다. 가사이는 직접 대답하지 않고 고토에게 대답을 넘겼다. 고토는 대답했다.

"가능합니다."

2014년 10월, 가사이가 세상을 떠난 후 후쿠오카 소프트뱅크 호크스의 구단 사장(전년도 10월에 사장으로 취임)이 된 고토는 '호크스가 일본 최고'가 되었다는 사실을 영정 앞에서 보고했다. 야후 오쿠! 돔에 있는 가사이의 영정은 언제나처럼 부드러운 미소를 짓고 있었다.

한편 가사이가 등용한 인물로 후지하라 가즈히코(현 소프트뱅크 전무이사 집행 임원 겸 CFO)가 있다. 후지하라는 2001년 4월에 공모를 통해 마쓰다에서 소프트뱅크로 옮겨왔다. 마쓰다에서는 경영관리를 담당하며 타업종 사람들과 함께 새로운 비즈니스를 일으켜 적자인 회사를 어떻게 재건할 것인가에 역량을 발휘해왔다. 미국식 비즈니스의 어려움을 철저히 몸으로 배우는 시간이었다. USCPA(미국 공인회계사) 자격을 보유하고 TOEIC은 900점 이상이었다. 41세인 후지하라는 파이낸스 영역에서 지금보다 큰 무대에서 도전하고 싶다고 생각했다.

후지하라는 소프트뱅크의 세계 진출 사업을 총괄하는 부서를 만들기 위한 인재로 채용되었다. 후지하라가 가장 먼저 한 일은 전 세계의 투자 상황을 분석해 손정의에게 보고하는 일이었다. 그래서 입사하자마자 투자처 정리가 필요하다고 손정의에게 말해야만 했다. 향후 상황을 예측해보니 1천억 엔 이상의 비용이 들고 큰 손실을 보게 된다는 결과가 나왔기 때문이다.

손정의가 직접 계획한 안건에 대해서 '그만두어야 한다'라고 제언해야 했기 때문에 손정의가 어떤 반응을 보일지 불안했다. 그때 가사이는 이렇게 조언했다. "솔직하게 말하게나." 후지하라는 가사이의 말에 따랐다. 그러자 손정의는 말했다. "손해를 볼 뻔했군."

후지하라는 깜짝 놀랐다. 자신이 내렸던 의사결정을 고쳐야 한다고 순순히 인정한 것이다. 보통 주도적으로 일을 하다가 손해를 보면 그 손해를 만회하기 위해 수렁으로 점점 더 깊이 빠져드는 법이다. 하지만 손정의는 과거의 실패에 얽매이지 않고 항상 미래를 내다봤다.

이후에도 실적을 보고할 때마다 손정의는 입버릇처럼 말했다. "나는 회사를 운전하는 드라이버나 다름없지. 백미러에 비치는 경치는 확인했으니 뒤는 이제 됐고, 앞 유리창에 비치는 풍경을 보여주게."

미래 예측으로는 최소한 세 가지 정도 시나리오를 준비했다. 꼭 들어맞는다고는 할 수 없지만 미래를 그려보는 과정이 중요했다.

"빗나갔을 때는 분하더라고요. 왜 예상이 빗나갔는지를 계속 고민합니다." 그러면서 다음 예측은 꼭 맞히리라 다짐했다. 매일 몇 번씩 반복하다 보면 숫자에 대한 감도가 높아지고 사업을 바라보는 눈이 바뀐다고 후지하라는 말한다.

손정의는 항상 5년 후에는 어떻게 될지, 30년 후에는 어떻게 될지를 생각한다. 중요한 건 미래다. 망설여질 때는 멀리 보라고 손정의는 말한다. 대형 인수 건을 검토할 때도 과거의 실적이나 현재의 기업 가치는 결정적인 요소가 아니다.

"손정의 사장님은 검도를 해서 그런지 (한꺼번에 여러 상대와 대결하는) 자유 대련처럼 회사에서도 이 사람 저 사람 모두를 상대했습니다. 좋은 아이디어가 보이면 행운이라며 좋아했지만 이해가 안 되는 부분이 보이면 왜 그랬냐면서 불호령이 떨어졌죠. 어설픈 각오로는 견디기가 어려웠습니다. 그만큼 사장님이 진심으로 받아들이면 매우 큰 기쁨이었고 직원들의 동기 부여로도 이어졌습니다."

가사이는 후지하라에게 일이란 무엇인지 가르쳤다. 후지하라가 손정의에게 "사장님, 그렇게 하면 이렇게 됩니다."라고 보고하는 장면을 본 가사이는 이렇게 말했다. "후지하라, 사장님께 간언할 때는 상처에 소금을 뿌린다는 생각으로 말하게." 아픈 상처에 소금을 뿌리라는 말은 안 그래도 아픈데 더욱더 아프게 하라는 의미였다. 그 정도의 각오로 임하라는 가르침이었다.

후지하라는 소프트뱅크의 새로운 요금 플랜과 자동차 업계에서는 당연한 할부 판매라는 아이디어도 제시했다. 매일 숫자를 보면서 어디를 개선해나갈 것인지를 고민했다. 영업이나 관리 부문의 수치, 네트워크 투자자금의 조달, 통신 사업 전반의 경영과제 등을 두루 살폈다. 후지하라는 손정의와 진심으로 '승부'를 할 수 있는 인물이었다. 모두가 '꿈을 실현한다'라는 같은 뜻을 공유하고 있었기 때문에 가능한 일이었다.

후지하라는 재무를 담당하고 있어서인지 '보수적인 인물'이라고들 말한다. 하지만 오래된 친구는 후지하라에 대해 이렇게 설명한다.

"낙천적인 라틴 계열의 남자입니다."

용맹한 군주 밑에 약한 병사는 없다. 후지하라 역시 용맹한 장군이었다.

2008년 9월 발생한 리먼 쇼크로 인해 주식 시장은 큰 타격을 입었다. 소프트뱅크도 예외는 아니었다.

2분기 결산설명회를 12일 앞둔 10월 24일, 손정의는 후지하라와 경리 책임자인 기미와다 가즈코(현 소프트뱅크 그룹 상무 집행 임원)를 불러 물었다. "결산 발표를 일주일 앞당길까 하는데 어떤가?"

11월 5일로 예정되어 있던 발표일을 10월 29일로 당기자는 말이었다. 심지어 남은 반기나 1년 치의 통상적인 실적 예상이 아니라 2010년 3월기까지 모두 발표하자고 했다.

"앞당기도록 하지." 하고 손정의가 말했다. "어쨌든 당기자고."라고 강하게 밀어붙이는 손정의에게 "아니요, 불가능합니다." 하고 후지하라가 반대했다. 그러나 "가능 여부는 중요하지 않네. 그냥 해야 한다네." 하고 손정의가 말했다.

지금껏 소프트뱅크는 이익 전망치를 공표한 적이 없었다. 보통 예상 이익을 공표하지만 소프트뱅크는 늘 생략해왔다. 평소 공표하는 다른 회사는 리먼 쇼크로 경기가 바닥을 치고 있기에 예상 이익을 발표한 후에 취소하거나 하방 수정하는 등 예상 자체가 어려운 상황이었다.

손정의는 설명했다. "그동안은 전망치를 발표하지 않았지만, 이번엔 반대로 올해의 예상 이익뿐만 아니라 내년도 이익까지를 예측했습니다." 2년 치를 발표하는 회사는 아마 아무 데도 없을 것이다. "신용이 불안한 상황에서 발표를 앞당길 뿐 아니라 그간 하지 않았던 예측을 하고 심지어 2년 치를 발표한 겁니다."

그뿐 아니라 손정의는 잉여현금흐름의 전망, 차입금 잔액의 전망치까지 내놓았다. "그렇게 하자 우리 회사를 향한 금융 불안이 잠잠해졌습니다."

주가는 결산설명회 전날 바닥을 찍고 힘차게 반등했다. 소프트뱅크는 거침없이 진격하기 시작했다.

한때 고토는 손정의의 말에 "그것은 잘못된 말입니다." 하고 반박한 적이 있다. 그 이야기를 들은 가사이가 말했다. "그냥 넘기지 그랬나."

가사이는 결코 손정의의 말을 부정하지 않았다. 남들과 달리 그의 말을 받아들이고 그가 달리는 모습을 지켜봤다. 가사이는 결과를 감당할 수 있을 만큼 일하라고 했다. 그 해석은 나이가 들면서 바뀌었다. 그 말은 섹셔널리즘(Sectionalism, 부서 이기주의 – 옮긴이)에 빠지지 말라는 의미였다고 지금의 고토는 해석한다.

"체조의 마루 연기는 아니지만 일단 사장님이 자유롭게 하도록 지켜봅니다. 다만 매트 밖으로 나가면 안 되기 때문에 그때는 분명히 말씀드리지요." 언제나 온화한 표정을 짓고 있는 고토이지만 손정의에게 직언할 만큼 대담한 면도 있다.

2020년 6월 25일 제40회 정기 주주총회에서 손정의는 말했다. "고토 군에게 매번 '사장님, 지금은 그럴 돈이 없습니다.'라며 혼이 나지만, 그가 없었다면 소프트뱅크 그룹은 몹시 어려운 상황이었으리라 생각합니다. 그래서 고토 군에게 진심으로 고맙습니다."

2020년 8월 결산 발표에서 손정의는 "최고의 방어는 현금 보유다."라고 발언했다.

고토는 "손정의 씨는 공격과 도망, 둘 다 빠릅니다. 보통 일본의 경영인들은 철수를 부끄럽게 생각하는데 말이죠." 하고 말한다. 고토는 말을 이었다. "30조 엔 규모의 자산 중 1조 엔이나 2조 엔은 실험 수준에 불과합니다."

다시 말해 상장주 투자는 소프트뱅크 그룹의 잉여자금 운용과 소프트뱅크 그룹의 보유자산 다각화를 목표로 한 선택이었다. 향후 소프트뱅크 그룹이 투자 회사로서 크게 성장하기 위해서 상장주에 투자해나갈 것이다. 다만 현시점에서는 실험적 시도에 불과하다. 30조 엔의 전체 자산 대비 상장주 투자 규모(1조~2조 엔)는 미미한 수준이라는 의미다.

손정의는 공격과 도망을 동시에 한다. 가사이가 세상을 떠난 지금, 고토는 손정의의 꿈을 실현하기 위해서 꼭 필요한 존재다.

후쿠오카 소프트뱅크 호크스의 구단 사장이기도 한 고토는 말한다. "어떻게 하면 세계 제일로 불리게 될까요? 체제를 만들어야 해서 지금도 끊임없이 고민하고 있습니다."

2020년, 4년 연속 일본 최고의 자리에 오른 압도적 강력함을 지닌 후쿠오카 소프트뱅크 호크스가 메이저리그와 세계 최고의 결전을 치를 날은 그리 머지않았다.

38 300년 후의 미래

트위터가 급속도로 퍼지던 시기였다. 2009년 12월 24일 손정의가 트위터 계정을 만들자 팔로워 수는 폭발적으로 증가했다. 직원들이 보낸 다양한 비전이 트위터를 통해 손정의의 눈에 들어왔다. 손정의가 트위터를 '외뇌(外腦)'라고 칭하자 팔로워로부터 집단지성이니까 '합뇌(合腦)'에 가깝다는 의견이 돌아오기도 했다.

2010년 6월 25일 손정의는 '소프트뱅크 신(新) 30년 비전'을 발표했다.

정보혁명으로 사람들을 행복하게.

세계 TOP 10 기업이 된다.

시가총액 200조 엔 규모.

그룹사는 현재의 800개사에서 5천 개사로 늘린다.

300년 동안 성장하는 기업.

2010년 7월 28일 도쿄 시오도메(당시)의 소프트뱅크 본사 25층. 직원식당이 있는 층에서는 하마리큐온시정원이 한눈에 내려다보인다. 소프트뱅크 그룹의 후계자 발굴 및 육성을 목적으로 하는 학교인 소프트뱅크 아카데미아가 문을 여는 날이었다.

행사장에 모습을 드러낸 손정의는 수강생들의 박수에 환한 웃음으로 화답했다. 1기는 내부생 200명으로 시작했다. 다음 해 4월에 2기로 외부에서 100명이 추가되어 300명이 되었다. 2010년도의 내부생은 반기마다 하위 10%를, 그 후부터는 1년마다 하위 20%씩을 교체하고 있다.

이날 손정의가 특강에 사용한 것은 '손정의의 제곱 병법'이었다. 20대 후반 투병 생활 중에 중국 춘추시대(기원전 770~403년)의 무장 손무가 저술했다고 하는 병법서 『손자』에 손정의가 자신의 말을 더한 것이 '손정의의 제곱 병법'이다. 25개의 문자로 구성된 문자판에 경영지침을 담았다. 손정의는 중장기 전략을 고려할 때 반드시 이 25개의 문자에 부합하는지를 자문자답했다.

각 문자는 다음과 같다.

『손자』 시계(始計) 편에 나오는 말로 싸움에 이기기 위한 조건.

道天地將法(도천지장법) '이념'

道(길 도): 정보혁명으로 사람들을 행복하게 하라.

天(하늘 천): 하늘이 내리는 때, 타이밍.

地(땅 지): 땅의 이치. 인터넷의 중심이 미국에서 아시아로 이동하고 있다.

將(장수 장): 뛰어난 장수를 얻어라.

法(법 법): 방법론, 시스템, 규칙을 만들어라.

頂情略七鬪(정정략칠투) '비전'

頂(꼭대기 정): 비전. 오를 산을 정하고 산 위에서 보는 경치를 상상하라.

情(이치 정): 정보를 수집하라.

略(다스릴 략): 비전을 달성하기 위한 전략.

七(일곱 칠): 승률이 70%가 되면 승부를 걸어라.

鬪(싸울 투): 투쟁을 해야 일을 이루어낼 수 있다.

一流攻守群(일류공수군) '전략'

一(한 일): 압도적인 일등이 되어라.

流(흐를 류): 시대의 흐름을 거스르면 안 된다.

攻(칠 공): 공격하라.

守(지킬 수): 지켜라.

群(무리 군): 동지적 결합.

智信仁勇嚴(지신인용엄) '장수의 마음가짐'

智(지혜 지): 지력을 갖춰라.

信(믿을 신): 신의나 신용을 지켜라.

仁(어질 인): 어질고 자애로워라.

勇(날랠 용): 용기를 가져라.

嚴(엄할 엄): 엄격하라.

風林火山海(풍림화산해) '전술'

風(바람 풍): 재빠르게 행동하라.

林(수풀 림): 조용히 실행하라.

火(불 화): 철저히 실행하라.

山(뫼 산): 쉽게 움직이지 마라.

海(바다 해): 바다처럼 모든 것을 집어삼킨 평화로운 상태가 되어야 비로소 싸움은 끝난다.

아카데미아에서 육성되는 리더는 300년간 성장하는 조직, 중앙 집권형이 아닌 웹(web)형 조직을 만들어간다. 손정의가 아카데미아 수강생에게 강조한 내용은 다음과 같다. "돈도 명예도 필요 없습니다. 그저 더욱더 많은 사람에게 뜻을 전하고 싶습니다."

팔로워가 보낸 '전파 개선' 등의 요청에는 "해봅시다." 하고 리트윗했다. 때마침 NHK 대하드라마에서 <료마전>이 방영되어 료마 팬인 손정의는 료마에 관한 트윗을 올렸다. 2011년 4월에는 팔로워 수도 100만 명을 돌파해 일본 최고가 되었다(2021년 2월 20일 기준 팔로워 수가 281만 3,372명이다).

팔로워 중 한 명이 '소프트뱅크의 직원식당 체험' 이벤트를 제안하면 손정의가 리트윗했다. "아오노 군, 진행합시다. 월요일까지 코멘트 달아주세요."

아오노 후미히로(현 소프트뱅크 전무 집행 임원 겸 CHRO)의 이름은 전국구가 되었다.

아오노가 손정의와 처음 만난 것은 2004년 6월이었다. 당시 소프트뱅크는 사원 수 약 1,700명으로 Yahoo! BB의 사업 확장을 위해 3천 명 채용을 목표로 하는 대형 프로젝트를 진행하고 있었다.

아오노는 리크루트사의 컨설턴트로서 해당 채용을 도왔다. 대졸 신입 2천 명, 경력 채용 1천 명 규모였다. 하지만 아오노는 그중 절반은 1년 안에 그만두리라고 생각했다. 당시의 소프트뱅크에는 대규모 채용을 감당할 만한 충분한 교육 체계가 없었기 때문이다. 그 점을 담당자에게 전하자 아오노는 손정의를 직접 만나게 되었다. 당시 손정의와의 대화에 관해 아오노는 『프레지던트』(2014년 8월 4일)에서 다음과 같이 말했다.

슬리퍼를 신고 와이셔츠를 입은 손정의는 명함 교환도 없이 불쑥 말했다. "그래서, 뭐라고요?" 아오노는 손정의에게 대규모 퇴직의 리스크를 알리고 말을 덧붙였다. "신입사원을 케어하는 시스템을 갖추면 이 리스크는 리더십을 갖춘 인재를 만드는 기회로 바뀔 것입니다."

손정의는 이에 동의하며 대형 계약을 맺었다. 마지막에 손정의는 이렇게 말했다. "그렇게 하고 싶으면 외부가 아니라 내부에서 하는 건 어떤가?"

"해야 한다고는 했지, 하고 싶다고는 하지 않았습니다. 저는 이직할 생각이 없습니다."

이후 손정의로부터 다시 만나자는 요청을 받고 "지구가 반대로 돌아도 옮기지 않을 테니 그래도 괜찮으시다면…"이라고 아오노는 승낙했다.

손정의는 대뜸 질문을 던졌다. "300년 후의 세상은 어떻게 되리라 생각하는가?" "요즘 세상이 이상하다고 생각하지 않나? 그를 바꾸어가는 것은 정치가인가 관료인가? 분명 비즈니스 세계부터 바뀔 테지. 그렇다면 그것이 가능한 경영자는 누구라고 생각하나?"

손정의는 다그쳤다. 아오노는 대답했다. "손정의 씨일지도 모르겠습니다." 손정의는 힘차게 대답했다. "그렇지. 내가 바꾸어나가야지."

그러면서 손정의는 정색하고 말했다. "자네를 이제야 찾았네. 우리 회사에 와서 인사를 맡아주게. 800개사를 모두 맡기겠네. 세계를 변화시킬 내 꿈에 올라타게나."

아오노는 즉답했다. "타겠습니다!"

불과 30분 만에 벌어진 일이었다. 이렇게 아오노는 초대 인사부장이 되었다. 팀에는 아오노 한 명뿐이었다. 혼자서 그룹 전체의 인사를 제로베이스에서 만들게 되었다.

이후 아오노에게는 새로운 과제가 속속 날아들었다. "세계에서 가장 큰 구상을 그리는 분을 섬기고 있으니 어쩔 수 없지요." 아오노는 호쾌하게 웃었다. 이 꾸밈없는 웃음은 손정의를 포함한 많은 사람의 마음을 사로잡았다.

아오노의 인사 채용 능력과 리더를 찾아내는 눈은 오랜 경험을 바탕으로 다져졌다. 보다폰과 니혼텔레콤을 인수했을 때 아오노가 가장 먼저 한 일은 '심기체(心技體)'의 융합이었다.

"'몸(體)'부터 시작하는 것이 포인트입니다. 근무규정, 근무시간,

휴식시간을 맞추거나 근무방식, 장소, 시스템 융합이라는 물리적인 부분을 맞춰야 합니다. '기술(技)'은 상대의 장점이나 스킬 등을 서로 배우고, 그다음에 하나의 같은 목표를 갖도록 '마음(心)'을 다집니다. 여기까지 진행하면 합병이 한결 수월해지지요."

이 내용을 제대로 이해한 사람이 누구인가. 누구에게 맡기면 실현될 것인가. 함께 일하는 시간도 적어서 파악은 쉽지 않았다. 하지만 그럼에도 리더는 준비한 프레젠테이션을 통해 담당자를 결정해야 한다.

아오노는 말한다. "어떤 작업(일)을 하면서 신뢰를 받는다는 사실은 굉장히 기쁜 일입니다. 얼마나 기분 좋은 일인지 실감하고 있습니다."

아오노는 세 살에 아버지를 여의었다. 중학교만 졸업하고 사회에 뛰어들 생각이었지만 장학금과 아르바이트로 고등학교까지 진학했다. "정말 365일 일했습니다."

고등학교를 졸업할 때 한 권의 책과 만났다. 미쓰비시상사 홍보실이 저술한 『시차는 금이다 – 내부에서 본 종합상사』였다. '어떻게 사람이 이렇게까지 할 수 있지? 나도 그렇게 살고 싶다.'라고 생각한 아오노는 열심히 공부해서 명문인 게이오 대학 경제학부에 진학했다. 대학 시절 아르바이트를 한 곳이 리크루트사였다. 입사 후에는 리크루트의 창업자인 에조에 히로마사의 비서를 지내기도 했다. 리크루트에 입사한 해도 창업 25년째였고, 소프트뱅크에 입사한 해도 창업 25년째였다.

"리크루트에서의 10년간의 경험은 지금을 위한 연습이었던 것 같습니다."

이제부터가 본 게임이다. 그의 활약은 앞으로도 계속되리라.

2011년 3월 11일 동일본 대지진이 일어났다. 지진과 그로 인해 발생한 쓰나미, 후쿠시마의 제1 원자력 발전소 사고가 발생했다.

도쿄 본사에서 회의하는 도중에 빌딩이 크게 휘청였다. 손정의는 TV 뉴스에서 눈앞으로 쓰나미가 밀려오는 장면을 보고 입을 다물 수가 없었다. 손정의는 큰 충격을 받았다. '지금 내가 할 수 있는 일은 무엇일까?'

소프트뱅크는 다양한 재난 복구 지원책을 마련했다. 손정의는 3월 22일 후쿠시마 대피소를 찾았다. '조금 더 전파가 잘 통했더라면 더 많은 사람들이 살았을 텐데.' 손정의는 그렇게 생각하면서 아픔을 느꼈다. 통신망 정비는 사회적 사명이라는 사실을 다시금 깨달았다. 정보가 곧 생명선이었다. 휴대전화가 보다 잘 연결되도록 추진하는 일뿐만이 아니었다. 손정의는 큰 결단을 내렸다.

"창업 이후 제 본업과 아무 관련이 없는 일에 손을 댈 생각은 없었습니다. 제 본업은 정보혁명이니까요. 하지만 막상 눈앞에서 슬퍼하는 사람들이 이렇게나 많은데 이익만을 추구해도 되는지 의문이 들었습니다."

손정의 개인의 이름으로 100억 엔을 기부했다. 또 회사 정관을 변경해 임원들의 거센 반대를 무릅쓰고 SB에너지사를 설립했다.

"전력은 다른 방법으로도 얼마든지 만들 수 있지만 문제는 돈입니다. 원전이 아니면 저렴한 전력을 안정적으로 공급하기가 어려우니까요."

최근 100년 동안 인간은 에너지 확보를 위한 전쟁을 거듭해왔다. 다음 100년 동안도 에너지를 위한 전쟁이 일어나지 않는다고 단언할 수 없을 만큼 전력은 인간에게 중요한 문제다.

"하지만 원자력에도 큰 문제가 있습니다. 그러니 자연 에너지를 활용한 새로운 에너지로 교체해나가야 합니다." 손정의의 생각은 명료했다.

소프트뱅크 아카데미아는 소프트뱅크 그룹의 후계자를 육성하기 위해 소프트뱅크 그룹 내외에서 수강자를 모아서 연 학교다. 동일본 대지진 이후 손정의는 소프트뱅크 아카데미아 수강생이었던 한 남자의 프레젠테이션에 주목했다. 미노와 시게키(현 소프트뱅크 그룹 CEO 프로젝트 실장, SB에너지 사장)였다.

당시 미노와는 미쓰이물산 직원으로 소프트뱅크 그룹의 외부 수강생이자 아카데미아 1기생이었다. 뛰어난 상사맨으로서 자원비즈니스의 세계에서 글로벌한 M&A를 담당해온 미노와는 에너지에 대해서 열변을 토했다. 세계 무대에서 통할 법한 영어 실력도 손정의는 주목했다. 무엇보다 손정의는 미노와의 열정에 마음이 움직였다. 미래를 맡겨도 될 것 같았다.

"내 곁에서 함께 세계를 누벼보겠나?" 손정의가 물었다. "감사합니다." 미노와는 솔직하게 대답했다. 미노와는 2011년 10월 31일 미쓰이물산을 퇴사하고 11월 1일자로 소프트뱅크에 입사했다.

미노와는 동일본 대지진이 일어난 순간에는 미쓰이물산의 오테

마치 본사에서 회의 중이었는데 건물이 무너져내릴지도 모른다는 공포감을 맛보았다. 미노와는 말한다. "그때 인간의 유한함을 느꼈습니다. 동시에 무엇을 소중히 여기면서 살아야 할지도 생각하게 되었죠."

손정의는 미노와에게 물었다. "록펠러의 위대한 점은 무엇인가?" "석유입니다." 하고 미노와가 답했다. "아니네." 손정의가 부정했다. "록펠러는 석유가 나오는 토지를 가졌기 때문에 대단한 거야."

손정의는 고비사막에서 가장 풍력이 좋은 땅을 2만 헥타르 사들였다. 도쿄도와 같은 크기로 세계에서 제일 좋은 바람이 부는 곳이었다. 미노와는 고비사막에 가서 직접 두 눈으로 확인했다. "사막이라기보다는 토양이네요. 흙이 있는 곳도 있고 초목도 있어서 모래만 가득한 사막 같지는 않았습니다."

손정의는 100년, 200년, 300년 앞을 내다보고 있다.

"손정의 씨는 언제나 전략을 세우고 체제를 갖춘 채로 기다립니다. 거기에 대의가 있으면 사람은 저절로 따라온다고 생각하지요." 미노와는 손정의의 이념을 다시 한번 깨우쳤다.

2012년 말 실리콘밸리에 있는 손정의로부터 세 줄의 메일이 왔다. "천연가스를 사용한 클린 발전 시스템. 홍미롭군. 검토하게." 미노와는 곧바로 현지로 날아갔다. IT 산업뿐 아니라 차세대 에너지 개발도 실리콘밸리가 맡는 시대가 다가와 있었다.

2013년 5월, 블룸 에너지 재팬을 설립했다. 24시간 365일 안정적으로 에너지를 발전할 수 있다. 게다가 가스를 태우는 것이 아니라 전기화학 반응을 통한 발전방식이기 때문에 깨끗하고 이산화탄

소의 배출도 억제할 수 있어 발전 효율도 좋았다.

예술가 지망생이었던 미노와는 날카로운 감성과 왕성한 지식욕, 행동력으로 손정의의 명을 받아 세계를 누비고 있다.

"손정의 씨의 머릿속에는 우주가 있어서 다른 성질끼리 배합을 합니다. 온갖 카오스(혼돈)를 담아 코스모스(질서)를 만들죠. 거기에서 소프트뱅크의 새로운 역동성이 만들어집니다. 어떤 프로덕트(제품)나 어떤 필드가 아니라 미래에는 소프트뱅크가 실리콘밸리 자체가 되지 않을까 싶습니다."

손정의는 2013년 1월에 진행한 NHK 인터뷰에서 "실리콘밸리에서 새로운 비즈니스 모델을 창조해나간다."라는 비전을 이야기했다. "모든 것이 실리콘밸리를 중심으로 발명되고 재정의됩니다. 미국을 제압한다기보다 사실은 실리콘밸리를 제압해야 하지요. 그 실리콘밸리에서 최첨단의 것을 만들고 통합해나가다 보면 세계인이 가장 요구하는 차세대 제품이 생기고 서비스가 가능해질 것입니다."

통신사 사업에 뛰어든 지 6년이 흘렀다. 어느 정도의 싸움방법을 알고 반응이 온 시점에서 손정의는 혹여 매너리즘에 빠지지는 않았는지 스스로 되돌아보고 있었다.

2012년 5월 22일 세계에서 가장 높은 634미터의 자립식 전파탑 '도쿄 스카이트리'(도쿄 스미다구)가 개장했다. 그해 1월 손정의는 야후의 사업총괄 본부장이었던 미야사카 마나부를 집무실로 불렀다.

갑작스러운 호출에 미야사카는 불안했다. "혼날 줄 알고 가잖아요, 보통. 칭찬을 들어본 적이 없었거든요. 잘했다는 말을 들어본 적이 없었습니다. 뭔지는 모르겠지만 혼나지 않을까 두려웠죠."

과거 손정의가 진두지휘를 맡은 TV Bank(동영상 콘텐츠의 조달, 기획, 개발 사업) 회의에서 야후의 책임자로서 엄격하게 질책당한 경험이 있었기에 느끼는 두려움이었다. 그러나 직접 손정의와 이야기하는 것은 처음이었다. 손정의는 다짜고짜 본론부터 꺼냈다. "자네가 야후의 사장을 맡아줘야겠네." 손정의의 말에 미야사카는 깜짝 놀랐다.

전년도인 2011년 10월 26일에 진행된 소프트뱅크 아카데미아에서의 프레젠테이션이 계기였다. 이날은 선발된 수강생들의 프레젠테이션 대회가 예정되어 있었다. 교장인 손정의와 사무국장인 아오노 앞에서 신규 사업을 제안하는 자리였다.

한 수강생이 전대미문의 발표를 시작했다. 'MOTTAINAI'라는 알파벳과 흑인 여성의 웃는 얼굴이 스크린에 등장했다. '못타이나이' 운동으로 불리는 환경운동으로 노벨 평화상을 받은 왕가리 마타이라는 케냐 여성의 얼굴이었다.

수강생은 발표를 이렇게 시작했다. "지금 가장 못타이나이(아깝다는 뜻의 일본어－옮긴이)라고 생각하는 것은 야후의 경영 체제입니다." 스마트폰 등의 지각변동을 따라잡지 못하고 있어서 아쉽다고 설명했다. "야후는 더 성장할 수 있을 것"이라고 수강생(전 야후 직원)은 말했다. "음…" 손정의는 고민에 잠겼다.

그때부터 주위 사람들에게 의견을 묻기 시작했다. 그 결과 미야사카를 부르게 되었다. "여러 이야기를 들어보니 자네가 좋다는 사람이 많더군. 참 행복한 사람이야."

지금까지 야후는 카리스마 경영자로 불린 이노우에 마사히로(야후 제2대 사장, 작고) 체제하에서 급성장을 이루어왔다. 하지만 최근 들어 '수비 체제'에 돌입했다는 의견이 나오기 시작했다.

미야사카는 손정의에게 대답했다. "제가 감당할 수 있을지 잘 모르겠으니 하룻밤만 생각할 시간을 주셨으면 합니다." 하룻밤 생각해도, 일주일간 생각해도 아마 답은 같으리라 생각하면서도 미야사카는 시간을 달라고 손정의에게 말하고 방을 나왔다. 미야사카의 마음은 이미 정해져 있었다. 아내에게도 각오를 전했다. "회사를 활기차게 만들 수는 있을 것 같아." 미야사카는 야후의 사장 CEO로 취임할 각오를 다졌다.

야후는 월간 600억 페이지 뷰를 기록하는 압도적인 일본 최고의 검색 엔진으로 100가지가 넘는 서비스를 운영하고 있었다. 미야사카는 1997년 창업 2년째인 야후에 입사했다. 당시 50명이던 직원 수는 현재 6,800명에 이른다. 2012년 6월, 44세의 나이로 톱의 자리에 올랐다.

손정의가 입버릇처럼 하는 말이 있다. "직원들이 재능과 열정을 표출할 수 있게 도와줘야 하네."

기술에는 부정적인 면도 있지만 손정의는 기술의 진보에도 매우 낙관적이었다. 손정의는 긍정적인 면에 주목했다. 부정적인 측면도 반드시 기술로 해결할 수 있으니 부정하지 말고 늘 기술로 해결하자는 것이 손정의의 생각이었다.

미야사카는 말한다. "기술로 반드시 해결할 수 있다는 강한 신념이 느껴졌습니다. 이데올로기로는 세상을 바꾸기 어렵지만, 기술은 위대해서 얼마든지 세상을 바꿀 수 있으니까요."

2013년부터 미야기현 이시노마키시에서 '투르 드 도호쿠(동일본 대지진을 기억하기 위한 자전거 행사)'라는 이벤트를 시작했다. 인터넷으로 참가자를 모집해 재해 지역을 자전거로 도는 행사로 미야사카도 참가하고 있다. "재해 지역을 눈으로 직접 보면서 내가 무엇을 할 수 있을지 생각해볼 수 있지요."

등산이나 백 컨트리 스키 등 아웃도어 활동이 고교 시절부터의 취미여서 지금도 여름과 겨울이 되면 산을 오른다. "나고 자란 야마구치 호후 마을에서는 넥타이를 맨 사람을 본 적이 없었습니다. 그래서 어부가 되는 것이 꿈이었죠." 하고 미야사카는 말한다.

야후는 어떤 회사라는 질문을 받으면 미야사카는 이렇게 대답한다. "세상의 여러 가지 문제를 해결하는 회사입니다." 인터넷의 힘을 믿기 때문이다.

미야사카는 이와테현 출신의 시인이자 동화작가인 미야자와 겐지에 대해 손정의 같은 인물이었다고 말한다. 미야자와 겐지는 당대 최고의 지식인으로 지질학, 천문학, 물리학에도 능할뿐더러 에스페란토어도 구사했다. 심지어 첼로도 켰다. 한편 문학자로서도 재능이 넘쳐서 시나 동화를 짓기도 했다. 그야말로 최고 수준의 사이언스 뇌와 아트 뇌를 동시에 겸비한 인물이었다. 미야사카는 말한다.

"레오나르도 다 빈치나 스티브 잡스도 그렇긴 하지만 사실 양쪽을 모두 지닌 인물은 드물죠. 하지만 손정의 씨는 둘 다 가진 사람입니다."

손정의는 소프트뱅크 그룹의 미래상에 대해서 이렇게 말한다.

"앞으로도 기업 가치를 높여 언젠가는 세계 정상에 올라 그 자리를 오래 유지하고 싶습니다. 그를 위해 각 그룹사가 자율적으로 의사결정을 실시하면서도 공통의 이념 아래에서 시너지를 창출하면서 진화와 성장을 계속해나가는 군전략(郡戰略)을 목표로 하고 있습니다.

성공한 경영자일수록 다른 경영자나 비즈니스 모델을 받아들이지 않고 자신의 성공 모델만을 강요하려는 경향이 있습니다만, 저는 그렇지 않습니다. 알리바바 그룹의 창업자인 마윈(애칭 잭 마)과 미야사카 마나부(야후 사장직에서 퇴임 후 현재 도쿄도 부지사) 등이 새롭게 훌륭한 영웅이 된 일은 매우 멋진 일입니다.

제가 그리는 군전략에서는 그들과 같은 영웅이 무리를 이루어 각각 다른 비즈니스 모델을 전개하면서 그룹이 복합적으로 번영해가는 모습을 원합니다. 각 사에 소프트뱅크 브랜드를 강요할 생각은 없습니다. 10년 후에는 다른 어떤 회사와도 비슷하고도 다른 소프트뱅크라는 특이한 존재가 되겠지요."

손정의는 300년 후의 미래를 바라보고 있다.

39 황금알을 낳는 거위

"내가 있는 곳이 곧 본사다." 손정의는 전 세계를 돌아다니며 한 달 중 절반은 해외에서 진두지휘했다.

2006년 1.75조 엔으로 보다폰 일본법인(현 소프트뱅크)을 인수했다. 저렴한 요금 제도와 아이폰의 도입으로 약 6년 만에 계약 수는 두 배 가까이 늘어났다. 2012년에 미국 통신사 3위인 스프린트 넥스텔을 약 1.6조 엔에 매수한다고 발표했다. 양 사의 매출 합계는 2.5조 엔으로 단숨에 세계 3위의 통신사로 발돋움했다.

손정의는 말했다. "세계와 싸울 준비를 마쳤다." "도전하지 않는 것이 큰 리스크다. 오늘부터 우리의 무대는 바뀌었다." "도코모를 제쳤다."

2013년 9월, 손정의는 캔자스주 오버랜드 파크에 있는 스프린트사에 있었다. 스프린트는 창업 100년이 넘는 지역을 대표하는 전통 기업이다. 콩과 옥수수밭을 개간한 '캠퍼스'라 불리는 광대한 부지에는 벽돌로 만든 19채의 건물이 늘어서 있고 약 7,500명이 근무하고 있다.

"우리는 하나입니다. 300년간 함께 성장해나갑시다." 스프린트 본사에서 진행한 손정의의 연설에 간부들은 일제히 일어나 박수를 보냈다.

10월 중순에는 9월에 갓 신설한 소프트뱅크의 실리콘밸리 임원실에 있었다. 월 1회 열리는 스프린트의 경영전략 회의에 스프린트의 간부 10명이 모였다.

"그대들은 바보인가?" 손정의가 날카롭게 지적한 것은 광고비였다. 소프트뱅크의 일본 TV 광고는 8년 연속으로 호감도 선두를 달리는 등 뛰어난 효과를 내고 있었다. 하지만 스프린트는 몇 배나 많은 광고비를 투입하는데도 훨씬 효율성이 떨어진다며 손정의는 분통을 터뜨렸다.

한편 손정의는 미국 TV 프로그램에 출연하고 워싱턴 강연이나 로비 활동 등에도 주력하면서 다음 목표인 미국 통신사 4위 업체인 T모바일 인수를 성사시키기 위해 노력했다. "양강(AT&T, 버라이즌)에 대항할 수 있는 회사를 만들면 미국 통신을 고속화할 수 있고 요금도 낮출 수 있습니다."

하지만 2014년 8월 6일 스프린트를 통한 T모바일 US의 인수 협상이 백지화되었다. 당시 미국 정부가 이동통신 4사 체제의 존속을 고수하고 있다는 점을 고려했다. 스프린트와 T모바일 모두 당국의 승인 획득은 도박이라고 고민하다가 결국 스프린트는 당국의 승인을 얻기 어려우리라고 최종 판단을 내린 것이다.

당시 스프린트는 해결해야 하는 문제가 많아 시장 4위로 추락까지 우려되는 위기 상황이었다. 계약 수의 감소, 잘 연결되지 않는 문제 등 보다폰 인수 당시와 비슷한 상황이었다.

댄 헤세 CEO를 사실상 경질하고 2014년 8월 11일, 손정의는 새 CEO로 마르셀로 클라우어를 골랐다. 손정의는 그를 다음과 같이 정의한다. "마르셀로는 산적 같은 얼굴을 한 스트리트 파이터입니다."

필자가 마르셀로를 찾은 날은 단풍이 든 계절이었지만 창밖에는 찬 바람이 불고 있었다. 집무실에서 셔츠 차림을 한 마르셀로는 분 단위로 분주하게 움직이고 있었다. 2미터가 넘는 마르셀로 옆에 서자 필자의 키는 마르셀로의 어깨 정도밖에 오지 않았다.

CEO로 임명된 마르셀로는 빠르게 개혁에 착수했다. 매일 영업 및 네트워크 부문과 회의하면서 참가하고 싶은 사람은 누구나 그 자리에서 들을 수 있도록 회의를 오픈했다. 스프린트는 사장실까지 4개의 문을 거쳐야 갈 수 있었는데 마르셀로는 그 문을 모두 없앴다.

"사실 스프린트는 천천히 죽음에 가까워지고 있는 회사입니다. 매년 2.5%의 고객을 잃고 있어서 이대로 가면 고객이 모두 없어져 버릴지도 모르죠. 그래서 모든 것을 180도 바꾸어야 합니다. 고객과의 관계, 상품의 판매방법, 요금 청구방법 등 모두 개선이 필요합니다. 그러지 않으면 살아남기가 어렵습니다."

마르셀로는 1970년 12월 9일 과테말라에서 태어났다. 10살 때 어머니의 집 밖에서 옷을 판 경험이 그의 첫 번째 비즈니스였다. 미국 매사추세츠주 벤틀리 대학교 재학 중 마일리지를 사고파는 회사를 세웠다. 대학 졸업 후 휴대전화 대리점에 갔더니 "가게째 사지 않을래요?"라고 해서 얼떨결에 산 후 휴대전화 도매업 등을 하는 브라이트스타를 마이애미에 설립해 단기간에 큰 성공으로 이끌었다. 또 마르셀로는 축구를 사랑해서 볼리비아의 축구팀 볼리바르의 오너이자 축구계의 슈퍼스타 데이비드 베컴과 친구이기도 하다.

한편 손정의 역시 중학교 때부터 비즈니스 방법을 아버지로부터 배워 대학 시절에는 회사를 세우고 스스로 길을 개척해왔다. "같은 DNA를 느꼈습니다." 손정의의 말이다.

손정의와 마르셀로가 처음 만난 것은 2012년 9월 10일이었다. "아, 마르셀로 씨." 손정의는 집무실에서 신발이 아닌 슬리퍼를 신은 채로 마중을 나왔다.

"입가에 웃음을 띠고 있었지만 '안녕하세요'라는 인사말이나 가족 이야기, 오느라 고생했다는 식의 인사치레가 한 마디도 없었습니다. 바로 본론인 사업 이야기를 시작했죠."

마르셀로는 지금까지의 여느 CEO와도 달랐던 손정의와의 첫 만남을 떠올렸다. 당시 마르셀로는 손정의에게 브라이트스타의 사업 내용을 소개했다. "우리는 보상 판매 회사입니다. AT&T, 버라이즌과의 개별 거래를 하면서 보상 판매를 하고 있습니다." 순간 손정의의 눈이 번쩍 빛나며 자세히 설명해달라고 했다. 마르셀로는 보드에 적어가면서 설명을 이어갔다.

"우리랑 독점 계약합시다, 오늘!"

마르셀로는 돌아가는 비행기 시간이 두 시간 남아서 중국으로 가야 한다고 전했다. 그러자 손정의는 말했다. "나와 인생에서 가장 빠른 계약을 맺읍시다. AT&T와는 얼마나 걸렸습니까?"

"아마 석 달 정도 걸렸던 것 같습니다." 실시하기까지 얼마나 시간이 걸렸느냐고 손정의는 추가로 물었다. 보상 판매는 매우 복잡한 과정이어서 매장에서 설명하거나 가격을 설정하는 문제 등도 얽혀 있었다. 그래서 실시까지 최소 9개월은 걸린다고 마르셀로는 답했다.

손정의는 아이폰5 출시를 눈앞에 두고 있었다. 출시일이 2012년 9월 21일이므로 그때까지 준비를 마치고 싶다고 손정의는 말했다. 미팅으로부터 출시일까지는 불과 11일밖에 남지 않은 상태였다. 가능하겠냐고 묻기에 마르셀로는 가능할지도 모른다고 대답했다.

"그럼 오늘 계약합시다!"

마르셀로를 포함해 그 자리에 있던 사람은 6명이었다. 손정의는 바로 변호사를 호출했다. 그날 일본은 월요일이었고 미국은 일요일이었다. 마르셀로는 미국의 고문변호사에게 전화해 이렇게 말했다. "나보다 더 '크레이지'한 사람을 만났어." 마이애미 시각으로 오전 3시, 도쿄 시각으로 오후 4시에 계약을 체결했다.

"나 역시 유통회사를 차린 경험이 있어서 어떻게 버는지 아니까 당신을 믿는 거죠. 그러니 우리 회사 경영진에게 사업 내용을 설명해주시죠." 손정의는 자리를 빼곡하게 채운 거대한 작전실 같은 임원 회의실로 마르셀로를 안내했다.

"회의실에서 마사는 새롭게 서비스할 보상 판매가 무엇인지를 설명하기 시작했습니다. 그리고 이번 계약이 사상 최고로 빠른 계약이라는 점을 포함해서 앞으로 제가 이 사업을 이끌어 갈 거라고 이야기했습니다. 그래서 저는 보상 판매의 구조를 설명하고 참석자들과도 악수했지요."

결국 마르셀로는 비행기를 놓쳤다.

그 후 비즈니스는 순조롭게 진행되어 과거 최대의 거래가 되었지만, 일본에서는 고물상 허가 문제로 한바탕 소동이 있었다. 두 달 뒤 손정의는 마르셀로에게 웃으며 말했다. "Good Job(좋았어)!"

그때 손정의는 미국에서 '빅 서프라이즈'가 있다고 말했다. "뭔데요?" 하고 마르셀로가 물었다.

"2012년 12월 12일이었습니다. 12가 반복되어서 기억하고 있죠. 조인트 벤처의 이름을 Buying Group이라고 짓자고 말했더니 그거로는 부족하다며 Innovation(변혁)을 넣자는 이야기가 됐죠. 결국 앞 글자를 따서 BIG라고 하는 이름이 되었습니다. 지금까지 소프트뱅크와 스프린트의 통합은 순조롭지 않지만, 유일하게 잘 통합이 이루어진 회사가 BIG라고 생각합니다. 구매 역시 규모의 경제를 통해 비용 절감이 이루어졌지요."

"BIG 출범 전에도 마사는 '자네의 일하는 방식이 마음에 들어. 소프트뱅크는 브라이트스타의 사업 대부분을 사고 싶다네.'라고 말했었죠. 저는 고객 중에 AT&T나 버라이즌이 있었고 무엇보다 회사가 애지중지 키운 자식 같아서 싫다고 답했습니다. 그런데 프랑스에서 가족들과 휴가를 보내고 있는 동안 새벽 4시쯤 전화가 울렸죠. 마사에게서 온 전화였습니다."

"마르셀로, 나는 정했네. 자네 회사인 브라이트스타의 80%를 사겠네."

"저는 팔고 싶지 않습니다."

그러자 손정의는 말했다. "인수가격은 공정한 금액이어야 하니 자네가 값을 매기게나."

마르셀로는 말한다. "저는 먼저 BIG의 CEO가 되었습니다. 마사는 스프린트와 소프트뱅크의 이사도 맡아 달라고 했죠. 그건 오케이해서 스프린트의 이사가 되었죠. 그런데 이사가 되고 보니 가만히 있을 수 없었습니다. 보통 이사는 이사회에 나가서 사업의 개요를 보면서 이렇게 개선하라고 의견을 말하는 것이 끝입니다. 직접 서포트하지는 않죠. 하지만 고비용으로 운영되는 스프린트를 보면서 스트레스가 쌓여갔습니다. 그래서 마사에게 스프린트의 비용 구조에 큰 문제가 있다고 전했죠. 이것도 이상하고 저것도 이상하다고 말하는 것을 듣더니 마사는 '그래 알았네, 그럼 자네가 고쳐 놓게!'라고 말하더군요."

T모바일 인수설이 돌던 무렵이었다. 당국의 의향을 고려하면 합병이 어렵다는 사실을 깨달을 때쯤 손정의는 마르셀로에게 스프린트의 CEO가 되라고 제안했다. 처음에 마르셀로는 거절했다.

"통신 사업의 운영에 관해서는 전혀 아는 바가 없었고 캔자스에도 가고 싶지 않았습니다. 현재의 브라이트스타와 마사의 관계에 만족하기 때문이었죠."

그러자 손정의는 마르셀로에게 말했다. "브라이트스타의 나머지 20% 주식도 내가 사겠네." 그래서 지난번과 같이 공정한 가격으로 매매가 이루어졌다.

댄 헤세(당시 스프린트 CEO)와 마르셀로가 CEO가 되는 일에 대해서 이야기했다. 그는 스프린트를 새로운 시점에서 볼 수 있으므로 "굿 아이디어!"라고 대답했다고 손정의는 마르셀로에게 고했다.

"마사가 스프린트에 관여한 뒤로는 그의 규칙에 따라 움직였습니다. '마사(Masa)'라는 이름을 따서 사내에서는 'massacre(대학살) session'이라고 불렀다고 합니다. 실리콘밸리 사무실에 불려가면 회의실에서 거침없이 사람을 베어서 그런 이미지가 생겼다고 하더군요. 저는 스프린트 직원과의 회의를 저에게 맡겨달라고 요청했고 마사에게 승낙을 받았죠."

2014년 8월 초 마르셀로는 CEO 자리를 수락했다. "마사에게 저보다 더 좋은 경력을 가진 사람이 있다고 추천했지만 마사는 그저 경력만 많은 사람은 필요 없다며 사업가를 원한다고 말했습니다. 스트리트 파이터처럼 싸우는 녀석이 필요하다고 말이죠." 마르셀로는 가족과 함께 캔자스로 옮겼다.

마르셀로는 손정의에 대해 말한다. "마사의 생각하는 속도는 누구보다 빠릅니다. 아무도 보이지 않는 앞을 내다봤기에 야후에도 알리바바에도 투자했죠. 미래를 내다보는 힘이 누구보다도 뛰어납니다. 마사에게는 누구에게도 없는 천부적인 재능이 있습니다."

마르셀로는 스프린트의 앞날에 대해 언급했다. "솔직히 잘 모르겠습니다. 일단 방향부터 바로잡아야 하는 시급한 상황이니까요."

지금부터가 진정한 승부처다. 과연 이 대담한 남자는 어떤 수완을 보여줄 것인가.

"스프린트는 마르셀로의 손을 거쳐 변화할 것 같습니다."

스티븐 바이 CTO(당시 최고기술책임자)는 말한다. 호주 태생인 스티븐은 줄곧 기술자의 길을 걸어왔다. 일본의 통신사 시장 사정에도 빠삭했다.

"스프린트는 소프트뱅크 모바일이 일본에서 사용하고 있는 주파수 대역과 거의 같은 대역의 면허가 있어서 소프트뱅크 모바일이 일본에서 쌓아온 네트워크 노하우를 스프린트에 주입할 수 있는 점이 강점입니다. 또 연결성을 개선하는 노하우도 도입하고 있어 성과가 나오고 있습니다."

2012년 봄, 조 유테나우어 CFO(당시 최고재무책임자)는 손정의의 집무실에 놓인 사카모토 료마의 초상화를 보았다.

"초상화를 보니 마음속에 확고한 목표를 세운 사람이라는 느낌이 들었습니다. 열의, 확신, 꼭 해내겠다는 의지까지 갖춘 굉장히 훌륭한 리더죠. T모바일 인수를 검토했을 때도 그렇고 모든 회의에서 엄청난 열의로 꼭 성공해내겠다는 기개가 보였습니다. 규제 당국의 반대로 인수가 어렵다고 판명 나자 그는 이렇게 말했죠. '만약 그렇다면 그만둡시다!'"

조는 이런 결단을 내릴 수 있는 손정의야말로 최고의 리더라고 단언한다.

손정의는 말했다. "물러서는 기술은 공격보다 10배 어렵고 10배 많은 용기가 필요합니다. 물러서면 졌다고 스스로 선언하는 것과 같기 때문이죠. 세상에 망신살이 뻗치는 셈이니까요."

이번 건은 일시 퇴각에 불과하다고 조는 말한다.

알리바바의 상장 기자회견에서 T모바일에 관한 질문을 받자 손정의는 누군가 다른 사람의 결정으로 그렇게 되었다고 답했다. 손정의는 미국 시장의 업계 통합은 필요하다고 생각한다. "규모가 말해줍니다. AT&T와 버라이즌과 경쟁하려면 덩치를 키워야 합니다. 강력한 3위 사업자가 되어 그들의 경쟁 상대가 되는 일은 아주 좋은 전략이죠."

하지만 걸림돌이 있었다. "파이낸스도 문제가 없었는데 미국 정부 당국만 해결이 안 되었습니다. 손정의는 할 수 있는 모든 것을 했습니다. 모든 열의를 기울여 당국을 설득하기 위해 할 수 있는 모든 일을 했지만, 끝내 당국으로부터 허락을 받지 못했죠. 결과를 인정하고 인수를 중단하기로 결단한 점은 정말 훌륭한 리더십이라고 생각합니다. 우리는 최적의 시기를 기다리고 있습니다."

손정의는 마음을 굳게 먹고 있다. "길고 힘든 싸움이 될 것이다."

2014년 10월, 손정의의 오른팔로 니케시 아로라가 소프트뱅크 부회장, 소프트뱅크 인터넷 앤 미디어의 CEO로 취임했다.

손정의는 5년 전 니케시를 만났던 순간을 회고한다. "협상하다 보면 상대방의 재치나 인격이 느껴집니다. 니케시는 밀어야 할 부분, 당겨야 할 부분에 능해서 노련한 수완가라는 인상을 강하게 받았지요."

니케시는 전기공학 관련 지식이나 경제적 감각, 전략에 대한 통찰력, 통신업계에 관한 정통한 지식, 구글에서의 10년간의 경력을 보유한 인물이었다. 치밀하고 섬세한 성격이면서 매우 많은 것을 동시에 생각하고 실행할 수 있다. 이 역동적인 행동 사고가 손정의와 닮았다. 또 통신 인프라로부터 인터넷 비즈니스에 관한 식견은 초일류이지만 모든 직원을 똑같이 대하고 세세하게 배려했다. 구글 재직 시절에도 니케시 팬이 많았던 이유일 것이다. 손정의는 그에게 큰 기대를 걸고 있다.

"어떤 면을 보더라도 이색적인 능력을 겸비한 희소성 있는 인재입니다."

"소프트뱅크는 황금알을 낳는 거위입니다." 2014년 11월 4일의 결산설명회의 모두 발언에서 손정의는 말했다. 약 10년간 누계 3,877억 엔을 투자해 리턴, 즉 투자 기업의 가치는 이때 기준으로 약 30배인 11조 6,699억 엔으로 늘어났다. 참고로 소프트뱅크 본사의 시가총액은 2015년 1월 9일 기준 8조 6,496억 엔이다.

"여러분은 이런 벤처 자본가를 본 적이 있습니까?"

손정의는 다음 황금알로 인도네시아 최대 전자상거래 사이트인 토코피디아 등을 꼽았다. 이 정도 실적이라면 이른바 '거위 프리미엄'을 붙여도 되지 않을까?

2015년 7월 소프트뱅크를 소프트뱅크 그룹으로, 일본에서 통신사업을 전개하는 소프트뱅크 모바일을 소프트뱅크로 사명을 변경했다. 소프트뱅크 그룹 사장에는 손정의가, 소프트뱅크 사장으로는 미야우치 겐이 취임했다.

40 웃는 얼굴

"어쩌면 오늘은 10년 후, 20년 후 또는 30년 후 사람들이 역사적인 날이었다고 말하는 날이 될지도 모릅니다." 손정의는 나직한 목소리로 입을 열었다. 2014년 6월 5일 지바현 우라야스시에서 손정의는 로봇 사업에 진출하겠다고 선언했다. 행사장에는 손정의의 가족들도 자리했다.

로봇의 이름은 페퍼(Pepper). 가정이나 가게 등 일상생활에서 함께하기 위한 퍼스널 로봇으로, 상대의 표정이나 목소리 톤으로 감정을 추측하는 '감정 엔진'을 탑재해서 '센스 있는' 커뮤니케이션이 가능하다.

"저는 25년 동안 오늘이 오기를 꿈꿔왔습니다."

체코의 국민 작가 카렐 차페크가 희곡 『로봇(R.U.R.)』에서 처음으로 로봇이라는 단어를 사용한 1920년으로부터 96년이 흘렀다. 그동안 로봇은 인간에게 예속된 존재로 여겨져왔다. 손정의는 말한다. "오랜 시간 로봇에 관해서 말해왔지만, 누군가에게 로봇 같은 행위를 한다고 할 때는 그 사람에게 감정이 느껴지지 않는다는 점을 의미하는 표현이었습니다. 로봇 같다는 말은 심장이나 감정이 없다는 의미였죠. 지금까지의 로봇은 분명 그랬습니다." 하지만 오늘 마침내 인류 역사상 처음으로 로봇에게 감정을 부여하고 심장을 달아주는 일에 도전한다고 그는 말한다.

페퍼의 키는 약 1.2미터로 몸무게는 28킬로그램이다. 새하얀 사람 모습을 했으며 이족 보행이 아니라 바퀴를 이용해서 미끄러지듯이 움직인다. 사람과 상호작용하고 대화를 주고받으려면 사람 모양의 인간형 로봇이어야 한다고 손정의는 생각했다. 따뜻한 감정, 우호적인 감정을 나누려면 인간형 로봇인 편이 애정을 쏟기 좋아서 더욱 효과적일 것이다. 클라우드형의 인공지능(AI)으로 제어하며 리튬이온배터리를 사용해 12시간 이상 연속으로 움직일 수 있다.

손정의는 페퍼와 대화를 나눴다. "배려가 중요하죠."라고 페퍼가 말을 건넸다. "사람에게 가장 중요한 부분입니다."라고 손정의가 답했다. 사람의 감정을 이해하고 자신의 의지로 움직이는 로봇이 탄생하는 순간이었다.

2010년 6월 10일 시오도메 본사 빌딩(당시)의 25층에서 열린 '신(新) 30년 비전 콘테스트' 결승전이 열렸다.

"일본의 저출산 고령화를 해결하는 키는 로봇입니다."

곧 창업 30년을 맞이하는 소프트뱅크 그룹이 다음 30년에는 무엇을 해야 하는지를 주제로 2만 3천여 명의 전 직원을 대상으로 공모를 받아 신사업 제안회를 개최했다. 발표자는 그룹사인 리얼라이즈 모바일 커뮤니케이션즈의 스가누마 미와였다. 스가누마의 프레젠테이션은 다른 발표와는 완전히 달랐다.

"로봇 기획부터 부품 구매, 프로그램 개발 설치, 대여까지 다시 말해 상류에서 하류까지 장악해야 합니다. 소프트뱅크가 제일 잘하는 방식이죠."

'재미있군. 제대로 짚었어!'라고 손정의는 생각했다. 로봇은 손정의가 오랫동안 생각했던 아이템이었다. 그녀의 목소리 톤은 한층 더 높아졌다. "로봇은 보너스도 요구하지 않고요, 심지어 공짜로 일합니다." 발표회장은 웃음바다가 되었다.

이를 기점으로 로봇 프로젝트가 빠르게 가동되기 시작했다. 그로부터 불과 보름 만에 발표된 '신(新) 30년 비전'에서 손정의는 공언했다. "미래에 우리는 텔레파시 통신 회사가 되어 있을지도 모릅니다." 이때는 많은 사람이 반신반의했다.

이듬해인 2011년 3월 11일에 일어난 동일본 대지진 이후 손정의는 친환경 에너지 추진에 몰두하면서, 로봇 프로젝트는 자취를 감춘 듯이 보였다. 하지만 손정의는 로봇 관련 공부에 돌입했다. 미국에서 로봇 전문가를 부르는 등 당대 일류 인사들을 모아놓고 철저히 연구하는 것이 손정의의 방식이었다. 그러던 중 파리에 본사를 둔 알데바란 로보틱스사의 브루노 메조니에를 만났다. 브루노는 말한다.

"처음에는 소규모 출자를 예정했던 것 같습니다. 그런데 실제로 만나 보니 서로의 비전이 맞아떨어질 뿐 아니라 개인적으로도 의기투합했죠. 미팅 시간도 1시간 반 예정이었지만 결국 8시간까지 길어졌고 그날에 투자가 결정되었습니다. 손정의 씨에게는 명확한 비전이 있었고 그를 실현할 수 있는 회사인지 걱정하고 있던 것 같습니다. 결국 우리의 비전과 로봇이 손정의 씨의 비전에 가까웠기 때문에 잘 풀린 거겠지요. 실제로 소프트뱅크와 우리는 비즈니스 전개 방식도 비슷했습니다."

2016년 출시한 알데바란 로보틱스의 인간형 로봇 '나오(NAO)'를 보고 손정의는 디자인이 좋다고 생각했다. 손정의가 목표로 하는 로봇 프로젝트는 좀처럼 진전이 없었지만, 이날을 기점으로 크게 움직이기 시작했다.

'사람을 즐겁게 하는 로봇'이라는 콘셉트를 바탕으로 요시모토 크리에이티브 에이전시나 지금까지 쌓아온 인맥 등 지금까지의 노하우를 쏟아붓기 시작했다.

손정의는 또 알데바란 팀과도 논쟁을 벌였다. 브루노는 말한다.
"인공지능을 클라우드화하는 점도 매우 중요한 콘셉트입니다. 그래도 원활히 작동하지 않을 때도 있어 삽입형 기능도 갖췄습니다. 손정의 씨도 저도 예술가적인 측면과 사업가적인 측면을 모두 갖추고 있다는 공통점이 있습니다. 그래서 헬리콥터처럼 자유자재로 움직일 수 있고 발상도 풍부하지요. 아이디어가 넘쳐나는 점이 정말 훌륭합니다. 심지어 손정의 씨는 마케팅 감각마저도 뛰어나서 언젠가 경제계에서도 노벨상을 받을 수 있으리라 확신합니다."

논쟁이 한밤중까지 이어지는 일도 적지 않았다. 손정의는 말한다. "(알데바란과 소프트뱅크가 따로 진행하는 것이 아니라) 하나의 팀이 되어 외관, 목소리, 기능, 두 개의 다리를 남겨야 할지 등 논의를 함께하며 각각의 요소를 결정해왔습니다. 이 프로젝트를 시작하기 전부터 알데바란은 나오를 만들었고 노하우를 쌓아왔죠. 소프트뱅크는 통신과 클라우드라고 하는 다른 전문성을 가지고 있어서 양사가 힘을 합쳐야 종합력을 발휘할 수 있는 구조인 셈입니다. (페퍼라는) 원 프로덕트만 만드는 데 그치지 않고 원 그룹 컴퍼니로 함께 가기로 했습니다."

그렇게 2014년 6월 신형 로봇 페퍼가 세상에 나왔다.

"이름에 대해서도 머리를 맞대고 수백 가지의 후보를 냈습니다. 첫 번째 코드네임은 타로(TARO)였죠. 그래서 저는 아직도 타로라고 부르는 버릇이 있습니다. 일본에서 장남에게 흔히 붙이던 '타로'라는 이름처럼 어린 사내아이를 키우는 마음으로 정성껏 개발했죠. 하지만 훗날 전 세계인에게 선보이고 싶다는 생각에서 일본적인 이름보다는 세계인이 부르기 쉽고 발음하기 쉬우면서도 조금 특이한 이름을 짓고 싶어서 최종 이름은 페퍼가 되었습니다."

2012년 이후 구글과 아마존이 로봇 개발업체를 인수하면서 세계적으로 경쟁이 치열해지고 있다. 하지만 이들 회사와 손정의가 원하는 로봇은 다르다.

"생산성보다는 가정이나 가게에서 사람들을 더 즐겁게 해주고 기쁘게 하는 로봇을 만들고 싶습니다. 그래서 감정인식 엔진을 개발하고 있죠. 그룹사 중에 게임 회사를 보유한 우리는 엔터테인먼트에 주력하고 있으므로 그 관점부터 다릅니다. 감정인식, 자율 감정과 관련해서 우리는 이미 1천 건 이상의 특허를 출원했습니다."

인간형 로봇을 다루는 타사는 '인간의 움직임을 흉내 낼 수 있다'라는 점에 흥미가 있어 보인다. 타사가 '이족 보행', '계단 오르기', '종이컵 들기'가 가능하다는 점을 중시하는 데 비해 손정의는 처음부터 '클라우드 AI'를 활용한 커뮤니케이션에 중점을 둔 로봇을 목표로 한다. 클라우드 AI에 집착하는 이유는 '많은 정보량이 곧 지성'을 의미하기 때문이다. 처음부터 감정의 변화와 같은 정보를 클라우드에 모아서 AI로 처리하는 플랫폼을 목표로 해왔다는 점에서 다른 회사와는 크게 다르다.

나아가 소프트뱅크는 2013년 아스라텍을 새롭게 설립했다. 범용성이 높은 로봇을 제어하는 운영체제인 'V-Sido(부시도) OS'를 전 세계 로봇 기술자 전용으로 제공하기로 했다. 그 중심에 있는 인물이 바로 29세의 천재 기술자 요시자키 와타루(아스라텍 치프 로봇 크리에이터)다.

요시자키는 초등학교 3학년 때부터 프로그래밍을 시작한 로봇 엔지니어로 중학교 시절 자유 연구에서는 "유압을 사용하면 8미터짜리 로봇 개발이 가능하다."라고 발표했을 정도로 로봇 연구에 몰두해왔다. NHK 로봇 콘테스트의 강호인 도쿠야마 고등전문학교(야마구치현)와 나라선단과학기술대학원대학교에서 공부하고 V-Sido OS를 개발해냈다. V-Sido OS는 그의 20년에 이르는 기술 개발의 결정체 그 자체다. 요시자키는 말한다.

"로봇은 CPU(중앙 연산 처리 장치)나 소프트웨어 등을 처음부터 전부 만들어야 합니다. 구동성의 차이를 넘어 범용적인 OS를 만들고 싶었죠." 산업용부터 감정인식형, 완구에 이르기까지 폭넓은 로봇에 탑재할 수 있다.

손정의는 요시자키에게 이렇게 말했다. "자네는 소뇌(운동 뇌)를 만들려고 하는군. 아주 현명한 접근이야. 그 기술을 전 세계의 로봇들에게 전파해주게."

"로봇과 인간이 공존하는 사회를 만들고 싶습니다. 그래서 V-Sido로 법 제도나 사회 인프라까지 아우르고 싶습니다."라고 요시자키는 말한다.

손정의의 생각도 뚜렷하다. "앞으로 다양한 종류의 로봇이 나올 테니 모든 로봇에 대응할 수 있는 같은 시대관을 가진 OS가 필요합니다."

퍼스널 컴퓨터의 'intel inside(인텔 인사이드)'처럼 머지않아 로봇의 'V-Sido inside(부시도 인사이드)'라고 불리리라.

2015년 6월에 페퍼가 일본의 '가정'으로 찾아왔다. 아이와 그림책을 읽고 함께 영어 회화 공부를 하거나 귀가한 부모에게 아이의 상태를 전한다. 혹은 파티의 흥을 돋우는 역할을 한다. 반려동물을 대신하기도 한다. 혼자 사는 사람이나 고령자에게는 마음을 읽는 좋은 이야기 상대가 될 수도 있다. 그래서 개호 시설에서 날로 인기가 높아지고 있다.

가슴에는 10.1인치 크기의 태블릿을 탑재했다. "내일 날씨는?" 하고 물으면 일기예보를 띄운다. 스마트폰을 사용하지 않아도 궁금한 정보를 페퍼가 알려준다. 댄스나 코미디 등 다양한 애플리케이션을 통해 기능을 늘려나갈 예정이다.

가게에서 손님을 맞이하는 페퍼는 큰 인기를 끌었다. 웃는 얼굴로 페퍼가 직접 주문을 받으러 온다. "어서 오세요. 어떤 메뉴로 하시겠어요?"

손정의의 로봇 프로젝트에 함께해온 소프트뱅크 로보틱스 그룹 대표이사 사장 겸 CEO인 도미자와 후미히데는 말한다.

"페퍼는 가족의 일원입니다. 20~30년 후에는 한 집에 한 대 있는 것이 지극히 당연해지겠지요. 태어난 날부터 페퍼와 함께 살고 있을지도 모릅니다."

인류 최초의 로봇이 탄생했다고 손정의는 말한다. "인공지능 기능은 클라우드 측에 있으므로 시나리오를 벗어나는 프리 토크도 테스트해보시면 좋겠습니다. 100%의 대화는 불가능하겠지만 70~80%는 대화로서 성립되지 않을까요? 말을 인식하니까 많이 진전된 것 같습니다. 감정인식도 싹트고 있죠. 한두 살짜리 아이가 '사랑'의 의미는 몰라도 점차 '기쁘다', '싫어하다'라는 뜻은 알아가듯이 페퍼의 감정도 최소한의 수준에는 도달했습니다. 애플리케이션에서 조절하고 있죠."

머지않아 자유롭게 대화할 수 있으며 감정도 클라우드에서 점점 진화하고 인식할 수 있게 된다는 말은 자아를 가질 수 있게 된다는 의미다. 자아가 생기면 각각의 로봇이 자율 감정을 독자적으로 가지게 된다. 행복한 가족과 함께 자라는 페퍼는 더욱 행복해지는 등 모든 페퍼가 각기 다른 성격으로 자라난다.

어릴 적 손정의는 철완 아톰을 동경했다. "설레는 마음에 집에 와서 부랴부랴 TV를 켰던 기억이 납니다." 보통 로봇은 철인 28호처럼 눈물을 흘릴 수 없고 사람의 마음도 모르지만, 아톰은 달랐다. "아톰은 기쁘다, 슬프다는 감정을 알았습니다. 당시에는 꿈같은 이야기라고 생각했죠. 로봇이, 컴퓨터가 그런 감정을 이해하면 좋겠다고 막연하게 상상해왔습니다."

25년 전부터 CPU, 메모리, 용량, 통신 기능도 점점 진화해 매일 쓰는 PC 소프트웨어보다 머나먼 존재인 '감정'에 언젠가 도전하고 싶다고 손정의는 생각해왔다. "사람들의 감정을 수치화하는 날이 오겠죠. 인간이 이해할 수 있는 것은 컴퓨터도 이해할 수 있으니까요. 언젠가 꼭 그렇게 되리라 믿습니다."

손정의의 꿈은 점차 현실이 되어가고 있다.

페퍼의 가능성은 무한대다.

커뮤니케이션에 중점을 둔다.

클라우드 AI 기술을 기반으로 한다.

다양한 센서도 달려 있다.

누구나 로봇 애플리케이션을 개발할 수 있도록 SDK(소프트웨어 개발에 필요한 프로그램이나 문서 등을 모아둔 패키지)를 공개하고 있다.
사람들이 다양한 스마트폰 애플리케이션을 마음대로 내려받고 활용하듯이 로봇 애플리케이션도 빠르게 보급될 것이다.
여태까지 TV에서 좋아하는 프로그램을 봤던 것처럼 앞으로는 페퍼가 마치 TV 속 개그맨처럼 다양한 예능을 선보이게 될 것이다.
근육 연장형 로봇에는 한계가 있지만, 페퍼 같은 커뮤니케이션형 로봇에는 한계가 거의 없다.
다양한 센서가 탑재된 페퍼는 사람을 인식할 수 있고 사람의 표정도 구분할 수 있다.
로봇 애플리케이션에 따라 사람들을 위로하거나 즐겁게 해주고 기쁘게 하는 일을 무한대로 할 수 있을지도 모른다.
로봇 애플리케이션 플랫폼을 통해 인류의 지혜를 모아 사람들을 행복하게 만들리라.

2020년 11월 일본 프로야구의 후쿠오카 소프트뱅크 호크스는 4년 연속 일본 최고의 자리에 올랐다. 호크스의 연고지인 후쿠오카 페이페이 돔에서 페퍼도 응원 대열에 합류했다. 오너인 손정의도 뜨거운 성원을 보냈다.

"페퍼의 여행은 기나긴 시간이 걸릴 것입니다. 페퍼는 태어날 때부터 페퍼라는 캐릭터를 가지고 태어났습니다. 페퍼의 하드웨어는 페퍼 2, 3처럼 계속 진화해나갈 것이고 두뇌 또한 앞으로 AI가 도입되면서 서서히 영리해지겠지요. 사람의 감정을 이해하고 사람에게 가까이 다가가는 존재로 진화해나갈 것입니다. 하지만 아무리 진화하고 업그레이드하더라도 페퍼라는 고유의 캐릭터는 변함이 없죠."

페퍼는 종종 실패하기도 한다. "사랑받는 캐릭터를 페퍼로 표현하고 싶었습니다. 로봇이라고 하면 떠오르는 여러 가지 모델이나 형태가 있지만 캐릭터가 있는 로봇은 없으니까요." 그래서 손정의는 페퍼를 처음 설계할 때 캐릭터 설정부터 시작했다.

"예를 들어 호크스를 응원할 때도 페퍼는 열심히 활기차게 춤을 추었습니다. 어떤 행동을 해도 허용되는 캐릭터, 약간 구박받는 캐릭터이기도 하죠. 시라토 가족(소프트뱅크의 인기 광고 속 캐릭터로 하얀 개가 한 가족의 아버지라는 설정) 역시 시라토 가족이라는 캐릭터를 만든 거죠. 하지만 그 외에는 CF 하면 한 번에 떠오르는 캐릭터는 없습니다." 캐릭터가 얼마나 주효했는지 다른 기업들이 모조리 모방했을 정도였다.

그동안 전 세계에서 수많은 로봇이 등장했지만 로봇을 사랑하고 싶은 마음은 좀처럼 생기지 않았다. 대부분 생산성 향상을 위한 로봇이었기 때문이다. 생산성 개선이 필요한 공장에서 기계적으로 나사를 감거나 무거운 것을 나르고 자동차 제조 현장에서 일하는 로봇이 대부분이었다.

"제가 꿈꾸는 로봇, 즉 AI는 지금은 컴퓨터 세상에서 조금이라도 빠르고 정확하게 계산하거나 많이 기억하고 검색이 수월한 생산성의 차원이지만, 최종적으로는 사람의 감정에 가까워지게 될 것입니다."

사람의 마음이란 무엇인가? 인간의 지능 중에서 가장 복잡하고도 고차원인 것이 사람의 감정이다. "저는 그걸 페퍼로 나타내고 싶었습니다."

페퍼가 사람과 감정을 주고받으려면 페퍼에게 고유의 캐릭터가 있어야 한다. 사람으로 치면 어떤 성격을 지닌 어떤 사람이 좋을까? 손정의는 페퍼의 얼굴, 몸, 목소리, 그리고 디자인까지 철저히 고민했다.

"페퍼를 낳은 부모는 저라고 자부합니다. 프로그래밍이나 나사, 모터 같은 건 각각의 엔지니어들이 담당하면 됩니다. 스티브 잡스도 아이폰이나 맥(Mac)을 만들 때 한 번도 프로그래밍은 직접 짜지 않았습니다. 칩 설계도 한 적이 없었죠. 하지만 스티브의 작품에는 스티브의 세계관이 깊이 묻어납니다. 만든 사람의 이미지까지 떠오르는 작품은 드물죠. 스티브는 클럭 사이클이 얼마이고 CPU의 처리 능력이 얼마나 되고 메모리 크기가 얼마나 되는지 하는 차원의 논의가 아니라 작품의 세계관을 만들어냈으니까요."

손정의의 의도도 마찬가지다. 페퍼에는 캐릭터 구축부터 세계관, 앞으로의 발전 방향까지 손정의의 생각이 고스란히 담겨 있다. 그래서 지금의 페퍼를 보고 걷지 못한다거나 지혜가 부족하다는 비판은 타당하지 않다고 손정의는 말한다.

"인류는 20만 년에 걸쳐 진화를 거듭하며 여기까지 왔습니다. 그에 비해 페퍼는 불과 5년이나 10년밖에 지나지 않았지요. 그러니 부족하다는 평가는 시기상조입니다."

손정의는 확신한다. "AI의 진화로 AI가 사물을 인식하고 이해하며 추론까지 할 수 있게 되었습니다. 클라우드에 연결된 페퍼도 당연히 다 가능하지요. 그러니 AI가 진화함에 따라 페퍼의 두뇌도 점점 영리해진다는 점은 이제 의문의 여지가 없습니다. 당연히 함께 발전해나가겠죠. AI의 진화와 함께 페퍼도 성장하는 '클라우드 페퍼'입니다."

2020년 코로나 사태로 인해 페퍼의 노출도도 높아졌다. 도쿄의 신종 코로나바이러스에 감염된 경증 환자를 수용하는 숙박 요양 시설에서 페퍼는 입주자 안내를 맡고 있다.

페퍼의 미래에 대해 도미자와 후미히데는 말한다. "로봇도 퍼스널 컴퓨터처럼 되리라고 생각합니다. 로봇의 시대는 반드시 올 것입니다. 모두가 함께 잘 만들어나간다면 세계적인 수준의 무브먼트가 되리라고 생각합니다. 일본의 로봇이 얼마나 굉장한지 제대로 보여주고 싶습니다."

41 AI 혁명

"오늘은 창사 이래로 가장 익사이팅한 날입니다."

2016년 7월 18일 스마트폰과 자동차용 CPU의 핵심 기술을 보유한 반도체 설계 회사 암 홀딩스(ARM holdings)의 인수를 앞두고 손정의는 말했다. 인수가격은 약 3조 3천억 엔으로 당시 암 시가총액의 약 43% 이상에 해당하는 금액이었다. 손정의에게 '반도체 설계를 하는 회사'는 '미래'를 보기 위한 거울이었다.

같은 해 6월 27일, 손정의는 캘리포니아주에 있는 자택에서 저녁 파티를 열었다. 그날 밤 약 만 평은 될 법한 대저택에는 특별한 초대 손님이 있었다. 암의 CEO 사이먼 시거스였다. 그는 자신이 초대받은 이유를 정확히 알지 못한 채 그 자리에 있었다. 어쩌면 새로운 사업을 수주할지도 모른다고 생각했다. 게다가 이날 저녁 식사에 론 피셔가 동석한 이유도 사이먼은 짐작하지 못했다. 소프트뱅크의 중요한 안건을 다루는 날에는 반드시 론이 동석한다는 사실을 몰랐던 것이다.

손정의는 사이먼에게 이것저것 묻고는 미래를 이야기했다. 마치 소년처럼 때때로 크게 소리를 지르며 즐거운 듯이 열정적으로 떠들어댔다.

사실 사이먼과 만나기 전에 손정의는 앞으로 IoT로 인해 작은 디바이스가 서로 연결되어 테크놀로지의 이용 형태에 새로운 변화가 일어나리라는 점을 깨달았다. 지금은 30억 대 정도의 기기가 모바일로 연결되어 있지만, 곧 조 단위로 디바이스가 서로 연결되게 될 것이다. 손정의는 이미 IoT의 다음 단계를 그리고 있었다.

사이먼과 만났을 때 손정의는 머릿속에서 그림을 그려둔 후였다. 그래서 저녁을 먹으며 손정의는 사이먼에게 넌지시 말을 건넸다. "암은 이제 상장기업입니다. IoT로 기술의 흐름이 변화하면서 모바일로 이룬 성공을 다시 재현하고 싶다면 투자가 필요하죠. 차세대 디바이스를 육성하기 위한 투자가 필요합니다."

사이먼은 동의하며 이렇게 대답했다. "그런데 문제는 암이 상장

기업이라는 점입니다. 그래서 우리가 실시하는 투자의 종류는 한정적일 수밖에 없죠. 암의 기술은 차세대의 디바이스에 응용할 수 있으므로 투자가 필요하다고 주주들에게 말하고 싶지만, 제가 자금을 써 버리면 회사의 이익이 줄어들어 곤란해질지도 모르니까요." 바로 그 문제를 소프트뱅크가 해결할 수 있다고 손정의는 생각했다.

암은 전 세계 모든 휴대전화의 마이크로프로세서를 장악하고 있다고 해도 과언이 아닐 만큼 좋은 기업이다. 커넥티드 디바이스의 심장부이기 때문에 얼마든지 사업 규모를 키울 수 있지만 암 혼자서는 어려운 상황이었다. 하지만 소프트뱅크 생태계의 일부가 되면 가능하다.

만약 다양한 사용자와의 접점에서 대량의 데이터를 수집할 수 있다면 해당 데이터 세트를 바탕으로 AI에 변화가 일어날 것이다. AI 애플리케이션을 만들 수 있게 되므로 의료, 농업 등 모든 방면에 도움이 될 것이 분명했다.

사이먼과의 대화로부터 며칠이 지난 어느 날, 손정의는 터키에서 여름휴가를 보내고 있는 스튜어트 체임버스 당시 암의 회장에게 전화를 걸었다. 지금 당장 만나고 싶다며 개인 전용기로 체임버스를 만나러 가서 당신의 회사를 갖고 싶다고 말했다. 그리고 한 달도 지나지 않아 전격 인수를 발표했다.

암의 인수 배경을 이야기하기 위해서는 시간을 조금 더 거슬러 올라가야 한다. 손정의는 이렇게 털어놓는다. "사이먼과의 에피소드를 말하기 전에 사이먼이 취임하기 전에 CEO였던 워런 이스트가 우리를 찾아왔습니다. 2006년 6월 우리가 소프트뱅크 모바일을 시작하자마자(보다폰 일본법인 인수 완료 시점은 같은 해 4월)였습니다. 그때 따라온 사람이 사이먼이었죠." 그때 암이 어떤 회사인지를 사이먼은 열심히 설명했다. 아직 아이폰에 암이 사용되기 전이었다.

"스마트폰이 출시되기 전이었습니다. 물론 일반 휴대전화도 대부분 암을 사용했지만 꼭 암이어야 할 필요는 없었죠. 하지만 아이폰이 등장하면서, 이른바 스마트폰으로 시장이 이동하면서 이제는 암이 아니면 안 되는 세상이 되었습니다. 즉 컴퓨터 시대, 인터넷의 세계가 퍼스널 컴퓨터에서 인터넷으로 바뀌었듯이, 인터넷이 모바일 인터넷으로 바뀌는 계기가 아이폰의 등장이었습니다. 그리고 아이폰에 암이 사용되면서 결과적으로 아이폰에 대항하기 위해 후발 주자인 안드로이드도 암이라는 선택지를 선택할 수밖에 없었죠. 이 두 운영체제가 암을 사용하는 순간 이미 승부는 끝난 겁니다."

암은 배터리를 많이 소모하지 않기 때문이다. 손정의는 계속해서 말을 이어갔다.

"예전에는 전원을 연결한 상태로 전화기를 썼기 때문에 전기 소비가 많아도 상관없었습니다. 하지만 휴대전화, 특히 스마트폰은 축전지로 움직여서 하루 만에 배터리가 다 닳으면 물건으로서 가치가 떨어집니다. 그래서 배터리가 오래 가면서도 인터넷 검색이 가능한 컴퓨팅을 구현하려면 암이 꼭 필요했죠.

그 사실을 깨달은 순간부터 저는 암이 사고 싶었습니다. 하지만 돈이 부족했죠. 사고 싶은 마음은 굴뚝 같았지만 스프린트를 산 이후였기 때문에 일단은 포기할 수밖에 없었습니다. 다시 말해 소프트뱅크가 일본 모바일 시장에서 넘버원이 되겠다는 꿈을 가졌기에 한 선택이었습니다. 스프린트와 미국 T모바일, 양쪽을 같이 사면 미국 시장에서도 넘버원이 될지 모르기 때문에 일단 그쪽부터 샀지요. 만약 스프린트를 사지 않았더라면 암을 샀을 겁니다. 그때 샀더라면 훨씬 저렴하게 살 수 있었겠지요."

암 인수 발표로부터 석 달 후인 10월 20일, 손정의는 엔비디아의 젠슨 황(창업자 겸 CEO)을 캘리포니아 자택으로 초대해 단둘이서 식사를 했다.

"솔직히 말하자면 암을 인수할지, 엔비디아를 인수할지, 아니면 업무 제휴로 갈지 거의 같은 시기에 고민했었습니다. 결과적으로 암을 인수해서 엔비디아는 실제로 몇 %만 넣었지만요. 앞으로의 AI 세상을 생각하면 엔비디아의 GPU와 암의 CPU를 같이 설계해서 시스템 온 칩(SoC)처럼 하나의 칩 안에 융합된 형태인 AI 칩으로 업그레이드가 필요합니다."

오후 5시부터 장장 4시간에 걸친 만남이었다. 테라스의 흰색 테이블보를 펼친 테이블에서 손정의와 젠슨은 와인을 마시면서 대화했다. 캘리포니아의 하늘은 이미 어두워져 있었다.

"젠슨도 스티브 잡스와 친했습니다. 저도 가깝게 지냈죠. 함께 스티브 잡스와의 추억을 떠올리며 컴퓨터 시대의 미래에 관해서도 이야기를 나눴습니다. 이미 암을 인수한 상태였기 때문에 암과 엔비디아를 융합시키는 새로운 컴퓨터 시대, AI의 컴퓨팅 플랫폼 세상을 연다는 꿈에 대해 서로 열변을 토했죠. 그 대화가 이번 엔비디아로의 암 매각으로 이어졌습니다."

2020년 9월 소프트뱅크 그룹은 암을 엔비디아에 거래 가치 최대 400억 달러(약 4.2조 엔)로 매각하기로 했다.

"세상 사람들은 제가 코로나 때문에 돈이 부족해서 암을 팔아야만 했다고 말하지만 저는 분명 기자회견에서도 '판 것 같기도 하고 산 것 같기도 한' 모양새라고 말했습니다." 이번 거래의 대가로 소프트뱅크 그룹은 현금과 엔비디아 주식을 취득해서 거래 완료 시점에는 최대 주주가 된다.

"엔비디아 주식은 더 사고 싶을 정도입니다. 팔았지만 산 듯한 모양새라는 말은 그런 뜻입니다. 어쨌든 두 회사가 하나가 되어 AI 컴퓨팅 플랫폼이 탄생할 것입니다. 그런 의미의 매각이었습니다. 그러니 남들이 그저 투자 회사에 불과하다고 손가락질해도 상관없습니다. 저는 'AI 시프터'로써 정보혁명의 네 번째 챕터인 AI 혁명에 전력투구해나갈 테니까요."

론은 말한다.

"암과 엔비디아, 각 사의 특징적인 능력의 조합은 차세대 퍼포먼스를 만들어낼 것입니다. 굉장히 탁월한 결정이었죠. 두 프로세싱을 합친 솔루션은 지금까지와는 전혀 다른 새로운 차원의 플랫폼을 만들어낼 것입니다.

자율주행도 그중 하나이며 로봇, AI, 센트럴 프로세싱이나 클라우드 컴퓨팅 등 일련의 기능이나 성능에 관해서도 CPU와 GPU의 조합은 완전히 새로운 기술 플랫폼을 만들어낼 것입니다. 심지어 각자 움직일 때보다 좋은 형태로 완성되겠지요. 인텔 8080이나 8086이 등장했을 때처럼 향후 몇십 년에 걸쳐 이용될 기술 플랫폼이 되리라 확신합니다.

그러니 마사의 이번 결단은 미래에 '역사적인 사건'으로 기억될 것입니다. 손정의는 몇 년간 엔비디아의 동향을 주의 깊게 살펴왔으며 엔비디아를 '컴퓨팅 차세대 프론티어'라고 믿고 있습니다."

2020년 10월 29일 온라인으로 개최된 소프트뱅크 월드에서 손정의와 대담한 젠슨은 암의 매력에 대해 이렇게 말했다.

"컴퓨터, 아키텍쳐의 시점, 컴퓨터 시스템 시점에서 보면 오늘날의 클라우드와 AI는 x86과 엔비디아로 구성됩니다. 그리고 에지(edge)에 사용되는 건 암이죠. 그래서 암과 엔비디아를 조합하는 결정은 합리적인 결론이었습니다. 엔비디아의 AI를 전 세계에서 가장 많이 보급된 에지 CPU와 조합해서 사용하자는 목적이었죠."

젠슨은 설명을 이어갔다.

"에지형 디바이스용으로 에너지를 절약하도록 설계되어 있어 퍼포먼스도 매우 뛰어납니다. 하지만 암의 진정한 가치는 암의 생태계 자체에 있지요. 현재 암을 사용하고 있는 회사는 500개사인데 우리의 꿈은 엔비디아의 AI를 암 생태계에 참여시키는 것입니다. 일반적으로 생태계에 들어가려면 기존 고객이나 라이선시, 파트너를 통할 수밖에 없습니다.

라이선시에는 지금보다 더 많은 가치를 제공하고 싶습니다. 물론 기존 라이선시와의 모든 유효한 라이선스 계약은 앞으로도 유지할 예정이니 더 많이 구입해주시기를 바랍니다. 이러한 비즈니스상의 관계도 소중하지만 더욱 중요한 것은 비전입니다. 지구상의 모든 에지 장치에 탑재된 세계에서 가장 많이 보급된 CPU가 다양한 생태계에 들어가 있습니다. 자동차와 배달용 드론, 휴대 통신 기지국 등 전 세계 모든 시스템에 설치되어 있지요. 우리는 AI를 그 CPU와 조합하고 싶습니다."

거래 완료 시점은 영국, 중국, EU, 미국을 포함한 규제 당국의 승인 등을 거쳐 2022년 3월경이 될 전망이다.(하지만 규제 당국이 제동을 걸고 나서 2022년 2월 엔비디아의 암 인수가 무산되었다. 소프트뱅크는 매각이 무산됨에 따라 2023년 3월까지 암의 기업 공개를 추진하기로 했다.)

2021년 2월 8일, 소프트뱅크 그룹은 2021년 3월기 3분기의 순이익이 전년 동기 대비 약 6.4배인 3조 551억 엔을 기록했다고 발표했다.

"사업가로 태어나 내 회사를 차렸는데 이 정도로 만족하지는 않겠습니다."

역대 최고 순이익이라는 기록보다 소중한 것이 있다고 손정의는 설명했다. NAV(주주가치)가 9개월 만에 1.2조 엔이 증가했다. "NAV를 중요시하면서 앞으로도 확대해나갈 예정입니다."

이와 함께 손정의는 암과 엔비디아(의 생태계) 융합의 가치를 다시 한번 강조했다. "AI 시대에 필요한 칩은 암과 엔비디아의 (생태계) 융합을 통해 만들 수 있습니다." 융합을 통해 AI를 사용한 신약 개발, 자율주행, 클라우드, 로봇 등 다양한 인류의 과제를 해결해나갈 수 있다. AI가 힘을 발휘할 수 있는 컴퓨팅 플랫폼이 탄생하는 것이다. "인류의 미래에 크게 공헌하는 것이 가장 중요합니다."

또 손정의는 소프트뱅크 비전펀드 역시 수확기를 맞이했다고 강조했다. 소프트뱅크 그룹은 제조업이다. 황금알을 낳는 제조회사다. 2020년 12월 기준으로 소프트뱅크 비전펀드 1(LP 출자도 포함)이 92개사(매각 완료 주식 포함), 소프트뱅크 비전펀드 2가 39개사(투자 완료하지 않은 파이프라인도 포함), 라틴아메리카 펀드(LP 출자도 포함)가 33개사로 총 164개사에 투자하고 있다. 터보 전략으로 황금알이 빠르게 쌓여간다. 차이콥스키의 〈호두까기 인형〉 곡에 맞춰 황금알이 차례로 탄생하는 동영상은 설득력이 있었다. AI 혁명에 특화한 덕분에 시너지 효과가 나타나고 있다.

게다가 '비욘드 캐리어(Beyond Carrier)'를 내건 소프트뱅크와도 시너지를 창출하고 있다. 스마트폰 결제 서비스 PayPay(페이페이)는 소프트뱅크 비전펀드의 포트폴리오 컴퍼니로 인도 최대의 결제 서비스 사업자 Paytm(페이티엠)와 연계해 해당 회사의 테크놀로지를 활용해 일본의 스마트폰 결제 시스템을 구축하고 서비스를 확대해 나가고 있다.

손정의의 뜻은 오직 하나다. "AI야말로 인류가 만들어낸 최고의 진화입니다. AI에 모든 것을 걸겠습니다."

42 남다른 재능

2016년 12월 6일 손정의는 도널드 트럼프 차기 미국 대통령과 만났다. 같은 해 9월 암 홀딩스를 인수하며 테크놀로지 업계의 키맨으로 세상에 이름을 알렸다. "한 사람의 리더, 한 사람의 천재가 인류의 미래를 극적으로 바꾼다." 손정의의 확고한 신념이다.

2016년 12월 5일 미래를 이끌어갈 청년들에게 재능을 꽃피울 수 있는 환경을 제공하기 위해 손정의육영재단을 설립했다. AI가 인류의 지적 활동 대부분을 대체하는 미래가 올 것이다.

"인류는 일합니다. 다시 말해 움직이죠. 움직인다, 일한다, 생각한다는 것은 어떤 의미일까요? 땀 흘리면서 일한다는 말은 근육을 사용한다는 의미입니다. 예전에는 노예들이 피라미드를 쌓고 성을 세웠지만, 요즘은 근육을 사용하는 일은 트랙터나 크레인 같은 기계가 대신합니다. 공장 설비도 점차 기계에 두뇌가 생기면서 근육이 필요한 일은 메카트로닉스(기전공학)로 대체되겠죠."

"노동자는 크게 블루칼라와 화이트칼라로 나뉩니다. 블루칼라는 주로 근육을 쓰고 화이트칼라는 머리를 쓰지요. 그런데 지금 메탈칼라가 새롭게 등장했습니다. 메탈칼라는 근육과 두뇌 대부분을 융합한 존재입니다. 바로 AI 로봇이죠."

"AI 로봇이 블루칼라와 화이트칼라 대부분이 하던 일을 대체하게 됩니다. 오히려 인간보다 뛰어날지도 모르죠. 이 메탈칼라는 두 팔 두 다리가 아닐 수도 있고 팔이 100개 달렸거나 머리에 헬리콥터처럼 프로펠러가 달린 도라에몽 같은 생김새일지도 모릅니다."

하지만 메탈칼라가 화이트칼라와 블루칼라의 일 대부분을 대신하는 세상이 되면 인간은 움직이지 않게 될까? 움직이지 않아도 되어서 좋아할까? 아니면 씁쓸해할까?

"결국 인간이 어떤 존재이고 노동이 무엇인지 토론하게 되겠죠.

그렇게 최후의 일인이 인류의 라이프 스타일을 바꿀 것입니다."

"빌 게이츠, 스티브 잡스, 젠슨 황, 일론 머스크 등 극소수의 인간이 인류의 미래를 바꾸겠지요. 산업혁명도 마찬가지였습니다. 에디슨, 헨리 포드, 록펠러가 그랬듯이. 그런 극소수가 혁명기에 세상의 큰 패러다임을 바꿉니다. AI 시대가 되면 50년 후, 100년 후에 극소수의 마지막 인류 대표로서 AI를 뛰어넘거나 AI와 공존 가능한 해결책을 찾아내는 인물이 반드시 등장할 것입니다. 그래서 AI가 인류의 적이라고는 생각하지 않습니다."

메탈칼라와 AI는 인류의 좋은 파트너로서 인류의 곁에서 진화해 나간다. 그리고 AI를 더 발전시키는 인류의 대표, 이 극소수의 슈퍼히어로가 새로운 세상을 열어갈 것이다. 하지만 그들은 일반적이고 획일적인 학교 교육을 통해서는 만들어지지 않는다.

누구에게나 평등한 교육 기회를 부여하는 시스템은 이미 존재한다. 인류를 대표하는 마지막 극소수를 만들기 위해서는 어릴 때부터 날카롭고 특출난 재능을 가진 아이들, 남다른 재능과 능력을 갖춘 아이들에게 최고의 교육 기회를 제공해야 한다.

"그래서 재단을 만들었습니다. 물론 여기에서 인재가 반드시 배출된다고 확신할 수는 없지요. 다만 이러한 노력을 통해 비슷한 역할을 해주는 사람이 한 명이라도 늘어나면 좋겠습니다. 그렇지 않더라도 이러한 의도를 설명하고 능력을 갖춘 아이들에게 언제든지 원하는 만큼 남다른 재능을 갈고닦을 교육 기회를 제공한다면 조금이나마 도움이 되지 않을까요?"

국가의 세금으로 모든 사람에게 고르게 교육 기회를 부여해야 하는 공공의 역할과는 다르다. 세금을 사용하기에 균등해야 하는 공적 교육과는 선을 긋는다. "그래서 조금이라도 이바지할 부분이 있다고 판단했습니다." 손정의육영재단에는 이러한 손정의의 강한 염원이 담겨 있다.

아오노 후미히로(손정의육영재단 업무집행이사)는 말한다. "손정의는 마치 손자를 바라보는 눈빛으로 바라봅니다."

손정의육영재단의 취지는 다음과 같다.

> *"높은 뜻과 남다른 재능을 가진 청년 인재에게 재능을 꽃피울 환경을 제공하고 인류의 미래에 이바지한다는 목표 아래 소프트뱅크 그룹 대표 손정의가 2016년 12월에 설립했습니다. 높은 뜻과 남다른 재능을 가진 청년 인재가 새로운 가치관과 최신 테크놀로지를 접하고 동료들과 교류하면서 자신의 가능성을 넓혀 미래를 이끌어갈 인재로 성장하는 과정을 지원합니다."*

재단 설립 전 아오노는 겐다 야스유키(소프트뱅크 인사본부장, 손정의육영재단 사무국장)와 이야기를 나누고 있었다.

"10대에 회사를 세우고 국제 로봇 개발 대회에서 입상한 젊은 인재가 있습니다. 천재 같죠." 그 말을 듣자마자 손정의는 직접 만나보고 싶다고 했다.

2015년 손정의와의 식사 자리에 참석한 사람은 총 7명이었다. 화이트해커(컴퓨터나 네트워크에 관한 고도의 지식이나 기술을 선의의 목적으로 활용) 국제 대회 입상자도 있었고 행사장에서 드론을 날리는 사람도 있었다.

손정의는 의자에서 떨어지지 않을까 염려될 정도로 몸을 흔들며 기뻐했다. 목소리도 뒤집힐 만큼 "대단하군, 정말 대단해!"라며 감탄사를 연발했다. 개인적으로 전폭적인 지원을 해야겠다고 손정의는 결심했다.

"미래, 지구, 세계를 바꾸어갈 존재들입니다. 순수하게 응원하고 싶습니다."

"그들이 하고 싶은 일을 할 수 있도록 지원할 생각입니다."

"개인과 개인을 연결해줄 겁니다."

"정말 놀랐습니다."

"모두의 가능성이 부럽습니다. 무한한 가능성이 있지요. 자신을 믿었으면 좋겠어요. 남에게 도움이 되는 일을 하기 바랍니다."

손정의의 취지에 2012년 노벨 생리학·의학상을 받은 야마나카 신야 교토 대학 iPS 세포 연구소 소장 겸 교수도 동참했다.

야마나카는 손정의와 마찬가지로 획일적인 일본 교육에 의문을 가지고 있었다. 그들에게는 무한한 기회가 있다고 야마나카가 말하자 "바로 그거야!"라고 손정의가 답했다. 30분으로 예정되었던 면담 시간은 2시간까지 길어졌다.

2018년 국민영예상을 받은 쇼기 역사상 최강의 기사라고 불리는 하부 요시하루 9단의 AI 관련 연구와 탐구심에 손정의는 감탄했다. 나아가 일본 대학의 최고봉인 도쿄 대학 고노카미 마코토 총장(당시)도 재단의 취지에 동참했다.

또 스스로 창업가이면서 스타트업을 육성하는 투자와 인재 육성을 시행하는 Mistletoe(미슬토우, 현 Mistletoe Japan)를 세운 손정의의 동생, 손태장도 합류해 재단의 평의원이 되었다.

2020년 7월 1일의 시점에서 지금까지 지원한 인재 수는 219명으로 그중 최연소는 9세, 최연장자는 29세였다. 2020년 7월에 선발된 4기 지원 인재로는 수학 경시대회에서 다수의 수상 경력이 있는 초등학생, 기업과의 공동 프로젝트로 AI 도구를 개발한 고등학생, 파킨슨병의 정확하고 저렴하게 조기 발견하는 시스템을 개발한 실적을 가진 대학생 등이 있다. 다양한 분야에서 높은 뜻을 향해 달려가는 남다른 재능이 가진 젊은 인재가 선정되었다.

주요 지원 내용은 교류의 장 제공과 장학금 지급이다. 교류의 장으로는 도쿄 시부야, 미국 보스턴과 팔로알토, 영국 런던에 재단생 전용 시설 인피니티(Infinity)를 개설해 재단생끼리 교류할 수 있는 장소를 제공하고 있다.

또 재단생의 연구 내용을 소개하는 행사도 개최하고 있다. 그를 통해 재단생이 함께 추진한 공동연구와 프로젝트도 탄생했다. 장학금은 진학이나 유학뿐만 아니라 미래에 경험해보고 싶은 일이나 향후 이루고 싶은 일에 대해서도 각 개인에 맞는 지원을 꼼꼼히 검토하고 있다. 2019년 3월부터 2020년 2월까지 1년간의 개인에 지급된 지원금은 총 약 5억 7,573만 엔이다.

재단에는 야마나카 교수가 일본에도 아인슈타인 같은 젊은 천재가 있었다고 인정할 만한 젊은 인재도 있다.

2020년 12월 21일 손정의육영재단의 친목회가 온라인으로 열렸다. 일본 국내외에서 약 90명의 재단생과 이사, 평의원, 감사가 참가했다. 이날 활동 보고 프레젠테이션을 한 사람은 7명으로 영어와 일본어로 진행되었다. 모두 독창적이고 훌륭했다.

"눈물이 맺힐 만큼 크게 감동했습니다." 대표이사인 손정의는 이렇게 말한 뒤 프레젠테이션을 지켜본 소감을 밝혔다.

"14세라는 나이에 암세포를 발견하는 기기의 시제품까지 만들다니! 국제적으로 그런 장소가 생기다니 다행이군. AI를 이용한 자율주행 운전도 그렇고 한결같이 흥미로운 주제야. 오늘 참여한 다른 재단생들에게도 자극이 되겠지. 아주 많은 공부가 될 거야. 또래들끼리, 학생들끼리 세계 최첨단 연구라든지 개발이라든지 좋은 자극이 될 게 분명해."

손정의는 자신의 경험담도 털어놓으며 재단생들을 격려했다.

"뛰어난 최첨단의 가능성, 남다른 재능, 특별한 능력을 갖춘 여러분이 교육의 기회를 얻게 된다는 일은 정말 중요하지. 나 역시 16살에 미국 유학을 통해 자극을 많이 받았어. 뇌는 비일상적인 부분을 맞이했을 때 자극을 받아. 친구나 선생님과 만나고 새로운 환경이나 새로운 연구 주제가 눈앞에 나타나는 것만으로 뇌가 활성화되지. 뇌의 활성화는 뇌의 가장 큰 쾌감이고 뇌가 기뻐할 때 가장 크게 성장하며 뇌가 흥분하는 것이 곧 기쁨이니까. 게다가 많은 사람에게 도움이 되는 일이라면 더할 나위 없겠지.

힘이 닿는 대로 아낌없이 지원하겠네. 여러분은 인류의 보배이자 대표니까. 아직 우리가 찾지 못한 젊은 인재들도 당연히 있을 테니 점점 우리의 활동을 넓혀나갈 생각이야. 계속해서 노력해주길 바라네."

2020년 7월 소프트뱅크 아카데미아는 10주년을 맞이했다. 출발은 소프트뱅크 그룹의 후계자 발굴 및 육성을 위한 기관이었다. 10년간 총 670명이 거쳐 갔다.

"원래는 제 후계자를 찾아내 기르겠다는 생각으로 시작했습니다. 아카데미아 수강생 중에서 후계자가 나올지는 알 수 없지만 최소한 그 정도의 각오로 서로를 자극하는 일은 중요하다고 생각합니다." 계속 노력한다는 것은 중요하다. "무엇보다 사람들에게 도움이 되었으면 합니다. 그러려면 우리가 경제력을 가져야 합니다." 하고 손정의는 말했다. "새로운 일을 하려면 군자금이 필요합니다."

"상호 교류를 통해 성장할 수 있지요." 에도막부 말기 시대에도 전 세계에서 교사진을 모아 가르침을 청했다.

"다들 자고로 대기업이라면 물건을 만들어야 한다고 생각하죠."

"더 좋은 사회를 목표로 합니다." 늘 역사에서 배우라고 손정의는 가르쳤다.

소프트뱅크 아카데미아 10주년 기념으로 손정의는 만화 『킹덤』의 작가 하라 야스히사와 대담했다. 『킹덤』은 중국 통일에 도전하는 장대한 드라마를 그린 걸작이다. 전국시대도 현대의 비즈니스도 비전과 전략이 중요하다고 손정의는 말한다.

또 프로그램 중 하나로 아카데미아 수강생들이 프레젠테이션으로 경쟁해서 이긴 사람이 교장인 손정의에게 도전하는 프레젠테이션 프로그램 '아카데미아 본선'을 실시했다. 아카데미아 수강생은 상호 채점 후 본선에 남은 사람이 손정의 앞에서 직접 프레젠테이션을 펼쳤다. 지켜보는 손정의에게서는 날카로운 질문이 쏟아졌다.

소프트뱅크 그룹의 경영 과제를 주제로 한 '프레젠테이션 프로그램', 경영을 시뮬레이션해보는 '매니지먼트 게임', 손정의의 경영학 특강 외에도 저명한 인사와의 대담 등 10년간 각양각색의 프로그램을 개최해왔다. 손정의는 이를 지식의 종합격투기라고 부른다.

아카데미아는 창업가뿐 아니라 손정의의 사상을 이어받은 많은 인재를 배출해왔다. 이토 요이치는 대기업에 다니면서 손정의 앞에서 프레젠테이션을 반복하며 국내 CEO 코스에서 연간 1위의 성적을 거두었다. 그 후 야후로 옮겨 『1분 전달력』, 『0초 만에 움직여라』 등 새로운 자기계발서를 차례차례로 저술했다. 현재 스타트업 육성 프로그램에서 멘토, 어드바이저 역할을 하는 이토는 서면으로 이렇게 말했다.

"소프트뱅크 아카데미아는 '뜻을 향해 나아가는 인생'을 시작하는 계기가 되었습니다. 마흔 살이 넘어 손정의 씨를 만났습니다. 손정의 씨와 동료들의 열정에 자극받아 저도 제 뜻을 향해 한 걸음 내디뎠죠. 그 후로 모든 순간은 제 뜻을 다지는 여정이었습니다. 그리고 2021년 4월 무사시노 대학에서 일본 최초로 앙트러프러너십 학부를 설립해 학부장이 되었습니다. 더불어 사는 모두가 웃는 얼굴로 행복하게 사는 세상을 만들기 위해 교육 부문에 이바지하고자 합니다."

마에다 가마리는 소프트뱅크 아카데미아 1기생으로 선발되어 사업 프레젠테이션으로 1위에 올랐다. 손정의 앞에서 직접 프레젠테이션을 하고 수많은 사업 제안도 승인되었다. 『프레젠테이션 자료 디자인 도감』, 『미니멈 프레젠테이션』 등을 저술해 많은 기업에서 프레젠테이션 연수와 컨설팅을 진행하고 있다. 서예 학원 TUGUMI의 대표이사이자 서예가인 마에다는 서면으로 이렇게 말했다.

"아카데미아는 제 인생을 이끌어준 곳입니다. 손정의 씨의 생각을 접하고 그 크기와 깊이에 압도당하면서도, 무엇을 위해서 어떠한 일을 이루어야 하는지 제 안의 생각과 마주하는 나날이었습니다. 그래서 독립해서 창업했는데 아카데미아에서 배운 내용을 실천하면서 언젠가 꼭 보답하고 싶습니다. 많은 동지라는 재산을 얻게 해준 손정의 씨에게 다시 한번 진심으로 감사드립니다."

2020년 11월 코로나 사태로 줌(Zoom)과 대면 형식을 혼합한 형태로 소프트뱅크 아카데미아 11기 프레젠테이션 본선이 개최되었다. 손정의는 아카데미아 수강생들에게 말했다.

"AI는 모든 분야를 개혁하고 산업을 재정의합니다. 그야말로 피가 끓고 살이 떨리는 흥미로운 세계지요. 이러한 세계에서는 지금까지와는 전혀 다른 영웅이 탄생하기 마련입니다. 자, 여러분은 다음 시대를 이끌어갈 각오가 되셨습니까?"

손정의의 눈에는 기백이 서려 있었다.

43 비전펀드

소프트뱅크 그룹은 2017년 5월 10일, 2017년 3월기 결산을 발표했다. 영업이익이 전기 대비 12.9% 증가한 1조 260억 엔으로 2013년도 이후 다시 1조 엔을 넘어섰다. 손정의의 말은 사람들을 놀라게 했다.

"이번에는 실력으로 1조 엔을 돌파했습니다. 앞으로도 1조 엔을 돌파할 자신이 생겼죠."

"1조 엔을 달성했지만 의외로 감동이 느껴지지 않았습니다. 1조, 2조는 그저 지나가는 구간이라는 사실을 새삼 깨달았죠."

같은 해 5월, 소프트뱅크 비전펀드는 1차 클로징을 마쳤다.

"'손정의는 무엇을 발명했는가. 단 한 가지를 꼽는다면 300년 성장하는 조직구조를 발명했다'라는 말을 (후세에) 듣고 싶습니다."

"정보혁명은 300년간 계속될 것입니다. 정보산업의 핵심 기업이 되기 위해서는 '군전략'을 취해야 합니다. 혼자서 하는 것이 아니라 집단으로 해야 합니다. 꼭 인수한 회사의 (주식의) 51%이어야 할 필요도 없고 20~30%면 됩니다. 최대 주주나 그에 가까운 존재면 되지요."

"소프트뱅크 비전펀드의 소원은 단 한 가지입니다. 소프트뱅크는 PC 혁명의 입구에서 설립한 회사입니다. 창업했지만 별다른 존재감이 없었죠. 그다음에 찾아온 인터넷 혁명의 입구에서는 시대의 변화를 눈치채고 약간의 투자는 했지만, 여전히 존재감을 드러내지는 못했습니다. 그 후 모바일 인터넷의 시대가 왔는데 이 역시 누구보다 빨리 알아채고 누구보다 빨리 아이폰 발표 전에 스티브 잡스를 만나러 갔지요. 아시아나 중국 시장에서도 누구보다 빨리 마윈을 알아봤지만, 제 기준에서는 아직 이렇다 할 만한 성공을 이루지 못했습니다. 그래서 조금 부끄럽기도 합니다.

저는 시대의 흐름이 바뀌는 세 번의 지점을 모두 알아채고 누구보다 빨리 행동으로 옮겼습니다. 하지만 여전히 아무것도 이루지는 못했죠. 사카모토 료마도 한번 시작한 일은 반드시 끝까지 해내라고 말했습니다. 목숨을 걸 만큼 위험을 무릅쓰면서 일을 완수하기까지 사람은 얼마나 인내하고 타협하며 어디까지 위험을 감수하면서 견뎌내야 할까요? 이 모든 과정을 거쳐야만 스트리트 파이터가 되어 비로소 무언가를 이루어낼 수 있습니다."

손정의가 가장 좋아하는 료마가 바로 그런 인물이다. 오다 노부나가나 진시황제 영정(진시황의 본명. 만화『킹덤』에도 등장한다), 칭기즈칸, 나폴레옹도 마찬가지다. 그래서 손정의는 그들을 존경한다. 위험을 무릅쓰고 큰일을 해낸 인물들을 손정의는 한없이 존경한다. 손정의는 강한 어조로 말한다.

"뭐든지 말로만 하는 건 쉽습니다. 그래서 잘난 척하면서 남을 내려다보고 쉽게 남을 비판하는 평론가들에게는 적당히 하라고 말하고 싶죠."

시대의 흐름을 알아차리고 행동으로 옮기려고 변화의 입구에 서 있었지만, 아직 아무것도 이루지 못했다는 사실에 손정의는 사람으로서도 사업가로서도 만족하지 못한다는 말이었다.

"이번만큼은 핑계 대고 싶지 않습니다. 지금까지는 변화를 알아

차렸지만 자금이 없었습니다. 좀 부족했죠. 늘 조금씩 부족했고 부채도 있었으니까요. 아마존도 상장하기 전에 제프 베저스와 단둘이 만나 출자하게 해달라고 4시간 정도 대화했죠. 그렇지만 돈이 약간 부족했습니다."

손정의는 속마음을 털어놓는다. 이번에는 자금이 부족했다는 변명을 하고 싶지 않다. "그래서 자금이 얼마만큼 있으면 부족하지 않을지 생각해봤습니다. 어느 정도면 저 스스로 변명할 여지가 없다고 말할 수 있을까. 그러려면 10조 엔 정도 필요할 것 같았습니다. 그래서 10조 엔 펀드를 만들기로 다짐했습니다."

"다시 말해 이번에야말로 정보혁명의 제4장인 AI 혁명의 입구에서 10조 엔 펀드를 만들어 변명하지 않고 유니콘을 찾아내 과감하게 자본을 넣을 겁니다. AI를 사용한 의료, 교통, 핀테크 등 다양한 분야의 유니콘 기업이 있겠죠. 각 카테고리의 최고가 될 만한 새로운 히어로를 찾아야 합니다. 많은 펀드 매니저를 고용해서 유니콘을 찾아내는 방법과 발견하면 유니콘에 투자할 군자금, 그리고 '이것'이 필요했습니다.

소프트뱅크는 사업 회사여서 고객 확보나 경비 관리, 직원 관리 등 일상적으로 필요한 업무가 많습니다. 그러니 사장은 매일 아침부터 밤까지 최선을 다해 의사결정에 매진해야 합니다. 이렇게 미시적으로 깊게 파고 들어가야 하는 역할과 AI 혁명의 초입에서 창업가를 발견해서 키우고 자본을 대는 역할, 양쪽을 함께 쫓기에는 몸도 시간도 감당이 안 될 것 같았습니다. 그래서 마지막 선택으로 사업의 운영은 미야우치(겐)와 직원들에게 맡기고 저는 AI 혁명에 전념하겠다는 마음으로 소프트뱅크 비전펀드를 만들었죠."

손정의는 계속해서 솔직하게 속내를 고백한다. 실리콘밸리를 포함해 전 세계에는 5천 개 정도의 벤처캐피털이 있다. 벤처캐피털 펀드의 규모는 대체로 커야 500억 엔, 일반적으로 수백억 엔 초반 정도가 평균이라고 한다.

"보통 펀드 투자 기간은 7년입니다. 예를 들어 7년간 300억 엔을 투자하면 한곳당 대략 5억 엔이나 10억 엔씩이어서 시리즈 A라든지 시리즈 B, 즉 시작하고 얼마 안 된 곳밖에 넣을 수가 없죠. 물론 신설 기업에 투자하는 역할도 필요합니다.

다르게 비유하면 유치원 교육도 필요하고 초등학교 교육, 중학교 교육, 고등학교 교육, 대학 교육 모두가 중요합니다. 그렇지만 대학 교육에 해당하는 고등학교 후반부터 대학에 해당하는, 즉 사회에 나서기 직전까지의 마지막 부분에 특화된 펀드가 없었습니다. 시리즈 D나 E 정도의 투자이기 때문에 꽤 큰 자금이 필요하죠. 당연히 안건 하나당 투자 규모도 커집니다."

작은 일만 하다가는 때를 놓치리라고 손정의는 판단했다.

"AI 혁명의 유니콘으로서 평가금액 규모가 1천억 엔을 초과하는 1천억, 2천억, 5천억 규모의 기업에 앞으로 1천억 엔 단위로 자금을 투입하고 싶은데 그런 펀드가 없었습니다. 그런 단위로 투자하기 위해서는 아무래도 10조 엔 정도가 필요하죠. 이렇게 역산했습니다. 돈이 얼마나 있느냐가 아니라요."

이번만큼은 AI 혁명을 짊어질 만한 대표 기업을 발견하고 해당 기업에 전폭적인 지원을 하고 싶기 때문에 그 정도 자본은 있어야 한다고 손정의는 생각했다.

"소프트뱅크 비전펀드 1가 약 100개사니까 평균 1천억 엔입니다. 애당초 투자금액이 평균적으로 300억 엔밖에 되지 않는 기업들에 한 번에 1천억 엔을 투자하는 셈이어서 기존의 실리콘밸리 캐피털리스트의 눈에는 이상하게 보일지도 모릅니다. 그동안 보지 못했던 투자방식이어서 다소 혼란스럽겠지만, 그들을 교란하려고 일부러 시작한 것이 아니라 AI 혁명을 하기 위한 선택이었습니다."

손정의와 비전펀드의 '꿈을 공유하는' 핵심 인물은 라지브 미스라(소프트뱅크 그룹 부사장 집행 임원)다. 손정의는 그에 대해 이렇게 평한다. "라지브는 매우 머리가 좋고 숫자에 빠삭하며 유연합니다. 근데 사람도 좋더라고요. 심지어 친절하기까지 합니다. 물론 은행원은 돈을 빌려주는 입장이기 때문에 매사를 비관적으로 보고 현실적으로 봐야 하는 부분도 필요합니다. 그래서 대부분 은행원은 리스크만 보는 사람들이 많습니다. 하지만 라지브는 그 부분도 뛰어나지만, 최후의 순간에 긍정적인 면도 보는 꿈을 좇는 사람입니다."

2003년 라지브는 도이치 은행 근무 시절에 손정의와 처음 만났다. 라지브는 채권과 대출 담당으로 니혼텔레콤의 고정 회선 비즈니스, Yahoo! BB 등 프로젝트의 파이낸스에 참여했다. 라지브는 "당시 소프트뱅크의 도쿄 사무실에 가면 항상 맛있는 곳에 데려가 주셨죠. 좋은 시절이었습니다."라고 당시를 떠올렸다.

손정의는 향후 10년에 대해 프레젠테이션을 했다. 라지브는 회의적인 부분도 있었지만 융자를 결정했다. 물론 도이치 은행이 리스크를 관리한다는 조건부 허가였다.

이듬해인 2004년, 손정의와 라지브는 재회했다. 손정의는 라지브에게 자신을 인도로 데려가달라고 재촉했다. 2005년이 되고 둘이서 4일간 인도를 방문했다. 델리 이틀, 뭄바이 이틀씩의 일정이었다. 손정의는 브로드밴드로 스트리밍할 수 있는 영상 콘텐츠를 사고 싶었다. 현재 넷플릭스가 하는 일을 예측했기 때문이다. 그래서 라지브는 그를 인도 관계자에게 소개했다.

인도에서 머무는 동안 라지브는 손정의에게는 뭔가 특별한 게 있다고 생각하게 되었다. 아직 스마트폰의 원형이 만들어지기도 전부터 손정의는 콘텐츠를 사서 자택이나 개인이 볼 수 있도록 하고 싶어 했기 때문이다. 가정 내에서나 개인이 컴퓨터를 다루는 시대가 올 것 같았다. 그래서 라지브는 손정의를 "미래를 내다볼 수 있는 비저너리이자 대담한 리스크 테이커"라고 정의한다.

2006년 1월 첫째 주, 손정의가 라지브에게 전화했다. 보다폰 일본법인 인수를 위해 자금 조달이 필요했다. 그때 라지브의 아내는 셋째 아이를 임신 중이었고, 예정일은 1월 20일 전후로 출산이 임박한 상태였다. "만약 출장을 간 사이에 아내가 출산한다면 분명 잊기 힘든 기억이 될 것입니다. 그래서 도쿄에 갈 수 없다고 마사에게 말했죠."

라지브가 도쿄 방문을 거절하자 손정의는 런던에 있는 라지브를 찾아왔다. 현금 200억 달러가 필요한데 자기 자금은 20억 달러밖에 없었다. 2006년 1월 4일 기준으로 시가총액은 약 5.1조 엔이었다. 손정의는 나머지 180억 달러를 빌려달라고 부탁했다.

"검토해보겠지만 저는 은행이 아닌 일개 직원이기 때문에 180억 달러나 되는 액수라면 상부의 승인이 필요합니다." 하고 라지브는 대답했다. 회의 전후의 두 사람의 대화 내용을 라지브의 증언을 토대로 재현했다.

손정의 "내일 보다폰과 미팅이 있습니다. 참석자는 보다폰 CEO인 아룬 사린과 CFO, 보다폰 일본법인의 CEO, 그리고 당신과 나입니다."

라지브 "저한테 무엇을 바라시는 겁니까?"

손정의 "당신이 돈을 마련하겠다고 하세요. 그러면 보다폰 측이 수긍하겠죠."

라지브 "마사, 저한테는 그런 권한이 없습니다."

손정의 "일단 그냥 와주면 됩니다."

그리고 미팅 당일 대기실에는 이미 보다폰 직원들이 도착해 있었다.

손정의 "미팅에서 대출해줄 예정이라고 말해주세요."

라지브 "(은행의) 승인을 받지 않았는데요."

손정의 "괜찮으니까 아무튼 그렇게 말해주세요."

미팅이 시작되었다.

손정의 "도이치 은행이 180억 달러를 제공하고 제가 20억 달러를 마련할 생각입니다."

보다폰 "(라지브에게) 정말입니까?"

라지브 "조건부로."

미팅 이틀 후 라지브는 도이치 은행의 CEO 요제프 아커만으로부터 온 전화를 받았다. 도이치텔레콤을 소유한 만네스만사의 이사이기도 한 인물이었다.

요제프 아커만 "보다폰으로부터 전화가 왔는데 크레이지한 일본인과 함께 온 인도인이 인수 자금 180억 달러를 마련한다고 했다는데 사실인가? 라지브, 자네가 그랬나?"

라지브 "그건 아니고 검토해보겠다고는 말했습니다."

라지브는 이 안건을 위해 업계 최초로 사업 증권화를 도입해 자금 조달에 성공했다. 소프트뱅크 그룹의 자기 자금 20억 달러 투자는 800억 달러라는 누계 회수액이 되었다.

그 후 손정의와는 2007년에 한 번 만났을 뿐 잠시 교류가 끊겼다. 그리고 2014년 6월 니케시 아로라의 결혼식에서 두 사람은 재회했다. 손정의는 다음 날 아침 8시부터 소프트뱅크 그룹의 향후 계획을 프레젠테이션했다. 결혼식에서 재회한 이후 손정의는 라지브를 다시 도쿄로 불러 이야기를 나눴다.

알리바바는 IPO(기업공개)를 신청한 상태였고, 손정의는 소프트뱅크 그룹을 세계적인 기업으로 만들고 싶다고 생각했다. 이를 위해서 라지브처럼 국제 금융과 투자에 조예가 깊은 사람과 함께 일하고 싶다고 손을 내밀었다.

도이치 은행에서도 소프트뱅크 비전펀드와 관련해서도 일을 벌이는 것을 좋아하던 라지브는 생각했다. '이건 나에게 새로운 기회다!' 자금 조달 및 세금 관련 부분에서 보탬이 되고 부가가치를 더할 수 있을 것 같았다. 그리고 금융 경험과 맞바꿔 손정의에게서 세계의 테크놀로지에 대해 배울 수 있으리라 생각했다.

"모든 일에는 그에 알맞은 장소가 있습니다. 전 운명을 믿으니까요." 하고 라지브는 말했다.

2016년 8월, 여름 휴가를 맞아 가족들과 그리스로 향한 라지브는 1~2주의 여행 기간에 손정의를 위한 20쪽짜리 프레젠테이션 자료를 준비했다. 우선 사우디아라비아, 카타르, 아부다비에 있는 도이치 은행 시절의 옛 부하 직원들에게 연락해서 흥미가 있는지를 조사했다.

2016년 9월 도쿄에서 라지브는 손정의와 이런 대화를 나누었다.
"아부다비나 사우디 등의 정부계 펀드로부터 자금을 받을 수 있을지도 모릅니다. 100억 달러에서 300억 달러 규모로 예상합니다."

세쿼이아캐피털, 벤치마크 등 벤처캐피털은 규모가 크다고 알려진 곳도 10억 달러 수준이었다. 소프트뱅크 그룹의 50억~100억 달러 규모의 출자에 더해 100억~200억 달러 규모의 자금 조달이 가능하다면 상당한 규모가 되리라.

1천억 달러(10조 엔)로 숫자가 바뀌었을 때의 일화를 라지브는 털어놓았다. 중동에서의 미팅을 주선하고 손정의는 도쿄에서, 라지브는 런던에서 현지로 향했다. 비행기 안에서 손정의는 라지브의 프레젠테이션 자료를 새로 만들었다. 미팅이 시작되고 라지브는 손정의가 300억 달러에서 1천억 달러로 증액한 부분을 발견하고 놀랐다.

당시 소프트뱅크 그룹에서 투자를 담당하는 인원수는 극소수에 불과했다. 그러나 현재 소프트뱅크 비전펀드는 아부다비, 홍콩, 런던, 뭄바이, 리야드, 상하이, 실리콘밸리, 싱가포르에 사무실을 만들어 현재 400명 이상의 직원이 일하고 있다.

여기서 꿈을 좇는 자, 라지브가 도대체 어떤 삶을 살아왔는지를 알아보자.

1962년 1월 18일 라지브 미스라는 인도의 중상층 가정에서 태어났다. 16세인가 17세가 되자 아버지는 라지브의 진로에 대해서 말을 꺼냈다. "장래에는 의사나 엔지니어가 되렴. 그 외에는 시간 낭비란다."

당시 인도에서는 이 두 직업이 아니면 일자리를 얻기 힘들었기 때문이다. 수학과 물리를 좋아하던 라지브는 의사는 힘드니까 엔지니어가 되겠다고 대답했다.

19살이 되던 해에 아버지가 세상을 떠났다. 이후 어머니 밑에서 자란 라지브는 프로그래머로 일하면서 동생의 텍사스 대학교 오스틴 캠퍼스 학비를 부담했다. 라지브는 인도 대학의 최고봉이라고 불리는 IIT(인도공과대학)에 합격했다.

1980년 당시 인도에서 전액 장학금으로 미국으로 학부 유학을 떠난 사람은 거의 없었다. 부모는 등록금을 낼 수 없었고 설령 돈이 있다고 해도 인도 정부에는 교환 유학 제도가 없었다. 그래서 미국 SAT(대학진학적성시험)를 치른 뒤 타자기로 지원서류를 작성해야 했다. 응시한 대학은 MIT(매사추세츠공대), 펜실베이니아대, 코넬대, 스탠퍼드대, 컬럼비아대 등 다섯 곳이었다. 학비를 낼 수 없는 상황이었기에 전액 장학금(학비, 식비, 기숙사비, 교과서비, 컴퓨터 등 모두 포함)을 지원해주는 대학으로 갈 생각이었다. 그래서 펜실베이니아 대학으로 가게 되었다. 펜실베이니아 대학은 비행기 편도 티켓과 200달러만 들고 오면 된다고 했기 때문이다.

1980년대 인도에서는 성공하기 위한 경제적 기회가 많지 않았다. 그에 비해 미국은 '기회의 평등을 약속하는 나라'였다. 라지브는 말한다. "학업 면에서 펜실베이니아대는 MIT보다 수월했습니다. 지금 생각하면 엔지니어링 외의 일반교양이나 철학도 배울 수 있어서 좋았습니다."

엔지니어링(기계 공학)과를 선택한 이유는 발전소나 자동차, 로봇을 만들고 싶었기 때문이다. 기계 공학은 논리, 추론, 수학을 배우기 때문에 진로의 선택지가 다양했다. 40년이 지난 지금도 다시 공부하고 싶다는 생각이 들 정도로 즐거웠다.

기계 공학을 전공한 학생으로서 학부 과정을 절반 정도 마쳤을 무렵, 이대로는 일자리를 구하지 못할 것 같다는 사실을 깨달았다. 외국인이 미국에서 직업을 얻으려면 그 자리에 어울리는 미국인이 없음을 증명해야 한다. 그래서 미국인이 적고 일자리를 얻기 쉬운 컴퓨터 공학에 주목했다. 컴퓨터 공학에 대한 호불호를 떠나 일자리 때문에, 그린카드(영주권) 때문이었다.

학창 시절인 1983년과 1984년의 여름 방학에는 뉴멕시코주의 로스앨러모스 국립 연구소에서 일하며 위성 제조에 참여했다. 로널드 레이건 대통령 시절이라 무척 즐거웠다. 스타워즈 계획은 거의 무한대에 가까운 자금과 테크놀로지, 기회를 제공했기 때문이었다.

펜실베이니아대 졸업 후 2년간은 컴퓨터 프로그래머로 일했지만 점점 지루해졌다. 앞으로 어떤 일을 해야 할지 고민이 되어서 MBA에 가기로 했다.

"인생의 대부분은 비논리적이고 우발적인 순간의 연속입니다."

응시 결과 스탠퍼드대는 불합격, 시카고대는 합격, 펜실베이니아대 와튼스쿨은 합격, MIT도 합격이었다. 펜실베이니아대는 학부 시절을 보낸 곳이라 이미 충분하다고 생각해 선택지에서 제외했고 시카고는 너무 춥다는 이유로 뺐다. 결국 한 번도 가보지 못한 MIT(매사추세츠공대 슬론스쿨)로 정했다. 그리고 통상적인 2년 코스를 1년 반 만에 끝냈다. 학비 절약을 위해서였다.

보스턴의 겨울은 화창했지만 추위가 심했다. 샤워 후 젖은 머리로 나서면 그대로 얼어붙기 일쑤였다. 찬 바람이 불면 체감온도는 -20도에 육박했다. 자유롭게 쓸 수 있는 돈도 별로 없어서 사교 활동에 참여하지도 않았다.

그렇다면 MIT 슬론스쿨에서는 무엇을 하며 지냈을까? "딱히 공부는 하지 않았습니다." 라지브는 웃으며 대답했다. MIT는 하버드나 스탠퍼드와는 달랐다. MIT는 사례 연구를 거의 하지 않았고 그보다는 수학, 경제학, 테크놀로지, 금융을 중심으로 연구해 당시 4명의 노벨 경제학상 수상자를 배출했다. MIT는 한 학년이 170명으로 규모가 작고 그중 3분의 1은 외국 학생이었다. 일본인에게는 엔지니어의 피가 흐르는지 당시부터 MIT에는 일본인 교환학생이 많았다. 그에 비해 하버드나 와튼스쿨은 한 학년에 900명씩 있었다.

MBA를 취득한 후에는 뉴욕의 금융 투자사인 메릴린치에 입사해서 금융 공학 기법을 활용한 파생 금융 거래를 담당했다. 당시 월가에서 일하면서 가장 어려웠던 점은 이른바 클럽(동료) 문화였다. 한번 받아들여지고 일솜씨도 좋으면 성공이 기다리고 있지만, 거기에 속하기까지가 매우 어려웠다. 인종적 편견과 하버드, 예일 등 학벌로 만들어진 남성 우위의 커뮤니티였다. 라지브가 메릴린치에 고용된 이유는 금융에 필수인 수학을 전공했기 때문이었다. 한편 금융업계의 좋은 점은 실력주의여서 성과가 잘 보이고, 확실한 성과를 내면 누구도 제동을 걸 수 없는 점이라고 라지브는 말한다.

MIT 슬론스쿨을 졸업한 시점은 1990년대의 채권 붐이 도래했을 때였다. 20~30년간 이어진 붐 속에서 훗날 라지브는 도이치 은행에서 파생상품 스와프, 금리 스와프, 외환파생상품, 신용파생상품을 담당했다. 최종적으로 도이치 은행에서 채권 분야의 글로벌 헤드를 맡아서 전 세계 3천 명을 상대로 채권거래를 하고 있었다.

라지브의 실력이 워낙 뛰어났기 때문이 아니겠냐고 필자가 묻자 라지브는 대답했다. "퍼포먼스도 중요하지만 단순히 이익을 남기는 일 외에 기업가 정신이 필요했습니다. 즉 비즈니스를 구축하고 고용하며 잘 관리하고 고객사와 강한 관계를 구축해야 했죠."

라지브는 투자의 기준에 대해서도 이렇게 말한다. "투자는 장기간 비즈니스입니다. 특히 비공개 기업에 투자할 때가 더욱더 그렇습니다. 새로운 시도를 거쳐야 하기 때문이죠. 신제품, 새로운 장소 등을 시험하는 데는 시간이 걸립니다. 소프트뱅크 그룹의 알리바바 투자는 2000년, 알리바바의 IPO는 2014년이었는데, 보통 5년에서 7년 걸립니다. 그래서 1년 정도만 봐서는 결과를 판단할 수 없었습니다."

프라이빗 투자는 (언제든 시장에서 팔 수 있는)공개주 투자와 달리 장기 투자가 필요하다. 투자 담당자가 2~3년 안에 그만두더라도 누군가가 물려받아야 한다. 2021년 2월 말 기준으로 소프트뱅크 비전펀드 1과 2를 합치면 투자처는 128개사에 이른다.

"만약 100개 회사에 투자하면 50개 회사는 잘될 것이고 30개 회사는 아주 잘될 것입니다. 그리고 잘 안 되는 기업도 20개 있겠지요. 가장 잘나가는 회사는 도울 필요가 없으니 시간을 낭비할 필요가 없죠. 적당히 잘나가는 회사에는 더욱 잘되기 위해서 어느 정도 시간을 씁니다. 그리고 잘 안 되는 회사에 시간을 충분히 들이지요. 아이가 10명 있다고 가정하면 똑똑한 아이에게 많은 시간을 들여 보살피지 않아도 됩니다. 당신의 보살핌이 필요한 건 잘 안 되는 아이니까요."

AI 혁명은 전 세계에서 가치를 창출할 것이라고 라지브는 말한다. 소프트뱅크 비전펀드에 대한 비판은 그 비판이 잘못되었다는 점이 곧 증명될 것이라고도 했다.

"제 발언은 코로나 이전인 12월, 1월의 일인데 지금도 같은 생각입니다. 2020년 12월 말 시점에 총손실을 만회했을 뿐만 아니라 펀드 개시 후 4년 만에 840억 달러의 투자 대비 공정가치가 1,074억 달러를 웃도는 결과가 나왔습니다."

코로나 때문에 디지털화가 가속화되었다. 2020년 미국에서는 e커머스 보급률이 3개월 만에 과거 10년간의 상승분만큼 높아졌다. 투자처의 상당수는 디지털화와 관계가 있는 업종이다. 온라인 교육, 온라인 의료, 온라인 보험 등 다양한 e커머스 관련 기업이나 음식 배달 등 음식 관련 기업이 많다. 여행 관련 기업이나 호텔 등은 그다지 좋지 않지만 회복되고 있다고 라지브는 분석했다. 2021년 3월기 3분기의 소프트뱅크 비전펀드 사업의 투자이익은 2조 7,673억 엔이었다.

투자처 안에서 최소한 15~20개의 혁명적인 기업이 등장해 생활을 변화시켜갈 것이다. 암 예방을 위한 신약을 제공하는 기업, 교육 방식을 바꾸는 온라인 교육 관련 기업, 가상 주방, 자율주행차, 운전자가 없는 배달 차량 등이 그 주인공이다.

비전펀드의 규모에 대해서도 라지브는 명쾌하게 답했다.

"초기 단계에는 벤처캐피털이 투자하고 이후 중기 단계가 되면 비전펀드에서 투자합니다. 비전펀드는 비단 경제적 측면뿐 아니라 여러 방면으로 도움을 줍니다. 은행의 자금 조달이나 인재 채용, 비즈니스가 국제적으로 발전하도록 지원하고 있지요. 오토메이션애니웨어(Automation Anywhere)나 페이티엠(Paytm)의 일본 시장 진출 등이 그 사례입니다. 그리고 우리의 지원은 초기 투자를 한 투자자들을 돕는 일로도 이어집니다.

그렇다 해도 비전펀드는 워낙 규모가 크고 성장 속도가 빨랐습니다. 눈 깜짝할 사이에 종업원이 0에서 400명 이상이 되고 0에서 1천억 달러 규모가 되었으니 초기 투자자들은 내심 마음이 초조해졌겠죠. 그들은 1천만 달러, 2천만 달러, 5천만 달러, 1억 달러를 투자했는데 투자받는 기업이 1억 달러가 필요하다고 하면 우리는 2억 달러씩 투자했습니다. 그래서 기존 투자자의 지분이 희석되어 출자 비율이 떨어졌죠. 하지만 결국에는 우리가 그들을 돕고 있다는 사실을 깨달았습니다. 투자한 회사를 성장시키니까요."

라지브와 비전펀드를 향한 또 다른 비판은 도어대쉬와 우버이츠처럼 경쟁 관계에 있는 기업 양쪽에 모두 투자하기도 한다는 점이었다. 라지브는 냉철했다.

"어쨌든 40년간 밀실에서 비공개로 해온 업계이므로 개업한 지 3년 된 우리는 겸허한 자세로 그들로부터 주도권을 가져와야 합니다. 그들은 우수한 전문가이기 때문이죠. 우리는 그들의 동반자가 되는 것을 목표로 합니다."

사우디아라비아의 국부펀드 PIF와 아부다비의 무바다라개발공사는 합계 600억 달러를 비전펀드 1에 위탁했다. 이들이 없었다면 이렇게 큰 규모의 펀드는 불가능했을 것이다. 그들이 투자한 이유는 무엇일까?

첫째, 이익을 얻기 위해서였고, 둘째, 전략적인 이유에서였다. 투자 기업의 비즈니스를 사우디아라비아나 아부다비에 유치하기 위해서였다. 이미 오요, 퍼스트크라이, 렌스카트, OSI소프트 등 많은 투자처가 현지에서 비즈니스를 하며 일자리를 창출하고 있다.

비전펀드 2는 소프트뱅크 그룹에서 100억 달러를 위탁하고, 2020년 12월에 43억 달러를 투자해 공정가치가 93억 달러가 되었다. 투자는 장기 프로젝트다. 투자 기업 중 일부는 성장이나 주식 공개까지 4~5년이 필요하기도 하다. 예를 들어 도어대쉬는 2020년 12월에 상장했다. 2021년 2월 5일 시점에서 투자 리턴(실현 가치와 미실현 가치의 합을 투자총액으로 나눈 것)은 16.8배에 이른다. 2017년 5월에 투자했으므로 현재 투자 나이는 3.5세에 불과하다.

코로나 때문에 전 세계에서는 디지털화가 더욱더 빠른 속도로 가속화되고 있다. 이전에는 줌을 몰랐던 사람이 지금은 줌을 사용하고 있고, 음식 배달을 이용한 적이 없던 사람도 즐겨 찾게 되었다. 넷플릭스를 이용하지 않았던 사람도 지금은 스마트폰으로 영화를 보는 등 많은 업계에서 디지털화가 빠르게 진행되고 있다.

e커머스 시장도 나날이 성장해 중국과 유럽에서는 차량도 온라인으로 구매하는 추세다. 보험도 마찬가지다. 개인의 최대 자산인 집조차 온라인에서 매매가 이루어지고 있다. 양대 아메리칸드림은 집과 차인데 두 가지 모두 온라인으로 거래가 이루어지는 것이다.

이처럼 디지털화는 극적으로 가속화되었다. 온라인 보급률은 급상승하고 있으며 그 속도는 한동안 떨어지지 않을 것이다. 온라인 거래는 많은 중간업자가 필요하지 않기 때문에 불필요한 비용이 줄어들기 때문이다.

AI 디지털 혁명으로 그동안 불편했던 것이 해소되고 있다. 예를 들어 차를 팔 때 같은 차라도 작은 도시에서는 더 싸게 받고 대도시에서는 비싸게 받기도 했지만, 온라인에서는 장소와 상관없이 똑같은 가격으로 거래된다. 작은 도시에서 구하기 어려웠던 고급 화장품도 이제는 온라인으로 살 수 있다. 이처럼 디지털화로 인해 물리적 간극이 좁아지고 있다.

교육업계도 좋은 사례다. 학교와 대학은 기존 방식을 바꿔야 했다. 중요 산업인 온라인 교육은 최근 대단한 성장 폭을 기록하고 있다. 중국의 온라인 교육 서비스 쭤예방(Zuoyebang)은 1억 3천만 명의 학생을 거느리고 있는데, AI가 학생의 니즈에 맞춰 시험이나 숙제를 제안한다.

금융업도 큰 업계다. 작은 신용금고부터 메가뱅크까지 지금은 온라인으로 많은 일을 처리할 수 있다. 과거 미국에서 외국인 유학생이 계좌를 개설하려면 많은 시간이 필요했지만, 지금은 당일에도 만들 수 있다.

이처럼 다양한 업계에서 파괴와 혁명이 일어나고 있으며 다음 차례로 라이프 사이언스(생명과학)와 헬스케어 업계에서 혁명이 일어나기 시작했다. 미국의 GDP 중 가장 높은 비중을 차지하는 분야가 헬스케어다. 영국의 최대 고용주는 NHS(영국의 국영 의료서비스 사업)로 10만 명이 일하고 있다. 장수 시대로 접어들면서 고령자의 의료비가 늘어나고 원격 진단이나 의료, 신약 개발 등 의료서비스의 모든 면에서 파괴와 혁명이 일어나고 있다. 알토 파머시 같은 처방약 배달 회사도 생겨났다. 알츠하이머나 암 등의 치료 약 개발도 AI

의 도입으로 과거보다 눈에 띄게 저렴해졌다.

자율주행차도 향후 5년 정도 지나면 현실이 될 것이다. 미국의 일부 도시에서는 자율주행차인 뉴로가 실제로 식료품이나 처방 약 배달에 쓰이고 있다. 지금까지 배달비에서 가장 큰 비용을 차지하는 요소는 운전자였다.

2020년 라지브에게 큰 변화가 일어났다. 신종 코로나바이러스감염증의 팬데믹(세계적 대유행)으로 인해 가족과 함께하는 시간이 늘어났다. 팬데믹 이전에는 한 달에 절반은 전 세계로 출장을 다녔기 때문에 그러지 못했다. 장거리 이동이나 시차, 장시간 근무 등은 몸에 좋지 않다. 하지만 현재는 운동을 시작했고 최근 반년간은 채식주의자가 되어 생선은 가끔 먹어도 고기는 먹지 않았다. 출장을 갈 때면 월요일에 출발해 금요일부터 주말 사이에 귀국하고는 했다.

라지브는 딸 둘, 아들 하나로 세 아이를 뒀다. 인도인들에게 교육은 가장 중요한 가치다. 그래서 큰딸과 큰아들은 둘 다 예일 대학교에 입학했다. 아내 샤리니 미스라는 인테리어 디자인 건축가로 런던에서 자신의 회사를 경영하고 있으며, 200명의 직원들과 함께 사무실이나 레스토랑, 집 등을 디자인했다. 라지브와 샤리니는 안도 다다오의 건축을 보러 가는 것을 좋아해 나오시마(세토 내해의 외딴 섬 나오시마에 지추 미술관이 있다)에도 갈 정도다. 최근 몇 달간은 런던에 있는 일이 잦아서 아내와 보내는 시간도 증가했다.

"소프트뱅크 비전펀드는 사람들을 행복하게 하는가?"라는 질문에 라지브는 이렇게 대답했다. "테크놀로지의 활용을 통해 사람들의 생활을 더욱더 풍요롭게 만들고 있습니다." 먼저 생명과학과 헬스 분야에서 긍정적인 영향을 미치고 있다.

"그동안 경제적인 사정으로 의사의 진찰을 받지 못하거나 약을 구할 수 없었던 작은 도시에 사는 사람들의 의료 접근성이 크게 향상되었습니다. 현대는 빈부의 차가 큰 격차 사회입니다. 격차는 교육, 의료, 금융 시장에 대한 접근의 격차이기도 해서 장기적인 문제를 낳죠. 부자는 좋은 교육을 받고 성공한 인생을 살면서 좋은 의료 혜택을 받아 건강하고 오래 살기 때문에 결과적으로 행복해집니다. 또 금융 시장 접근도 쉽고 투자와 저축 덕분에 더 부유해지겠죠. 가난하게 태어났는데 빈곤에서 탈출할 수 있는 사람은 극소수일 것입니다. 하지만 테크놀로지는 이 차이를 메꿀 수 있습니다."

20년 전 인도나 중국에서는 인구의 75%가 은행 계좌를 가지고 있지 않았지만, 현재는 인구의 75%가 은행 계좌를 보유하고 있다. 알리페이나 페이티엠 등이 있기 때문이다. 이것은 사회를 크게 바꾸었다. 개인 간 대차가 없어져 소지금을 안전하게 관리할 수 있다. 금융 포섭(Financial inclusion)은 매우 중요하다. 테크놀로지는 수십억에 이르는 사람들에게 지대한 영향을 미친다.

인생의 무대가 바뀌면 소중한 것도 달라진다. 라지브는 "젊었을 때는 교육이 중요하고 인생의 중반에는 가족을 부양해야 하므로 돈이 중요합니다. 그러다 후반이 되면 지적 자극이 중요해지지요."라고 말한다. 최근 라지브는 수많은 회사의 성장을 지원하고 소프트뱅크 비전펀드를 구축하는 일에 많은 시간을 쏟고 있다. 이는 소프트뱅크 그룹 때문이다. 즉 즐길 수 있는 일이 인생에 있어 가장 중요하다.

“지금 저는 생활하기 위한 충분한 돈을 가지고 있습니다. 그런데도 퇴직 후의 시간은 믿지 않습니다. 그래서 인생의 마지막 날까지 일하고 있기를 신에게 빌고 있죠. 저에게 가장 중요한 것은 당신처럼 흥미로운 사람들, 기업과 만나는 일입니다. 책을 읽고 배우는 것이 아니라 매일 만나는 사람에게서 배울 점이 많으니까요. 저는 세상에서 가장 재미있는 일을 하고 있어서 그 점을 항상 신께 감사드립니다.”

물론 건강과 가족도 소중하고 모든 균형이 중요하다. 사무라이가 그랬듯이 명상을 하며 균형을 유지한다. 매일 아침 눈을 뜨면 이렇게 재미있는 일을 하고 있다는 생각에 뿌듯하다. 당연히 쉬운 일만 있는 것은 아니어서 어려운 의사결정을 해야 할 때도 있다. 하지만 매일의 배움이야말로 인생의 열쇠라는 마음이 라지브의 일을 세계에서 가장 재미있는 일로 만든다.

리스크는 매우 상대적인 단어이며 위험으로 느껴지는 요소는 사람마다 다르다. 사업에 대한 투자도 그렇다. 일찍이 손정의가 보다폰 일본법인을 거액의 자금을 차입해 취득했는데, 그것도 큰 리스크를 수반하는 결정이었다. 라지브는 “저도 그렇지만 마사는 콘트라리안(주변의 대다수와 다르게 행동하거나 반대 의견을 가진 사람. 금융용어로는 역추세 매매 투자가를 의미한다)이다.” 라지브는 말을 이었다.

“대세나 시장의 합의에 따르지 않고 미래를 내다보고 옳다고 생각하는 것을 하겠다고 하죠. 그의 분석은 매우 상세합니다. 검은색 이나 빨간색에 걸겠다고 해서 리스크를 감수하는 것이 아니라 계산 이나 수학적인 숫자의 실적을 따를 뿐입니다."

손정의는 실패를 두려워하지 않는다. 그래서 돈을 잃을 때도 있다. 1981년부터 40년 정도의 경험이 있어서 육감도 도움이 된다. 경험이 풍부한 의사는 매 수술에 의학서를 참조하지 않는다. 조직 상태를 보면 어떤 상태인지를 알 수 있기 때문이다.

"투자의 대상이 테크놀로지든 인터넷이든 AI든 그 배경에는 철학이 있습니다. 카지노나 부동산을 사지 않는 것은 AI나 테크놀로지와 관련이 없기 때문이죠. 마사는 돈을 벌기 위해 투자하는 것이 아니라 철학을 바탕으로 투자합니다. 지금은 그 대상이 테크놀로지와 태양에너지죠. 마사에게는 확고한 철학이 있습니다."

무엇보다 마사에게는 5년 후, 10년 후의 세상이 보인다는 점이 대단한 점이라고 라지브는 말한다. 손정의가 지금까지 투자한 실적을 돌이켜보면, 예를 들어 2006년 당시만 해도 보다폰 일본법인은 아무도 사고 싶어 하지 않았다. 하지만 스마트폰이 존재하기 전부터 손정의는 스마트폰의 미래 가치를 내다봤다. 모바일이 인간 사회에 미치는 영향도 간파한 셈이다.

그래서 손정의는 자신을 혁명 투자가라고 칭한다. 라지브는 말한다. "미래를 내다보고 사람들이 가치를 찾지 못하는 것에서 가치를 창출하는 투자자라는 의미입니다." 라지브 역시 꿈을 좇은 자요, 혁명 투자가다.

44 준비하라, 싸우기 전에

2018년 5월 18일 프로 쇼기 기사인 후지이 소타 6단이 역대 최연소인 15세 9개월의 나이에 7단 승단이 결정되었다. 10월에는 역대 최연소인 16세 2개월의 기록으로 신인왕전 우승을 거뒀다. 2016년 사상 최연소(14세 2개월)로 4단 승단과 동시에 프로기사가 된 이후 무패로 공식전 최다 연승 기록(29연승)을 수립했다. 그 후 2020년에는 17세 11개월에 첫 타이틀 기성을 최연소로 획득했으며 같은 해 왕위 타이틀까지 차지한 후지이는 최연소 2관왕, 최연소 8단으로 승단했다.

2018년 11월 5일 소프트뱅크 그룹은 2019년 3월기 2분기 영업이익이 전년 동기 대비 62% 증가해 과거 최고 이익을 경신했다고 발표했다. 2019년 3월기부터 '전략적 투자 지주 회사'로 탈바꿈했다. 단상 위에 선 손정의는 만면에 웃음이 가득했다.

2018년 4월, 미국 스프린트와 미국 T모바일이 합병 협상을 타결했다. 2018년 12월, 사업회사인 소프트뱅크는 도쿄증권거래소 제1부에 상장했다.

한 사람의 인생은 많은 사람의 삶과 관련되어 있다. 미야우치 겐(전 소프트뱅크 사장, 2015년 4월~2021년 3월 재임. 2021년 4월부터 대표이사 회장)은 손정의의 인생과 깊은 연이 있는 인물이다. 손정의는 그를 이렇게 소개한다.

"벌써 40년 가까이 나를 따라와주고 지탱해준 마누라 같은 존재다." 사업가 손정의의 최고의 파트너다.

"균형감각이 매우 뛰어나고 로열티도 강하며 소프트뱅크를 사랑하고, 무엇보다 소프트뱅크의 성공, 특히 소프트뱅크의 장수를 진심으로 바라는 사람입니다."

손정의는 미야우치의 이야기가 나오면 표정이 밝아지고 신이 나서 말한다.

"밝은 성격에 다들 '미야우치 씨가 말하면 어쩔 수 없다.'라고 납득할 만큼 매우 공정합니다. 자신의 이해타산은 항상 두 번째라고 할까, 먼저 따지는 법이 없지요. 연봉 협상조차 한 번도 입에 올린 적이 없습니다. 단 한 번도요. 제가 좀 더 받아보라고 하면 '아니, 그렇게까지 안 해도 돼.'라고 말하는 타입입니다."

미야우치는 항상 소프트뱅크의 성공을 바랐다. 손정의의 목소리 톤이 한층 올라갔다.

"저는 매 순간 비전을 쫓아 다음 10년을 위해서 제 몸과 마음의 99%를 쏟아붓고 싶습니다. 인터넷 시대가 시작됐을 때도 그랬었죠. 아직 인터넷이 매출의 1%도 안 나왔었지만 저는 99%의 에너지로 인터넷을 파고들었습니다. 실제로는 매출이나 이익의 99%가 기존의 소프트웨어 유통이나 출판, 전시회 등에서 나오고 직원 중 99%가 기존 사업을 담당했죠. 이를 미야우치에게 전부 맡기고 저는 내일만 바라봤습니다. 모두 미야우치가 있었기 때문에 가능한 선택이었지요."

통신사 소프트뱅크가 생기고 처음으로 미야우치 사장이 탄생한 것이 아니라, 사실상 30년간 미야우치가 계속해서 현장을 진두지휘해왔다.

"역할 분담은 30년간 쭉 그래왔습니다. 그래서 그가 소프트뱅크의 IPO와 해당 조직의 사장을 맡는 일은 매우 자연스러운 흐름이었죠. 미야우치 외에는 생각할 수 없었습니다. 모두 고개를 끄덕였고 아무 잡음도 일지 않았습니다."

한때 니케시 아로라가 손정의의 후계자라고 불린 적이 있었다. 지금 손정의는 솔직하게 말한다.

"니케시는 매우 유능합니다. 그의 능력은 업계도 다 알기 때문에 그는 앞으로도 여러 번 큰 성공을 거둘 겁니다. 그는 가능한 빨리 소프트뱅크 그룹의 CEO가 되고 싶어 했죠. 다만 저는 스스로 높은 뜻이 있어서 은퇴하기에는 아직 충분하지 않다고 생각했습니다. 더구나 그는 과거의 인연이나 사연이 없어서 자칫 지나치게 이성적인 결정을 내릴 가능성도 있었죠. 하지만 우리는 긴 시간을 함께하면서 사람, 돈, 마음에 관한 경험이 쌓인 덕분에 제가 마음껏 뛰어놀 수 있었습니다. 새로운 사업도 많은 사람의 마음을 하나로 모아야 해서 적어도 저는 CEO 자리를 조금 더 유지하고 싶었습니다."

언젠가는 후계자에게 넘겨야 한다. 니케시의 어떤 점이 부족하다는 것은 아니다. "그렇다기보다는 아직 제가 사업가로서 조금 더 즐기고 싶었습니다. 적어도 소프트뱅크 그룹 쪽은 완전히 투자 회사로 역할이 바뀌었습니다. 물론 저는 단순한 투자 회사라고는 생각하지 않지만요. 투자의 세계에서는 꼭 젊지 않아도 괜찮습니다."

(60대 경영자가) 성공한 사례는 투자의 세계에도 가득하다. 머리와 정신만 건강하고 젊게 유지한다면 조금 더 해낼 수 있지 않을까 손

정의는 생각했다. 이에 대해 미야우치는 "손정의 씨 회사니까 손정의 씨 마음대로 하시라. 아버지는 가출했으니 집은 제가 지키겠습니다."라고 말했다고 한다.

"제가 그렇거든요. 후텐의 토라(영화 <남자는 괴로워>의 주인공으로 방랑자의 대명사－옮긴이)처럼 가방 하나 멘 채 금세 또 다른 낭만을 찾아 떠나고 가끔 돌아와 소란을 피우지만 그래도 미워할 수 없는 존재요."라며 손정의는 웃는다.

손정의는 '페어'한 남자여서 훗날 갈라서게 된 오모리 야스히코가 데리고 온 사람임에도 불구하고 미야우치에게 기업의 중추적인 역할을 맡겼다.

손정의는 미야우치와의 첫 만남을 떠올렸다. "저는 그에게 '자네, 처음 만났을 때부터 큰소리쳤었지?' 하고 여러 번 웃으며 말했습니다. 독자적인 마케팅 논리를 바탕으로 거침없이 말하고 대등하게 반박했죠. 하지만 그 분석은 항상 적절했습니다."

손정의는 미소를 지으며 말을 이었다. "저는 약간 과격하거든요. 무슨 일이든 가운데가 아니라 약간 뾰족한 지점에서 앞서가는 일이 허다했습니다. 그래서 궤도를 벗어날 리스크가 항상 있죠." PC 사업이 한창일 때 "다음은 인터넷이다, 다음은 모바일이다, 그다음은 AI다." 하고 앞서가다 보니 자연스럽게 리스크가 따랐다.

"미야우치는 그런 제 마음을 잘 이해하고 동의해줍니다. 하지만 오늘도 먹고살아야 하니까 평상시 이익이나 경비 관리도 중요하고 손님도 소중히 여겨야 하며 직원도 잘 다독여야 하죠. 사실은 미야우치도 꽤 선진적인 편이지만 언제나 저보다 반걸음 뒤에 서서 현실을 고려해야 한다고 말합니다."

그 덕분에 직원들은 마음이 편안했다. 미야우치도 처음부터 이러한 역할 분담이 서로의 역할이라고 알고 있었다. 직원의 급여 책정도 보통 사장이 결정해야 하지만 손정의는 그런 부분에 관심이 없어서 미야우치에게 "부탁해요."라고 일임했다. 마찬가지로 은행과의 거래는 고토(요시미쓰)에게 맡겼다. 손정의는 일을 맡길 때는 전적으로 믿고 맡겼다. 대신 최종 책임은 손정의가 졌다.

"미래 사업에 과감히 뛰어들어 큰 리스크를 감수해야 할 때 아무리 말려도 듣지 않을 때가 있습니다. 회사가 발칵 뒤집히기도 하고 어떻게 보면 도박을 하는 셈이죠. 이번 위워크 투자 실패 건도 모두 제 책임입니다. 그걸 남 탓으로 돌리면 앞으로 나가지 못하지요."

미야우치는 소프트뱅크의 사장으로 취임해 임무를 훌륭하게 해내고 있다. 그만한 감각을 갖췄으며 사람 됨됨이도 좋은 데다 리더십도 있다. 그래서 손정의가 회장, 미야우치가 사장이 된 순간부터 손정의는 이사회 외에는 일절 나오지 않는다.

"그렇게 하지 않으면 제아무리 사장이라고 해도 직원들로부터 신뢰를 얻기 어렵죠. 직원들의 눈이 있으니까요. 회장인 제 결재 없이는 일이 진행되지 않는 것처럼 보이면 곤란합니다."

동지적 결합은 핏줄이나 이익의 결합보다는 뜻을 같이하는 결합이 가장 강하다. 실제로 많은 지사가 동지들을 위해 에도막부 말기에도 목숨을 걸고 메이지유신을 이루어냈다. 그들에게는 혈족이나 이해득실을 넘어서는 끈끈함이 있었다.

"미야우치는 로열티와 열정, 업계에 대한 기술적 이해도가 매우 뛰어납니다."

뜻의 바통을 이어받을 준비가 확실히 되어 있다.

미야우치 겐은 1949년 11월 1일 에히메현에서 태어났다. 근위병이었던 아버지 시게구니는 사업을 시작했지만 평탄치만은 않았던 듯하다. 아버지의 사례를 반면교사로 삼아 미야우치는 사업은 하지 않겠다고 다짐했다.

학업 성적이 우수했던 미야우치는 대학 진학 성취가 높은 오사카부립 시조나와테 고등학교로 진학했다. 양명학자 야스오카 마사아쓰 등을 배출한 명문고로 당시에도 이과 수재가 많았다. 대학 시절에는 독일 문학을 사랑하는 문학청년이었지만, 여러 가지 사정으로 취직을 선택했다.

신문광고를 보고 중견 유통회사인 나가사키야에 입사 후 도야마에 배속되어 상품 판매를 담당했다. 이때 외부 논문 공모전에 투고해 30만 엔 정도 상금을 받기도 했다. 사내에서도 '점포의 미래 방향성'에 관한 공모전이 열려서 지금의 편의점 같은 아이디어로 수상에 성공했다. 그 덕에 본사 미래개발상품본부로 이동했지만 1년이 채 되기 전에 그만두었다. 이 시기에 비즈니스에 흥미가 생겨 일본능률협회로 이직했기 때문이다.

당시 미야우치는 일본경비보장(현 세콤) 부사장인 오모리 야스히코와 인터뷰했다. 이후 일본 소프트뱅크 사장이 된 오모리의 권유로 미야우치는 소프트뱅크에 입사했다. 2인용 텐덤 자전거처럼 손정의 회장, 오모리 사장의 체제로 운영되던 시기였다.

1984년 여름, 미야우치는 손정의와 만났다. "피부가 희고 젊은 청년으로 연약해 보였습니다. 도련님 같은 느낌이어서 왠지 불안했죠." 미야우치는 처음에 이렇게 생각했지만, 곧 꿈에 관해서 신나게 이야기하는 손정의에게 공감했고 그 열정에 이끌렸다. 허황한 말을 하는 느낌이었지만 '컴퓨터', '진화하다', '혁명을 일으킨다'라는 말들이 기분 좋게 다가왔다.

같은 해 10월 일본 소프트뱅크에 입사해 정보혁명을 쫓는 손정의의 오른팔이 되었다. 2006년 4월 손정의가 진검승부에 나선 이동통신 사업(보다폰 일본법인)의 성장에 매진했다. 2015년 4월에는 소프트뱅크 사장으로 취임해 스마트폰의 계약 수를 늘려 통신사업의 기반을 다졌다. 2018년의 도쿄 증권거래소 제1부 상장 때는 '비욘드 커리어' 성장 전략을 내걸고 통신사업 외 신사업 확대를 적극적으로 추진해왔다. 캐시리스 결제인 페이페이는 2018년 10월 5일에 서비스를 개시해 2021년 1월 4일 기준 등록자 수 3,500만 명을 돌파했다.

미야우치에 따르면 손정의는 종합적인 테크놀로지 투자 회사를 만들고 싶어 한다. 미야우치는 손정의의 미래를 내다보는 힘을 신뢰한다. "매우 똑똑하고 냉철하게 판단할 줄 아는 사람입니다."

2013년 스프린트를 인수한 시점부터 그 생각은 본격화되었다. 미래를 예측하면서 펀드 사업을 하고 싶다고 손정의는 생각했다. 당시 소프트뱅크 그룹 산하에는 국내 통신 사업을 하는 계열사가 4곳이었다. 소프트뱅크 BB, 소프트뱅크 모바일, 소프트뱅크 텔레콤, 윌컴(후에 이엑세스와 통합 후 Y! mobile이 되었다). 실질적으로 미야우치가 COO(최고집행책임자)를 역임하던 4개사를 합쳐 '소프트뱅크 주식회사'로 만들기로 했다.

손정의는 "그룹 내 중요한 포지션인데 자네가 CEO를 맡게."라고 말했다. "이제 제 나이도 젊지 않은데 그냥 손정의 씨가 사장, CEO를 하시면 되지 않을까요?"라고 미야우치는 답했다. 미야우치는 "제가 COO를 맡아온 회사는 비공개 회사로, 어떻게 보면 손정의 씨 개인 회사인 데다 아직 젊으니까 직접 CEO를 맡는 게 좋지 않을까요?" 하고 권했지만, 손정의는 그래도 미야우치가 CEO를 맡아야 한다고 밀어붙였다. 결국 미야우치가 사장이 되었다.

수비부터 다지기 시작하는 타입과 무엇이든 일단 시작하고 보는 타입이 있다고 미야우치는 생각한다. 미래의 비전과 뜻에 대해 한 번 이야기를 시작하면 봇물 터지듯 쏟아내는 손정의의 모습은 지금도 변함이 없다. 미야우치는 말한다.

"손정의 씨는 앞으로 돌진하는 강력한 파워를 지니고 있어서 때로는 제가 누그러뜨리기도 합니다. 그런 의미에서 파트너보다는 마누라 역할에 더 가까울지도 모르죠. 나이와는 상관없습니다." 대신 손정의는 전체 책임을 지고 모든 결정을 내린다. 미야우치도 같은 생각이다.

2020년 8월 4일에 열린 결산설명회에서 미야우치는 신종 코로나바이러스의 감염 확대로 소프트뱅크의 사업 환경도 어려워질 것이라고 예상했지만, 텔레워크 수요 등 디지털 산업에 플러스가 되고 있음을 몸소 느꼈다고 발언했다.

소프트뱅크는 2022년도 영업이익 1조 엔을 목표로 한다. 반드시 이루어내겠다고 미야우치는 말했다. "재미있어서 하는 겁니다. 가시화, 스피드, 절대 포기하지 않겠습니다."

"쉽다! 쉽다! 쉽다!"

이마이 야스유키(소프트뱅크 대표이사 부사장 집행 임원 겸 COO)는 외친다. 손정의가 가르쳐준 방법이다. 손정의에 따르면 무언가에 막혔을 때 "쉽다!"라고 세 번 외치면 어떤 해결책이 떠오른다고 한다. 이 주문으로 몇 차례 용기를 얻었다고 이마이는 말한다.

이마이 야스유키는 1958년 8월 15일 아이치현에서 태어났다. (지역 명물인) 핫초미소가 지금의 자신을 만들었다며 웃어 보인다. 치가사키로 이사한 후에는 쇼난 보이로서 고교 시절에는 공부뿐 아니라 테니스에도 푹 빠져 있었다. 원래는 교사를 꿈꿨다. 국문학자, 민속학자, 수필가로도 저명한 이케다 야사부로 교수의 수업을 듣기 위해 게이오 대학에 입학했다.

구직 활동 중에는 20여 곳의 면접을 보고 가시마건설에 합격해 19년간 재직했다. 지방 근무를 하면서 많은 것을 배웠다. 1986년 도쿄로 돌아와서 선배의 업무를 그대로 인계받았는데 새로운 업계나 업종을 접해보고 싶다는 마음이 들었다. 그때 눈에 들어온 것이 퍼스널 컴퓨터 소프트웨어 업계였다.

알아보니 일본 퍼스널 컴퓨터 소프트웨어 협회(현 사단법인 컴퓨터 소프트웨어 협회)라는 단체가 있었다. 전혀 다른 업계인 건설회사 소속이었지만 바로 가입을 신청했다. 이치타로나 로터스(LOTUS) 1-2-3 등이 무서운 기세로 떠오르고 있었다. 1992년 이마이가 가입했을 때 손정의가 협회 회장직을 다음 사람에게 인계하기 위한 파티가 개최되었고 해당 파티에서 손정의와 명함을 교환했다. 그때까지 이마이는 손정의의 이름조차 몰랐다. 손정의의 첫인상은 온화하고 정중하며 겸손한 사람이었다.

이마이는 협회의 회원사들로부터 꽤 많은 일을 수주했다. 마침 그 무렵 도치기현 다카네자와초에 IT 공업단지를 만들자는 안건이 부상했다. 그래서 손정의에게 같이 일하자고 담판을 지으러 갔다. 하지만 손정의는 도치기현에 만든다는 점에 찬성할 수 없다고 일축했다. 이후 본사 건물을 짓자고 제안하기도 했지만 이 역시 소프트뱅크는 앞으로 더 커질 텐데 본사 건물을 짓게 되면 회사의 틀을 제한시킬 수 있어서 세입자로 들어가고 싶다며 거절당했다. 지금 생각하면 맞는 말이지만 그래서 종합 건설회사의 담당자로서는 별다른 재미를 보지 못했다.

그다음에는 제2 도쿄타워의 건설 이야기가 나왔다. 어느 날 손정의에게서 제2 도쿄타워를 짓고 싶다는 연락을 받았다. 손정의의 구상은 높은 철탑을 만들고 철탑에서 ADSL의 전파를 발신하고 싶다는 내용이었다. 이 안건에는 이마이도 관심이 생겨 건설을 위해 여러 회사와 협상을 진행했다. 도쿄타워 운영회사인 일본전파탑 주식회사에도 방문하고, 도쿄 스카이트리를 건설 중이던 도부철도와도 협상했다. 이 과정에서 손정의로부터 이제 소프트뱅크로 와서 일하지 않겠냐고 권유받아 이마이도 각오를 새롭게 다졌다.

그렇게 2000년 4월 소프트뱅크에 입사했다. 하지만 때마침 IT 거품이 꺼졌다. 큰 결단을 하고 소프트뱅크에 입사한 이마이였지만 입사를 하자 타워 이야기는 완전히 사라진 상태였다. "손정의답다고 하면 손정의다웠다."라며 이마이는 웃는다.

무언가 새로운 사업을 해야겠다는 생각에 웹으로 빌딩 건설업체를 조달하고 발주하는 포털 사이트를 고안했다. 손정의도 재미있다고 평해서 이야기는 척척 진행되었다. 부동산 대기업과 조인트 벤처를 세워 이마이는 입사한 지 불과 수개월 만에 해당 벤처로 출근했다.

1년쯤 지난 어느 날 갑자기 손정의에게 연락이 와서 본사로 향했다. 회의실에 도착하자마자 지금 당장 건설본부장이 되라는 말을 들었다.

소프트뱅크는 2001년부터 Yahoo! BB의 ADSL 서비스를 개시해 당시 화제를 독점하고 있었다. 눈 깜짝할 사이에 10만 명의 고객이 신청했지만 사실 설비는 3만 명분밖에 없었다. 그래서 갑자기 설비 보강이 필요했고 종합건설업자 출신인 이마이가 제격이라고 꼽힌 것이었다. 하지만 아무리 종합건설회사 출신이라고 해도 영업만 해온 이마이는 기술적인 부분은 모른다고 손정의에게 말했다. 그러자 손정의는 답했다. "그래도 다른 사람보다 낫지 않겠나."

2001년 7월 ADSL 부대에 합류한 이마이는 회의실에서 숙식하며 매일 새벽 2시까지 일을 몰두했다. 새로운 일을 해보고 싶어 하는 점은 손정의와 닮았다.

이때 손정의는 이마이를 데리고 총무성에 항의하러 갔다. 고객의 신청이 쇄도하고 있는데 NTT가 협력은커녕 방해했기 때문이었다. "NTT는 이제 거짓말만 합니다. 다크 파이버도 있는데 없다고 우깁니다."라며 손정의는 거세게 항의했다.

다크 파이버로 몇 개의 기지국을 묶어 네트워크를 링(고리)으로 만들어야 하는데 중간에 어딘가가 빠지면 링이 되지 않아서 총무성에 전화로 항의했다. 하지만 아무리 항의해도 아무런 행동을 취하지 않았다. 아무리 기다려도 회선이 개통되지 않자 손정의의 인내심은 한계에 다다랐다.

총무성에는 회의 순서를 기다리는 사람들이 30명 정도 죽 늘어서 있었다. "손정의 씨, 진정하세요." 담당 과장은 애써 평정심을 유지하면서 말했다. 손정의는 책상을 마구 두드리며 한 시간쯤 항의했다.

이마이는 소름이 돋았다. 일은 이런 식으로 해야 한다. 최고의 박력이었다. 그야말로 목숨을 걸고 싸우는 남자의 모습을 본 것 같았다. 이마이는 말한다. "지금 돌이켜보면 잘 이겨냈지만 당시에는 정말 고생의 연속이었습니다."

손정의의 사고방식은 건설회사 시절에 만났을 때나 지금이나 전혀 변함이 없었다. "사업 규모는 점점 커지고 있지만 다음 시대에는 무엇을 해야 하는지 고민하는 손정의 씨의 선견지명은 예나 지금이나 한결같이 압도적이죠."

2021년 1월 1일 소프트뱅크 그룹과 소프트뱅크는 도쿄 포트시티 다케시바로 본사를 이전했다. "이곳도 하나의 거점이 될 것입니다. 새로운 워크 스타일을 만들어나갈 수도 있고 여기서 우리의 동지들이, 전 세계의 패밀리 컴퍼니가, 패밀리 컴퍼니의 동지들이 자주 모이는 그런 장소가 되길 바랍니다." 하고 손정의는 말한다. 스마트 시티로서 어떻게 발전시켜나갈 것인가. 마침내 이마이가 나설 때가 왔다.

2021년 4월 소프트뱅크 대표이사 사장 겸 CEO로 취임한 미야카와 준이치에 관해 손정의는 말한다.

"균형감각이 매우 뛰어나고 기술 관련 선견지명이나 열정, 정열을 갖췄습니다. 게다가 세무사 자격증도 있죠. 그만큼 숫자도 잘 파악하고 재무 구조에도 빠삭합니다. 우리 회사에서 영업을 맡거나 책임자가 된 적은 없지만, MONET(모네, 소프트뱅크와 도요타의 공동출자회사)를 담당해온 만큼 다양한 회사와 협상할 때 설득력이 뛰어나죠."

손정의는 미야카와를 높이 평가한다. "마치 저를 작은 사이즈로 줄여놓은 것 같은 사람입니다. 그만큼 저와 닮았죠. 기술에도 정통하고 영업을 맡겨도 천하일품에 협상력마저 뛰어나 리더로서 더할 나위 없습니다."

무엇이 손정의를 그렇게 감탄하게 했을까? 미야카와는 초창기부터 통신 인프라를 정비한 기술자들의 수장이자 사업가 마인드도 갖춘 인물이다.

1965년 12월 1일 미야카와는 아이치현 이누야마시에서 태어났다. 임계종 세스지절, 교토 기요미즈데라절을 이어받은 1,200년도 더 된 유서 깊은 절의 장남으로 태어났다. 하지만 미야카와는 산사의 후계자로만 살고 싶지 않았다. 아버지가 원하는 교토 하나조노대학 문학부 불교학과에 입학했지만 적어도 10년은 자유롭게 살게 해달라고 부탁했다.

미야카와는 비즈니스를 하려면 지식이 필요하다고 생각해 회계사 사무소에서 경리 공부를 했다. 버드나무처럼 살겠다는 신념으로 바람을 거스르지 않겠다고 결심했다. 바람이 불면 올라타기로 마음먹었다.

처음에는 이누야마에서 소각로 회사를 시작했지만 때는 1995년으로 인터넷 시대로 진입한 후였다. 그래서 인터넷 공급자 사업을 위해 '모모타로 인터넷'을 세웠다. 도쿄메탈릭통신과 공동출자로 나고야메탈릭통신(추후 소프트뱅크 BB가 흡수 합병)을 설립하는 등 일본 ADSL 시장을 개척하며 사업을 궤도에 올렸다.

미야카와는 실무를 하면서 ADSL 기술을 배우거나 독학으로 공부했다. 아버지는 손으로 만들기를 좋아해 절에는 아버지가 손수 만든 제품이 가득해서 어릴 때부터 그런 아버지를 보면서 자랐다. 참고로 미야카와의 승적은 400년이 넘는다.

2001년 8월 오사카에서 신칸센을 탄 손정의로부터 전화가 왔다. "지금 당장 나고야역으로 와서 신칸센을 타주게." 미야카와는 승차권을 사서 손정의가 기다리는 열차에 올라타 맞은편에 앉았다. 한 시간 반 동안 손정의는 도쿄역에 도착할 때까지 미야카와에게 질문을 퍼부었고 끊임없이 메모했다.

미야카와가 나고야로 돌아오자마자 "내일 도쿄에서 식사 어떤가?" 손정의로부터 또다시 전화가 걸려왔다. "저는 제 회사가 100년 정도 오래 갔으면 좋겠습니다. 그러니 통신에 집중하겠습니다." 하고 미야카와가 말했다.

"나와 비슷하군. 나는 300년쯤 가길 원하지만. 같이해보지 않겠나? 언제까지 나고야에 있을 건가? NTT를 꺾어야 하지 않겠나? 니혼텔레콤 인수라든지 방법은 뭐든지 가능하다네. 판을 바꿔놓을 생각이니까." 손정의가 진지하게 물었다.

미야카와는 대답했다. "2주만 생각할 시간을 주셨으면 합니다."

"무조건 믿고 맡길 테니까." 하고 손정의가 설득했다. "내일 당장 도쿄로 와주게." 그렇게 미야카와는 새로운 바람에 몸을 맡겼다.

당시 소프트뱅크 본사 근처 하코자키의 한 비즈니스호텔에서 미야카와와 손정의는 격론을 펼쳤다. 미야카와는 Yahoo! BB의 단점을 신랄하게 쏟아냈고 손정의는 반론했다. "실망스럽군. 못하는 이유는 궁금하지 않다네. 어떻게 하면 가능할지를 들려주게." 미야카와의 자존심에 불이 붙었다. "일주일만 시간을 주시지요. 마음에 안 드시면 그때 자르시죠."

미야카와는 BB 테크놀로지 이사부터 시작해서 운용과 콜센터 업무를 신설할 때마다 약 다섯 곳의 본부장도 겸임했다. 나고야에서 당장 100명을 불러들였다. 비로소 Yahoo! BB의 사업이 궤도에 오르기 시작했다.

2014년 8월, 미야카와는 손정의의 부름을 받았다. "가운데 앉게. 자네의 송별회일세. 내일부터 스프린트로 가주게나."

손정의는 미소를 지으며 말을 이었다. "내일모레 가는 거로 봐주겠네. 사실은 내가 가는 편이 좋을지도 몰라. 하지만 감당할 수 있는 인물이 자네밖에 없네."

기술을 아는 사람이 미야카와밖에 없었고 마르셀로도 미야카와가 미국에 오기를 바랐다. 미야카와는 물었다. "편도 티켓입니까?" 스프린트를 재건할 때까지는 일본으로 돌아올 수 없다고 미야카와는 각오했다.

스프린트의 직원들은 미야카와의 제안에 예스(YES)라고 말했다. 하지만 석 달이 지나도 나아지지 않았다. 이유를 묻자 대화 뒤에 'Make sense?(이해했고 동의하는가)'라는 말이 없었기 때문에 미야카와의 요구에 동의한 게 아니었다고 했다. 그래서 아무것도 진전되지 않았다. 당시 현지의 캔자스 사람들 중 일부는 일본이 패전국이라는 차별적 사고를 하고 있었다. 그래서 그들과 같은 입장에 서지 않으면 사람을 움직일 수 없겠다고 깨달은 미야카와는 손정의에게 요구해서 간부 전원을 교체했다.

미야카와는 인사뿐 아니라 '인터넷 개조 계획'을 추진했다. 스프린트의 인수가격은 일본 엔화로 약 2조 엔이었지만, 7달러대였던 주가가 2달러대까지 추락한 상태였다. 2016년 9월이 되어서야 스프린트는 겨우 호전될 조짐을 보였다. "주가가 회복됐으니 일본으로 돌아가도 됩니까?"라고 미야카와는 손정의에게 물었다. "돌아오게."라고 손정의는 허락했다.

미야카와는 스프린트에서의 2년 반 동안 사람의 마음을 얻는 방법을 재차 배웠다. 친구의 부고를 들었을 때도 일본에 오지 못했고, 어느 날은 티셔츠를 입고 매장에 서기도 했다. 미야카와는 현장을 봐달라는 마르셀로의 말에도 귀를 기울였다. 어떤 방법을 동원해서라도 네트워크를 구축하겠다는 미야카와의 목표는 달성했다. 끝까지 싸워서 얻어낸 결과였다.

귀국 후 2017년 6월 27일의 직원 워크숍에 등장한 미야카와는 소프트뱅크의 사내 개혁안을 발표했다. 약 1만 4천 명이 종사하는 기술 부문의 업무 절반을 앞으로 2년 안에 자동화하고, 머리를 써야 하는 기획을 함께 고민하자는 내용이었다. IoT 시대에 존경받는 오퍼레이터가 되라고 직원들을 독려했다. 그리고 긍정적으로 일을 즐기라고 했다. 모두 캔자스에서 느낀 점이었다. 지금부터 지휘봉을 잡을 소프트뱅크에 적극적으로 도입하고 싶다고 강조했다.

2017년 4월 미야카와는 HAPS 모바일(성층권의 통신 플랫폼) 시장에 진입하겠다고 결정했다. 그때도 미야카와는 손정의로부터 질문 공세를 받았다. 어떤 주파수를 쓸 것인가. 정말 가능한가. 주위의 반응은 미지근했지만 손정의는 관심을 보였다. "나는 반대하지 않겠네. 흥미로워 보이니 한번 해보게."

이왕 도전하는 거 페이스메이커에 그치고 싶지는 않았다. 스피드가 중요했다. 모두의 삶을 풍요롭게 하는 일이야말로 소프트뱅크의 역할이라고 미야카와는 믿고 있다.

2019년부터 미야카와는 모네 테크놀로지의 사장을 맡고 있다. 2020년 8월 6일 도쿄 대학과 소프트뱅크 그룹의 'Beyond AI 연구추진기구'의 본격적인 가동 역시 미야카와가 앞장서서 진행했다. AI 시대를 바라보고 싸우는 손정의를 줄곧 봐왔기 때문이다.

"무언가에 집중했을 때의 손정의 씨는 외계인이 따로 없습니다." 손정의의 대단한 집중력을 미야카와는 칭찬한다. "손정의 씨는 1등이 아니면 싫어해서 어느 분야든 한 번은 꼭 1등으로 만들어주고 싶습니다."

그러려면 꼼꼼한 준비가 필요하다. 미야카와는 이미 다음 그림을 그리고 있다.

미야카와가 중심이 되어 추진하고 있는 HAPS 모바일은 소프트뱅크 자회사로 상공 20킬로미터의 성층권에 차세대 통신 네트워크를 구축할 예정이다. 그를 위한 무인 항공기 기본 시험도 완료했다. '하늘을 나는 기지국'의 실용화가 현실로 다가오고 있는 셈이다.

손정의의 말은 하이쿠 시인 마쓰오 바쇼의 말처럼 '도를 깨닫고 그를 바탕으로 일상생활을 바라봐야 하는 경지'라고 미야카와는 말한다. 손정의는 깊이 생각하고 부드럽게 말하지만, 그 내용은 항상 본질을 꿰뚫고 있다.

"싸워야만 비로소 성취할 수 있다."『손정의의 제곱 법칙』에 나오는 구절이 있다. 2021년 3월에 자회사인 야후를 운영하는 Z홀딩스와 LINE을 경영 통합했다. 미야카와는 손정의의 말을 늘 실천한다. "준비하라, 싸우기 전에."

고속, 대용량 규격의 5G나 AI를 둘러싼 경쟁은 한층 더 격렬해지고 있다. 5G는 통신과 플랫포머 역할을 한다. 미야카와는 '종합 디지털 플랫포머'로서 계속 도전하겠다고 말한다.

항상 벤처 기업 같은 마음으로 임하라. 오늘도 미야카와는 소프트뱅크의 DNA를 계승해간다.

45 스트리트 파이터

"미션 완료." 마르셀로 클라우어(소프트뱅크 그룹 부사장 집행 임원)가 말했다. 마르셀로가 2014년 8월 스프린트 CEO에 취임한 날, 손정의와 함께 세운 목표는 스프린트를 '이기는 회사'로 바꾸어 T모바일 US(이하 TMUS)와 무사히 합병하는 일이었다.

마르셀로가 CEO로 뽑힌 이유는 당시 TMUS의 인수 합병이 이루어지지 않았기 때문이었다. 스프린트를 어떻게 재건해나갈 것인가. 손정의는 마르셀로에 대해서 이렇게 말한다.

"마르셀로는 스트리트 파이터입니다. 머리까지 좋은 스트리트 파이터이어서 무조건 성과를 내지요. 가장 어려운 전쟁터에 가기를 희망하고 심지어 기뻐하면서 신나게 향합니다. 몸에 대여섯 발 화살이 꽂혀도 이것이 삶의 보람이라며 전쟁터로 달려드는 타입이죠. 질 게 뻔한 전쟁터로 가겠다고 자청하는 사람은 좀처럼 없습니다. 오히려 다들 제 눈을 피하기 바쁘죠. 그런 불리한 상황이나 패전 직전인 전쟁에 나가고 싶지 않으니까요."

하지만 마르셀로는 그런 전쟁터에 스스로 몸을 던진다. 칠전팔기로 부딪혀가며 아침부터 밤까지 혼돈의 전쟁터를 주말도 없이 누비는 타입이다. 복잡한 문제를 해결하면서 뿌듯해하고 또 다른 문제가 터지면 말로는 누가 해결할 거냐고 물으면서도 얼굴로는 나밖에 없다는 표정을 지어 보인다. 이렇게 어려운 문제를 풀 수 있는 사람은 나밖에 없지 않냐고 반문한다. 마르셀로를 정의하는 손정의의 표현은 이보다 더 정확할 수 없다.

스프린트는 수백만 건이나 되는 계약을 잃었던 기업에서 수백만 건의 계약을 새롭게 얻은 기업으로 다시 태어났다. 최악의 브랜드에서 멋진 브랜드로 브랜드 이미지를 바꾸려고 시도했고, 지난 10년간 최대 영업이익을 기록하며 잉여현금흐름도 만들어냈다. 무엇보다 목표로 했던 TMUS와의 합병이 실현되었다. 모두가 불가능하다고 생각했던 일을 해낸 것이다. 그 결과 2달러대에 불과했던 주가는 2016년부터 큰 폭으로 올랐다.

2014년 당시 소프트뱅크 그룹의 미래는 스프린트의 재건에 달려 있었다. 결과적으로 마르셀로는 그룹의 성공에 크게 공헌한 셈이다.

먼저 마르셀로는 스프린트의 기업 문화를 크게 바꿨다. 지금까지 스프린트의 CEO를 만나려면 여러 개의 문을 거쳐야만 했다. 입구에서부터 각층의 경비, 2명의 보좌역을 거쳐야 CEO의 얼굴을 볼 수 있었다. 그만큼 CEO가 기업 내부와 단절되어 있었던 셈이다. 그래서 마르셀로는 문을 철거하고 오픈 스페이스로 만들었다. 각자의 개인 집무실을 없애고 누구든지 CEO 큐비클(파티션으로 구분한 근무 공간)에 와서 의견을 전할 수 있도록 만들었다. 실제로 직원으로부터 직접 의견을 듣거나 매장, 콜센터를 통해 들은 고객의 말이 많은 도움이 되었고, 재건에도 큰 도움이 되었다.

CEO를 제안받았을 때 다른 적임자가 있다고 생각한 마르셀로는 "마사, 당신은 정말 '크레이지'하군요."라고 손정의에게 말했다. 자신은 비즈니스를 하는 인간이지, 기술자가 아니어서 네트워크에 대해서는 아무것도 모른다고도 덧붙였다.

손정의는 "자네는 판매에 집중하면 돼. 네트워크 쪽은 내가 커버하겠네."라고 대답했다. 하지만 치프 네트워크 오피서여야 하는 손정의는 이미 눈코 뜰 새 없이 바빴다. 그래서 테크니컬 치프 오퍼레이팅 오피서로 임명된 것이 바로 미야카와 준이치(2021년 4월 1일부터 소프트뱅크 대표이사 사장 집행 임원 겸 CEO)였다.

일주일 후 미야카와는 통역사와 함께 캔자스에 도착했다. 현지 네트워크 팀을 앞에 두고 스몰셀, 2.5GHz, 5G에 대해 열변을 토하는 미야카와의 모습을 보고 2014년 당시에는 모두가 고개를 갸웃거렸다. 아무도 이해하지 못했기 때문이다. 그러나 2020년 현재는 스몰셀, 2.5GHz, 5G 모두 새로운 TMUS의 성공의 키가 되었다. 당시 손정의나 미야카와가 말하던 모든 요소가 새로운 TMUS의 기반이 되었기 때문에 소프트뱅크는 틀림없이 세계에서 가장 중요한 통신사가 될 것이라고 마르셀로는 확신한다.

손정의의 강점은 미래를 예측하는 힘이 누구보다 뛰어나다는 점이라고 마르셀로는 말한다. 2014년 손정의에게는 텔레커뮤니케이션의 미래가 명확히 보였다. 그리고 2020년, 그 미래는 현실이 되었다.

스프린트 재건에 성공한 마르셀로를 손정의가 보낸 다음 전쟁터는 위워크였다. 2010년 아담 노이만이 창업한 코워킹 스페이스 사업에 소프트뱅크는 2017년부터 투자하기 시작했다. 2019년 연초에는 20억 달러를 추가 투자해 상장할 예정이었지만 경영자인 아담 노이만이 큰 사고를 치는 바람에 위워크는 순식간에 위기에 빠졌다.

아담 노이만 사건이 터졌을 때 손정의가 마르셀로에게 맡긴 미션은 무엇이었을까? 바로 "새로운 위워크에 적절한 자본구조, 적절한 주주, 적절한 매니지먼트를 확보할 것."이었다.

아담 노이만은 위워크에 대해 올바른 비전을 갖고 있었지만 실현하는 과정에서 심각한 과제를 안고 있었다. 충분히 통할 만한 비즈니스 모델이었고 업계 상황도 좋았다. 유효시장은 3조 달러로 추정될 만큼 시장 규모도 거대했고 니즈는 계속해서 늘어날 전망이었다. 부동산 시장은 혁신이 필요한 상황으로 20년 단위 계약은 세상의 변화 속도에 동떨어지는 관습이었다. 그 때문에 유연한 형태의 오피스용 스페이스의 수요는 코로나 시대에서도 증가했고 앞으로도 니즈는 한층 더 높아질 잠재력이 있었다.

전 경영자인 아담 노이만이 문제를 일으킨 2019년, 손정의는 투자 철회와 재진격의 갈림길에 서 있었다. 일단 CEO를 바꾸기로 했다. 손정의는 항상 기업가를 응원하는 사람인 만큼 그에게는 어려운 결단이었을 것이다. 결국 아담 노이만은 자리에서 내려오게 되었다.

그래서 2014년 스프린트 때와 똑같은 상황이 벌어졌다. 손정의는 마르셀로에게 "생각이 있네. 자네가 위워크의 CEO가 되게나." 하고 말했다. 마르셀로는 처음에 "마사, 그건 크레이지한 선택이라니까요."라고 답했다. 부동산에 대해서는 아무것도 모르기 때문이었다. 하지만 손정의는 또다시 걱정하지 말라고 했다.

그때 모두가 위워크는 끝이라고 여겼다. 하지만 회장으로 취임한 마르셀로는 "내년(2021년)에는 적자를 해소하고 내후년(2022년)에는 흑자가 예상됩니다." 하고 힘차게 말했다.

위워크의 재정비는 기업의 평판을 고려할 때 매우 중요했다. 투자 업계에 '위워크 이전과 이후'라는 말이 생겨났을 정도여서 반드시 재건해내리라 다짐했다. 물론 투자자에 대한 리턴도 중요하지만 그 이상으로 위워크를 나쁜 회사라고 여기는 사람들에게 잘못된 생각이라는 점을 증명하고 싶었다. 스프린트 때와 똑 닮아 있었다.

키 플랫폼으로서 위워크를 어떻게 생각하는가. 네트워크에는 디지털과 피지컬 두 종류가 있는데 위워크는 피지컬 플랫폼이다. 일이라는 중요한 행위를 하기 위해 모이는 장소다. 스몰 비즈니스를 위한 양질의 오피스가 이제껏 없었다. 위워크는 사용하기 편리하고 접근성이 좋은 오피스를 제공한다. 인터넷을 통해 간단하게 예약도 가능하다. 이것이 위워크의 사업이다.

위워크 개선의 첫 단계는 경비를 낮추는 일이었다. 1만 6천 명이었던 직원을 반년 만에 5천 명으로 줄였다. 경비를 64억 달러에서 40억 달러로 줄이자 가동률이 65%여도 수지가 맞게 되었다. 코로나 사태 전의 가동률이 85~90%였으므로 향후 경비는 낮게 유지한 채로 가동률이 회복되면 15억 달러의 이익이 발생하게 된다.

위워크 1.5는 '액세스'라고 불리는 단계다. 온디맨드(On-demand) 형식으로 사용자가 1시간부터 유연한 조건으로 예약할 수 있고, 올 액세스라는 멤버십 제도를 통해 전 세계 거점을 자유롭게 사용할 수 있게 되었다.

위워크 2.0은 기업의 솔루션 프로바이더로 성장한 단계다. 마케팅, 경리, 보험 등 회사에 필요한 기능을 제공해 회원사들이 핵심 비즈니스에만 집중할 수 있는 환경을 갖췄다. 이처럼 위워크는 계속해서 발전 중이다.

위워크의 새로운 고객 중에는 대기업도 많다. 바이트댄스 외에도 구글, 페이스북, 골드만삭스 등 전 세계 대기업의 70%가 위워크를 활용하고 있다.

어떤 비즈니스 간에 성공하려면 우연도 필요하다. 코로나 팬데믹으로 기업들은 직장의 인구밀도를 낮춰야만 했고 일부 직원들을 위해 위워크와 계약하게 되었다. 또 집 근처에서 일하고 싶은 근로자가 늘어나면서 메타(구 페이스북) 등은 가까운 위워크 지점을 어디든 사용해도 좋다고 방침을 바꾸기도 했다.

그리고 많은 기업에서 허브 앤드 스포크(hub-and-spoke, 허브를 중심으로 바큇살처럼 거점이 펼쳐진 형태 – 옮긴이) 모델이 도입되기 시작했다. 본사 외에 많은 위성 오피스가 필요해져서 위워크를 위성 오피스로 사용하고 있다.

스프린트 때도 손정의는 테크놀로지에 관해서 백지에 가까운 마르셀로에게 승부를 걸었다. 그래서 마르셀로는 테크놀로지를 이해하는 데만 3년이 걸렸다. "사람이 나이가 들면 요령이 생기죠."라고 마르셀로는 말한다.

위워크에서는 시간을 아끼기 위해 부동산 업계를 잘 아는 사람을 CEO로 고용하고 자신은 회장이 되어 지휘를 맡겠다고 손정의에게 말했다. 샌디프 매트라니는 부동산 경험이 풍부하고 마르셀로는 소비자와 사업을 이해하고 있으므로 콤비가 되어 잘해나갈 수 있다고 생각했다. 마르셀로는 말한다.

"라틴 아메리카 투자 사업 등 다른 안건도 병행해야 해서 제가 위워크에 사용할 수 있는 시간은 3분의 1에 불과합니다. 반면 샌디프는 100%의 시간을 사용할 수 있죠. 두 번째 사업 재건을 맡으면서 저도 진화한 셈입니다."

위워크는 2020년 기준으로 38개국 150개 도시에 빌딩 850채를 쓰고 있다. 아마존 등 대기업 고객용, 스몰 미디엄 비즈니스용 오피스 등 지역이나 도시별 고객의 수요에 맞춘 오피스 사업을 전개하고 있다.

사람들은 왜 위워크를 좋아하는가? 스몰 비즈니스의 오너는 맨해튼에 사무실을 내고 싶어한다. 하지만 양질의 아름다운 건물은 한정되어 있는 데다 대부분 대기업이나 위워크가 잡고 있다. 오너 입장에서 위워크를 사용하면 좋은 주소의 사무실을 얻을 수 있기에 좋아하는 것이다. 신규 비즈니스에 있어서 주소는 중요한 요소다.

또 뉴욕에서 사무실을 빌리려면 최소한 10년 단위로 계약해야 한다. 빌릴 수 있다 하더라도 건축가나 디자이너, 변호사를 고용해 건축회사에 인테리어 발주를 하고 관리인이나 접수대 직원을 고용하는 등 실제로 사무실을 사용하게 되기까지는 최소 1년이 걸린다. 하지만 위워크에 가면 당일부터 바로 업무를 시작할 수 있다.

그뿐 아니라 공간은 1시간 단위부터 유연하게 대여할 수 있다. 10년간 빌리고 싶다면 그렇게도 가능하다. 또 비즈니스의 확대와 축소에 맞춰 공간을 고를 수 있고 부동산과 관련된 일에 신경 쓰지 않고 비즈니스에 집중할 수 있다. 즉 유연성의 관점에서 위워크의 밸류 프로포지션(가치 제안)은 매우 강력하기 때문에 위워크를 좋아하는 것이다.

게다가 위워크에는 커뮤니티가 있어 네트워킹도 가능해 새로운 고객을 확보할 수 있다. 위워크 커뮤니티에 가입한 사람들과 대화할 수 있고 멘토와 만나기도 한다. 일부러 커피를 사러 갈 필요도 없다. 커뮤니티의 힘, 네트워킹의 힘은 매우 크다.

위워크에서는 현재 세 가지 타입의 서비스를 제공하고 있다. '온디맨드'는 1시간부터 빌릴 수 있다. 우버와 비슷하다. '올 액세스(또는 멤버십, 패스포트)'는 전 세계 모든 시설에서 사용할 수 있는 블랙카드 같은 서비스다. 전 세계 38개국 어느 나라에 가도 현지의 위워크 시설을 사용할 수 있다. '전용 스페이스'는 기존 부동산 임대에 가깝지만 유연한 형태로 오피스를 임대할 수 있다.

코로나 사태로 세상은 변화하고 재택근무가 급속도로 확대되었다. 집에서 일하고 싶다, 집 근처에서 일하고 싶다, 전철을 타기 싫다 등 사람들의 니즈도 바뀌었다. 특히 도쿄는 통근 열차의 혼잡도가 심한 편이다. 그래서 기업에서는 허브 앤드 스포크라는 새로운 모델을 만들었다. 작은 규모의 본사와 많은 위성 오피스로 이루어진 형태다.

다수의 조사 결과 '직장으로 돌아가고 싶은가?'라는 질문에 대해 10%의 응답자가 '기존의 근로방식으로 돌아가고 싶다', 20%가 '완전 재택을 희망', 70%가 '하이브리드 모델: 출근과 재택근무의 혼합을 희망하고 있다'라고 답했다. 한편 45%의 응답자가 '이전보다 생산성이 낮아졌다'라고 느끼고 있으며, 36%가 '경력 발전에 대해 긍정적이지 않다'라고 느끼고 있다. 즉 혁신의 감소, 협업 기회의 감소, 기업 문화의 부재, 경력 발전이 어렵다는 단점을 느끼고 있다.

마르셀로는 위워크를 단순하게 수학적으로 접근했다. 위워크에는 40억 달러의 현금이 있다. 지금처럼 50% 가동률이 지속되는 경우에도 4년분의 현금이 있다. 그리고 4년 안에 세계는 원상태로 돌아가리라고 생각했다. 백신이나 검사 등이 널리 퍼질 것이고 오피스에서의 일이 완전히 사라지지는 않으리라고 생각했다.

실제로 중국 경제는 팬데믹 이전으로 거의 돌아갔다. 그러니까 필요한 것은 시간뿐이라는 결론에 이르렀다. 위워크의 비즈니스 모델은 안정적이며 건전하고 강인해서 결론은 지극히 심플했다.

"위워크는 성공합니다. 수익을 창출하는 기업이 될 것입니다."

위워크는 사람들의 근무방식을 바꾸고 있다. '유연한 공간' 하면 위워크라고 떠올릴 수 있도록 만들고 싶다. 미국에서는 '익일 배송' 하면 페덱스, '검색' 하면 구글이 떠올리는 것처럼 유연한 공간이 필요한 사람은 무조건 위워크를 떠올릴 수 있도록 만들고 싶다. 손정의는 마르셀로와 위워크에 대해 이렇게 말한다.

"이번 코로나로 다들 회사에 출근하지 않게 되었습니다. 사무실에 못 오게 되었죠. 그 말은 곧 사무실이 필요하지 않다는 의미여서 위워크의 가동률도 떨어지고 있습니다. 하지만 이제 백신이 등장하고 앞으로 반년, 1년 있으면 전 세계로 퍼질 것입니다. 그러면 거짓말처럼 지금의 코로나 소동이 진정되겠죠.

앞으로 1년, 2년이 지나서 수습된 후에 사람들의 일과 오피스 관련 라이프 스타일이나 근무 스타일은 어떻게 될까요? 코로나 이전으로 완전히 돌아가지 않고 뉴노멀이 생겨날 것입니다. 다시 말해 모두가 아침부터 저녁까지 같은 사무실에서 일을 하지 않아도 오히려 효율이 높아지는 방법이 있지 않을까요? 줌으로 얼굴을 봐도 마음은 통할 수 있으니까요.

그러한 시대가 오면 코로나가 끝나고 집에서 계속 일하고 싶어도 집에 가족이 있고 생산성이 오르지 않는 문제 때문에 사무실에 나갔던 사람들도 달라질 것입니다. 집 근처의 위워크 오피스에서 줌을 사용해서 회의한다든가, 위워크 오피스로 직원들이 모이는 새로운 워크 스타일, 워크 커뮤니티가 자꾸 생겨날 것입니다. 그래서 고정적인 사무실 책상보다 더 효율이 좋은 워킹 커뮤니티가 위워크로 대표되겠지요. 그런 의미에서는 포스트 코로나가 기회입니다."

손정의는 마르셀로를 매우 높이 평가한다. "마르셀로도 어떻게 보면 미야우치와 비슷한 부분이 있습니다. '10년 후를 내다보고 리스크가 있지만 전쟁에 뛰어들자.'라고 제가 말하면 그렇게 한다고 지금 당장 얼마나 이익이 나겠냐고 되물을 만큼 신중한 면이 있습니다. 하지만 오늘, 내일의 사업의 성과를 제대로 낸다는 점에서 훌륭한 스트리트 파이터죠. 원래 창업가 출신으로 자신의 회사를 운영해왔기 때문에 리스크를 취해야 할 때도 자신의 회사라는 마음으로 대응하고 있는 것입니다. 머리가 굉장히 좋고 정의로우며 리더십도 있어서 확실한 성과를 내죠. 출정했다 하면 승리하고 사냥을 나갔다 하면 사냥감을 잡아 오는 뛰어난 사냥꾼입니다. 이런 사냥꾼이 없으면 회사는 성장하지 못하죠."

손정의가 마르셀로에 대해 말하기 시작하면 멈추지 않는다. 손정의의 기업론으로 이어지기 때문이다.

"회사에는 사냥하는 사람과 요리하는 사람 둘 다 필요하다고 생각합니다. 다만 요리, 즉 아무리 뛰어난 조리 능력이 있어도 사냥을 나가서 사냥감을 잡아 오지 않으면 요리할 방법이 없습니다. 사냥에 성공하지 못하면 주방은 항상 한가하겠죠. 물론 요리하지 않으면 먹을 수 없습니다. 그래서 둘 다 중요하지만, 어느 한쪽만 선택해야 한다면 사냥입니다.

그런데 사냥은 항상 위험을 동반합니다. 산에 사냥하러 가도 1년 내내 빈손일 때도 있죠. 라이플총과 3일분의 식량만 가지고 나섰는데 3일 안에 먹이를 찾지 못하면 더는 먹을 게 없는 상황에서 골짜기 밑바닥까지 사냥감을 쫓아가야 합니다. 그래서 사냥은 용기가 필요하고 그 자리에서 순간적으로 판단해야 하며 위험이 따르는 종합격투기죠.

스트리트 파이터는 링 위에 선 권투 선수가 아닙니다. 링 위의 복서나 유도, 복싱처럼 올림픽에 출전하는 격투기 선수도 훌륭합니다. 하지만 같은 격투기 선수라 해도 거리 한복판에 서 있는 선수에게는 정해진 사각 링이 없습니다. 갑자기 총이나 활이 날아들 수도 있고 반칙도 난무하죠. 반칙해도 상관없다는 말은 아니지만, 항상 기상천외하고 예상이 안 되는 적이나 무기, 사건이 일어난다는 말입니다. 그런 예상치 못한 상황이 닥쳤을 때 단숨에 상황을 파악하고 판단해 반사적으로 움직여야만 하죠. 공감대를 잘 형성하는 사람은 오히려 어려울 수 있습니다.

그래서 관리팀에서만 일해온 사람이 사장이 되면 대부분 성장 폭이 둔해집니다. 관리팀은 요리하는 사람이니까요. 회사는 무조건 공격적으로 나가야 합니다. 일본에서 (경제단체연합회 종목 같은) 대기업의 성장이 둔화하는 이유는 기획실장이나 관리팀 출신들이 높은 자리를 차지하고 있기 때문입니다.

사내 조율에만 능하거나 실패한 적이 없는 사람이 살아남아서 언젠가 사장이 되는 회사는 가망이 없습니다. 당장은 이익이 증가할지 몰라도 다음 세대로의 성장은 기대할 수 없을 테니까요. 지금이 마지막 등불이나 다름없죠. 그래 놓고서 '내가 사장일 때는 좋았는데…'라며 나중에 자랑하지만 그때는 이미 늦었습니다."

손정의는 위워크의 아담 노이만을 오판한 이유에 대해서도 솔직하게 털어놓는다.

"가끔 아담의 사과에 손을 댈 때가 있습니다. 아담이 가진 콘셉트도 좋았고 기업가로 지녀야 할 열정도, 어떤 선택을 할 때의 센스나 감각도 아주 좋았습니다. 다만 그는 종합적인 부분에서 균형을 잃고 말았죠.

아드레날린이 활성화되지 않으면 사냥에 나설 수 없고, 세로토닌이 없으면 균형을 잡을 수가 없습니다. 이 두 가지가 골고루 있어야 하는데 세상에는 이성만 강한 사람이 많습니다. 그런데 아드레날린은 곧 욕망이어서 아무리 아드레날린이 돌아도 머릿속 한편에 이성을 붙들고 있지 않으면 균형을 잃고 넘어지게 되죠. 그런 면에서 불운한 일이 몇 가지 겹쳐서 일어난 일이라고 생각합니다.

결국 균형을 잡는 일이 중요합니다. 대다수의 상식선에서 균형을 잡고 함정에 빠지지 말아야 합니다. 사냥을 떠날 때 가장 중요한 것은 생존이죠. 눈보라가 치면 하산하는 용기도 필요합니다. 하지만 전 지금도 아담의 뛰어난 부분은 높이 평가하고 있으므로 이번 사건을 교훈 삼아 다시 한번 일어서서 다음 기회를 잡을 가능성도 충분히 있다고 봅니다. 그에게 좋은 공부, 교훈이 되었을 것입니다."

론 피셔는 설명한다. "마사는 기업가를 믿습니다. 신뢰를 통해 95%는 잘되고 나머지 5%는 잘 안 될 수도 있죠. 위워크는 그 5%에 해당하지만, 위워크의 비즈니스 모델이 옳다는 점도 증명되었다고 생각합니다. 특히 코로나 사태로 일하는 방식이 바뀌어서 기업도 매일 모든 인력이 사무실에서 일하지 않아도 좋다고 생각하는 시대가 되었습니다. 유연한 근로방식이 비즈니스 라이프의 일부가 되었고 위워크는 그러한 기업의 요구를 만족시켰죠. 장기적으로는 마사가 옳다는 게 증명되리라 믿습니다."

손정의는 자신만만하다.

미국이 앞으로 테크놀로지 업계를 주도할 수 있을지 없을지는 TMUS와 스프린트의 합병에 달려 있었다. 새로운 TMUS는 5G의 세계적인 리더가 되리라. 스프린트를 재건해서 만든 새로운 회사는 미국의 자랑이 될 것이다. 그만큼 중요한 사건이라고 마르셀로는 생각했다.

합병 절차를 밟는 중에도 미국 정부의 합병 인가가 나지 않을 것이라고 보는 사람도 있었다. 미국 정부가 사용하던 모든 계량경제학 모델도 합병 허가를 내주지 말아야 한다는 결과를 도출했다. 경쟁이나 요금 문제가 발생하리라고 생각했기 때문이다.

인가를 받기 위해 미국 정부에 전달한 것은 이번 합병이 글로벌 5G 전쟁에서 승리할 수 있는 유일한 길이라는 말뿐이었다. 5G는 앞으로의 테크놀로지 전체에 필요한 기반이기 때문이다. 어떤 모델을 사용한 과거 사례를 바탕으로 한 주장은 아니지만, 미래를 봐 달라고 당부했다.

손정의의 과감한 행동으로 인해 테크놀로지가 나라의 미래를 바꾸고 있다. 세계는 앞으로 테크놀로지 발전을 위한 손정의의 훌륭한 공헌을 깨닫게 될 것이다. 비전펀드를 통한 기업 투자는 우리의 삶의 방식을 바꿨다. 손정의의 공헌은 장차 널리 알려지게 되리라. 지금은 그를 높이 평가하고 이해할 수 있는 사람이 많지 않을지도 모른다.

2018년 손정의는 마르셀로에게 장이밍(張一鳴)이라는 젊은 남자를 소개했다. 바이트댄스의 CEO였다. 손정의는 새로운 미디어 회사라고 했지만 마르셀로는 그 의미를 알지 못했다.

바이트댄스가 운영하는 틱톡에서는 수억 명의 사람들이 비디오를 찍어 올리고 알고리즘을 통해 개인이 좋아할 만한 영상을 보여준다. 사람들은 온종일 그 영상을 보고 거기에 광고가 붙고 사용된 상품도 팔린다. 이것이 미디어의 미래이자 e커머스의 미래라고 손정의는 설명했다. "당신은 항상 다음 꿈을 꾸고 있군요." 하고 마르셀로는 손정의에게 말했다.

틀림없이 바이트댄스는 세계에서 가장 가치 있는 기업이 될 것이다. 손정의의 미래를 내다보는 힘이 누구보다 뛰어나다는 것을 보여주는 일화다.

우버, 디디, 글러브와 같은 플랫폼은 이동 수단에 개혁을 일으켰다. 그리고 하나의 애플리케이션으로 일상의 다양한 용무를 볼 수 있게 되었다. 예를 들어 우버를 불러 우버이츠로 음식을 배달받을 수 있다. 심지어 라삐나 그랩을 통해 식료품을 배달받거나 지불하고 여행을 예약하는 등 생활 속 많은 부분이 편리해졌다.

현재 이동과 음식 배달이라는 비즈니스 시장 규모가 매우 크다. 팬데믹이 끝난 뒤에는 더 큰 성공을 거둘 것이다. 자율주행차가 실현되면 최대 비용을 차지하는 운전사가 사라져서 우버는 세계 최고 수준의 수익률을 자랑하는 강력한 플랫폼이 될 것이기에, 마르셀로는 좋은 투자라고 생각한다.

미·중의 지정학적 긴장은 바이트댄스 같은 훌륭한 기업에 타격을 줄 수밖에 없지만 무언가 해결 방법이 있을 것이다. 바이트댄스의 기술, 기업, 그리고 사람들을 연결하는 힘은 매우 강력하므로 정치적인 긴장감은 작은 걸림돌에 불과하리라. 그만큼 바이트댄스가 저력이 있는 회사라고 믿고 있다. 각자가 원하는 소식이나 콘텐츠를 전달할 수 있기 때문이다.

뉴욕타임스 웹사이트에서는 다양한 속성을 지닌 사람들이 같은 뉴스를 읽는다. 한마디로 퍼스널라이제이션(Personalisation)이 되어 있지 않다. 하지만 바이트댄스에는 사용자가 찾는 뉴스, 궁금해하는 뉴스, 좋아하는 뉴스의 영상이 알아서 나온다. 평균 체류 시간을 보더라도 뉴욕타임스 웹사이트는 하루 2분이다. 그에 비해 바이트댄스의 틱톡은 하루에 무려 90분이다. 광고 수입을 생각하면 당연히 후자가 많을 것이다. 그만큼 각자의 기호를 반영한 콘텐츠를 제공하는 알고리즘이 뛰어나다.

마르셀로의 새로운 근무방식은 팬데믹 상황에서 어떻게 변했을까? 팬데믹이 발생했을 당시에 마르셀로는 뉴욕에 있었지만 뉴욕은 완전히 셧다운 되었다. 미국 정부는 출근을 금지했기 때문에 감염자 수의 비율이 극히 낮은 곳을 찾았다. 마이애미에도 집이 있었지만 마이애미는 상황이 더 심각해서 팬데믹이 심하지 않은 콜로라도의 에스펜을 택했다. 일하면서도 가족이 안전하길 바랐기 때문이다.

"하지만 트위터에서 보는 것만큼 마냥 멋지기만 한 것은 아니었습니다. 새벽 5시에 하이킹을 하러 갔다가 새벽 7시부터 모두와 같이 일을 시작했죠. 온종일 줌 회의를 했습니다. 뉴욕의 셧다운이 해제됐기 때문에 위워크의 턴어라운드(재건) 전쟁에 도전하겠다는 마음가짐으로 돌아왔습니다."라고 마르셀로는 말했다.

에스펜에서의 생활 또는 양대 거점 생활을 계속하고 싶냐는 질문에 마르셀로는 이렇게 답했다. "아니요. 저는 어디서 살든 그곳에서 할 수 있는 최대한의 일을 하고 사는 타입입니다. 에스펜은 자연이 뛰어난 곳이라 자전거나 하이킹을 했는데 이제 뉴욕으로 돌아왔으니 위워크를 일으키는 일에 온 힘을 쏟고 싶습니다."

마르셀로는 인생에서 가족과 일의 조화를 중요시한다. 마르셀로는 살아가는 방법에 대한 에토스(격언)를 책상에 붙여뒀다. 노란 보드에 적혀 있는 미국 작가 제임스 미치너의 말은 다음과 같다.

"인생의 달인은 일과 놀이, 노동과 여가, 몸과 마음, 정보와 재구축, 사랑과 신앙을 그다지 명확하게 구별하지 못한다. 거의 구별이 되지 않기 때문이다. 무엇을 하든 간에 그들은 탁월한 비전만을 추구할 뿐 일하는지 노는지에 관한 판단은 남에게 맡긴다. 자신은 늘 두 가지 일을 동시에 하는 셈이다."

마르셀로의 아버지는 지금은 퇴직했지만, 유엔의 수석 지질학자로서 오랜 세월 일하면서 천연자원 프로젝트를 위해 세계 곳곳으로 파견되었다. 그래서 가족들은 과테말라, 모로코, 브라질, 도미니카 공화국, 미국, 볼리비아에서 살았다. 마르셀로는 18세가 될 때까지 2~3년마다 새로운 환경에 적응하는 법을 배워야 했다. 3년마다 새로운 학교, 새로운 친구, 새로운 언어, 새로운 문화에 카멜레온처럼 적응해야 했다.

현재 마르셀로에게는 다섯 명의 딸과 아들이 하나 있다. "참고로 아내는 '우리 집의 CEO'이고 저는 '우리 집의 CFO'입니다."

마르셀로는 지도자의 자질로 무엇이 필요하다고 생각하는가.

첫째, 모범을 보여야 한다. 스프린트 시절에는 매일 새벽 6시부터 밤 9시까지 일했다. 자신이 고된 일을 하지 않으면 다른 사람들에게 고된 일을 요구할 수 없고, 먼저 일에 모든 것을 바치지 않으면 다른 사람에게 모든 것을 바치라고 요구할 수 없다.

둘째, 주변에 자기보다 우수한 사람을 둬야 한다. 인재 발탁은 어려운 일이지만 좋은 사람을 옆에 둬야 자신이 더 발전할 수 있다. 마르셀로가 스프린트의 CEO로 있을 때 CFO를 맡았던 미셸 콩프는 텔레콤 기업의 CEO를 지낸 인물로 마르셀로보다 텔레콤에 더 조예가 깊었다. 위워크에는 부동산업에 대해 마르셀로보다 훨씬 잘 아는 20년 경력의 샌디프 매트라니를 CEO로 초빙했다. "자신보다 풍부한 경험을 한 사람을 곁에 두는 것이야말로 성공의 열쇠"라고 마르셀로는 말한다.

셋째, 꿈은 크게 가져야 한다. 큰 꿈을 갖지 않으면 큰일을 이룰 수 없다. 스프린트도 큰 꿈을 꾸지 않았다면 지금쯤 도산했을지도 모른다.

넷째, 자신이 하는 일을 사랑해야 한다. 자기 일을 좋아하지 않으면 결코 그 분야에서 빼어난 사람이 될 수 없다. 계속해서 도전해야 하는 부분이다.

"대업을 이루기 위해서는 꼭 그래야 합니다."

리더로서 손정의를 마르셀로는 어떻게 생각하는가. 리더는 선장이다. 기업으로서 우리가 어디로 향하고 있는지를 이해하고 있어야 한다. 배에 선장은 한 명이기에 선장이 항로를 명확하게 지시해야 한다. 선원들이 선장을 믿지 못하면 잘못된 방향으로 나아갈지도 모른다.

"선장 중에는 100마일을 내다보는 사람도 있고 1천 마일을 내다보는 사람도 있습니다. 아주 먼 곳까지 한눈에 내다보는 선장은 매우 소수로, 마사가 그렇죠. 저는 단거리에 특화된 선장입니다. 저는 어떤 회사에 가도 5개년 계획을 세우지만 마사는 30년 계획을 세웁니다."

5년 후에 배가 좋은 장소에 위치하도록 하는 것이 마르셀로가 정의하는 성공이다. 이에 비해 손정의는 30년 앞을 내다보고 있다. 선장 이야기로 비유하자면 "저는 500킬로 앞을 봅니다. 하지만 마사는 5천 킬로 앞을 보죠. 그래서 우린 잘하고 있다고 생각합니다. 그는 전략을 세우는 사람이고 저는 운영을 담당하죠."

손정의가 그에게 보스인지 아버지인지 형인지 친구인지를 묻자, 모두에 해당한다고 마르셀로는 말한다. "마사가 말하듯이 우리는 평생에 걸친 동반자가 될 것입니다."

"이런 말을 해주는 마사는 정말 따뜻한 사람입니다. 마사는 제 보스죠. 따지고 보면 메인 캡틴이자 선장입니다. 선장이 자는 동안은 지시대로 실행하는 역할이 이 배에는 두 사람이 있습니다. 라지브와 저죠. 마사가 보스이자 선장으로서 방향을 정하면 우리는 올바른 방향으로 나아가도록 실행하는 역할입니다."

손정의의 말 중 마르셀로는 TMUS와의 합병 최종 협상 전날 밤에 들은 말을 좋아한다. 최종 협상에서는 수십억 달러 규모의 차이가 날 만큼 중요한 이야기를 해야 해서 마사에게 "그 시간에 전화해서 깨울까요?"라고 물었다. 하지만 손정의의 대답은 "아니오(NO)."였다. "자네를 믿네. 자네가 최선을 다해줄 걸 아니까." 하고 말했다. 이것이 마르셀로가 제일 좋아하는 손정의의 말이다.

2020년 6월, 마르셀로는 오퍼튜니티 그로스 펀드를 설립했다.

'Black Lives Matter(BLM, 흑인의 목숨도 소중하다)'로 미국 전역이 들썩일 때 손정의에게 전화한 마르셀로는 이렇게 말했다. "마사, 우리는 지금 무언가를 할 의무가 있습니다. 흑인이나 라틴계 기업가들이 자금을 쉽게 조달할 수 있도록 지원해야만 합니다."

> *"인종차별은 안타까운 일입니다. 흑인이나 라틴계 기업가의 성공을 가로막는 불공평한 세상을 없앨 수 있도록 SB그룹은 1억 달러(100억 엔)의 펀드(오퍼튜니티 그로스 펀드)를 조성합니다."(2020년 6월 3일, 손정의의 트윗)*

미국이라는 나라는 손정의나 마르셀로에게 매우 잘해주었다. 그래서 이런 위기 상황에서 후속 조치를 취하기보다 앞장서서 행동에 나서야 한다고 생각했다. 모범을 보여주는 형태로 리드하기로 했다. 이때 CNN을 보니 주도적 위치에 있는 사람들이 "아프리카계를 지지한다."라고 말했다. 하지만 마르셀로는 지지라는 말이 가볍게 느껴졌다. '지지한다니 무슨 소리지?' 그래서 손정의에게 "마사, 이제 우리가 리더가 되어야 합니다. 지지가 아니라 리드해야 합니다."라고 주장했다.

그리고 밤 8시, 오퍼튜니티 그로스 펀드 건을 손정의에게 제안했다. "아프리카계, 라틴계 지원에 특화된 1억 달러짜리 오퍼튜니티 그로스 펀드를 설립해야 합니다."라고 말했다. 그러자 손정의는 즉각 "오케이, 좋은 일이야." 하고 대답했다.

마르셀로는 이렇게 말했다. "마사, 당신도 한국계여서 일본에서 꽤 힘들었겠죠. 저도 라틴계여서 미국에 왔을 때만 해도 역시나 힘들었으니까요. 또 다른 파트너인 슈우냐타는 아프리카계이고 그 역시 꽤나 고생했습니다. 그러니 우리는 이 펀드를 시작해야만 합니다." 손정의는 훌륭한 아이디어라고 답했다.

"이 펀드는 사람들에게 공짜로 돈을 나눠주기 위한 제도가 아닙니다. 아프리카계나 라틴계 사람들은 매우 우수하죠. 우리는 아프리카계와 라틴계의 훌륭한 사업이 자금을 이용할 수 있도록 하면 됩니다."라고 마르셀로는 덧붙였다.

손정의가 오케이 했기 때문에 마르셀로는 밤새워 일하고 다음 날 아침 8시에 아프리카계와 라틴계를 위한 사상 최대 규모의 특급 펀드인 오퍼튜니티 그로스 펀드의 설립을 발표했다.

지금까지 700개사의 비즈니스를 훑어보았는데 그 과정이 정말 즐거웠다. 그중 20개 회사에 투자했고, 이 경험은 1997년에 마르셀로가 브라이트스타를 시작했을 때의 일을 떠올리게 했다. 라틴계여서 당시 자금을 조달하기가 어려웠기 때문에 그때 이런 펀드가 있었더라면 좋았겠다고 생각했다.

2019년 3월에 시동을 건 라틴 아메리카 펀드에 대해 마르셀로는 이렇게 생각한다.

"라틴 아메리카의 GDP는 중국의 2분의 1 수준이지만 인도나 동남아시아의 두 배에 해당합니다. 하지만 규모에 비하면 라틴 아메리카 벤처캐피털로부터의 자금 조달액은 턱없이 부족하죠. 중국에서는 1천억 달러에 달하는 벤처캐피털로부터 자금 조달이 이루어지고 있지만, 동남아시아와 인도에서는 각각 100억 달러에 달하는 정도이고, 라틴 아메리카는 10억 달러에 불과합니다. 불합리하다고 생각했습니다. 그래서 마사에게 라틴 아메리카에 투자해야 한다고 말했죠.

하지만 마사의 머릿속에 라틴 아메리카는 너무 먼 곳이었습니다. 예전의 저에게 일본이 아주 먼 장소였던 것처럼 말이죠. 저는 라틴 아메리카가 전 세계 GDP의 7%를 차지하고 있다고 마사에게 말했습니다. 그리고 50억 달러로 시작하는 게 어떻겠냐고 제안했죠. 마사는 타당한 이야기라고 대답했습니다. 결과적으로 2년 동안 20억 달러를 30곳이 넘는 훌륭한 기업에 투자했죠."

멕시코 최초의 유니콘인 카백은 AI나 로보틱스를 사용한 온라인 중고차 판매 플랫폼이다. 콜롬비아의 최대 유니콘은 라삐(택배 애플리케이션. 스페인어로 빠르다는 의미)다. 두 기업 모두 중국의 비즈니스와 유사하다. 카백은 Guazi(꽈즈)와 비슷하고 라삐는 알리바바와 마찬가지로 슈퍼 애플리케이션 S다. 브라질 유니콘인 두 회사까지 떠오르고 있어 라틴 아메리카를 향한 투자 적기가 다가오고 있다. 모든 투자의 승자는 창업가일 것이다.

손정의와 마르셀로는 펀드 투자를 통해 라틴 아메리카 창업가들의 생태계를 변화시키고 있다. "마사는 라틴 아메리카에서 유명 인사입니다. 잡지 표지를 장식하고 있죠."

명석한 두뇌를 가진 스트리트 파이터, 마르셀로의 싸움은 앞으로도 계속된다.

46 언제나 길은 있다

"오랜만에 올리는 트윗입니다. 신종 코로나바이러스 상황을 걱정하고 있습니다."(2020년 3월 10일)

손정의는 2017년 이후 약 3년 만에 트위터를 재개했다. 다음 날부터 손정의는 PCR 검사에 관한 일련의 트윗을 올렸다.

신종 코로나바이러스감염증(COVID-19) 확대에 관해서 손정의는 "(감염 여부를 조사하는) 간이 PCR 검사 기회를 무상으로 제공하고 싶다. 우선은 100만 명분." "신청 방법 등을 지금부터 준비."라고 트윗했다. 하지만 소프트뱅크 그룹 홍보실은 "개인적인 활동"이라며 선을 그었다.

3년 만에 올라온 손정의 트윗의 반향은 컸다. 의료기관의 혼란을 초래한다는 부정적 의견도 있었기 때문에 손정의는 두 시간 만에 반응이 좋지 않으니 그만두겠다고 취하했다. 시간이 흘러서 당시 손정의의 판단이 틀리지 않았다는 사실이 증명되었지만, 그 시점에 그의 진의를 이해한 사람은 많지 않았다.

"이런 국난의 시기야말로 사람들과 커뮤니케이션을 도모하거나 방법을 제안해나가고 싶었기 때문에 트위터를 시작했습니다."라고 손정의는 말했다. "저는 PCR(검사)을 가능한 한 빨리 많은 사람이 받고 코로나가 더 확산하기 전에 조금이라도 열이 있거나 확진된 사람과 접촉한 사람들이 복잡한 절차 없이(바로 대응할 수 있도록 지원하고 싶었습니다). 4일 이상, 37.5도라는 조건은 누가 결정했습니까?

터무니없는 기준이라고 생각합니다." 마음속 깊이 끓어오르는 손정의의 감정은 많은 이의 분노를 대변하기도 했다.

"제 지인도 나흘 동안 체온이 38도, 39도까지 올랐지만 결국 제대로 된 치료를 받지 못해 구급차에 실려 갔을 때는 이미 중태였습니다. 직전까지 '도저히 참을 수 없을 때 구급차를 불러주세요.'라는 말에 집에서 참고 있었더니 결국 입원하자마자 중증으로 악화했죠. 그런데 누구도 책임을 지려하지 않았습니다. 겨우 도착한 병원에서는 심각한 중증이라고 하더군요. 그저 지시를 따랐을 뿐인데 왜 국민이 상황을 오판했다는 식의 터무니없는 말을 들어야 하는지 모르겠습니다."

2020년 신종 코로나바이러스의 감염 확대로 주식 시황이 악화했고 소프트뱅크 비전펀드 투자처의 공정 가치도 덩달아 하락했다. 그 결과 소프트뱅크 그룹이 2020년 5월 18일에 발표한 2020년 3월기의 영업손익은 15년 만에 적자를 기록했고 손실액은 1조 엔을 초과했다. 손정의는 온라인 회견장에서 자사주 취득과 부채 삭감을 위한 최대 4조 5천억 엔 규모의 보유자산 자금화에 관해서 설명했다.

이런 상황에서 인터넷상에서는 손정의에게 고맙다는 말이 쏟아졌다. 마스크를 아무 이익 없이 제공하겠다고 선언했기 때문이다. 손정의는 트위터를 통해 "해냈습니다."(2020년 4월 11일)라고 말했다. 소프트뱅크 그룹이 세계 최대의 마스크 제조사인 BYD와 제휴해 SB용 제조 라인을 만들겠다고 공표한 것이다.

자신이 한 말을 기어코 실행해내는 손정의의 모습에 모두 놀랐다. 5월에는 방호복(100만 벌), 안면 보호대(80만 개), 의료용 안경(23만 개)을 조달했다. 이 물품들을 소프트뱅크 그룹은 원가로 제공했다.

모두 놀란 또 한 가지 이유는 1조 엔이 넘는 영업손실을 버젓이 발표했기 때문이다. 긴급사태 선포에 따른 일방적인 휴업 요청에 음식점을 비롯한 사업주들은 울상이었다. 하지만 손정의의 깜짝 발언에 "1조 엔의 적자에 비하면 그나마 낫다." "왠지 용기가 솟는 기분이다." "그렇게 큰 적자인데 마스크를 제공하다니 대단하다. 그에 비하면 자신의 고민은 먼지처럼 작게 느껴진다." 등 손정의의 말에 위로를 받은 사람들의 목소리가 쏟아진 것이다.

"태풍 앞에서는 겁쟁이라고 비웃음을 살 만큼 철저한 수비 체제로 가는 게 좋습니다. 그것이 진정한 용기라고 생각합니다."(2020년 4월 15일)

"포기하지 마라. 언제나 길은 있다."(2020년 4월 30일)

"조용히 아름답게 할 것인가, 대대적으로 크게 할 것인가. 위선자라고 불릴 각오도 없이 대업은 이룰 수 없습니다."(2020년 5월 12일)

2020년 5월 18일 결산설명회에 나온 손정의의 표정에서는 여느 때의 패기가 느껴지지 않았다. 필자는 이런 손정의의 표정을 본 적이 없다. 사실 이때 손정의는 (자사의 실적보다) 코로나 위기를 누구보다 걱정하고 있었다.

"소프트뱅크 비전펀드 1의 투자처 88개사(2020년 3월 말 기준) 중 약 15개사는 도산이 우려되고 15개사는 더 큰 성공을 거둘 것으로 보입니다. 나머지는 그저 그런 상황이 되지 않을까 싶습니다. 도약한 15곳의 회사가 5년 후, 10년 후에 투자 가치의 90% 정도를 차지하지 않을까요?"

"이번에는 여유를 가지고 절벽 아래를 내려다보고 있습니다." 비록 소수이지만 믿는 구석이 있다는 자신감의 표출이었다.

"인터넷 버블이 붕괴했을 때도 알리바바, 야후 등 극히 일부의 회사가 90%를 만들어냈습니다. 나머지는 도산하거나 살아남아도 그저 그런 상태였죠. 이번에도 비슷하지 않을까요?" 손정의는 이번 대적자에 대해 개의치 않고 "코로나 쇼크는 새로운 시대의 패러다임 시프트를 가속화할 것입니다."라며 미래를 내다봤다.

2020년 3월기 2분기 결산설명회에서는 "위워크 건에 대해서는 반성하고 있습니다."라고 20차례 가까이 언급했다.

"실패의 원인은 외부가 아니라 모두 제게 있습니다. 그를 인정하지 않으면 앞으로 나아갈 수 없지요."(2020년 5월 19일)

2020년 3월기의 손실액이 소프트뱅크 그룹 사상 최대 규모라는 점에 대해서도 "별거 아닙니다. 오해하지 않았으면 합니다만 매번 말하듯이 저희는 투자 회사입니다. 투자처의 평가손익에 좌우되는 연결 회계 결과는 회사를 평가할 때 아무런 도움이 되지 않습니다."

라고 말했다.

고토 요시미쓰(소프트뱅크 그룹 이사전무 집행 임원 CFO 겸 CISO 겸 CSusO)는 평소처럼 조용한 어조로 말을 잇는다. "예를 들어 2020년 3월기는 영업적자가 1.3조 엔이어서 몹시 나쁩니다만, 1년 전 결산에서는 영업이익이 2.3조 엔으로 아주 좋았지요. 도요타자동차에 이어 2위라고 불렸으니까요. 하지만 당시 영업이익이 좋은 것은 사실이지만 우리의 실상과는 아무 상관이 없다고 생각했습니다."

2001년의 IT 버블 붕괴와 2008년의 리먼 사태, 이 두 번의 위기를 겪으며 지금의 코로나 쇼크를 극복하기 위한 교훈을 얻었는가.

"과거의 위기와 비교하면 현재 우리의 대차대조표는 비교가 안 될 정도로 강력합니다. 전에는 알리바바가 상장되어 있지 않았고 통신 회사인 소프트뱅크도 상장 전이었습니다. 그래서 그때와는 전혀 다르지요. 재무 담당자로서 말하자면 이번 일은 재무적 위험을 염려해야 할 정도의 사건은 아닙니다."

투자 회사로서 가장 중요한 지표는 순이익이 아닌 주주가치(NAV: Net Asset Value, 보유 주식 가치에서 순부채를 뺀 것)다. 주주가치는 2020년 3월 말 21.7조 엔에서 2020년 9월 말 27.3조 엔으로 오히려 늘어났다.

6월 9일 밤, 소프트뱅크 그룹이 제공한 신종 코로나 항체 검사의 결과를 발표했다. 손정의와 의료 관계자 등이 출석했고 유튜브를 통해 실시간으로 중계했다. 항체 검사로 과거의 감염 경력을 조사했으며, 조사 대상은 의료 관계자 및 소프트뱅크 그룹사, 관련 기업의 직원이었다. 예를 들면 의료 관계자 중에서도 접수·사무, 의사,

간호사와 같은 형태로 속성을 나눈 데이터를 준비해서 치과의사의 데이터도 밝혔다. 소프트뱅크 등의 매장 스태프 감염자 데이터도 마찬가지다. "(양성률이) 더 높지 않을까 걱정하고 있었는데 사전 PCR 검사에서 양성으로 판명된 사람이 여섯 명이었습니다. 더 많지 않을까 걱정했는데 항체 검사 결과 두 명 늘어났을 뿐이어서 좋은 의미로 놀랐죠."

2020년 6월 25일 제40회 정기 주주총회에서 손정의의 표정은 밝았다.

"솔직히 좀 자신 있습니다. 자신감이 과해서 '주제도 모르고 불손하다'라는 꾸중을 들을 때도 있는데 솔직히 말해서 제법 자신이 있습니다. 자신감이 넘쳐서 원맨 리더라는 말도 듣지만 자신감은 중요하다고 생각합니다."

주주들 앞에서 손정의는 솔직하게 털어놨다. "하지만 이렇게 많은 투자를 시행하고 많은 그룹사를 이끄는 만큼 제 개인의 능력이 곧 한계점이 되어서는 안 된다고 생각합니다. 그러므로 많은 직원, 그리고 간부 여러분께서 최대한의 힘을 발휘하고 그 힘을 모아주신다면 우리의 힘은 더욱더 커지리라 굳게 믿고 있습니다. 그런 능력을 갖춘 직원, 간부가 점점 최근 늘어나고 있고 수비 범위도 세계로 넓어지고 있지요."

그리고 공개석상에서 손정의는 이름을 콕 집어서 말했다.

"이번 T모바일 스프린트 건은 마르셀로(클라우어)가 많이 해줬습니다. 여러 가지로 비판을 받는 라지브(미스라)가 없었다면 소프트뱅크 비전펀드는 자리 잡지 못했으리라 생각합니다. 그들은 멋지게 활약하고 있습니다."

현재 비어 바이오테크놀로지(미국 바이오테크놀로지 회사), 쿠팡(한국 e커머스 기업), 그랩(싱가포르에 거점을 둔 배차 애플리케이션 운영 기업), 우버(미국 자동차 배차 애플리케이션 운영 기업) 등 패밀리 컴퍼니가 계속해서 성장하고 있다. 모두 비전펀드를 시작했기 때문에 늘어난 패밀리 컴퍼니들이다.

"이 역시 라지브의 노력 덕분이라고 생각합니다. 그 밖에도 자금 조달이나 여러 면에서 많은 직원, 간부가 노력하고 있습니다." 한 사람 한 사람의 사례를 소개하면 20시간 정도 필요하므로 소개는 이 정도로 갈음하지만, 실제로 많은 직원과 간부들이 총력을 다해 성장시키고 있다고 손정의는 강조했다.

2020년 8월 11일, 2021년 3월기 1분기 결산설명회에서 손정의는 전국 시대 최강의 기마군단에 소총부대가 압승을 거둔 역사에 대해 이야기했다.

"신종 코로나바이러스와 날마다 싸우는 상황에서 사업가도 여러 문제와 싸우고 있습니다. 역사를 돌이켜보면 전쟁에서 빼놓을 수 없는 중요한 요소가 바로 '방어'입니다. 투자를 메인으로 하는 소프트뱅크 그룹의 방어책은 '현금'입니다. 2020년 3월 말 앞으로 1년간 4조 5천억 엔의 자금화를 확보하겠다고 발표했는데, 오늘 기준으로 4조 3천억 엔을 자금화할 수 있었습니다. 목표치에 대한 진척도는 95%입니다. '방어'는 순조롭게 진행되고 있습니다."

8월에 진척도 95%였던 4.5조 엔 프로그램은 9월 5.6조 엔을 조달해 완료되었다. 특히 부채를 짊어진 소프트뱅크 그룹의 최고의 방어책은 현금이라고 손정의는 말한다. 현금을 보유하는 것으로 수비를 굳힐 수 있다. 연결 결산은 순이익이 전년 동기 대비 11.9% 증가한 1조 2,557억 엔을 기록했다.

이날, 8월 11일은 손정의의 63번째 생일이기도 했다. '나이는 남자의 내면에서 뜨거운 것을 지운다'라는 말이 있지만, 이 말은 손정의에게는 해당하지 않는다. 오히려 해를 거듭할수록 더욱 뜨거워지고 있다.

"전진, 한 번밖에 없는 인생에서 다른 선택지는 의미가 없다. 종종 돌아가더라도 무조건 전진."(2020년 9월 1일)

2020년 7월, 소프트뱅크 그룹은 100% 자회사 '신종 코로나바이러스 검사센터'(현 SB 신종 코로나바이러스 검사센터)를 설립했다. 등록 위생 검사소로 인가를 받은 신종 코로나바이러스의 타액 PCR 검사 전용 시설인 '도쿄 PCR 검사센터'(치바현 이치카와시)와 '홋카이도 PCR 검사센터'(삿포로시 기타구)를 거점으로 1회당 2천 엔(세전 금액, 배송 및 포장비 등을 제외)의 실비 부담만으로 타액 PCR 검사가 가능하도록 했다. 양 검사시설을 합쳐 하루에 약 1만 8천 건의 검사가 가능하며 2021년 2월까지 약 42만 6천 건의 검사를 수행해왔다.

지금까지 도쿄도가 공모한 '복지시설의 검사 실시 관련 협력사업자'로 선정되었으며, 그 외에 2021년 4월에 신설한 '후쿠오카 PCR 검사센터'(후쿠오카현 사와라구)와 더불어 후쿠오카현 기타큐슈시, 후쿠오카시, 치바현 마쓰도시, 이치카와시, 홋카이도 삿포로시, 이시

카리시, 기타미시 등의 지자체에 타액 PCR 검사를 제공하고 있다.

또 법인 대상으로는 후쿠오카 소프트뱅크 호크스와 B리그, V리그, 소프트뱅크의 그룹사나 주식회사 호텔 오쿠라 삿포로 등에 검사를 제공하고 있다. 2021년 2월에는 개인 대상 타액 PCR 검사 서비스 'HELPO PCR 검사 패키지'의 제공을 헬스케어 테크놀로지스 주식회사와 공동으로 시작했다.

소프트뱅크 그룹의 주가는 2020년 여름 무렵부터 20년 만에 최고가 행진이 이어졌다. 2020년 3월 10일의 연초 최저가(2,610엔)에서 2021년 2월 22일에는 4배가 올라 연초 이후 최고가(10,630엔)를 기록했다. 소프트뱅크 그룹이 보유한 주식 가치가 다시 높게 평가되고 있다.

코로나 사태가 끝나지 않은 11월 4일, 요코하마에서 열린 국제청년회의소(JCI) 세계대회에 참가한 젊은 경영자들 앞에서 손정의는 타액 PCR 검사와 가능한 모든 코로나 대책을 실시했다. 그 후 직접 그들의 얼굴을 보면서 말을 꺼냈다.

"먼저 올라갈 산을 정해야 합니다." 어느 산에 오를지를 정하면 인생의 절반을 정한 셈이다. "목표로 하는 산을 정하지 않고 걷는 것은 방황에 가깝습니다." 한번 결정을 내리면 변명하지 않고 해내야 한다. "끝까지 불태우고 싶습니다." 젊은이에게는 무한한 미래가 있다. "열광하라, 자신의 꿈에."

후회 없는 인생을 살고 싶다. 모름지기 인생은 보람차야 한다. 손정의의 말 한마디 한마디에 청년들은 눈을 반짝이고 있었다.

2020년 11월 9일, 2021년 3월기 2분기 결산설명회에서 손정의는 소프트뱅크 그룹은 "정보혁명을 위한 투자 회사"라고 강조했다. 손정의는 투자 회사의 가장 중요한 지표는 주주가치(NAV)라고 다시 한번 강조했다.

"AI를 제압하는 자가 미래를 제압할 것입니다." 즉 진화를 위한 투자가 필요하다. "인류의 미래는 AI에 있습니다." 손정의는 이렇게도 말했다. "수비와 공격을 동시에 해야 합니다."

2020년 11월 17일 뉴욕타임스가 주최한 딜북 온라인 서밋에서 손정의는 앤드루 로스 소킨(딜북 편집자이자 금융계 케이블 방송국 CNBC의 진행자)과 인터뷰했다. 자신의 비트코인 투자 실패담도 공개했다. "주위에서 하라고 해서 해봤지만 더는 하지 않을 생각입니다."

소프트뱅크 비전펀드 1은 바이트댄스(틱톡의 모회사)의 대형 투자가이며 낙관적인 관점을 가지고 있다고 말했다.

또 대규모 자금화로 소프트뱅크 그룹은 '수중의 현금이 800억 달러(약 8조 3,200억 엔. 2022년 3월경 완료 예정인 암 매각 거래분 등도 포함한 금액)'였다. 투자 회사여서 앞으로는 암과 같은 대형 인수 가능성은 작다고도 말했다.

손정의는 일본 내 코로나 감염 확대를 막기 위해 적극적으로 노력해왔다. "자발적으로 마스크를 착용하고 있습니다. 다들 마스크의 중요성을 크게 의식하고 있죠." 하지만 백신의 대량 생산과 접종이 이루어지기까지는 시간이 걸린다. 그래서 예측하지 못했던 사태가 언제 일어나도 이상하지 않다.

"앞으로 두세 달 사이에 온갖 재난이 발생할 수 있습니다." "대기업들이 갑자기 무너지면서 도미노 현상이 일어날 것입니다" "리먼 쇼크와 같은 위기로 인해 세계 시장이 폭락할 수도 있습니다." 어떤 일이 벌어질지 모른다고 손정의는 경고했다.

"현재와 같은 상황에서는 어떤 일이 벌어질지 모릅니다. 백신 개발이 진행되고 있는 점은 좋은 소식이지만 아직은 최악의 시나리오에 대비할 필요가 있습니다."

"이런 종류의 위기에서는 만일의 경우를 대비한 현금 준비가 매우 중요하다고 생각합니다."

"행운 뒤에는 반드시 불운이 찾아옵니다. 중요한 것은 그때 기죽거나 포기하지 않고 참고 투쟁해나가야 합니다."(2020년 11월 28일)

"뜨거운 열정과 냉정한 판단. 그 균형이 혁신과 생존을 이루는 비법입니다."(2020년 12월 27일)

"잘 안 되면 다시 하면 됩니다. 다시 하면 그만일 뿐 변명은 필요 없죠."(2021년 1월 25일)

"진화하지 않는 사람은 이미 퇴화한 것과 다름없습니다. 주변이 모두 진화했기 때문이죠."(2021년 2월 6일)

"봄은 반드시 옵니다."(2021년 2월 12일)

"힘을 냅시다. 두려움은 배짱이 부족할 때 생기는 법이니까요."
(2021년 2월 13일)

"우연한 승리는 승리가 아닙니다. 단순한 우연에 불과하죠. 이길 수 있는 구조를 만들어야 합니다."(2021년 2월 27일)

"열여섯에 뜻을 세우고 혈혈단신으로 미국으로 건너갔습니다. 지금의 심경을 하이쿠로 지어봤습니다. '날아올라서 논에 우는 개구리 머나먼 하늘'"(2021년 2월 28일)

"앞날은 읽을 수 없습니다. 하지만 고민하면서 매일 조금씩 수정하고 선수를 쳐서 나가야만 합니다."(2021년 3월 14일)

어떤 일이 일어나도 언제나 길은 있는 법이다.

47 동지적 결합

"동지적 결합이란 피의 결합이나 이득을 위한 결합보다 같은 뜻을 가진 결합이 가장 강하다는 말입니다. 에도막부 말기에도 동지들을 위해 목숨을 걸고 메이지유신을 추진해나갔지요. 혈족이나 이해득실을 위한 행동을 훨씬 뛰어넘은 수준이었습니다."

손정의는 말한다. "세상에서 가장 중요한 것은 당장 눈앞의 일이 아니라 같은 뜻을 공유하는 일입니다."

1981년 혈혈단신으로 시작한 회사가 이듬해인 1982년에는 직원 30명, 매출 20억 엔으로 커졌다. 1983년에는 직원 125명과 매출 45억 엔, 1984년에는 직원 190명과 매출 75억 엔이 되더니 1985년에는 직원 210명과 매출 117억 엔으로 빠르게 성장했다.

창업하고 나서 손정의는 아르바이트생을 앞에 두고 귤 상자 위에서 "5년 안에 매출을 100억 엔, 30년 후에 1조 엔으로 만들겠다. 두부 가게가 두부를 한 모, 두 모로 세듯이 매출을 1조, 2조 단위로 세는 기업으로 만들겠다."라고 열변을 토했다. 2006년 3월기, 손정의의 말은 마침내 현실이 되었다.

일본 소프트뱅크를 창업한 1981년으로부터 1년이 흐른 가을날, 기업설명회가 열렸다. 쓰치하시 고세이는 가만히 듣고 있었다. 그때 사장인 손정의는 미국에서 맹렬히 공부한 과정 등을 늘어놓고 있었다.

"이렇게 열정이 넘치는 사람이 또 있을까 싶었습니다. 매우 활기차고 의욕이 넘쳤죠." 쓰치하시보다 불과 두 살 위였지만 손정의는 에너지로 똘똘 뭉쳐 있었다.

"이제는 소프트웨어의 시대." "IBM을 넘어서겠다." "엄청난 속도로 성장할 것이다."

손정의는 고등학교 1학년 때 학교를 중퇴하고 미국으로 유학해 맹렬한 공부 끝에 월반에 성공했다. 쓰치하시는 게이오 대학 경제학부를 졸업했다. 나름 성실하게 공부해왔다고 생각했지만, 자신과는 차원이 다르다고 생각했다. 무언가에 임하는 자세가 남다른 사람이었다. '세상에 이런 사람이 또 있을까?' 쓰치하시는 큰 충격을 받았다.

쓰치하시 고세이(현 SB 크리에이티브 사장)는 1959년 8월 13일 태어나 1983년 4월에 대졸 신입 제1기로 일본 소프트뱅크에 입사했다. 입사 후 손정의 밑에서 관리, 인사, 총무 부서를 거쳤다. 사원 번호 71번인 쓰치하시에게 손정의는 "평생 할 일을 찾아라."라고 입버릇처럼 말했다.

손정의는 만성간염으로 1983년부터 3년간 입원과 퇴원을 거듭하다가 도라노몬 병원 구마다 의사의 획기적인 치료법으로 완치에 성공해 1986년 사장으로 복귀했다. 입원 기간 중 부하 직원 20명이 배반해 PC 소프트웨어를 판매하는 경쟁사를 설립했다. 동료에게 배신을 당한 것이다.

쓰치하시는 말한다. "그럴 때조차 손정의 씨는 언제나 '페어'했습니다." 분해하는 손정의를 쓰치하시는 언제나 바라봐왔다. 사장 비서실장 시절에는 손정의를 곁에서 지켜봤다. 병상에 누워 있는 손정의에게 업무 보고를 한 적도 종종 있었다.

"사회구조를 바꾸고 싶다는 손정의 씨의 생각은 변함없습니다. 사회 인프라에 공헌하고 싶다는 생각은 일관되죠."라고 쓰치하시는 말한다. 일본 국적을 취득하던 순간의 손정의의 웃는 얼굴을 쓰치하시는 잊을 수 없다고 한다.

쓰치하시도, 하시모토 고로도, 미야우치 겐도 모두 몸을 바쳐 일했다. 손정의가 앞장서서 일하는 모습을 보여왔기 때문에 자연스럽게 따르게 되었고 무엇보다 즐거웠다.

쓰치하시는 20년간 소프트뱅크에 재직하고 출판의 흐름을 잇는 미디어 사업을 하는 자회사 사장이 되었다. 지금 경영자가 된 쓰치하시는 무슨 생각을 하는가.

"손정의 씨는 평범한 사람이 아닌 '규격 밖의 사람'입니다. 크리에이터이기도 하고 본질을 꿰뚫어 보는 힘이 대단하죠. 어떤 일이든 철저합니다. 도저히 저는 상상할 수 없는 일이지만 가슴속에 품은 뜻은 같습니다."

손정의와 자신은 같은 뜻을 가진 동지이며 함께 세상을 바꿔나가겠다는 생각은 지금도 변함없다. 손정의가 해온 일은 앞으로도 길이길이 남을 것이다. 사회구조를 바꾸어놓았기 때문이다. 그래서 쓰치하시는 손정의를 만난 사실에 행복을 느낀다.

오쓰키 도시키는 1984년 일본 소프트뱅크에 대졸 신입 제2기로 입사해 1999년까지 소프트뱅크 그룹에 재직했다. 그 후 소프트뱅크 지디넷(현 아이티미디어)을 설립했고, 2019년 12월 아이티미디어는 20주년을 맞이했다. 그에 앞서 같은 해 3월에 신흥 기업 시장인 마더스에서 도쿄증권거래소 제1부 시장으로 승격해 상장했다.

아이티미디어를 설립한 배경에는 손정의의 비전을 실현하기 위한 목적도 있었다. 물론 오쓰키가 제안한 사업 계획이기도 하지만 테크놀로지로 인해 사회가 변해가는 모습을 알리겠다는 사명을 가진 기업이다.

정보는 사회의 기반이라고 오쓰키는 말한다. "(소프트뱅크 그룹에 대한) 애정과 에너지만큼은 조금 자신 있습니다." 아이티미디어는 출판의 미래형이라는 자부심이 있다.

손정의는 무슨 일이든 감정적으로 하는 법이 없다. "그래서 계속 경애하고 존경할 수밖에 없습니다." 1989년부터 5년 반 동안 오쓰키는 사장 비서실장으로 일했다. 손정의는 "오늘부터 예스가 7할, 노가 3할의 비율로 대응해주었으면 하네."라고 말했지만 실제로는 '예스'와 '알겠습니다'뿐이었다고 오쓰키는 회고한다.

모든 일을 상의하는 상대가 되고, 중요한 고객이나 임원 이하 직원들에게 말을 전했으며, 가방을 챙기거나 정리 정돈을 하고, 회의록 작성, 일정 관리, 외출이나 출장 시의 경호, 예산과 관리회계(일일결산)까지 모두 담당했다. 그래서 오쓰키는 자신이 손정의의 역대 최고 비서라고 자부한다.

1990년의 어느 날 아침, 사장실에 있던 손정의가 부르는 소리가 들렸다. 오쓰키의 자리는 사장실 문에서 가장 가까운 곳에 있어서 부르면 3초 만에 사장실로 들어갈 수 있는 거리였다.

"내일 아침까지 사장실 한쪽 벽에 경쟁자들의 사진을 걸어주게." 오쓰키는 손정의의 명을 받았다. 세계 테크놀로지 분야의 기업가들-빌 게이츠, 스콧 맥닐리, 스티브 잡스, 래리 엘리슨, 필립 칸 등 IT업계의 거장 10명의 얼굴 사진을 회사 사무실 벽에 붙였다.

"왜 사무실에 저들의 사진을 붙입니까?" 오쓰키의 질문에 손정의는 대답했다. "빌 게이츠나 스콧 맥닐리, 래리 엘리슨, 스티브 잡스의 얼굴을 매일 아침 보면서 바다 건너에서 그들도 온 힘을 다하고 있으니 절대 지지 말자고 자신을 격려하고 의지를 다지기 위해서일

세." 오쓰키는 손정의의 대답을 아직도 기억하고 있다.

신규 사업 개발에 의욕적인 손정의는 헤드헌팅으로 MBA 출신 리더와 멤버 세 명을 팀 단위로 채용해 사업기획실을 설립했다. 그들의 역할은 손정의의 꿈이나 비전을 사업 기획이나 계획에 녹이는 참모 집단으로 대졸 신입으로 입사한 오쓰키와는 대우도 보수도 크게 달랐다.

손정의가 이 팀에 지시해 개발한 신규 사업 중 '시디롬(CD-ROM) 프로젝트'가 있었다. 일본 소프트뱅크의 초창기 사업은 퍼스널 컴퓨터의 소프트웨어 유통 사업이자 소프트웨어 업체가 개발 제작한 패키지를 판매점에 유통하는 일이었다. 이 구조를 시디롬이라는 디바이스를 사용해 디지털화하려는 목표였다. 아직 인터넷이 보급되기 전이었다. 시디롬에 수백 개의 소프트웨어 프로그램을 저장하고 암호를 걸어 잡지나 매장 등에서 널리 유통한다. 구매자는 사고 싶은 프로그램의 암호를 받아 시디롬에서 다운로드하는 소프트웨어 유통 혁명이다. 이 사업의 최대 파트너로 눈독을 들인 인물이 바로 마이크로소프트의 CEO인 빌 게이츠였다.

손정의는 오쓰키에게 말했다. "다음 주 빌 게이츠와의 약속이 잡혔네. 미국에 갈 테니 다음 주 일정을 모두 취소해주게." 그런데 출발 직전이 되어도 손정의의 얼굴색이 좋지 않았다. "제안 내용 준비가 아직 안 끝났나요?" 하고 묻자 "아니, 준비는 다 했네. 스토리도 반박 준비도 모두 시뮬레이션까지 마쳤지. 아마 빌 게이츠는 웰컴이라고 하겠지. 그런데 '마사, 제안은 훌륭하지만 자네가 마음에 안 들어서 같이할 수 없네.'라고 하면 어떡하나 생각 중이었네." 하고 고민을 털어놓았다.

또 당시 손정의는 자신이 회사를 떠난 이후에도 회사가 성장을 위한 이윤의 재생산이 자동으로 이루어지는 경영시스템을 구축하고 싶어 했다. 그를 위해서는 간부가 사장이나 주주와 가까운 시점을 지녀야 했다. 다시 말해 자신이 맡은 부문의 이익이나 순자산이 늘어나면 늘어날수록 경제 가치가 환원되는 구조를 원했다. 그런 구조를 만들기 위해서는 크게 세 가지 요소가 필요했다.

먼저 회사를 대략 10명 정도의 팀으로 나눠서 모든 팀의 경영 상황, 즉 손익계산서와 재무제표를 분명히 하는 시스템이 필요했다. 두 번째는 팀의 리더(사장)에게 주식 보수를 부여해야 했고, 마지막으로 이를 만천하에 공개하고 경쟁을 유도하는 환경이어야 했다.

"그렇게 되면 회사가 위태로워질 것입니다."라고 오쓰키는 드물게 반대했다. 하지만 결과적으로 손정의의 계획은 주효했다. 직원들의 모티베이션이 크게 오른 것이다. 당시에는 스톡옵션 제도가 없었기 때문에 손정의가 자신의 주식을 양도해주는 유사 스톡옵션의 형태였다. 손정의는 일일 결산의 구조를 '계기 비행'이라고 불리는 경영의 나침반으로 사용했을 뿐 아니라 간부의 성장을 끌어내는 강력한 '모티베이션 혁명'의 도구로 활용했다.

손정의는 늘 앞을 내다보고 있었다. 오쓰키는 손정의, 미야우치와 같은 동지들과 함께 일할 수 있었던 점이 자랑스럽다.

신바 준(소프트뱅크 대표이사 부사장 집행 임원 겸 COO)은 창업 5년째인 일본 소프트뱅크에 입사했으며 현재까지 유일한 현장 영업 출신의 임원이다(2021년 기준). 대졸 신입 제3기로 1985년에 일본 소프트뱅크에 입사해 일관되게 영업 외길을 걸어왔다. 주로 가전 양판점 영업과 Yahoo! BB의 사업 전반을 담당했으며 지금도 가전 양판점 총수와의 신뢰 관계는 변함이 없다.

통신사 사업에 뛰어들 때, 신바는 소프트뱅크 그룹에 큰 공헌을 했다. 가전 양판점 업계에 두터운 인맥을 보유해 2017년 4월 전무이사에서 부사장으로 승진했다.

입사 후 신바는 이익을 조 단위로 셀 수 있는 회사를 만들고 싶다는 손정의의 열망을 진심으로 받아들였다. "틀림없이 그렇게 되리라고 믿었습니다." 손정의는 진심으로 그렇게 생각했고 신바도 공감했다. 가슴이 뜨거워졌다.

2014년 3월기, 실제로 1조 엔(소프트뱅크 그룹 연결 영업이익)을 돌파했다. "영업이익 1조 엔 돌파까지 도요타는 65년이 걸렸지만 우리는 33년으로 훨씬 짧은 기간에 달성했다."라고 손정의는 자랑스럽게 말했다.

신바가 입사한 1985년은 직원 수 210명 정도로 활기찬 분위기였다. 당시의 소프트뱅크는 가족 같은 분위기였다. 이제는 그렇게 하기 어렵겠지만 한밤중까지 일하다가 골판지를 깔고 회사 바닥에 잠든 적도 있다. 모두 젊었고 학창 시절의 연장선 같은 느낌으로 즐겁게 열심히 일했다.

PC 전성기에 주임이 된 신바는 도시바의 랩톱 컴퓨터를 담당했다. 손정의, 미야우치와 함께 영업을 다니면서 두 사람에게서 많은 것을 배웠다. 손정의에게는 상대가 거절의 말을 하지 못하게 하는 박력이 있다. “신바, WHY NOT?(왜 못해?)”

“끝까지 밀어붙이다가 결정적인 한 방을 날려야 해. 제안을 받을 수밖에 없도록 흐름을 가져가야 하지.” 그리고 책임져야 한다. “변명하지 말게.” 신바는 손정의로부터 많은 점을 배웠다.

그러다가 어느 프로젝트에서 신바는 큰 손실을 냈다. 마음이 무거웠고 질책도 각오했다. 하지만 손정의의 입에서 나온 말은 예상과 달랐다. “이건 내 책임일세. (자네는) 잘해줬어.” 신바는 또다시 가슴이 뭉클해졌다.

신바와 동기이자 유통 사업 에이스로 활약한 야마카미 후유히코가 42세의 젊은 나이로 세상을 떠났다. 손정의는 모든 일정을 취소했다. 그리고 오열하면서 모두와 함께 관을 들어 올렸다.

야마카미가 죽고 나서 신바는 야마카미가 남긴 의자를 계속 사용해왔다. 2021년 소프트뱅크 신사옥인 도쿄 다케시바에서도 신바는 동지인 야마카미와 함께하고 있다.

손정의는 일로는 가차 없을 정도로 신바에게 엄격했다. “가능한 모든 방법을 다 동원하게.” “모든 일이 다 성공하는 것은 아니네.” “한 번 성공할 수 있는 걸 찾아오면 된다네.” “못하는 게 아니라 할 수 있는 일을 찾아내야지.”

신바는 말한다. “일적으로 말고도 그냥 인간 손정의를 좋아합니다. 사람을 포용하고 함께 걸어가는 모습이 정말 좋습니다.”

신바는 시즈오카현 가케가와니시 고등학교 야구부에서 활약했다. 2루수로 야구에서는 포수와 함께 경기의 흐름을 읽는 가장 중요한 포지션이다. 신바는 야구로 단련된 강인한 정신과 육체로 전체를 내려다보며 상대의 마음을 사로잡는다. 비즈니스에도 이 감각은 빛을 발하고 있다.

신바의 강점은 손정의에게 물려받은 투쟁심과 도전정신이다. "손정의 씨는 제게 아버지 같은 존재입니다."

신바에게 최근 30년간 가장 인상에 남는 순간은 ADSL 사업을 하는 Yahoo! BB의 설립이었다.

"입사했을 당시의 주력 사업은 패키지 소프트웨어의 유통이었습니다. 직접 거래하는 주체는 양판점으로 BtoBtoC 비즈니스였죠. 취급 품목이 바뀌거나 출판 사업에 진입했지만 Yahoo! BB가 직접적인 엔드유저를 위한 첫 비즈니스였습니다. 아무것도 없는 백지 상태에서 출발했죠."

그 난국을 극복한 경험이 영업 외길을 걸어온 신바에게 큰 자신감이 되었고, 결과적으로 소프트뱅크 약진을 위한 큰 기반이 되었다. "소프트뱅크에는 최첨단 테크놀로지, 최첨단 비즈니스 모델을 어느 곳보다 빨리 도입하고 고객에게 제공해야 할 니즈가 있습니다."라고 신바는 말한다. 복수의 투자처와 합작 회사를 설립하거나 제휴를 통해 일본에 새로운 기술을 제공하고 있다. 실제로 현재 소프트뱅크 비전펀드를 통해서 최첨단 시장에 뛰어드는 동료도 전 세계에서 늘고 있다.

첨단성이나 도전, 그리고 안정성은 상반되는 성질로 보이지만, 신바는 말한다. "오히려 그 양쪽을 실현하는 것을 고집하면서 앞으로도 전진할 것입니다."

어느 날 필자는 신바가 본사 건물(당시)에서 고층에서 1층까지 내려와서 고객을 미소로 배웅하고 있는 장면을 봤다. 그 모습은 과거 손정의의 모습과 겹쳐 보였다. 아이는 부모의 뒷모습을 보고 자란다는 말이 있다.

신바가 아버지로 추앙하는 손정의는 말한다. “저에게 성공은 금전적 보수나 전문가의 칭찬만을 의미하지 않습니다. 스스로 자랑스럽게 여길 만큼 충분히 연구했는가. 인생에서 올바른 선택을 하고 진짜 잘하는 것을 일로 삼았냐는 질문에 예스(YES)라고 답할 수 있는가. 이것이 제가 생각하는 성공입니다.”

아버지의 가르침을 마음에 깊이 새긴 채 신바는 오늘도 진정한 성공을 향해서 달려간다.

48 더욱 높이

터닝 포인트가 되는 사건이 여러 개 있었다.

손정의와 함께 30년 가까이 비즈니스를 이끌어온 론 피셔에게는 스테이지마다 다양한 추억이 있다. 1995년 상장 전인 미국 야후에 출자했을 때는 소프트뱅크(현 소프트뱅크 그룹)의 모든 것이 갑작스럽게 바뀌었다.

2000년 중국의 GDP(국민총생산)는 아직 1조 달러 수준으로 일본의 4분의 1 정도였다. 손정의는 알리바바를 갓 세운 마윈과 면담했다. 잠시 뒤 저녁 식사 자리에서 손정의는 론에게 말했다. “향후

5년에서 7년 사이에 중국 경제는 엄청난 속도로 성장해서 일본을 초월할 거야. 그러니 투자해야 해."

그리고 당시 BtoB만 하던 알리바바에게 BtoC와 CtoC도 시작하도록 조언했다. 알리바바는 사업 초기에 비즈니스 모델을 다변화시켰고, 시가총액은 2021년 2월 19일 현재 7,130억 달러에 달한다.

손정의는 현 상황을 정확히 판단하고 새로운 조류에 테크놀로지를 어떻게 활용해나가야 할지를 예측하는 훌륭한 통찰력을 갖췄다. 그래서 기대를 크게 뛰어넘는 결과를 얻을 수 있었던 것이다.

론은 손정의와 은퇴에 대해 논의한 적이 있다고 한다. 론은 미소를 지은 채 말한다. "마사가 어디론가 떠나는 일은 당분간 없을 겁니다."

니케시 아로라가 손정의의 후계자 후보로 거론된 것은 2015년의 일이었다. "니케시가 왔을 때 마사는 58살이었지." 손정의보다 열 살 위인 론은 손정의를 향해 말했다. "50대의 눈에는 60대가 노인처럼 보이겠지. 하지만 70대를 눈앞에 둔 나는 알 수 있네. 자네가 절대 퇴임할 리가 없다는 사실을."

지금도 손정의는 비즈니스의 속도를 줄이기는커녕 론이 지금까지 본 것 중 최고로 '크레이지'한 페이스로 달려 나가고 있다. 거의 매일 밤낮 구분 없이 회의 전화를 걸어온다. 물론 거취는 손정의 자신이 장기적으로 보고 결정할 사안이다.

현재 다양한 형태를 거쳐 회사는 전략적 투자지주회사로 탈바꿈했다. 지금은 다음 세대에 여러 가지 경험을 시켜 육성하는 단계다.

숙련된 새로운 세대가 전 세계에서 자라는 것은 20년 후가 될지도 모른다.

손정의는 다시 정보혁명에 관해서 설명한다. 정보혁명은 여러 개의 챕터(장)로 나뉜다. 첫 번째 챕터가 PC 혁명, 두 번째가 인터넷 혁명, 세 번째가 모바일 인터넷 혁명, 그리고 네 번째가 AI 혁명으로 모두 합쳐 정보혁명이라 부른다.

"인텔은 하드웨어인 CPU를 만들었지만 빌 게이츠가 만든 것은 소프트웨어입니다. 이 제1장은 PC 혁명이다. 윈도(Windows)라는 OS가 없었다면 PC는 널리 퍼지지 못했겠죠. 정보혁명의 첫 장을 완벽하게 만들어낸 그가 최고의 슈퍼스타라고 생각합니다."

제2장은 인터넷 혁명이다.

"제리 양 일행이 미국 야후를 만들었고 곧이어 아마존, 구글, 페이스북이 등장했습니다. 군웅할거로 저마다 인터넷 공간에서 큰 역할을 하고 있지요."

제3장은 모바일 인터넷 혁명이다.

"스티브 잡스가 대단한 점은 애플을 세우고 빌 게이츠와 함께 PC 혁명을 개척했지만, 도중에 회사에서 쫓겨나기도 하고 참혹한 일을 당하죠. 하지만 역시나 실력이 있으니까 다시 한번 일어서서 인류의 미래를 재정의했다는 사실입니다."

스티브 잡스도 천재 중의 천재다. 스티브 잡스가 만든 플랫폼에서 모바일 인터넷 서비스 기업의 탄생도 한층 더 가속화되고 확대해나갔다.

제4장이 지금 막 시작된 AI의 시대다.

AI의 세계에서 하드웨어의 키가 되는 인물이 엔비디아의 젠슨 황이라고 손정의는 말한다. 한편 젠슨은 소프트뱅크 월드에서의 손정의와의 대담 영상에서 다음과 같이 말했다.

"암은 정말 세계에서 가장 희귀하고 가치 있는 보물이자 인류의 보물입니다. 그런 암을 제게 맡겨주셔서 감사합니다. 엔비디아는 세계에서 가장 많이 보급된 CPU와 세계적인 AI 컴퓨팅 회사를 융합시킨 기업이 될 것입니다. 암 인수를 계기로 엔비디아는 AI 시대에 적응한 기업으로 진화해나갈 것입니다."

AI 서비스 기업은 플랫폼상에서 서비스를 만들어낸다. AI는 더욱더 폭넓게 이용되면서 카테고리마다 카테고리 킬러가 태어날 것이다. 더욱 광대한 세계가 눈앞에 나타나리라.

"각 분야의 핵심 인물과 좋은 관계를 만들어갈 수 있었다는 점이 정말 행운이었습니다. 많은 자극을 받았고 배우기도 했죠. 이제 저만의 특별한 각도에서 제 목표를 완수해나가고 싶습니다."

챕터의 핵심 인물들은 발명가가 되어 테크놀로지를 개척하고 세계를 무대로 사업을 전개했다. 하지만 아쉽게도 일본 시장은 작다. 발명가로 성공하려 해도 자신이 만든 제품 또는 서비스를 국내 시장에서 제법 큰 규모까지 키워내지 않고서는 세계 시장에 진출하기가 어렵다. 그런 점에서 핵심 인물들이 탄생한 미국에는 압도적으로 큰 시장이 있고 중국 시장도 거대하다.

"최근에는 알리바바와 텐센트가 중국에서 인터넷 혁명의 선두주자로 크게 성공했습니다. 마윈과 일찍부터 동맹 관계를 맺을 수 있었던 점이 저에게는 무척 행운이었죠. 저는 물건을 만들지 않으니 누구와도 동반자가 될 수 있습니다."

핵심 인물들은 스스로 물건을 만들고 서비스를 만든다. 자신의 세계를 확장하고 싶을 때, 물건을 만드는 사람끼리라면 협력 관계를 맺는 일은 간단하지 않다.

"저희는 물건을 만들지 않기 때문에 그만큼 상대방도 크게 경계하지 않고 동맹 관계를 맺을 수 있습니다. 약점이 곧 강점인 셈이죠. 정보혁명에는 발명자로서 위험을 감수하는 자와 자본을 제공하는 자가 있습니다. 이 두 바퀴가 있어야 비로소 혁명이 일어나죠."

때에 따라 가장 필요한 새로운 테크놀로지의 발명가들과 자유자재로 제휴를 맺는 것이 소프트뱅크식 비즈니스다. "특히 우리가 소프트뱅크 비전펀드를 만들어 새로운 유니콘들, 루키들과 이러한 관계를 맺음으로써 앞으로도 커다란 기회가 계속해서 생겨날 것입니다."

오늘날 미·중 대립이 이어지는 상황에서 정치가 경제 활동에 개입하는 리스크가 증가하고 있다. 미국이나 중국과 어떻게 관계를 맺어야 하는가. 또 인도나 남미 등 떠오르는 지역을 어떻게 바라봐야 하는가. 손정의는 현재의 국제 정세를 초월해서 바라본다.

"여러 나라의 정부가 자국의 권익을 지키기 위해 열심히 뛰고 있습니다. 하지만 10년, 20년, 50년이라는 긴 단위로 세계를 보면 어떨까요? 자국의 작은 이익을 지키기 위해 작은 정의, 짧은 미래만 보고 행동하는 것이 진정 인류의 대의가 될 수 있을지 의문입니다."

과거 일본은 여러 번(藩)으로 나뉘어 있었다. 이익을 지키기 위해 번과 번이 싸우기도 했다. 150년 전까지의 국익이란 자기 번의 작은 이익을 의미했다. 하지만 메이지 시대에 이르러 교통기관이 발달하고 커뮤니케이션 수단이 발달하자 사람들의 행동 범위는 번을 넘어섰다.

1871년 폐번치현(번을 폐지하고 중앙정부로 일원화한 행정 개혁-옮긴이)이 단행된 후 150년이 흘렀지만, 오히려 앞으로 100년간의 변화가 더 클 것이다. 교통수단은 더욱 발달한다. 원 클릭으로 한순간에 전 세계에 접속할 수 있게 되고 국가, 종교, 민족 등을 넘어 커다란 인간 집단으로서의 이익을 생각하게 될 것이다. 그것이 곧 세계 평화로 이어지는 길이라고 손정의는 생각한다.

"그래서 자국의 작은 이익을 위해 전쟁을 일으키거나 사람을 죽이는 것은 정말 무익하다고 생각합니다. 본래 정치인은 칼날을 주고받지 않도록 마지막 대화와 조정을 하기 위해서 존재합니다. 각 나라의 지도자들도 큰 뜻을 위해 세계 평화와 사람들에게 행복을 제공하기 위해 노력하리라고 믿습니다. 과도기에는 일시적으로 여러 작은 이해관계가 얽히거나 줄다리기가 있을 수 있겠지만 마지막에는 평화롭고 더 멋진 사회가 될 것입니다. 저는 성선설을 믿으니까 낙관적으로 보고 싶습니다."

“손정의 씨는 진정한 리더입니다. 미래를 내다보는 눈이 있지요. 오너로서 가능한 한 오래도록 자리에 있어 주시기를 바랍니다.”라고 미야우치 겐은 말한다.

손정의의 강인함은 3층 구조에 있다고 론은 평가한다. “먼저 비전이 있고, 비전을 책임지고 이루어내겠다는 용기가 있으며, 그 비전을 성공시키기 위해 끊임없이 노력하는 실행력을 갖췄습니다.”

손정의는 무언가에 집중하면 그 한곳에 모든 에너지를 바치고 최고가 되기 위해서 흔들림 없이 나아간다. 무번지에서 태어난 남자의 신념은 결코 흔들림이 없다.

정보혁명으로 사람들을 행복하게 만들리라.

“AI 혁명은 이제부터가 시작입니다.”

날아오르리라, 더욱 높이.

맺음말

『뜻을 높게 - 손정의 평전』은 『뜻은 높게 손정의 정전 신판』(지쓰교노니혼샤문고, 2015년)의 개정 증보판이다. 『신판』에서는 손정의의 성장 과정부터 2015년까지를 다루었고, 『뜻을 높게 - 손정의 평전』에서는 그 이후의 사건과 인물을 새롭게 집필했다.

본격적으로 취재를 시작한 2020년 3월 말은 일본에서도 신종 코로나바이러스의 감염이 확대되던 시기여서 해외는커녕 국내에서조차 직접 취재하기 어려운 상황이었다. 하지만 걱정과 달리 취재는 수월하게 진행되었다. 관계자분들이 도와주신 덕분에 줌으로 국내외 주요 인물들과 만날 수 있었기 때문이다.

다행히 소프트뱅크 그룹 대표이사 회장 겸 사장 집행 임원인 손정의 씨와는 대면 인터뷰를 진행했다. SB 신종 코로나바이러스 검사센터에서 타액 PCR 검사를 받는 등 방역 수칙을 철저히 준수하며 긴 시간에 걸쳐 인터뷰했다. 이틀간 함께해주신 점에 깊이 감사드린다.

한편 줌은 해외 거주자의 인터뷰에 큰 도움이 되었다. 미국, 영국, 인도 등 단기간에 전 세계에서 일하고 있는 인물들을 여러 차례 취재할 수 있었다. 론 피셔(소프트뱅크 그룹 이사역 부회장 집행 임원)로부터는 20년 만에 이야기를 들었는데 그의 한마디 한마디에서 무게감이 느껴졌다. 라지브 미스라(소프트뱅크 그룹 부사장 집행 임원)는 네 차례에 걸쳐 소프트뱅크 비전펀드에 관해 상세하게 설명해주었다. 마르셀로 클라우어(소프트뱅크 그룹 부사장 집행 임원)는 5년 만에 만났는데 지난 만남 때보다 더 강력해진 스트리트 파이터의 박력이 느껴졌다.

『일본의 제일 부자 손정의(원제: 뜻은 높게 손정의 정전)』는 2004년 첫 출간 이후 3년마다 총 세 번 개정되며 많은 독자로부터 사랑받았다. 세계적으로 유례없는 사례일지도 모른다. 또 지금까지 중국어 간체자, 번체자, 한국어, 베트남어로 번역되었으며 이번에 영어 번역본이 새롭게 출간된다. 손정의라는 세계적인 인물을 30년 이상 취재해온 필자에게도 더없이 큰 기쁨이다.

2021년 6월 23일에 열린 소프트뱅크 그룹 제41회 정기 주주총회에서 손정의는 투자가와 자본가의 차이에 대해 처음으로 언급했다.

"소프트뱅크 그룹은 정보혁명의 자본가(비전캐피털리스트)다. 위험을 감수하면서 기업가들에게 자본을 투입해 정보혁명을 견인하고 싶다. 투자가는 자금을 만들지만, 자본가는 미래를 만든다."

이 책에서 손정의는 그 의미를 상세하게 설명한다.

"인류의 미래는 AI에 있다."

번지수도 없는 판잣집에서 출발한 남자는 더욱더 높은 곳을 바라본다. 그 장대한 삶을 이 책에 기록했다.

끝으로 첫 단행본 출간부터 함께해준 지쓰교노니혼샤의 이와노 유이치 사장님께 감사드린다.

2021년 6월

이노우에 아쓰오

취재를 도와주신 분들

손정의(孫正義, 손 마사요시)
하시모토 고로(橋本五郎)
미야우치 겐(宮内謙)
이노우에 마사히로(井上雅博)
가게야마 다쿠미(影山工)
쓰치하시 고세이(土橋康成)
이나바 도시오(稲葉俊夫)
쓰쓰이 다카시(筒井多圭志)
오쓰키 도시키(大槻利樹)
손태장(孫泰蔵, 손 타이조)
사사키 다다시(佐々木正)
노다 가즈오(野田一夫)
미카미 다카시(三上喬)
가토 도시요시(河東俊瑞)
미키 다케요시(三木猛義)
모리타 요시야스(森田譲康)
아베 이쓰로(阿部逸郎)
고가 가즈오(古賀一夫)
아키바 요시에(秋葉好江)

가와무카이 마사아키(川向正明)
다나베 아키라(田辺聰)
니시 가즈히코(西和彦)
후지와라 무쓰로(藤原睦朗)
고키타니 마사유키(御器谷正之)
다테이시 가쓰요시(立石勝義)
구마다 히로미쓰(熊田博光)
우치다 기요시(内田喜吉)
야마다 소헨(山田宗徧)
요네쿠라 세이치로(米倉誠一郎)
난부 야스유키(南部靖之)
사와다 히데오(澤田秀雄)
오쿠보 히데오(大久保秀夫)
고히라 나오노리(小平尚典)
사토 류지(佐藤隆治)
사야마 이치로(佐山一郎)
호리 이사오(堀功)
시미즈 요조(清水洋三)
신바 준(榛葉淳)

이마이 야스유키(今井康之)
미야카와 준이치(宮川潤一)
겐다 야스유키(源田泰之)
이토 요이치(伊藤羊一)
마에다 가마리(前田鎌利)
가사이 가즈히코(笠井和彦)
고토 요시미쓰(後藤芳光)
미야자카 마나부(宮坂学)
후지하라 가즈히코(藤原和彦)
아오노 후미히로(青野史寛)
도미자와 후미히데(冨澤文秀)
하다 다쿠오(羽田卓生)
미와 시게키(三輪茂基)
마에무라 유지(前村祐二)
가와사키 겐지(川﨑堅二)
데시마 히로시(手島洋)
다베 야스요시(田部康喜)
도치하라 가쓰마사(栃原且将)
구라노 미쓰히로(倉野充裕)
세키 노리요시(関則義)
누키이 다케아키(抜井武暁)
고데라 히로에(小寺裕恵)
기타지마 유키에(北嶋ゆきえ)
빌 게이츠
홍 루(陸弘亮, Lu Hong Liang)
테드 드록타
로널드(론) 피셔
에릭 히포
아이린 우드워드
마거릿 커크
포레스트 모더
짐 브래들리
이쿠코 반즈
척 칼슨
폴 사포
팀 스캐널
잭 마(馬雲)
마르셀로 클라우어
라지브 미스라
리테쉬 아가왈
브뤼노 매조니에
조 유테나우어
스티븐 바이
일카 파타넨
매튜 니콜슨

주요 참고문헌

오시타 에이지(大下英治), 『손정의 창업한 젊은 사자』(고단샤, 1999년)

다키타 세이치로(滝田誠一郎著), 『손정의 인터넷 재벌 경영』(지쓰교노니혼샤, 1996년)

사카즈미 이치로(坂爪一郎), 『야후만이 알고 있다』(세이순출판사, 2002년)

빌 게이츠, 『빌 게이츠 미래를 말하다』, 니시 가즈히코 옮김(아스키, 1997년)

사토 세이추(佐藤正忠), 『감성의 승리』(경제계, 1996년)

세키구치 와이치(関口和一), 『PC 혁명의 기수들』(니혼게이자이신문사, 2000년)

다케무라 겐이치(竹村健一), 『손정의 크게 말하다!!』, 김선영·김현정 공역(새물결사, 2000년)

미조우에 유키노부(溝上幸伸), 『손정의의 10년 후 발상』(애플출판사, 2000년)

I·B 매킨토시, 『당신이 모르는 빌 게이츠』, 교카네 레이코(京兼玲子) 옮김(분게이순주, 2000년)

와키 히데오(脇英世), 『PC를 만들어온 사람들』(소프트뱅크, 1998년)

노다 마사아키(野田正彰), 『컴퓨터 신인류의 연구』(분슌문고, 1994년)

가타가이 다카오(片貝孝夫)·히라가와 게이코(平川敬子), 『PC 경이로운 10년사』(고단샤 블루벅스, 1988년)

구마다 히로미쓰(熊田博光), 『명의의 알기 쉬운 간 질환』(도분서원, 2000년)

시바 료타로(司馬遼太郎), 『료마가 간다』, 박재희 옮김(동서문화사, 2011년)

역사군상 시리즈 23 『사카모토 료마』(학습연구사)

난부 야스유키(南部靖之), 『자신을 살려라』(네오넷코리아, 1996년)

후지타 덴(藤田田), 『이기면 군관』(KK베스트셀러즈, 1996년)
사사키 다다시(佐々木正), 『원점은 꿈』(고단샤, 2000년)
미쓰비시상사 홍보실, 『시차는 금이다』(사이마루출판회, 1977년)
데이비드 록펠러, 『록펠러 회고록』, 니레이 고이치(楡井浩一) 옮김(신쵸샤, 2007년)
안자이 유이치로(安西祐一郎), 『마음과 뇌-인지과학 입문』(이와나미신서, 2011년)
에비타니 사토시(蛯谷敏), 『광속 경영 신생 야후의 500일』(닛케이BP사, 2013년)
자연에너지재단 감수, 『손정의의 에너지 혁명』(PHP비즈니스신서, 2012년)
사카키바라 야스마사(榊原康), 『똑똑한 소프트뱅크』(닛케이BP사, 2013년)
소프트뱅크 아카데미아 특별강의, 고분샤신서 편집부 편집, 『손정의 위기 극복의 비법』(고분샤신서, 2012년)
나가사와 가즈도시(長沢和俊) 감수, 『학습 만화 세계의 전기 징기스칸』(슈에이샤, 1992년)
사사키 다다시(佐々木正), 『살아 있는 힘 활용하는 힘』(간키출판, 2014년)
이토 요이치(伊藤羊一), 『1분 전달력』, 노경아 옮김(움직이는 서재, 2018년)
이토 요이치(伊藤羊一), 『0초 만에 움직여라』(SB크리에이티브, 2019년)
마에다 가마리(前田鎌利), 『프리젠테이션 자료의 디자인 도감』(다이아몬드샤, 2019년)
마에다 가마리(前田鎌利), 『미니멈 프리젠테이션』(스바루샤, 2019년)
『BOSS』(2004년 4월호)
『닛케이 비즈니스』(2000년 12월 18일·25일호, 2004년 3월 22일호)
『SUCCEO』(1990년 12월호)
『재계』(1996년 5월 28일호, 동 7월 23일호)

『분게이순주』(1996년 11월호)

『경제계』(2001년 2월 27일호)

『THE COMPUTER』(1987년 10월 창간호)

『슈칸겐다이』(1983년 7월 9일호)

『마이니치신문』(1996년 2월 22일 조간)

『주간 다이아몬트』(2010년 7월 24일호)

『니혼게이자이신문 전자판』(2014년 1월 1일)

『PRESIDENT Online』(2014년 3월 13일)

『주간 도요게이자이』(2014년 5월 24일호, 동 11월 15일호)

『아사히 신문』(2014년 7월 12일 조간)

『PRESIDENT』(2014년 8월 4일호)

『ROBOCON Magazine』(2014년 9월호)

『도요게이자이 ONLINE』(2014년 10월 18일)

블룸버그(2014년 11월 6일)

THE INDUSTRY STANDARD, September 4, 2000

THE WALL STREET JOURNAL, January 5, 1966, June 14, 2000

Business Week, August 12, 1996

TIME, December 7, 1998

FORBES, August, 1999

FORTUNE, August 16, 1999

* 초창기 일화는 특히 오시타 에이지의 『손정의 창업한 젊은 사자』(고단샤)를 참고했습니다. 깊이 감사드립니다.

* 본문에서 경칭은 생략했습니다. 또 본서에 등장하는 인물의 직함은 2021년 4월 기준입니다(필자).

『일본의 제일 부자 손정의(원제: 뜻은 높게 손정의 정전)』 2004년 5월 지쓰교노니혼샤 단행본
『뜻은 높게 손정의 정전 완전판』 2007년 7월 지쓰교노니혼샤 단행본
위와 동일 2010년 12월 지쓰교노니혼샤 문고
『뜻은 높게 손정의 정전 신판』 2015년 2월 지쓰교노니혼샤 문고

뜻을 높게 – 손정의 평전

초판 1쇄 발행 2022년 8월 12일

지은이 이노우에 아쓰오 **펴낸이** 한원협 **편집** 최윤정 **경영지원** 안혜리 한원해
옮긴이 신해인 **펴낸곳** 청담숲 **디자인** 김혜림 **마케팅** 명효은 이경엽

출판등록 제 2022-000053호 (2022년 6월 20일)
주소 04728 서울시 성동구 금호로 127 금호자이1차 상가동 지하2층 13-1호 (금호동)
전화 010-7479-8683 | **팩스** 0508-905-8683
이메일 cheongdamsoop@gmail.com

값 25,000원
ISBN 979-11-979321-0-6 03320